JN321801

世界の出版情報調査総覧

General Survey on Bibliographic Information:

取次,書店,図書館目録

Wholesaler, Distributor, Bookstore, and Library Catalogues

伊藤 民雄 著

日本図書館協会

General Survey on Bibliographic Information:

Wholesaler, Distributor, Bookstore, and Library Catalogues

世界の出版情報調査総覧　：　取次，書店，図書館目録　／　伊藤民雄著．―　東京　：　日本図書館協会，2012．―　341p　；　26cm．―　ISBN978-4-8204-1203-8

t1. セカイ　ノ　シュッパン　ジョウホウ　チョウサ　ソウラン　a1. イトウ，タミオ
s1. 図書目録（出版社）　s2. 図書目録（書籍商）　s3. 図書目録（図書館）　① 025

はじめに

本書『世界の出版情報調査総覧』は，世界各国の出版取次，書店，図書館蔵書目録の情報を一冊にまとめたものである（書名が長いので通称として『ブックサーチ』を使用する）。

これらの情報はこれまで欧米中心，あるいは別々に出版されることが多かった。本書では欧米主要国のみならず，世界116か国をアジア・オセアニア，ヨーロッパ，アメリカ大陸，中東・アフリカの4地域に分けて普段あまり馴染みのない国まで紹介範囲を広げて，販売目録125目録，取次174社，書店462社，価格比較62サイト，政府刊行物書店8社，電子書籍書店59サイト，雑誌定期購読109社，古書店総合目録63サイト，図書館蔵書検索397目録，学位論文検索28目録，政府刊行物検索16目録，および電子図書館関連13サイトを収録した。世界的規模でこれらを網羅したものは恐らくどの国でもほとんど出ていないと思う。

思い起こせば，日本のインターネット元年を1995年とすると16年の月日が流れた。アマゾンやイーベイを使えば，自宅に居ながら書誌・出版情報が得られ，なおかつ現物まで入手できる便利な時代になった。ところが，情報過多，情報氾濫，情報爆発の時代と言われながらも，ひとたび海外に出かけると，はてこの国の有力取次はどこなのか，どの書店に行けばいいのか，またどこに大型書店があるのかと困ることが少なくない。インターネットで調べられそうだが，体系的に整理されていないので全貌をつかむのが難しい。そこで世界中の出版流通のプレイヤーたちを明らかにしてリアルとバーチャルを結び付ける作業，いわば交通整理が一度必要ではないかと感じたのが本書の執筆の動機である。

本書は，筆者が2000年から改訂作業を続けている『インターネットで文献探索』（日本図書館協会）の親編として位置付けるものとしたい。本書で得た知識・情報が，書誌・出版情報を必要とする人々，研究者，学生，コレクター，出版関係者，および図書館関係者のみなさんの教育・研究や業務に大きく役立つことを期待している。今後の展開，修訂・増補・続編立案のために，忌憚のないご意見・ご感想をお寄せ下さい。

本書執筆に当たっては，実践女子大学図書館学課程の小林卓先生と文教大学越谷図書館の藤倉恵一氏には貴重な助言をいただいた。特に藤倉氏には貴重な休日の時間を割いてもらってブレインストーミングの相手になっていただいた。ここに感謝の気持ちをお伝えする次第である。

2012年3月31日

伊藤　民雄

目次

はじめに　3
概説　8
凡例・利用の手引き　16
主な参考文献　21

第1章　アジア・オセアニア　27

1.1　東アジア　29
1　日本国　29
2　大韓民国（韓国）　36
3　中华人民共和国　41
4　中華人民共和国香港特別行政区（香港）　47
5　中華人民共和国澳門特別行政区（マカオ）　50
6　中華民国（臺灣）　51
7　モンゴル国　55

1.2　東南アジア　57
1　ベトナム社会主義共和国　57
2　カンボジア王国　60
3　ラオス人民民主共和国　61
4　タイ王国　62
5　ミャンマー連邦共和国　64
6　マレーシア　65
7　シンガポール共和国　67
8　インドネシア共和国　69
9　フィリピン共和国　71

1.3　南アジア　73
1　インド　73
2　バングラデシュ人民共和国　77
3　パキスタン・イスラム共和国　78
4　ネパール連邦民主共和国　79
5　スリランカ民主社会主義共和国　81

1.4　中央アジア（NIS 1）　82
1　カザフスタン共和国　82
2　キルギス共和国　85
3　ウズベキスタン共和国　86
4　グルジア　88
5　アルメニア共和国　89
6　アゼルバイジャン共和国　91

1.5　オセアニア　92
1　オーストラリア連邦　92
2　ニュージーランド　95

第2章　ヨーロッパ　99

2.1 **ヨーロッパ** 101
1 ヨーロッパ 101

2.2 **イギリス諸島** 102
1 グレートブリテン及び北アイルランド連合王国 102
2 アイルランド共和国 109

2.3 **中欧1** 111
1 ドイツ連邦共和国 111
2 スイス連邦 118
3 オーストリア共和国 122
4 リヒテンシュタイン公国 125

2.4 **中欧2** 126
1 ハンガリー共和国 126
2 チェコ共和国 129
3 スロバキア共和国 133
4 ポーランド共和国 136

2.5 **フランス，ベネルクス** 140
1 フランス共和国 140
2 ベルギー王国 147
3 ルクセンブルク大公国 151
4 オランダ王国 153

2.6 **イベリア半島** 158
1 スペイン 158
2 アンドラ公国 164
3 ポルトガル共和国 165

2.7 **イタリア半島** 168
1 イタリア共和国 168
2 バチカン 173
3 マルタ共和国 174

2.8 **ロシア，中央アジア（NIS 2）** 175
1 ロシア 175
2 ベラルーシ共和国 181
3 ウクライナ 183
4 モルドバ共和国 187

2.9 **バルト三国** 188
1 エストニア共和国 188
2 ラトビア共和国 190
3 リトアニア共和国 192

2.10 **北欧** 195
1 フィンランド共和国 195
2 スウェーデン王国 198
3 ノルウェー王国 201
4 デンマーク王国 204
5 アイスランド共和国 207

2.11 **バルカン諸国** 209
1 ルーマニア 209
2 ブルガリア共和国 212
3 旧ユーゴスラビア 214
4 セルビア共和国 215
5 モンテネグロ 218
6 マケドニア旧ユーゴスラビア共和国 219
7 ボスニア・ヘルツェゴビナ 220
8 クロアチア共和国 221
9 スロベニア共和国 223
10 アルバニア共和国 225
11 ギリシャ共和国 227

第3章 アメリカ 231

3.1 **北米** 234
1 カナダ 234
2 アメリカ合衆国 237

3.2 **中米** 245
1 メキシコ合衆国 245
2 グアテマラ共和国 248
3 エルサルバドル共和国 249
4 ホンジュラス共和国 250
5 ニカラグア共和国 251
6 コスタリカ共和国 251
7 パナマ共和国 252
8 キューバ共和国 253
9 ジャマイカ 254
10 バミューダ 255
11 トリニダード・トバゴ共和国 256

3.3 **南米** 257
1 ベネズエラ・ボリバル共和国 257
2 コロンビア共和国 258
3 エクアドル共和国 260
4 ブラジル連邦共和国 261
5 パラグアイ共和国 266
6 ウルグアイ東方共和国 267

7 アルゼンチン共和国 269
8 チリ共和国 272
9 ボリビア多民族国 274
10 ペルー共和国 275

第4章 中東・アフリカ 277

4.1 中東 280
1 アフガニスタン・イスラム共和国 280
2 イラン・イスラム共和国 281
3 イラク共和国 283
4 トルコ共和国 284
5 キプロス共和国 287
6 シリア・アラブ共和国 288
7 レバノン共和国 289
8 サウジアラビア王国 290
9 アラブ首長国連邦 291
10 イスラエル国 292

4.2 アフリカ 295
1 エジプト・アラブ共和国 295
2 チュニジア共和国 296
3 モロッコ王国 297
4 セネガル共和国 298
5 ベナン共和国 299
6 ナイジェリア連邦共和国 300
7 エチオピア連邦民主共和国 301
8 ケニア共和国 302
9 ナミビア共和国 303
10 スワジランド王国 304
11 南アフリカ共和国 305
12 モーリシャス共和国 306
13 その他 307

巻末 店頭在庫が分かる書店
日本 309
外国 314
索引 317

概説

1. 新刊本を安く買う

本書は世界の取次，書店，図書館蔵書目録を紹介するものであって，「新刊本を定価より安く買う」ことを目的として書いたものではない。しかしそれを期待する向きもあろう。

日本語書籍（和書）は，再販売価格維持制度によって再販行為を容認する制度（再販制度）があるため新刊本を安く買うのは事実上不可能である。送料や交通費を価格の一部と考えなければ，通常は町の書店，大型書店，あるいはネット書店のどこで買おうと同一価格である。例外として金券扱いのポイント制（実質的な値引販売）の採用書店で買う方法もあるが，ポイント制については出版流通業界の反対もあるため先行き不透明である。和書についてはハズレを掴まないようにむしろ確実に手に取って吟味した上で購入したい。本書の巻末に「店頭在庫が分かる書店」のリストを用意した。これを使えば，仕事や用事のついでに，あるいは自宅からピンポイントで本を買うのも可能である。一方で，時間的余裕があれば，地元の書店の売り上げに貢献する意味で，注文書籍を近隣の書店で受け取れる取次系ネット書店を使う手もある。

外国語書籍（洋書）は，再販制度を容認しない国々であれば，定価より安く買える可能性が高い。常に本体価格（現地通貨とその為替レート），配送方法，送料，配送日数等の諸条件を頭に入れておく必要があるが，思いがけず安価で購入できたという経験をお持ちの方は多いと思う。本編には各国の書籍価格比較サイトも一項目とし，さらに海外旅行や出張のついでの現地調達の予備調査にも対応するように，先述した「店頭在庫が分かる書店」のリストには海外書店も含めた。

さて日本にいながら洋書を通常よりトータルで「安く買う」方法は，姑息的ではあるが送料を抑えることに尽きる。配送料固定の海外ネット書店でのまとめ買い（例えばアマゾンのイタリアやスペイン）や，アマゾン・ジャパン，丸善・ジュンク堂連合や紀伊國屋書店が運営するネット書店の価格比較を行う。アマゾン・ジャパンのデータベースには，全点ではないが，中国語，韓国語，欧米主要言語を含む20～30言語の書籍も登録されている。英独仏言語の書籍の一部（売れ筋，ペーパーバックス）については国内在庫を持っており，配送料が無料の場合も多い。一方で丸善・ジュンク堂連合や紀伊國屋書店が運営するネット書店は，英仏独言語の書籍については国内在庫をほとんど持たないので海外取次を通じた取り寄せとなるが，配送料を無料もしくは低価格に抑えている。アマゾン・ジャパンにない場合には，購入先として検討に値する。

[便利ツール]

・竹割（http://www.takewari.com/）

日本・アメリカ・イギリス・フランス・ドイツ・カナダ・スペイン・イタリア・中国の 9 か国のアマゾンを一括で検索する

・インターネット一括検索・洋書（http://ssearch.jp/books/）

日英米のアマゾン，紀伊國屋書店，楽天ブックスの洋書を一括検索・比較

2. 書誌・出版情報とは

書誌とは，何らかの基準で選ばれた図書，論文，記事等の資料一点一点の特徴を分析して，その特徴を一定の記述規則に基づき「書誌情報」と呼ばれる書誌データ事項・データ（図書ならば，著者名，書名，出版地，出版者，出版年，ページ数など）に表現し，これらのデータを探索しやすいように配列したリストのことである。目録とは一般的に，その書誌データに所蔵・所在情報を付け加えたものである。

大まかに書誌は三つに分類される。

1） 一次的書誌：世界書誌，全国書誌，販売書誌（全国的なもの）

2） 二次的書誌：選択書誌，個人書誌（著者書誌を含む），集合書誌（略歴つき書誌を含む），主題書誌（主題文献案内を含む），翻訳書誌，特殊書誌，その他

3） 書誌の書誌

本書で扱うのは，一次的書誌が中心となる。『図書館情報学ハンドブック』第 2 版（丸善 1999）では一次的書誌は次のように説明されている。

(1) 世界書誌：世界のあらゆる国で出版された，すべての資料を網羅的に収録しようと意図して作成されている書誌

(2) 全国書誌：特定の国で刊行されたあらゆる出版物を網羅的に収録しようと意図して作成されている書誌

(3) 販売書誌：国内で出版販売されている資料を包括的に収録しようと意図して作成されている書誌

対象とする書誌データの収録対象，収録期間により新刊書誌，遡及的書誌の二通りに分けられる。出版情報とは広義には全出版物の情報であるが，狭義には市販され，書店で入手可能な新刊が対象となる。非市販出版物（地域・行政資料，灰色文献等）は流通しないので，図書館が収集し，書誌情報を作成する。

3. 出版流通と書誌・出版情報

出版業とは，出版物（言語の著作物）という知的商品を生産・流通・販売する業界の総

体を言い，出版社，取次，書店を業界三者と呼ぶ。国によっては業界が細分されるほど成熟・発達せず，出版社や書店が出版をしながら流通・販売も行う例も見られる。

日本と欧米主要国の出版産業は，産業構造，流通システム，取引ルールなどかなりの相違があると指摘されている。日本の産業の特質として，書籍と雑誌の総合出版を志向する大手出版社の売上上位集中，大手取次の支配力など大手中心の寡占，委託制と再販性の流通制度，雑高書低，書籍と雑誌の総合流通機構，などを挙げることができるが，本書ではこれ以上詳述しないので，本書の参考文献を読んで確認してほしい。

日本には11近くの流通ルートがあるとされるが，「出版社→取次→書店」という取次・書店ルートの割合が書籍で7割，雑誌で8割を占める。一方，アジア，欧米主要国にも日本と同様に多様で複雑な流通ルートが存在するが，一番大きな違いは書籍と雑誌の流通が分かれていることである。ところで，「取次」を意味する英語には，「wholesaler」(卸売商)，「distributor」(販売・流通業者)，「library supplier」(図書館納入業者)の三つがある(本書では「wholesaler」と「distributor」は区別せずすべて「取次」と称している)。一般に言う取次ルートは下記の通りである。欧米では一部の例外を除いて，雑誌は新聞スタンドやキヨスクで売られるため「小売店」にしている。

書籍：「出版社（版元)」→「取次（wholesaler)」→「書店」→「読者」
雑誌：「出版社（版元)」→「取次（distributor)」→「仲卸（wholesaler)」→「小売店（retailer)」→「読者」
電子書籍：「コンテンツホルダ（版元相当)」→「アグリゲータ，ベンダ（取次相当)」→「プロバイダ（書店相当)」→「読者」

先述した通り，日本の書籍と雑誌を流通させる流通ルートは「出版社→取次→書店」という取次ルートの占める割合が高いため，本書が取り扱う書誌・出版情報は自然と取次に集まることになる。ところが，欧米では出版社と書店の直接取引が全体の7〜8割を超えるため，取次は補助的な役割にしか過ぎず，日本のような大手取次中心の寡占状況は起こりにくい。ただし業界間の力関係はあるようで，国によっては網羅的な書誌・出版情報を出版社団体，書店団体，流通業者団体が単独で作ったり，何者か協同で作ったりとさまざま

表1　出版流通と本の名称

	著作物（本）	流通名称	読書対象	保障された権利	あり方や規範
作者	作品	著作者	読者	言論 / 表現の自由	
出版社	作品 / 商品	版元	読者	出版の自由	出版倫理綱領 / 雑誌編集倫理綱領
取次会社	商品（書籍）	卸売問屋	読者 / 顧客	流通の自由	出版物取次倫理綱領
書店	商品（書籍）	小売店	顧客	販売の自由	出版販売倫理綱領
図書館	資料（図書）		利用者	収集する自由	図書館員の倫理綱領

である。しかしながら，取次と書店に情報が集中するのは間違いない。

なお本の名称は，出版流通の段階で刻々と変化する（表1）。本書では，書店までを「書籍」とし，図書館資料を「図書」とする。

4. 図書館と書誌・出版情報

書誌・目録類は，図書館のさまざまな業務，対利用者のレファレンス業務のみならず，国内外資料の選択（選書），整理業務や相互貸借で利用されている。

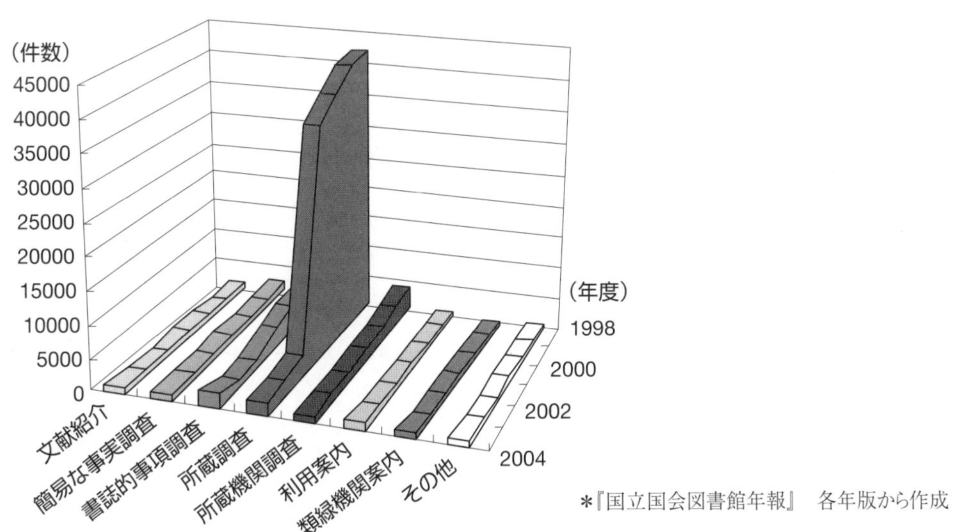

*『国立国会図書館年報』 各年版から作成

図1 国立国会図書館のレファレンス処理統計（文書回答）

図1は，『国立国会図書館年報』に掲載された，1998年から2004年までの国立国会図書館のレファレンス処理統計（文書回答）を図式化したものである。1998年当時，国立国会図書館のレファレンス処理統計で一番多かったのが所蔵調査で，次に多かったのが書誌的事項調査である。ところが2003年にこの二者が大きく激減する。原因は2002年10月に公開された国立国会図書館蔵書目録（NDL-OPAC）にあると考えるのが自然である。それまで中小の公共図書館では，利用者からの書誌・出版情報に関する質問に対し，冊子体目録の『日本全国書誌』あるいは『国立国会図書館蔵書目録』，もしくはその電子版である「J-Bisc」を所蔵できないこともあり，質問に即答するのを困難にしていた。そのため国立国会図書館（あるいは中央館や都道府県立図書館）に文書での書誌・所蔵調査依頼を行うほかなかったが，その必要がなくなった。このことは書誌・所蔵を調べる検索手段・ツールを充実したり，利用者（＝読者）にこれら検索ツールの存在を案内したりすることで，この二者の質疑応答は限りなく「ゼロ」に近付けることができることを示している。その一方で増減があまりない文献紹介や簡易な事実調査，利用案内，類縁機関案内についての

特効薬はなく，パスファインダー等を作るなど地道な活動が求められる。

5. 書誌・出版情報が必要とされる時

2011年3月，日本書籍出版協会から「次世代書誌情報の共通化に向けた環境整備」プロジェクトの調査報告書が公開された。これは総務省の新ICT利活用サービス創出支援事業の委託事業として行われた。この報告書には出版市場の現状を探る多様なデータや調査結果だけでなく，読者がどのような時に書誌・出版情報を必要とするかの分析も行われている。

報告書によれば，読者は「好きな著者の新刊発売された時」（約58%），「新聞や雑誌の書評を見かけた時」（54.3%），「本屋・車内等のPOPを見た時」（46.3%）をきっかけに注意が喚起され，興味が生まれ，ある本の書誌情報が必要となり半数近くの人がインターネット検索を行ったり（約50%），大型書店（約21%）や近所の書店（約12%），図書館（約7%）に訪れたりしている，という。面白いのはインターネット検索で好結果を得られない場合の代替手段として大型書店が選ばれており，また書店で好結果を得られない場合はインターネットが代替手段になっており，相互補完の関係になっていることも判明した。また購買・興味に強く影響を与えるのは地方紙，全国紙（朝日，読売）の順になっている。

図書館業務の観点から考えれば，インターネット検索のスキルを磨くことのほかに，利用者の「現在」の需要を探るため，定期的に近隣書店を巡回して平台，書棚やPOPを見るなどしたり，あるいは新聞の書評欄をチェックするなどしたりする従来の情報収集も有効

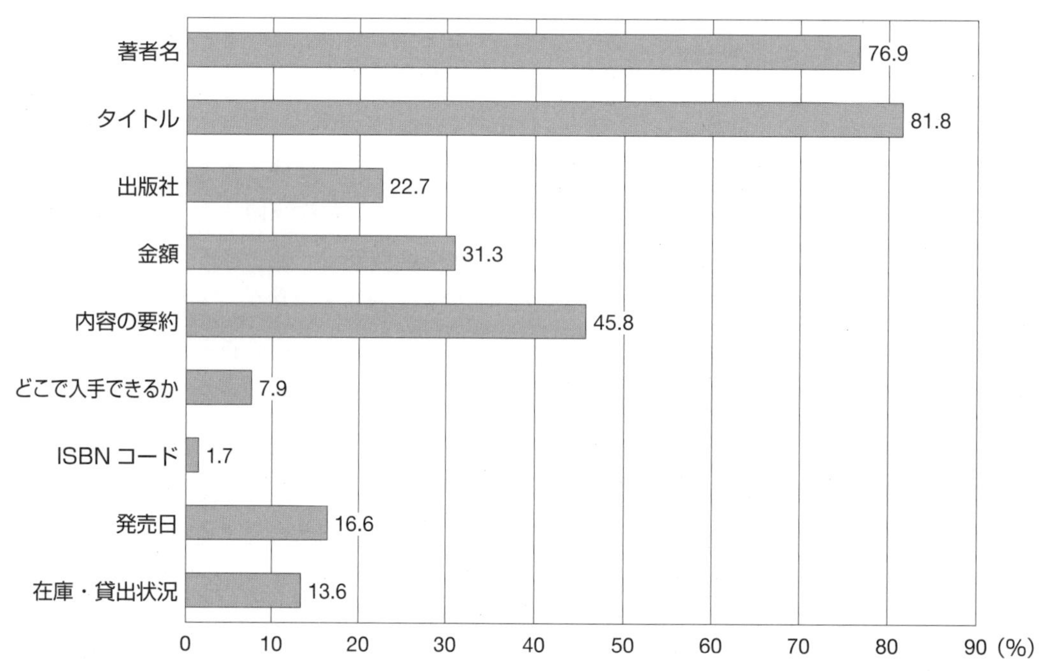

＊日本書籍出版協会「次世代書誌情報の共通化に向けた環境整備」より

図2　必要とされる書誌情報

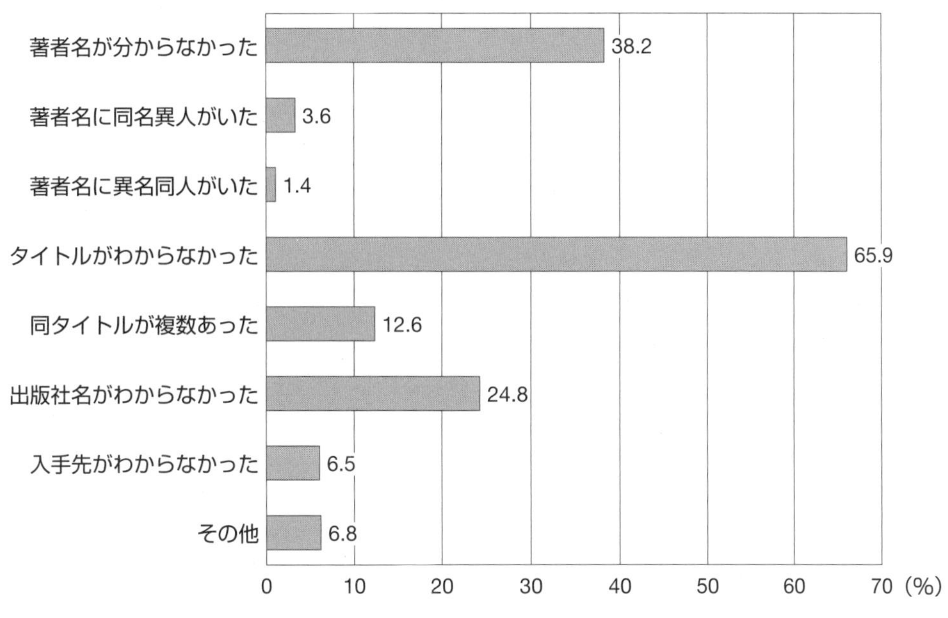

図 3　書誌情報の取得に関しての障壁

であることを示している。

図 2 と図 3 は,「必要とされる書誌情報」と「書誌情報の取得に関しての障壁」をグラフ化したものである。瞬時の書誌同定能力については自分で身につけるしかないが，内容の要約，どこで入手できるか，在庫・貸出状況については，本書の中では書店目録の内容・要旨検索や店頭在庫検索，図書館蔵書総合目録等で取り上げているので是非活用してほしい。また入手先不明（6.5%）の資料には，出版社から読者への直販書籍，会員限定書籍などの灰色文献も含まれている。本書では政府刊行物，学位論文については言及した。

[便利ツール]

・書評ニュース（http://shohyonews.jp/）

2009 年以降に 5 大紙に掲載された書評対象図書が検索可能である

・ブック・アサヒ・コム（http://book.asahi.com/）　朝日新聞の最新書評

・本よみうり堂（http://www.yomiuri.co.jp/book/）　読売新聞の最新書評

6. 出版流通上の目録と図書館蔵書目録

出版流通の段階でできる目録には先述した販売書誌がある。これには書籍総目録，取次系の目録，ネット書店の目録が含まれる。続いて二次流通，絶版・品切れ書籍を扱う古書店や新古書店等の目録，書店・古書店から購入したり，第三者から寄贈されたりして所蔵される図書館蔵書目録，そして今世紀に入ってから存在感が増してきた電子書籍（閲覧有料）・電子図書館（無料）の目録がある。これらの特徴を書きだして見ることにしよう。

販売書誌（書籍総目録，取次系目録，ネット書店目録）
- 新刊書籍データベースである
- 詳細な新刊紹介・書評が掲載される
- 購買意欲を高める視覚情報（表紙画像・試読機能）が充実している
- 付帯サービス（古書探索，多彩な受取方法）がある
- 絶版になると書誌情報が削除される
- 古い年代まで検索できるわけではない（できてせいぜい 1980 年代）
- リアルタイムな在庫表示。とは言え在庫が確実にあるわけではない

古書店在庫目録
- 在庫目録である
- 売れると書誌情報は削除される傾向にある
- 書誌の精度は不足気味である

図書館蔵書目録（Online Public Access Catalog）
- 所蔵目録である
- かなり古い年代も検索できる
- 他の目録より正確な書誌記述である
- 貸出状況も表示される
- 近刊・新刊はすぐに検索できない（タイムラグの発生）

電子書籍・電子図書目録
- 閲覧用の電子機器の利用を前提とした在庫目録である
- 全文検索が可能である（できないものもある）
- 全文閲覧が有料であっても，書誌やその一部が読める（試読可能な）場合がある

四者を組み合わせると，ある目録の長所はある目録の欠点を改善したり，ある目録の足らない部分はある目録によって補完されたりすることが分かるはずである。網羅的に情報収集したい場合は一つに偏ることなく調査することが重要である。

7. 調べ方

これについては数多くの解説本が出版されているので，そちらを参考にしてほしいが，大抵の本には，①二次資料を用いる「索引法」あるいは「目録法」，②資料を直接見て情報を得る「ブラウジング法」あるいは「現物法」，③特定文献の巻末の引用文献や参考文献であげられた文献をたどる「いもづる法」，が紹介されている。いずれの方法も完全ではな

く，見落としや漏れが生じるので，三者を組み合わせるべしと書いてあるはずである。

②の「現物法」について述べると，近隣の図書館・公共図書館（市区町村）をブラウジングし，あまり良好な結果が得られない場合は，その地域の大型書店や都道府県立図書館の棚を観て，最後に都市部の大型書店か専門図書館，ぶらぶらできないが国立国会図書館を訪ねることになる。より上位の書店や図書館を訪ねる予備段階で，国立国会図書館や複数図書館の総合目録で網羅的リストを作り，落ち穂拾いのごとくネット書店も探索する。この行動形態は，最終的には前節で触れた日本書籍出版協会による「次世代書誌情報の共通化に向けた環境整備」プロジェクトの調査報告書に記述された読者行動に近づくものと考えられる。

8. 海外の出版国で見つからない場合は言語圏に探索地域を広げる

言語圏とはある言語を共通して使用している地域の総称である。英語圏（英米加豪など），仏語圏（フランス，ベルギー，スイス，カナダ等），独語圏（ドイツ，オーストリア，スイス），西語圏（スペイン，中南米諸国），葡語圏（ポルトガル，ブラジル），露語圏（旧ソ連構成国家）等がある。

筆者はスペイン語の書籍を，出版国のスペインでは入手できず同じスペイン語圏であるアルゼンチンで発見して（もちろんネット通販で）購入したことがある。同一の言語圏の国にまで対象地域にすれば探索地域が広がる。また為替レートの関係で安く買える可能性もある。

凡例・利用の手引き

本総覧は，書誌・出版情報を調べるのに有効な書誌データベースを網羅的に収録したガイドブックである。収録情報は2011年12月末現在である。

(1) 収録基準とデータ・内容の収集方法

＜収録基準＞

不特定多数のあらゆる検索要求を満たす全国規模の書誌データベースを保持する取次，書店，関連団体，そして図書館の目録を収録対象とする。なお目録の公開がなくても知識として有用と思われるものについては収録した。また書誌・出版情報の詳細については当凡例・利用の手引きの後の概説を参照のこと。

(i) 出版流通で構築される目録

販売目録：新刊入手可能な書籍・雑誌を包括的に網羅したリストであること

取次：全国内に書籍と雑誌を配本する全国流通網を持つ業者

書店：ネット書店より実店舗書店，独立系専門書店より書店チェーンを優先した

価格比較：複数書店の目録を横断検索し価格比較を行う

政府刊行物書店：専門書店のみ

電子書籍書店：市販される電子書籍を網羅する書店

雑誌定期購読：市販される雑誌を網羅する業者

古書店：複数の古書店から構成される連合目録

上記に該当する販売目録125目録，取次174社，書店462社，価格比較62サイト，政府刊行物書店8社，電子書籍書店59サイト，雑誌定期購読109社，古書店総合目録63サイトを収録した。

(ii) 図書館および灰色文献に関係した目録

図書館蔵書目録：特定の国で刊行されたあらゆる出版物を網羅する目録。国立図書館または複数図書館の蔵書を統合した総合目録

学位論文：全国の高等学術機関で授与された博士論文等を網羅する目録

政府刊行物：政府関係機関により作成された刊行物を網羅する目録

電子図書館：無料で利用できる電子図書（電子書籍）の網羅的リスト

上記に該当する図書館蔵書検索397目録，学位論文検索28目録，政府刊行物検索16目録，および電子図書館関連13サイトを収録した。

(2) 調査時期

2010年1月から3月　国別の図書館蔵書目録（全国書誌）調査

2011年1月から3月　国別・取次／書店／古書店調査

2011年6月から12月　本書執筆

(3) 利用上の便宜

(i)　本文の構成

世界109か国をアジア・オセアニア，ヨーロッパ，アメリカ大陸，中東・アフリカの4つの地域に分け章とした。各地域（各章）に属する国々は日本十進分類法（NDC）の地理区分を参考に，ページ数の加減，政治，経済，歴史的経緯も加味しながら配置し，項目一覧に従って配列した。

(ii)　国別の基本的な項目

項目として該当がない場合は省略した。また，「2. 概説」の記述を付与したのは日本，韓国，中国，台湾，ドイツ，フランス，ロシア，アメリカの8か国のみである。

国名（日本語）

国名（英語）

1. 基本事項

首都	宗教
政体	言語
元首	通貨

時差
ccTLD（国別コードトップレベルドメイン）
再販制度
ISBN 管理機関
ISSN 管理機関
全国書誌作成機関
ISBN 国番号
出版点数

2. 概要

その国の出版流通の特徴など

3. 販売目録

書籍総目録，雑誌便覧（リスト）に対し下記の項目を付与した。
①商品： ②収録件数： ③収録年： ④運営元： ⑤特記： ⑥ URL：

4. 出版流通　取次・書店・定期購読

取次，書店，雑誌定期購読（雑誌），電子書籍書店（電子書籍），古書店連合目録（古書）に対し，下記の項目を付与した。
①業種： ②創業・設立： ③点数： ④特記： ⑤店舗数： ⑥旗艦店： ⑦在庫検索： ⑧ URL：
（列挙順序）
取次（書籍，雑誌の順）
書店（リアル，ネットの順）
価格比較サイト
電子書籍（場合によっては下に移動）
雑誌
古書店総合目録

5. 図書館蔵書目録　時代別

全国書誌的な図書館蔵書目録，総合目録，政府刊行物，学位論文，電子図書館に対し，以下の項目を付与した。
①管理運営： ②作成・参加館： ③検索対象： ④レコード件数： ⑤書誌データフォーマット： ⑥特記： ⑦ URL：

収録データベース，サイトについての補足

(1) 政体と元首

本を買うにはあまり関係ない項目である。しかし，元首が書いた本が，書店という書店に溢れている国が世界にはある。プロパガンダとメディアは切っても切れない仲である。

(2) 為替換算レート

2011 年 12 月現在 1 米ドル 80 円，1 ユーロ 100 円前後で推移している。洋書を購入するには好条件だが，長い目で見ると参考になるか否か判断できない。本書には掲載せず，自分自身で為替換算を行なって確認してほしい。

（参考）

・為替レート計算（http://www.oanda.com/lang/ja/currency/converter/）

(3)　出版社・取次・書店の区別

出版社，取次，書店の3機能が分離していない国も存在する。出版をしながら，競合出版社の本も同時に流通・販売・頒布も行う例も数多く存在する。筆者自身の不勉強からどの機能で分類すべきか迷った企業がいくつかあるが，最終的には取次機能優先で分類した。ただし，取次・書店業を行わない専業出版社は，有力出版社であっても原則収録しないこととした。またどんなに有名であっても独自サイト（ホームページ）を持たない取次・書店も原則除外した（例えばポルトガル・ポルトのLello書店）。

(4)　取次，書店，雑誌定期購読など

全国あるいは地域展開する取次，書店，雑誌定期購読（雑誌販売店）を優先し，単独店であっても大型書店，在庫状況が表示される等の特色ある書店については選出した。古書店については複数書店による連合目録のみ。各社の情報は原則運営サイトから取得した。

(5)　取次・書店の配列順位

文献等を参考に筆者の独断と偏見で配列順位を決めたので客観的な順位ではない。また大手検索サイトの表示順位（例えばその言語で「書店」を意味する言葉での検索の表示順）も加味している。どの書店の目録から検索するか迷った時は，一番目の書店目録を引けばまず間違いないようにした（だからと言って「値引き率」が高いとか,「送料」が安いとかを意味するものではありません！）。本当に迷ったら価格比較サイトを使ってほしい。

(6)　「書店」という名称

書店は1990年代末から，チェーン化，大型化が加速する一方で，専門化・細分化も進んでいる。また書籍だけでなくCD，DVD，ゲーム，文房具，カフェ等との複合化も行われており,「書店」以外の名称を用いるのが適当な時代がきているのを感じるが，本書では「書店」を用いた。

(7)　「チェーン」と「フランチャイズ」

書店チェーンは，同一形態のチェーン店（直営店）とフランチャイズ店（加盟店）に区別されるべきではあるが，本書では厳密に区別しないで，同一形態で統一性を持った複数店舗の集合体という意味で「チェーン」に統一した。

(8)　創業・設立年

書店サイトの会社概要・沿革に掲載された年（西暦）を転記した。未掲載の場合は各国の企業データベースや参考文献（後述）によった。不明な場合は推定（西暦の後に「？」を付与）で記入，もしくは「不明」とした。

(9) 取次・書店・定期購読などの「③点数」について

各社運営のウェブサイトに掲載されている数字を転記した。その数字は実店舗で扱っている出版物であったり，あるいはネット店で扱う出版物の数字であったりする場合もある。「titles」に相当する数字は「点」，「volumes」に相当する数字は「冊」，雑誌の場合は「誌」という言葉を使い，必ずしも「点」ではないことがある。

(10) 旗艦店

その書店を代表する店舗を「旗艦店」とした。旗艦店は書店ごとに定めていることが多いが，不明な場合は話題店や大型店舗を代わりに選出した。またカフェが併設されるのは珍しくない。海外の有名なカフェ専業店で時間を過ごすのも有意義ではあるが，高額なため頻繁に入るわけにはいかない。筆者の海外旅行の経験では，カフェ専業店より書店併設のカフェの方が安価に休憩，水分補給できることから，書店サイトに「カフェあり」と謳っている場合は特記や旗艦店の項目に「カフェあり」を入れておいた。ただし，本書に「カフェあり」の記述がなくても実際は併設されている場合もある。

(11) 書店の送料

購入の参考に，ネット書店の送料を掲載すべきところだが，改定が頻繁に行われるので掲載しない。これも自分の目で確認してほしい。

(12) 図書館蔵書目録：時代別目録，政府刊行物，学位論文

原則，図書館そのものではなく，その国のその時代の出版情報を網羅するような全国書誌的目録と複数館による全国総合目録を選出・配置した。既にサービス自体が存在しない目録や書籍のみしか存在しない目録であっても，歴史的意義・書誌の賞味期限内であると認められるものは収録した。

(13) 古版本

西洋の15世紀から16世紀にかけて作られた写本や刊本（インキュナブラや初期刊本）を「古版本」と称した。

(14) 電子図書館

消極的な収録をお許しいただきたい。本編には収録していないが，2008年に国立国会図書館を中心とした電子書籍配信構想（長尾私案）は，出版業界の反発を受けながらも，最終的には官民挙げた最大級の電子図書館が実現する可能性がある。また2012年には出版業界を中心に電子書籍ビジネス拡大を支援する「出版デジタル機構」が設立された。

主な参考文献

各章共通

○国名（英語国名）と基本事項：

・外務省「各国・地域情勢」（http://www.mofa.go.jp/mofaj/area/index.html）

・『データブックオブザワールド』2011 年版　二宮書店，2011，1 冊

○ ISBN 管理機関と国番号：

・International ISBN Agency, "National ISBN Agencies"
（http://www.isbn-international.org/agency）

○ ISSN 管理機関：

・ISSN International Centre, "National Centre"
（http://www.issn.org/2-22666-National-Centres.php）

○全国書誌機関：

・IFLA, "Bibliography Section"（http://www.ifla.org/bibliography）

○出版流通全般

・[欧州出版流通システム調査団編]『欧州出版流通システム調査団報告書』流通システム開発センター，1997，133p

・金平聖之助著『世界の出版流通』サイマル出版会，1970，210p

・蔡星慧『出版産業の変遷と書籍出版流通：日本の書籍出版産業の構造的特質』出版メディアパル，2006，222p　＊本書では参考にできなかったが，2012 年 2 月に増補改訂版

・日本出版学会編『白書出版産業：データとチャートで読む出版の現在』2010，文化通信社，2010，231p

・日本書籍出版協会『総務省委託事業　平成 22 年度新 ICT 利活用サービス創出支援事業　次世代書誌情報の共通化に向けた環境整備』2011-3-31
（http://www.jbpa.or.jp/ict/ict-index.html）

・日本雑誌協会『日本書籍出版協会 50 年史　Web 版』
（http://www.jbpa.or.jp/nenshi/index.html）

○取次選択

・Publishers Global, "Publishing Directory: International Directory of Publishers & Publishing Service Providers（http://www.publishersglobal.com/）

○書店選択

本書で興味を抱いた海外書店の店内やその様子が掲載されていることがあるので，興味を持ったら，これらも手に取っていただきたい。

・能勢仁著『世界の書店をたずねて：23 カ国 115 書店紹介レポート』本の学校・郁文塾，今井書店（発売），2004，191p

・能勢仁著『世界の本屋さん見て歩き：海外 35ヵ国 202 書店の横顔』出版メディアパル，2011，263p

＊上記の増補改訂版。書店選択の参考にさせていただいた。書店を直接訪問されて書かれているのが凄いところである。あえて間違いと思われるところを指摘すると，ノルウェーの「ノリク書店」は「ノルリ書店」，インドのジェーン・ブック・デポット店の写真は間違い（ジェーン・ブック・エージェンシーは別企業），デンマークのガド書店は既に閉店し，出版専業になっている。

・エクスナレッジ編『世界の夢の本屋さん』エクスナレッジ，2011，215p

＊6 カ国 34 書店が紹介されている。オールカラーの大型本

・Deiss, Richard, Kaufhaus der Worte : 222 Buchläden, die man kennen sollte, 5. Aufl., Books on Demand, 2010, 160p.　＊ドイツを中心に世界 222 書店

・「世界の書店から」『外交フォーラム』

＊同雑誌掲載コラム。馴染みの薄い国の書店が紹介されている。社会主義経済破綻後に東欧圏の書店が受けた影響が分かる一級資料。

第 1 回　穴吹充「ベトナム」9(4)，p.95，1996-04

第 2 回　松本洋「ポーランド」9(5)，p.95，1996-05

第 3 回　島田薫「ニュージーランド」9(6)，p.89，1996-06

第 4 回　藁谷栄「モンゴル」9(8)，p.95，1996-07

第 5 回　倉田保雄「南アフリカ」9(9)，p.95，1996-08

第 6 回　飯國有佳子「ミャンマー」9(10)，p.77，1996-09

第 7 回　上村司「アメリカ」9(11)，p.86，1996-10

第 8 回　箕谷優「インド」9(12)，p.69，1996-11

第 9 回　黒神直純「フィンランド」9(13)，p.137，1996-12

第 10 回　阿曽沼和彦「ジャマイカ」10(2)，p.86，1997-02

第 11 回　赤岡晴子「モロッコ」10(4)，p.84，1997-04

第 12 回　島田三津起「フランス」10(5)，p.89，1997-05

第 13 回　富義之「韓国」10(7)，p.78，1997-07

第 14 回　吉村勝明「フィジー」10(8)，p.77，1997-08

第 15 回　欠番

第 16 回　沖田豊穂「カメルーン」10(9), p.69, 1997-09
第 17 回　渡辺尚人「リオデジャネイロ」10(11), p.77, 1997-10
第 18 回　山中啓介「イスタンブール」10(12), p.86, 1997-11
第 19 回　安藤万奈「マドリード」10(13), p.79, 1997-12
第 20 回　長谷川朋範「タシケント」11(1), p.77, 1998-01
第 21 回　工藤博「ブカレスト」11(2), p.97, 1998-02
第 22 回　吉田直久「モントリオール」11(3), p.95, 1998-03
第 23 回　渡辺信之「北京」11(5), p.66, 1998-05
第 24 回　中村和人「ブエノスアイレス」11(6), p.98, 1998-06
第 25 回　安沢隆男「ウィーン」11(7), p.98, 1998-07
第 26 回　田栗英之「ルサカ」11(8), p.61, 1998-08
第 27 回　前田恵理「クアランプール」11(10), p.98, 1998-10
第 28 回　清水保彦「アルマティ」11(12), p.63, 1998-12
第 29 回　松尾昌樹「リヤド」12(2), p.59, 1999-02

・『ネット通販完全ガイド』晋遊社, 2012, 98p
　＊楽天, Amazon 非公式ガイド。裏技が多く紹介されている

○図書館蔵書目録選択

・国立国会図書館専門資料部参考課編著『世界各国の全国書誌：主要国を中心に』改訂増補版, 国立国会図書館, 1995, 144p
・上田修一著『書誌ユーティリティ：新たな情報センターの誕生』日本図書館協会, 1991, 223p
・内藤衛亮［ほか］「日本情報の国際共有に関する研究・文部省科学研究費補助金国際共同研究（課題番号 10044018）平成 11 年度報告, 2000
　(http://www.nii.ac.jp/publications/kaken/HTML1999/1999INDEX-J.html)
・宮澤彰著『図書館ネットワーク：書誌ユーティリティの世界』丸善, 2002, 193p
・シィー・ディー・アイ「諸外国の公共図書館に関する調査報告書」2005
　(http://www.mext.go.jp/a_menu/shougai/tosho/houkoku/06082211.htm)
・国立国会図書館・関西館図書館協力課調査情報係「カレントアウェアネス・ポータル」
　(http://current.ndl.go.jp/)
・科学技術振興機構「情報管理 Web」(http://johokanri.jp/)
・Chalcraft, Anthony, etc., eds., *Walford's guide to reference material*, 7th ed., v. 3, Library Association, 1998, 1186p
　v. 3: Generalia, language and literature, the arts
・Bell, Barbara L., *An annotated guide to current national bibliographies*, 2nd completely rev.

ed., K.G. Saur, 1998, 487p.

・Žumer, Maja, ed., National bibliographies in the digital age : guidance and new directions : IFLA Working Group on Guidelines for National Bibliographies, K.G. Saur, 2009, 140p.

第１章　アジア・オセアニア

・韓維君［等］著『台灣書店風情』生智文化事業，2000，262p

・陸妍君文字，攝影『台灣書店地圖：最豐富的書店散歩地圖』晨星出版，2004，397p

・島崎英威著『中国・台湾の出版事情：初めて解き明かされる中国・台湾の出版界の現状』出版メディアパル，2007，130p

・前田直俊「中国における書誌作成の現状：CIPと全国書誌」『アジア情報室通報』7(2)，pp.2-7，2009

・舘野晳，文嬿珠『韓国の出版事情：初めて解き明かされる韓国出版界の現状』出版メディアパル，2008，2冊

・林明日香「モンゴル国立中央図書館について」『アジア情報室通報』2(3)，pp.5-6，2004

・林明日香「モンゴル国立図書館の現状と将来計画」『カレントアウェアネス』No.306（CA1731），2010（http://current.ndl.go.jp/ca1731）

・小笠原綾「タイの出版，書店，図書館，日本関係機関：出張報告」『アジア情報室通報』6(2)，pp.2-6，2008

・小笠原綾「インドネシアの出版，書店，図書館：出張報告」『アジア情報室通報』6(3)，pp.4-7，2008

・須永恵美子「＜プラクティカル研究情報＞パキスタン書店案内：イスラマバード・ラホール編」『イスラーム世界研究 =Kyoto Bulletin of Islamic Area Studies』3(1)，pp.503-517，2009

・東長靖，岡本多平「＜プラクティカル研究情報＞インド図書館案内」『イスラーム世界研究 = Kyoto Bulletin of Islamic Area Studies』2(2)，pp.329-377，2009

・二宮文子「＜プラクティカル研究情報＞インド図書館案内」『イスラーム世界研究 =Kyoto Bulletin of Islamic Area Studies』2(1)，pp.337-346，2008

・楠田武治報告「第19回ニューデリー国際ブックフェア」（http://www.pace.or.jp/6-09%20newdelhi.pdf）

・西願博之「インドの出版事情と図書館：出張報告」『アジア情報室通報』8(2)，pp.2-9，2010

・西願博之「インドの情報源とその理由」『情報の科学と技術』62(1)，pp.2-7，2012

・坂井華奈子「インド　現地資料の収集」『情報の科学と技術』62(1)，pp.8-15，2002

・Dzhigo, A.A. & Teplitskaya, A.V., “Status of national bibliographies in the CIS countries of Central Asia,” in: IFLA Retrieved July 23, 2006

（http://archive.ifla.org/IV/ifla72/papers/109-Dzhigo_Teplitskaya-en.pdf）

・大西啓子「カザフスタンの出版事情と図書館：出張報告」『アジア情報室通報』6(4)[2008.12] pp.2-5 [full text]

・“Обзор книжного рынка РК” [Review of the book market RK], in: Gazeta.kz, 2010-07-30（http://articles.gazeta.kz/art.asp?aid=312587） ＊カザフスタンの出版流通事情

・БРИЦКАЯ, Елена, “Потребители предпочитают детективы [Britske, Elena, "Consumers prefer to detectives," in: Kursiv.kz, 2008-2-21
（http://www.kursiv.kz/1195200719-potrebiteli-predpochitajut-detektivy.html）
＊カザフスタンの出版流通事情

第2章　ヨーロッパ

・酒井由紀子，クリステル・マーンケ編『ドイツにおける学術情報流通：分散とネットワーク』日本図書館協会，2008，259p

・橋元博樹「大型チェーン書店の台頭と独立系書店の行方：ポーランド出版事情」WEB大学出版，第 80 号，2009（http://www.ajup-net.com/web_ajup/080/80T4.shtml）

・橋元博樹報告「第 54 回ワルシャワ国際ブックフェア」
（http://www.pace.or.jp/2-09%20warsaw.pdf）

・日仏図書館情報学会編『フランス図書館の伝統と情報メディアの革新』勉誠出版，2011，262p

・van der Klis, Hans, Het Amsterdams boekhandelsboek, Bas Lubberhuizen, 2008, 183p.

・宍道勉著『イタリアの図書館』今井書店鳥取出版企画室，2008，258p

・Ungureanu, Larisa, “Librariile Chisinaului,” in: Moldova Azi, 2006-03-24
（http://web.archive.org/web/20060614233133/http://azi.md/comment?ID=38578）
上記の翻訳
モルドバに日本の本を贈ろう企画：「本」を通じて交流を深めよう！
「モルドバ書店事情」（2006-3-30）（http://jp2md.blog49.fc2.com/blog-entry-28.html）

・University Library, University of Illinois at Urbana-Champaign, “Slavic, Eurasian, and East European Collections”（http://www.library.illinois.edu/spx/）

第3章　アメリカ

・金平聖之助著『アメリカの出版・書店』ぱる出版，1992，266p

・賀川洋著『出版再生：アメリカの出版ビジネスから何が見えるか』文化通信社，2001，237p

・Indij, Guido Julián, The book of books : Buenos Aires bookstore guide, Asunto Impreso Ediciones, 2009, 189p

・Garcia, Glaucia, "Uma breve história das livrarias paulistanas," São Paulo Antiga, 23/06/2010.（http://www.saopauloantiga.com.br/uma-breve-historia-das-livrarias-paulistanas/）

第４章　中東・アフリカ

・平松亜衣子，堀拔功二「＜プラクティカル研究情報＞湾岸アラブ諸国書店案内：クウェート編」『イスラーム世界研究 =Kyoto Bulletin of Islamic Area Studies』2(2)，pp.378-387，2009-03

・堀拔功二「＜プラクティカル研究情報＞湾岸アラブ諸国書店案内：アラブ首長国連邦・カタル・バハレーン編」『イスラーム世界研究 =Kyoto Bulletin of Islamic Area Studies』1(2)，pp.464-471，2007

・邊見由起子「エジプトとトルコの出版事情：出張報告」『アジア情報室通報』5(2)，pp.5-8，2007

・三沢伸生「＜プラクティカル研究情報＞トルコの書籍・書店事情（2009 年度）」『イスラーム世界研究 =Kyoto Bulletin of Islamic Area Studies』3(2)，pp.509-535，2010

・日本学術振興会カイロ研究連絡センター編『カイロ書店案内』日本学術振興会カイロ研究連絡センター，2004，123p

・「アフリカにおける全国書誌の現状」『カレントアウェアネス E』No.114（E695），2007（http://current.ndl.go.jp/e695）

・Knutsen, Unni, Survey on the state of national bibliographies in Africa, 2007（http://archive.ifla.org/VII/s12/pubs/Survey-Africa-report.pdf）

その他

日経ビジネスオンライン WEB DIGNIO（http://special.nikkeibp.co.jp/dignio/column/）

連載コラム「World Bookstore Now」

第１回　朽木ゆり子「電子書籍人気にも負けない，N.Y. の地元密着書店」October 7, 2010

第２回　浅野素女「パリの街に息づく，新世代の独立系書店」December 6, 2010

第３回　柳沢有紀夫「豪快な国の三重苦―ブリスベン」January 27, 2011

第４回　原口純子「文化人のサロン的役割も果たす，北京の書店」April 7, 2011

第５回　増田幸弘「常連に支えられるプラハの小さな書店」June 15, 2011

第６回　吉村峰子「南アフリカの書店事情は先進国とは大きく異なる」September 1, 2011

第７回　長坂道子「街の交流となごみの場，チューリッヒの書店」November 17, 2011

第８回　西川桂子「書籍の価格に悩む，バンクーバーっ子の救世主」December 22, 2011

＊コラムの第１回目と第２回目は既に読めなくなっており，その他とした。

第1章

アジア・オセアニア

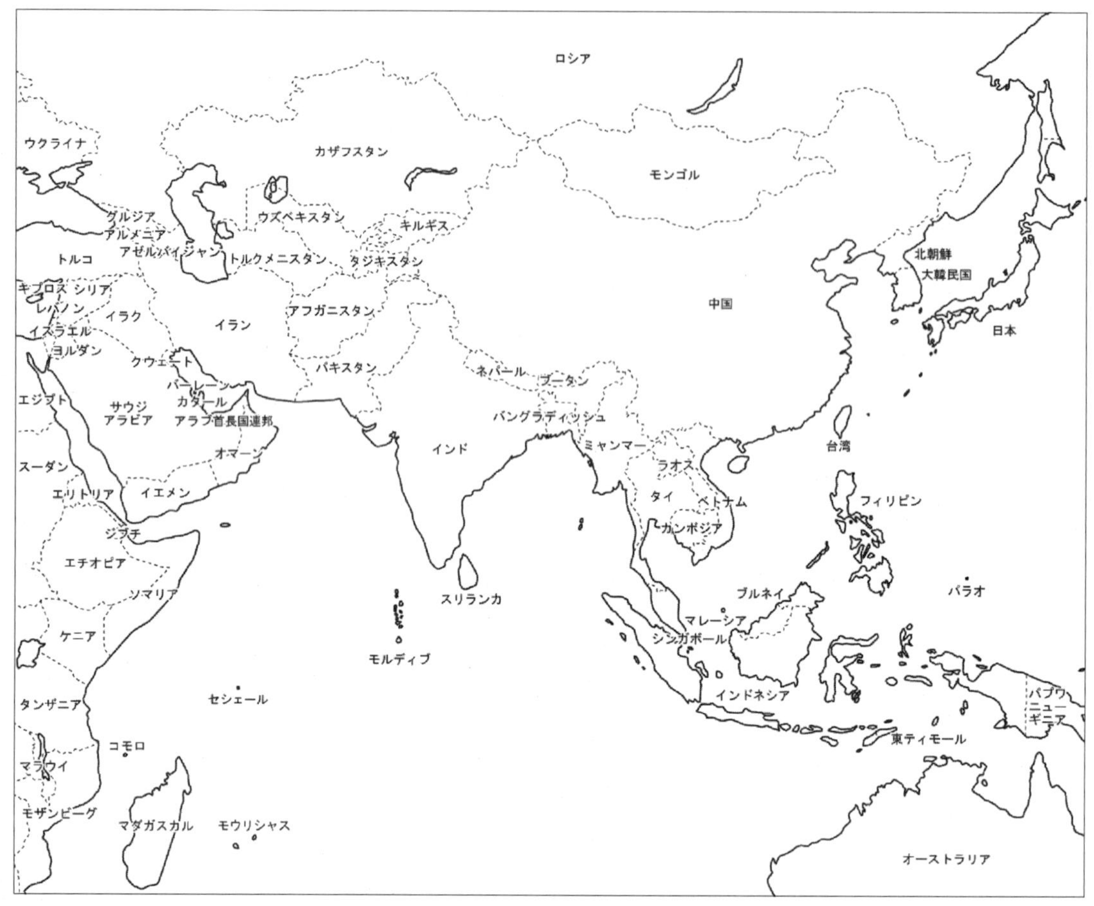

■アジア・オセアニア地区の主な図書館間国際協力

・アジア・オセアニア国立図書館長会議（CDNLAO）

各国の国立図書館長が一堂に会する国立図書館長会議（CDNL）のアジア・オセアニア地域版。国立図書館の相互協力，図書館振興を目指して1979年に発足し，3年に1度開催される。日本からは国立国会図書館が参加している。

・アジア太平洋地域議会図書館長協会会議（APLAP）

IFLAシドニー大会（1988年）における議会図書館分科会が地域別会議を機縁として誕生した。アジア太平洋地域の議会図書館が結集し，地域内の相互連携を図る。

1.1 東アジア

1 日本国

Japan

1. 基本事項

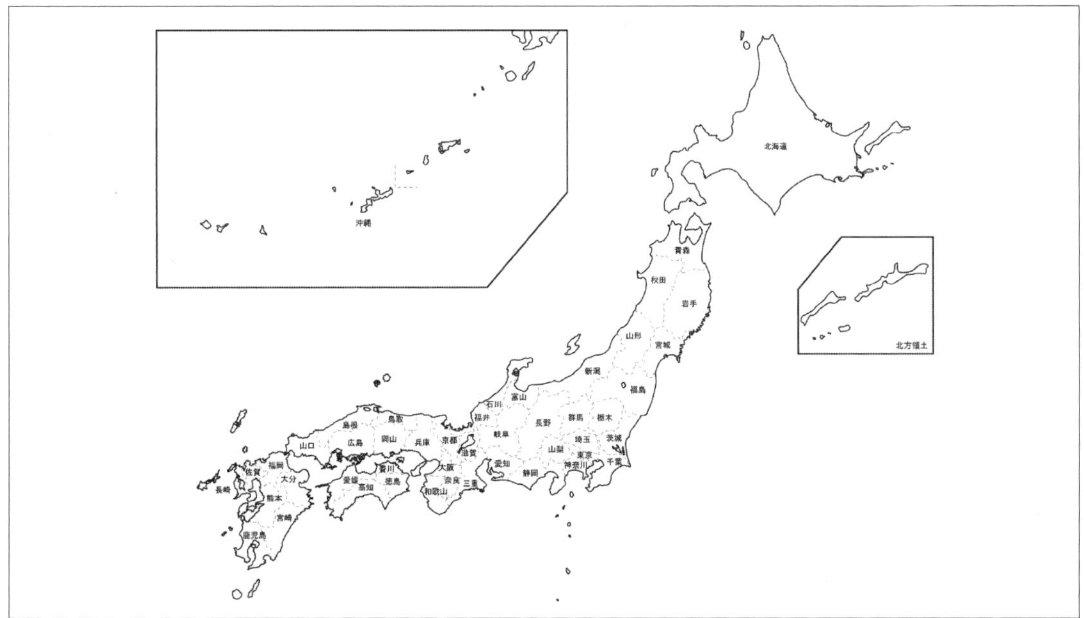

首都 東京

政体 立憲君主制（複数の見解あり）

元首 天皇（複数の見解あり）

宗教 仏教，神道，キリスト教など

言語 日本語

通貨 円

時差

ccTLD .jp

再販制度 書籍の価格拘束あり

ISBN 管理機関 日本図書コード管理センター

ISSN 管理機関 ISSN 日本センター

全国書誌作成機関 国立国会図書館

ISBN 国番号 978-4

出版点数 77,773 点（2010）

2. 概要

日本では取次主導の書籍と雑誌の統合流通が行われている。出版社と小売店（書店等）は全体として中小零細企業である。その一方で，大手出版社の出版点数とその売上げが上位を占めたり，あるいは取次上位 3 社の売上げの集中度が 8 割を超えたりして寡占状況が発生している。また出版社や取次本社の約 8 割が東京圏に集中している。（参考文献：蔡星慧著『出版産業の変遷と書籍出版流通』（出版メディアパル，2006））

3. 販売目録

Books.or.jp

①商品：書籍　②収録件数：9,400 出版社，90 万件（新刊のみ。絶版・品切れ含まず）　③収録年：　④運営元：日本書籍出版協会　⑤特記：1977 年に

出版開始された『日本書籍総目録』のウェブ版。ウェブ版は1997年に公開。冊子体は2001年終刊。同協会は関連団体とともに出版情報のインフラ整備の一環としてJPO近刊情報センターを設立した　⑥URL：http://www.books.or.jp/

雑誌新聞総かたろぐ

①商品：雑誌　②収録件数：1万3千出版社，2万1千誌　③収録年：　④運営元：メディア・リサーチ・センター　⑤特記：1978年に創刊された冊子体・最新版の簡易検索。詳細事項については年刊の同名冊子体を参照する必要がある　⑥URL：http://www.media-res.net/pp_index/index.html

hon.jp

①商品：電子書籍　②収録件数：1,200出版社，22万点　③収録年：　④運営元：hon.jp　⑤特記：運営元の主要株主は出版社インプレスホールディングス。携帯対応サイトあり　⑥URL：http://hon.jp/

本屋さんへ行こう！

①商品：紙書籍　②収録件数：90万件（新刊のみ）③収録年：　④運営元：日本書店商業組合連合会 ⑤特記：同会には日本約6,300書店が加盟している。書店，読者に対する書誌情報，商品情報の提供を行う一方で，1989年からデータベースを構築し2002年から日書連MARCの提供も行っている。同会のデータベースを利用し，在庫目録として公開している書店も少なくない　⑥URL：http://www.shoten.co.jp/nisho/

Book

①商品：書籍　②収録件数：120万件　③収録年：1986年～　④運営元：日外アソシエーツ　⑤特記：本の「目次」や「帯情報」を収録する『BOOKPAGE　本の年鑑』を累積したデータベース（有償）。日本の主要ネット書店の目録データの一部としても利用されている（当然無償）　⑥URL：http://www.kinokuniya.co.jp/（無償例）

4．出版流通　取次・書店・定期購読

<取次>

トーハン

①業種：書籍・雑誌取次　②創業・設立：1949年 ③点数：　④特記：戦前に存在した日本出版配給を前身とする2大取次の一つ。1991年までは東京出版販売。埼玉県桶川市に在庫80万点，1,800万冊を管理可能な世界最大級の書籍物流施設「トーハン桶川SCMセンター」を開設。2000年にはネット書店e-hon設立（前身「本の探検隊」は1996年）　⑤店舗数：　⑥旗艦店：　⑦在庫検索：　⑧URL：http://www.tohan.jp/；http://www.e-hon.ne.jp/（書籍・雑誌販売）

日本出版販売（日販）

①業種：書籍・雑誌取次　②創業・設立：1949年 ③点数：　④特記：戦前に存在した日本出版配給を前身とする2大取次の一つ。2002年に中取次4社と共同で埼玉県蓮田市に敷地面積2万2千㎡の出版共同流通を設立し，出版物の円滑な流通を目指す。1999年に設立したネット書店「本やタウン」は2011年に「Honya Club」に更新された　⑤店舗数：　⑥旗艦店：　⑦在庫検索：可能（要登録）。「Honya Club」参加書店の一部についてのみ店頭在庫の有無が確認できる　⑧URL：http://www.nippan.co.jp/；http://www.honyaclub.com/（販売）

図書館流通センター

①業種：取次　②創業・設立：1979年　③点数：④特記：図書館専門取次として創業。2000年にネット書店bk1（ビーケーワン）を複数社との共同出資で開店。2010年に丸善と共同持株会社CHI

グループを設立する。TRC MARC は全国の公共図書館界で 8 割のシェアを誇る。bk1 の目録には同社の内容細目（全集・著作集の収録作品）と目次情報ファイルが含まれており有用である　⑤店舗数：　⑥旗艦店：　⑦在庫検索：　⑧ URL：http://www.trc.co.jp/；http://www.bk1.jp/

ビットウェイ
①業種：電子書籍取次　②創業・設立：1999 年　③点数：PC 用 5 万点，携帯用 62 万点　④特記：凸版印刷から 2005 年に分社化。540 出版社の電子書籍を 400 書店サイトに配信　⑤店舗数：　⑥旗艦店：　⑦在庫検索：　⑧ URL：http://www.bitway.co.jp/

地方・小出版流通センター
①業種：取次　②創業・設立：1976 年　③点数：　④特記：大手取次不扱いの地方・小出版社刊行物の流通改善のために設立された。出版目録『あなたはこの本を知っていますか』を 1976 年から刊行している。1981 年に神田に出店したアンテナショップ「書肆アクセス」は 2007 年に閉店した　⑤店舗数：　⑥旗艦店：　⑦在庫検索：　⑧ URL：http://neil.chips.jp/

<書店>
丸善 CHI ホールディングス
①業種：書店連合　②創業・設立：2010 年　③点数：　④特記：大手印刷会社・大日本印刷の子会社。2010 年に丸善株式会社と図書館流通センターの経営統合により共同持株会社「CHI グループ株式会社」が誕生。2011 年にジュンク堂書店，丸善書店，雄松堂書店を子会社化した　⑤店舗数：　⑥旗艦店：　⑦在庫検索：　⑧ URL：http://www.maruzen-chi.co.jp/

丸善書店
①業種：書店チェーン　②創業・設立：1869 年　③点数：　④特記：1870 年に東京日本橋に 1 号店を開店した老舗書店　⑤店舗数：47 店舗　⑥旗艦店：複合商業施設・丸の内オアゾ店は 4 フロア。レストランあり　⑦在庫検索：可能　⑧ URL：http://www.maruzen.co.jp/；http://zaiko.maruzen.co.jp/tenpo_stock/（在庫）

紀伊國屋書店
①業種：書店チェーン　②創業・設立：1927 年　③点数：　④特記：有力書店チェーンの一つ。8 か国に出店している　⑤店舗数：65 店舗＋海外 24 店舗　⑥旗艦店：新宿南店は 6 フロア。関西の梅田本店は 3,000㎡に在庫 80 万冊　⑦在庫検索：配架場所まで表示　⑧ URL：http://www.kinokuniya.co.jp/；http://www.kinokuniya.co.jp/store/（在庫）

三省堂書店
①業種：書店チェーン　②創業・設立：1881 年　③点数：　④特記：有力書店チェーンの一つ　⑤店舗数：36 店舗＋海外 5 店舗　⑥旗艦店：神保町本店は 6 フロア総売り場面積 4,150㎡に 140 万冊の在庫　⑦在庫検索：3 店のみ可能　⑧ URL：http://www.books-sanseido.co.jp/

ジュンク堂書店
①業種：書店チェーン　②創業・設立：1963 年　③点数：　④特記：神戸に本社を持つ有力書店チェーン。駅からやや離れた大型店舗が多い。2010 年から丸善と共同で「丸善 & ジュンク堂書店」を出店している　⑤店舗数：30 店舗程度＋台湾 2 店＋パリ 1 店　⑥旗艦店：「MARUZEN & ジュンク堂」名の梅田店は面積 6,800㎡に在庫 200 万冊　⑦在庫検索：丸善の在庫と配架場所まで表示　⑧ URL：http://www.junkudo.co.jp/

文教堂書店

①業種：書店チェーン　②創業・設立：1949年　③点数：　④特記：本社は神奈川県川崎市高津区。日本最大の直営書店チェーンとのことである　⑤店舗数：182店舗　⑥旗艦店：神奈川県溝ノ口本店は3フロア　⑦在庫検索：不可　⑧URL：http://www.bunkyodo.co.jp/

旭屋書店

①業種：書店チェーン　②創業・設立：1946年　③点数：　④特記：大阪市に本社を持つ書店チェーン　⑤店舗数：21店舗＋海外3店舗　⑥旗艦店：大阪市梅田本店は7フロア（2011年末で建替のため閉店し，2015年再オープンと予告）　⑦在庫検索：可能　⑧URL：http://www.asahiya.com/

宮脇書店

①業種：書店チェーン　②創業・設立：1947年　③点数：　④特記：香川県高松市に本拠を置く書店チェーン。中小規模の書店が多い　⑤店舗数：300店舗程度　⑥旗艦店：総本店「宮脇カルチャースペース」は6フロアの展示面積6,200㎡に在庫60万点　⑦在庫検索：総本店のみ可能　⑧URL：http://www.miyawakishoten.com/

TSUTAYA（蔦屋書店）

①業種：メディアチェーン　②創業・設立：1983年　③点数：　④特記：親会社はCCCグループのカルチュア・コンビニエンス・クラブ　⑤店舗数：1,281店舗（書店なし含む）　⑥旗艦店：渋谷店，名古屋栄店，大阪・戎橋店，福岡・天神店，札幌琴似店，札幌大通店，仙台駅前店　⑦在庫検索：可能　⑧URL：http://www.ccc.co.jp/；http://www.tsutaya.co.jp/（販売・レンタル）

コーチャンフォー

①業種：書店チェーン　②創業・設立：1978年　③点数：　④特記：北海道を拠点とするリライアブルグループが運営する書籍・文具・ミュージック・カフェの4施設からなる郊外型の大型複合店　⑤店舗数：9店舗（北海道）　⑥旗艦店：札幌新川通り店は1フロアの売り場面積8,600㎡（書籍4,100㎡＋文具コーナー2,200㎡）　⑦在庫検索：可能　⑧URL：http://www.coachandfour.ne.jp/

八重洲ブックセンター

①業種：書店チェーン　②創業・設立：1978年　③点数：　④特記：鹿島建設グループ傘下の首都圏に展開する書店チェーン。開店当時は流通書籍すべてを常備する構想のもと開店した　⑤店舗数：11店舗　⑥旗艦店：八重洲本店は9フロアに在庫150万冊。カフェあり　⑦在庫検索：不可　⑧URL：http://www.yaesu-book.co.jp/

東京都書店案内

①業種：書店連合　②創業・設立：2007年　③点数：　④特記：東京都書店商業組合青年部が作成したリアルタイム在庫検索　⑤店舗数：　⑥旗艦店：　⑦在庫検索：東京都書店商業組合全店650店舗を含む1,000店のうち30店舗の在庫表示あり　⑧URL：http://www.tokyo-shoten.or.jp/

Amazon.co.jp

①業種：ネット書店　②創業・設立：2000年　③点数：　④特記：運営はアマゾンジャパン。日本進出に当たっては中取次の大阪屋と提携したが，2008年から日販より書籍の供給を受ける。6つの専用倉庫を持つ。試読サービス（Look Inside!）あり　⑤店舗数：　⑥旗艦店：　⑦在庫検索：在庫表示あり　⑧URL：http://www.amazon.co.jp/

政府刊行物／官報／官報公告

①業種：書店　②創業・設立：1955 年　③点数：9 万 6 千点　④特記：運営は全国 48 か所の官報販売所の出資により設立された全国官報販売協同組合　⑤店舗数：サービスセンター10 店舗＋各地の販売所　⑥旗艦店：　⑦在庫検索：　⑧ URL：http://www.gov-book.or.jp/

＜電子書籍＞

電子文庫パブリ

①業種：電子書籍書店　②創業・設立：2000 年　③点数：1 万 8 千点　④特記：大手 21 出版社が参加した電子文庫出版社会を母体とし，現在 43 社が加盟する日本電子書籍出版社協会が運営する。ドットブックと XMDF に両形式に対応。iPhone と Android アプリあり　⑤店舗数：　⑥旗艦店：　⑦在庫検索：　⑧ URL：http://www.paburi.com/

電子書店パピレス

①業種：電子書籍書店　②創業・設立：1995 年　③点数：450 出版社，16 万点　④特記：日本最大の電子書籍販売サイト（同サイトより）。PDF と XMDF に対応。電子チケット 100 円分で 48 時間利用可能な「電子貸本 Renta!」サービスを 2009 年から開始し，これのみ iPhone アプリがある　⑤店舗数：　⑥旗艦店：　⑦在庫検索：　⑧ URL：http://www.papy.co.jp/

＜雑誌＞

MagDeli

①業種：雑誌販売　②創業・設立：1994 年　③点数：3,000 誌程度　④特記：運営は日販グループの日販アイ・ピー・エス　⑤店舗数：　⑥旗艦店：　⑦在庫検索：　⑧ URL：http://www.magdeli.jp/

富士山マガジンサービス

①業種：雑誌販売　②創業・設立：2002 年　③点数：9,000 誌（3,000 誌）　④特記：バックナンバー，デジタル雑誌も扱う。主要株主には CCC，トランスコスモス，ngi group。iPhone アプリあり　⑤店舗数：　⑥旗艦店：　⑦在庫検索：　⑧ URL：http://www.fujisan.co.jp/

セブンネットショッピング雑誌

①業種：雑誌販売　②創業・設立：1999 年　③点数：3,000 誌程度　④特記：運営はセブン＆アイ・ネットメディア，ヤフー，トーハンの共同出資会社。モールの一部門。電子書籍販売も開始　⑤店舗数：　⑥旗艦店：　⑦在庫検索：　⑧ URL：http://www.7netshopping.jp/magazine/

＜古書店総合目録＞

Book Town じんぼう

①業種：書店連合　②創業・設立：2005 年（サイト公開）　③点数：　④特記：神田古書店連盟が協力した「本の街」神田神保町の公式サイト。神田神保町古書街は 1880 年代の近隣大学の開学とともに形成された　⑤店舗数：176 店舗（紹介）　⑥旗艦店：　⑦在庫検索：古書店 52 店，新刊書店 6 店　⑧ URL：http://jimbou.info/

日本の古本屋（全国古書籍商組合連合会）

①業種：書店連合目録　②創業・設立：1947 年　③点数：600 万点　④特記：「ほしい本が見つかる。買える。毎日新しい国内最強の古書データベース」　⑤店舗数：900 書店（参加）　⑥旗艦店：　⑦在庫検索：　⑧ URL：http://www.kosho.or.jp/

Bookget

①業種：古書籍価格比較　②創業・設立：2004 年　③点数：　④特記：運営は愛知県名古屋市に本拠

を構えるクリックアシスト（ClickAssist）。主要古書サイトを横断検索する ⑤店舗数：16 サイト ⑥旗艦店： ⑦在庫検索： ⑧ URL：http://bookget.net/

5. 図書館蔵書目録 時代別

<-1868>

日本古典籍総合目録

①管理運営：国文学研究資料館 ②作成・参加館：193 機関 ③検索対象：和古書・古典籍 ④レコード件数：著作約 46 万 2 千件，著者約 6 万 9 千件，書誌約 47 万 7 千件 ⑤書誌データフォーマット： ⑥特記：『國書總目録』，『古典籍総合目録』，国文学研究資料館の和古書目録データ・マイクロ資料目録を収録した「新国書総目録」 ⑦ URL：http://www.nijl.ac.jp/pages/database/

<1868-1912>

近代文献情報データベース

①管理運営：国文学研究資料館 ②作成・参加館：62 館 ③検索対象：図書 ④レコード件数：7 万件 ⑤書誌データフォーマット： ⑥特記：明治以降の文献資料調査によって得られた書誌情報と明治初期の新聞・雑誌等に掲載された出版物の広告集成 ⑦ URL：http://school.nijl.ac.jp/kindai/

<1868- >

国立国会図書館サーチ（旧 NDL Search）

①管理運営：国立国会図書館 ②作成・参加館：単館 ③検索対象：図書，雑誌，雑誌記事，電子図書など ④レコード件数：和書 407 万件，洋書 121 万件，雑誌 19 万件，雑誌記事 1 千万件，電子図書 57 万件（うち全文提供 24 万件） ⑤書誌データフォーマット：JAPAN/MARC MARC21 ⑥特記：『日本全国書誌』相当。前身の帝国図書館時代（明治期から昭和戦前・戦中まで）の納本体制が現在と同程度に確立されていたとは言い難いので，他の冊子体の書誌や所蔵目録を併用すべきである。また他機関の蔵書や電子図書館なども一括検索可能である ⑦ URL：http://iss.ndl.go.jp/

ゆにかねっと

①管理運営：国立国会図書館 ②作成・参加館：1,105 館（うちデータ提供館 67 館） ③検索対象：図書 ④レコード件数：1,090 万件 ⑤書誌データフォーマット：JAPAN/MARC ⑥特記：1994 年から 1997 年まで行われた情報処理振興事業協会（当時）と国立国会図書館の共同実験である「パイロット総合目録ネットワーク・プロジェクト」を前身とする。公共図書館の和図書の総合目録ネットワーク。国立国会図書館，都道府県立図書館，政令市立中央図書館の蔵書を一括検索可能である ⑦ URL：http://iss.ndl.go.jp/

CiNii Books（NACSIS-CAT）

①管理運営：国立情報学研究所 ②作成・参加館：1,250 館 ③検索対象：図書，雑誌，雑誌記事 ④レコード件数：図書 956 万件，雑誌 32 万件 ⑤書誌データフォーマット：NACSIS CATP MARC ⑥特記：国立情報学研究所の前身は 1983 年から東京大学文献情報センター，1986 年より学術情報センター，2000 年から現行名となった。大学図書館を対象とする総合目録は 1985 年から開始された。CiNii の別サービスである CiNii Article は雑誌記事索引と紀要目次、および全文を提供する ⑦ URL：http://ci.nii.ac.jp/books/

カーリル

①管理運営：Nota ②作成・参加館：5,500 館 ③検索対象：図書 ④レコード件数： ⑤書誌データフォーマット： ⑥特記：館種を問わず全国の図書館の蔵書情報と貸出状況を簡単に検索でき

る。Amazon.co.jp および複数の書誌データベースを利用している　⑦URL：http://calil.jp/

JST資料所蔵目録

①管理運営：科学技術振興機構　②作成・参加館：単館　③検索対象：全科学技術分野の雑誌　④レコード件数：国内2万2千件，国外1万8千件　⑤書誌データフォーマット：　⑥特記：NDLやNACSIS-CATで見つけられないような会議資料や公共資料も検索可能である　⑦URL：http://opac.jst.go.jp/

全国新聞総合目録

①管理運営：国立国会図書館　②作成・参加館：1,300機関　③検索対象：新聞　④レコード件数：4万件　⑤書誌データフォーマット：JAPAN/MARC？　⑥特記：新聞原紙のほか，マイクロ資料，縮刷版，復刻版・複製版，電子資料等さまざまな形態の新聞資料を収録している　⑦URL：http://sinbun.ndl.go.jp/

東京マガジンバンク

①管理運営：東京都立多摩図書館　②作成・参加館：単館　③検索対象：雑誌　④レコード件数：1万6千件　⑤書誌データフォーマット：　⑥特記：2009年に開館した雑誌専門図書館。継続受入雑誌は約5,800誌。1983年以降に創刊された3,000誌の創刊号コレクションもある　⑦URL：http://www.library.metro.tokyo.jp/

＜学位論文＞

博士論文書誌データベース

①管理運営：国立国会図書館，国立情報学研究所　②作成・参加館：　③検索対象：博士論文　④レコード件数：56万件　⑤書誌データフォーマット：　⑥特記：国公私立大学等で授与された博士号の学位論文の書誌検索　⑦URL：http://dbr.nii.ac.jp/

JAIRO

①管理運営：国立情報学研究所　②作成・参加館：183機関　③検索対象：雑誌・紀要論文，学位論文，研究報告など　④レコード件数：学位論文6万件　⑤書誌データフォーマット：　⑥特記：国公私立大学の機関リポジトリに収録された学位論文の全文検索　⑦URL：http://jairo.nii.ac.jp/

＜電子図書館＞

近代デジタルライブラリー

①管理運営：国立国会図書館　②作成・参加館：単館　③検索対象：電子化図書など　④レコード件数：57万件，インターネット公開24万件　⑤書誌データフォーマット：　⑥特記：同館が所蔵する明治・大正・昭和前期刊行図書のデジタル画像　⑦URL：http://kindai.ndl.go.jp/index.html

青空文庫

①管理運営：青空文庫　②作成・参加館：単館　③検索対象：電子テキスト　④レコード件数：1万1千件，インターネット公開24万件　⑤書誌データフォーマット：　⑥特記：著作権の消滅した作品と「自由に読んでもらってかまわない」とされた作品を，テキストとXHTML（一部はHTML）形式で提供する。収録蔵書は，明治から昭和初期の作品が大部分　⑦URL：http://www.aozora.gr.jp/

2 大韓民国（韓国）

Republic of Korea

1. 基本事項

首都　ソウル

政体　民主共和国

元首　大統領

宗教　仏教，プロテスタント，カトリック

言語　韓国語

通貨　ウォン

時差　なし

ccTLD　.kr

再販制度　書籍の価格拘束あり（時限再販？）

ISBN管理機関　韓国文献番号センター

ISSN管理機関　韓国文献番号センター

全国書誌作成機関　国立中央図書館

ISBN国番号　978-89

出版点数　42,191点（2009）

2. 概要

韓国では書籍と雑誌の流通は別々に行われている。雑誌流通は雑誌出版社が書店を通して販売したり，読者への定期購読サービスを行ったりしている。一方書籍については有力取次の影響力が大きくないため，2000年代に入ってから出版社と書店の直接取引ルートと通常ルート（出版社→取次→書店）の割合が6対4と逆転した。また2003年からネット書店には一定範囲での割引販売が法的に認可され，2008年からは非ネット書店（店舗書店）にも適用され熾烈な価格競争が行われている。

（参考文献：舘野晳，文嬿珠共著『韓国の出版事情』（出版メディアパル，2008））

3. 販売目録

出版流通振興院・書籍情報検索サービス

①商品：書籍，雑誌，CD，ビデオ，電子書籍　②収録件数：　③収録年：　④運営元：出版流通振興院　⑤特記：同院は2003年設立。政府機関や出版流通関連団体，民間企業などで構成されている（日本のJPO日本出版インフラセンターに相当

する)。出版産業の発展に寄与し，知識基盤社会の国家競争力強化に貢献する出版流通情報システムを運営する　⑥ URL：http://www.booktrade.or.kr/search/search.jsp

定期刊行物登録

①商品：雑誌　②収録件数：12,081 点（新聞 673 点，週刊誌 2,868 点，月刊誌 3,936 点ほか）　③収録年：1964 年以降　④運営元：韓国専門新聞協会　⑤特記：創刊や廃刊誌・紙からも検索可能　⑥ URL：http://www.kosna.or.kr/info/deliver_search.asp

ISSN 検索

①商品：雑誌　②収録件数：　③収録年：　④運営元：国立中央図書館政策資料および ISSN センター　⑤特記：韓国 ISSN センターに登録された雑誌が検索可能である　⑥ URL：http://www.nl.go.kr/isbn/issn/search.jsp

Magazine World

①商品：雑誌　②収録件数：871 誌　③収録年：　④運営元：ネット関連企業 MTWONET が 1998 年に開始　⑤特記：最新号の目次等を提供する　⑥ URL：http://www.magazineworld.co.kr/

電子書籍統合検索

①商品：電子書籍　②収録件数：25 万 7 千点　③収録年：　④運営元：韓国電子出版協会 KEPA　⑤特記：協会登録の電子書籍の検索が可能である　⑥ URL：http://www.kepa.or.kr/Search/

4. 出版流通　取次・書店・定期購読

<取次>

Booxen

①業種：取次　②創業・設立：1997 年　③点数：　④特記：親会社は生活環境家電，教育出版，太陽エネルギー，建設，化学繊維など 8 事業を展開する熊津（Woongjin）グループ。2,100 出版社，1,900 書店と取引を行う。坡州出版団地に敷地面積約 2 万 2 千坪に物流センターを配置　⑤店舗数：　⑥旗艦店：　⑦在庫検索：　⑧ URL：http://www.booxen.com/

송인서적［松仁書籍］

①業種：取次　②創業・設立：1959 年　③点数：　④特記：1998 年のアジア通貨危機の煽りを受け倒産，その後再建。2003 年に統合化出版社流通情報検索サービスを開始。2010 年に坡州出版団地に新社屋　⑤店舗数：　⑥旗艦店：　⑦在庫検索：　⑧ URL：http://www.song-in.co.kr/

한국출판물류［韓国出版流通］

①業種：取次　②創業・設立：2001 年　③点数：　④特記：韓国最古の取次・韓国出版協同組合（1958 年創設）の子会社。2001 年に韓国出版物流センターとして設立。2008 年から現社名。1,000 出版社と 450 書店と取引。坡州出版団地に敷地面積約 1 万 6 千坪に倉庫と物流センターを配置　⑤店舗数：　⑥旗艦店：　⑦在庫検索：　⑧ URL：http://www.koreabook.org/

명문사［名門社］

①業種：取次　②創業・設立：1985 年　③点数：雑誌 900 誌　④特記：ソウルに本拠を置く国内雑誌・書籍の販売代理店。社員は 30 人未満で会社の規模は小さい　⑤店舗数：　⑥旗艦店：　⑦在庫検索：　⑧ URL：http://www.koreabook.org/

坡州出版団地

①業種：出版団地　②創業・設立：2005 年　③点数：　④特記：京畿道坡州市交河邑一帯の 160 万㎡に造成された国家文化産業団地。1989 年に「知

識と情報を創出する中心基地」として建設開始され2005年に完成。600社の出版関連の企業が入居。「Asia Publication Culture & Information Center」には，ブックカフェ，古本屋，ギャラリー，レストランなどが集まる ⑤店舗数： ⑥旗艦店： ⑦在庫検索： ⑧URL：http://www.bookcity.or.kr/；http://www.pajubookcity.org/

＜書店＞

교보문고［教保文庫］

①業種：出版社，書店チェーン ②創業・設立：1980年 ③点数： ④特記：ソウルに本社がある教保生命グループ系列の書店。教保文庫にない場合は公共図書館総合目録KOLIS-NETも検索可能となっている ⑤店舗数：24店舗 ⑥旗艦店：教保タワーの地下1階と2階にある江南店は韓国最大規模の書店（11,900㎡） ⑦在庫検索：実店鋪の配置まで表示 ⑧URL：http://www.kyobobook.co.kr/；http://kiosk.kyobobook.co.kr/kioskn/index.laf（在庫）

영풍문고［永豊文庫］

①業種：書店チェーン ②創業・設立：1992年 ③点数： ④特記：本社はソウル特別市鍾路区。親会社は永豊グループ ⑤店舗数：23店舗 ⑥旗艦店：ソウル鐘路の永豊ビルの地下1･2階にある鐘路店の在庫100万冊で一部の図書は全文検索が可能である。セントラルシティー・ヨンプラザの地下1階にある江南店は3,600坪の規模。iPhoneアプリあり ⑦在庫検索：実店鋪の配置まで可能 ⑧URL：http://www.ypbooks.co.kr/

반디앤루니스［Bandi & Luni's Bookstore］

①業種：出版社，書店チェーン ②創業・設立：1988年 ③点数： ④特記：運営はソウル文庫 ⑤店舗数：12店舗 ⑥旗艦店：ソウルCOEXモール店の売場面積は約1万2千㎡ ⑦在庫検索：在庫冊数と配置場所まで表示 ⑧URL：http://www.bandinlunis.com/

리브로［Libro］

①業種：書店チェーン ②創業・設立：1993年 ③点数： ④特記：出版社施工ブックグループ流通の系列会社。目録は要旨から詳細検索可能である ⑤店舗数：13店舗 ⑥旗艦店：明洞店は総面積1,300坪に在庫200万冊 ⑦在庫検索： ⑧URL：http://www.libro.co.kr/

ISBNshop

①業種：ネット書店 ②創業・設立：2006年？ ③点数： ④特記：ネット書店の始まりと進化を肌で直接経験し，実際に本を買って読むことが好きな若い人たちの「理想とするネット書店」を実現する ⑤店舗数： ⑥旗艦店： ⑦在庫検索： ⑧URL：http://www.isbnshop.com/

Noranbook

①業種：書籍価格比較 ②創業・設立：2005年 ③点数： ④特記：スマートフォン対応サイトあり ⑤店舗数：11サイト ⑥旗艦店： ⑦在庫検索： ⑧URL：http://www.noranbook.net/

Naver.com

①業種：書籍価格比較 ②創業・設立：1999年？ ③点数： ④特記：運営は検索エンジン大手Naver。当該資料の国立中央図書館の所蔵検索や一部の本文イメージも提供される ⑤店舗数：8サイト＋電子書籍書店1サイト ⑥旗艦店： ⑦在庫検索： ⑧URL：http://book.naver.com/

Yebbenbook.co.kr

①業種：書籍価格比較 ②創業・設立：2007年

③点数： ④特記：古書も検索可能 ⑤店舗数：12サイト ⑥旗艦店： ⑦在庫検索： ⑧URL：http://www.yebbenbook.co.kr/

Buybook.kr

①業種：書籍価格比較 ②創業・設立：2006年 ③点数： ④特記：登録すると180日間は検索履歴が保存される ⑤店舗数： ⑥旗艦店： ⑦在庫検索： ⑧URL：http://www.buybook.kr/

政府刊行物販売センター

①業種：政府刊行物書店 ②創業・設立：1976年 ③点数： ④特記：政府機関や関連機関が発行する出版物を専門に流通，販売する。代理店の円滑な本の流通や在庫の本の保管業務遂行のために，100坪の物流倉庫を確保 ⑤店舗数： ⑥旗艦店：ソウル新聞社（旧プレスセンター）の販売展示場 ⑦在庫検索： ⑧URL：http://www.gpcbooks.co.kr/

<電子書籍>

바로북［Barobook］

①業種：電子書籍書店 ②創業・設立：1999年 ③点数：出版社100社，作家1,000人と契約して約3万点 ④特記：1997年に電子書籍（eBook）ショッピングモールサービスを開始。1999年から各種電子書籍サービスを展開する。xBook，ePub対応 ⑤店舗数： ⑥旗艦店： ⑦在庫検索： ⑧URL：http://www.barobook.co.kr/

Mekia

①業種：電子書籍書店 ②創業・設立：2011年 ③点数： ④特記：運営は熊津グループのOPMS。2000年に開始され2009年に破綻した大手出版社によるBooktopiaを2010年に買収した。ePub，PDFに対応し，iPhone/iPad/Androidアプリあり ⑤店舗数： ⑥旗艦店： ⑦在庫検索： ⑧URL：http://www.mekia.net/

<雑誌>

Moazine

①業種：電子雑誌書店 ②創業・設立：2007年 ③点数：200点 ④特記：音楽映像サービスPlantynet.comによる運営。タブレットPCやスマートブックに対応予定 ⑤店舗数： ⑥旗艦店： ⑦在庫検索： ⑧URL：http://www.moazine.com/

<古書店総合目録>

북아일랜드［Books Island］

①業種：古書店連合目録 ②創業・設立：2006年 ③点数： ④特記：古書サイトの横断検索。新刊比較は북임팩트（BookImpact） ⑤店舗数：10サイト ⑥旗艦店： ⑦在庫検索： ⑧URL：http://www.bookisland.co.kr/

BooKoa

①業種：古書店連合目録 ②創業・設立：2003年？ ③点数：94万点 ④特記：運営はシャカム(Shakam)。個人売買可能 ⑤店舗数： ⑥旗艦店： ⑦在庫検索： ⑧URL：http://www.bookoa.com/

헌책사랑［古本愛］

①業種：古書販売 ②創業・設立：2002年 ③点数：10万点 ④特記： ⑤店舗数： ⑥旗艦店： ⑦在庫検索： ⑧URL：http://www.usedbooklove.com/

5. 図書館蔵書目録 時代別

< -1945>

韓国古典籍総合目録システム

①管理運営：韓国国立中央図書館 ②作成・参加館：国内52機関，国外33機関 ③検索対象：朝

鮮本 ④レコード件数：42万件 ⑤書誌データフォーマット：KORMARC？ ⑥特記：2004年に韓国古典籍保全協議会会員機関が設立され，2005年度の国家知識情報資源事業として指定を受けシステム構築開始。100万件ともされる内外の古典籍の残り58万件を継続調査・入力を行う。一部全文イメージあり ⑦URL：http://www.nl.go.kr/korcis/

＜1945- ＞

KOLIS-NET

①管理運営：韓国国立中央図書館 ②作成・参加館：514館 ③検索対象：古典籍，図書，雑誌，学位論文など ④レコード件数：175万件 ⑤書誌データフォーマット：KORMARC ⑥特記：2001年に開始。国家資料総合目録データベース（単行本，学位論文，視覚障害者資料），韓国古典的総合目録DB，出版流通振興院書誌も同時に検索可能である ⑦URL：http://www.nl.go.kr/kolisnet/

Unicat

①管理運営：韓国教育学術情報院KERIS ②作成・参加館：600館 ③検索対象：図書，雑誌，学位論文など ④レコード件数：図書710万件，雑誌14万4千件，学位論文149万件など ⑤書誌データフォーマット：KORMARC ⑥特記：1997年から構築開始された大学図書館の総合目録データベース。スマートフォン対応サイトあり ⑦URL：http://unicat.riss4u.net/

국가전자도서관［国家電子図書館］

①管理運営：韓国国立中央図書館 ②作成・参加館：9機関 ③検索対象：図書，雑誌，雑誌記事など ④レコード件数： ⑤書誌データフォーマット：KORMARC ⑥特記：1997年に構築開始。国立中央図書館，国会図書館，裁判所図書館，韓国科学技術院，韓国科学技術情報研究院，韓国教育学術情報院，農村振興庁の農業科学図書館，国家知識ポータル，国防電子図書館の9機関70データベースが横断検索可能である。一部の電子化資料（韓国古書，朝鮮本）については全文が提供される ⑦URL：http://www.dlibrary.go.kr/

WiseCat

①管理運営：韓国科学技術情報研究院KISTIおよび韓国科学技術情報研究院NDSL ②作成・参加館：470館 ③検索対象：雑誌 ④レコード件数：4万5千件 ⑤書誌データフォーマット：KORMARC？ ⑥特記：1968年に韓国科学技術情報センターKORSTICが開始した「外国科学技術雑誌総合目録」が前身。2006年にKISTIとNDSLの両総合目録を統合した ⑦URL：http://wisecat.ndsl.kr/servlet/

韓国雑誌博物館雑誌データベース

①管理運営：韓国雑誌博物館 ②作成・参加館：単館 ③検索対象：雑誌 ④レコード件数：4,600誌 ⑤書誌データフォーマット ⑥特記：ソウル市鍾路区にある同博物館は，韓国雑誌発行100年を記念し，民族の足跡と世代の流れを雑誌に求めて1992年に開館した ⑦URL：http://museum.kmpa.or.kr/search/search_publish.asp

学術情報検索

①管理運営：북한자료센터［北韓資料センター］ ②作成・参加館：単館 ③検索対象：図書 ④レコード件数： ⑤書誌データフォーマット： ⑥特記：同センター所蔵の朝鮮民主主義人民共和国で発行された書籍，関連書籍の検索 ⑦URL：http://unibook.unikorea.go.kr/

3　中华人民共和国

People's Republic of China

1. 基本事項

首都　北京

政体　人民民主共和制

元首　国家主席

宗教　仏教・イスラム教・キリスト教など

言語　漢語（中国語）

通貨　人民元

時差　－1時間

ccTLD　.cn

再販制度　書籍の価格拘束なし

ISBN 管理機関　中国 ISBN 中心

ISSN 管理機関　ISSN 中国国家中心

全国書誌作成機関　国家图书馆

ISBN 国番号　978-7

出版点数　310,719 点（2009）

2. 概要

中国の出版流通は国営・新華書店ルートと民営書店ルートに分かれており，新華書店ルートは2000年代に入っても3分の2を占める。新華書店はスーパー書店化し，民営書店はチェーン店化が進行している。一方雑誌流通は郵便局が卸・小売を行う。（参考文献：島崎英威著『中国・台湾の出版事情』（出版メディアパル，2007））

3. 販売目録

全国出版物发行信息网［全国出版物発行信息網］

①商品：書籍　②収録件数：　③収録年：1949年～　④運営元：中国出版集团（主幹），新华书店总店（主催）　⑤特記：新华书目报や各種出版図書目録（『全国总书目』？）を横断検索させることで1949年から検索可能となったが，次項の书业公共数据交换中心のデータベースの方が使いやすい　⑥ URL：http://www.cpin.com.cn/html/shop/List/List_4.html

中国可供书目数据库［中国可供書目数据庫］

①商品：書籍　②収録件数：200万件（電子書籍20万件）　③収録年：1949年〜　④運営元：中版集団数字传媒/书业公共数据交换中心　⑤特記：2006年に構築開始された中国の出版グループと提携280出版社による新刊目録。書誌情報の他に目次情報等からも検索可能である　⑥URL：http://www.cbip.cn/

中国ISBN信息网：国内图书信息

①商品：書籍　②収録件数：　③収録年：2000年〜　④運営元：中国ISBN中心　⑤特記：運営元は1982年に設立。政府機関の機能と調整の変更から2003年から新闻出版总署条码中心の管理下に置かれた。新闻出版总署の直属機関には，信息中心と中国版本图书馆（1950年設立）があり，国家图书馆と並んで納本図書館となっている。信息中心はCIPデータの作成を，版本图书馆は全国書誌『全国新书目』（年刊版は『全国総书目』）の編集を行っている　⑥URL：http://www.chinaisbn.com/；http://www.cppinfo.cn/（信息中心）

中国书网稀缺代寻分站［中国書網家稀缺代尋分站］

①商品：書籍　②収録件数：　③収録年：1949年を起点とし一般書と古籍（漢籍）に分けている　④運営元：中国书网　⑤特記：稀覯書，絶版書，古雑誌の探索用データベースで詳細な目次情報が付与される。古籍には影印本作成サービスがある　⑥URL：http://copies.sinoshu.com/

指针网［指針網］

①商品：書籍　②収録件数：370万件　③収録年：19？年〜　④運営元：指针网　⑤特記：中国最大の書籍検索エンジン。存在すれば当該書籍の全文（後述する超星），試読サービス，コミュニティ，書評コメント，ダウンロードページにリンクされる　⑥URL：http://www.zhizhen.com/

国内期刊名录＆国内报纸名录

①商品：雑誌，新聞　②収録件数：雑誌9,460件，新聞1,930件　③収録年：　④運営元：中国ISBN中心　⑤特記：雑誌はISSN，新聞は国内统一刊号もしくは邮发（郵発）代号が付与されたものが検索可能　⑥URL：http://www.chinaisbn.com/

中国邮政报刊订阅网［中国郵政報刊訂閲網］

①商品：雑誌　②収録件数4,700誌　③収録年：　④運営元：中国邮政集団運営　⑤特記：雑誌定期購読サービス用データベース　⑥URL：http://bk.183.com.cn/

刊林

①商品：雑誌　②収録件数：7,400誌　③収録年：　④運営元：全国非邮发报刊联合征订服务部　⑤特記：1985年に冊子体『非邮发报刊联合征订目录1986年版』として刊行。1999年からサイト公開　⑥URL：http://www.lhzd.com/

ISSN中国国家中心

①商品：雑誌　②収録件数：1万4千件　③収録年：　④運営元：国家图书馆　⑤特記：ISSNセンターは1985年に設立。登録雑誌が検索可能（書誌はない）　⑥URL：http://www.nlc.gov.cn/newissn/

4. 出版流通　取次・書店・定期購読

<取次>

新华书店总店信息中心

①業種：取次，書店チェーン？　②創業・設立：1937年　③点数：　④特記：中国建国後の1951年に総店が設立された。2003年に民営化。所属する中国出版集団の管理の下，出版物情報ネットワークシステムと企業管理システムを構築する。新

刊案内の「新華書目報」等も1980年から提供している ⑤店舗数：1万4千店舗 ⑥旗艦店：北京・西単にある北京图书大厦は4階建て。在庫80万冊 ⑦在庫検索： ⑧URL：http://www.xinhua1.com/

中国国际图书贸易［中国国際図書貿易］

①業種：書籍輸出入 ②創業・設立：1949年 ③点数：書籍不明，雑誌6,000誌 ④特記：旧中国国际书店。2006年に中国国际出版集团と中国国际出版集团が統合されて誕生。国内外の書籍・雑誌の輸出入を行う ⑤店舗数： ⑥旗艦店： ⑦在庫検索： ⑧URL：http://www.cibtc.com.cn/

<書店>

北发图书网［北発図書網］（北京国际图书城）

①業種：書店連合 ②創業・設立：2007年 ③点数： ④特記：2007年に北京图书大厦（5フロア5,000坪1万6千㎡），王府井新华书店（7フロア17,525㎡），中关村图书大厦等が展開する8ネット書店を統合（リンク）したもの。北京市通州区台湖にある北京出版发行物流中心は地下1階と地上5階の建物で，8万㎡の書店（北京国際図書城），12万5千㎡の物流配送センターと4万5千㎡のサービスセンターからなる中国最大規模の物流センター。書店には全国の出版社560社と海外出版社300社が出店しているが，店内のレイアウトは出版社ごと ⑤店舗数： ⑥旗艦店： ⑦在庫検索：在庫冊数まで表示 ⑧URL：http://www.beifabook.com/

上海新华传媒电子商务［上海新華伝媒電子商務］

①業種：出版，新聞事業，広告代理店，小売・物流 ②創業・設立：2006年（前身1993年） ③点数： ④特記：ネット書店は一城网 ⑤店舗数：200店舗 ⑥旗艦店：上海福州路にある上海書城。27階ビルの6階までの敷地面積1万㎡以上の書店で在庫10万冊以上（2階にカフェあり）。数年内に上海書城の2倍の面積を持つ書店が開店する予定 ⑦在庫検索： ⑧URL：http://www.xhmedia.com/；http://www.001town.com/（ネット書店）

新华文轩出版传媒［新華文軒出版傳媒］

①業種：書店 ②創業・設立：2003年？ ③点数 ④特記：親会社は成都市華盛（集團）實業や四川出版集團など5社。新华文轩は2007年に香港市場に上場し，2009年に成都市武侯に大書店を開店。2010年から現社名。ネット書店は子会社の四川文轩在线电子商务が運営 ⑤店舗数：193店舗 ⑥旗艦店：成都市武侯祠大街店 ⑦在庫検索：ネット書店の在庫表示あり ⑧URL：http://www.winxuan.com/（ネット書店）

席殊书屋［席殊書屋］

①業種：書店チェーン ②創業・設立：1995年 ③点数： ④特記：かつての中国最大の民営書店チェーン。1997年から運営するブッククラブ「席殊好书俱乐部」との連携により拡大路線を取り400都市に600店舗を展開し，国営の新华书店と肩を並べるほどになったが，2007年に破綻した ⑤店舗数： ⑥旗艦店： ⑦在庫検索： ⑧URL：

单向街图书馆 –We Read The World

①業種：書店 ②創業・設立：2006年 ③点数： ④特記：北京市朝陽区にある作家とジャーナリストによる共同出資書店で，各種文化イベントにより文化サロンともなる。2階にカフェあり。大型書店とは違い，専門書店的品揃えのようだ ⑤店舗数：1店舗 ⑥旗艦店： ⑦在庫検索：在庫冊数表示あり ⑧URL：http://www.onewaystreet.cn/；http://onewaystreet.taobao.com/（販売）

光合作用 o2sun

①業種：書店チェーン　②創業・設立：1995年　③点数：　④特記：福建省に本拠を置く新興書店。光合成をコンセプトにした明るくセンスのよい書店。2011年8月に杭州店が倒産。10月に厦門店が突然閉鎖され，政府と投資家の支援の下で再オープンすることになった　⑤店舗数：26店舗　⑥旗艦店：福建省厦門市中山路の旗艦店　⑦在庫検索：　⑧URL：http://www.o2sun.com/

上海古籍书店

①業種：書店　②創業・設立：1954年（出版社）　③点数：　④特記：上海福州路にある総合書店。運営は上海の出版社・上海世纪出版が全額出資する上海图书。同社はネット書店东方书林，芸術専門の艺术书坊，建築／デザインの设计书店，古本屋の特价书店等も経営　⑤店舗数：1店舗　⑥旗艦店：上海福州路の店舗は2フロア700㎡　⑦在庫検索：　⑧URL：http://www.dfsl.net/

卓越亚马逊［卓越アマゾン］

①業種：ネット書店　②創業・設立：2000年（前身1998年）　③点数：150万点（書籍以外含む）　④特記：2000年に民間会社の金山软件により電子市場「卓越網」を開始。2004年に米国アマゾンドットコムが買収し，子会社となった　⑤店舗数：　⑥旗艦店：　⑦在庫検索：　⑧URL：http://www.amazon.cn/

图联网［図連網］

①業種：書店連合　②創業・設立：2008年？　③点数：2002年以降に出版された書籍41万点，電子書籍5,000点　④特記：北京中图联网络技术が提供する国営・民営出版社のための紙書籍在庫・電子書籍の直販プラットフォーム　⑤店舗数：678店（参加）　⑥旗艦店：　⑦在庫検索：参加出版社のネット書店在庫冊数まで表示　⑧URL：http://www.bookall.cn/

好图书［好図書］

①業種：書籍価格比較　②創業・設立：2004年　③点数：256万件　④特記：愛書家に便利ツールを提供する　⑤店舗数：31店舗　⑥旗艦店：　⑦在庫検索：　⑧URL：http://www.haotushu.com/

读书网［読書網］

①業種：書籍価格比較　②創業・設立：2006年　③点数：200万件　④特記：書籍探索，価格比較，出版業界，読者交流の情報基盤・ポータルを目指す　⑤店舗数：10店舗以上　⑥旗艦店：　⑦在庫検索：　⑧URL：http://www.dushu.com/

琅琅图书比价网［瑯瑯図書比価網］

①業種：書籍価格比較　②創業・設立：2006年　③点数：　④特記：　⑤店舗数：10店舗以上　⑥旗艦店：　⑦在庫検索：　⑧URL：http://www.langlang.cc/

114网上买书网［114網上買書網］

①業種：書籍価格比較　②創業・設立：2008年　③点数：　④特記：　⑤店舗数：15店舗　⑥旗艦店：　⑦在庫検索：　⑧URL：http://www.bijia114.cn/

豆瓣读书［豆弁読書］

①業種：書籍価格比較　②創業・設立：2005年　③点数：　④特記：読者コミュニティと価格比較。iPhone & Android アプリあり　⑤店舗数：5店舗　⑥旗艦店：　⑦在庫検索：　⑧URL：http://book.douban.com/

<電子書籍>

九月网［九月網］

①業種：電子書籍書店　②創業・設立：2010 年　③点数：10 万点　④特記：運営は四川文轩在线电子商务。iPad 用アプリあり　⑤店舗数：　⑥旗艦店：　⑦在庫検索：　⑧ URL：http://www.9yue.com/

超星读书［超星読書］

①業種：電子書籍書店　②創業・設立：2000 年　③点数：20 万点以上　④特記：世紀超星と広東省中山図書館の提携により超星数字图书馆として開設。2002 年に著作権問題から一時閉鎖し 2003 年に再開。一部無料で読める。iPhone アプリあり　⑤店舗数：　⑥旗艦店：　⑦在庫検索：　⑧ URL：http://www.chaoxing.com/

<雑誌>

浏览网［瀏覧網］

①業種：雑誌販売　②創業・設立：2000 年　③点数：1 万誌　④特記：運営は北京网目图文信息技术　⑤店舗数：　⑥旗艦店：　⑦在庫検索：　⑧ URL：http://www.gotoread.com/

龙源期刊网［龍源期刊網］

①業種：雑誌販売　②創業・設立：1997 年　③点数：3,000 誌　④特記：電子雑誌も扱う。iPhone アプリあり　⑤店舗数：　⑥旗艦店：　⑦在庫検索：　⑧ URL：http://www.qikan.com.cn/

中国期刊订阅导航［中国期刊訂閲尋航］

①業種：雑誌販売　②創業・設立：2000 年　③点数：　④特記：2000 年に公開された雑誌紹介サイト『中华期刊展示网』が前身。現在は定期購読サービス　⑤店舗数：　⑥旗艦店：　⑦在庫検索：　⑧ URL：http://www.magshow.com/

看看网［看看網］

①業種：雑誌販売　②創業・設立：2005 年　③点数：1 万誌以上　④特記：運営は 1995 年に設立された金士兰传媒。2001 年から冊子体の『中国报刊黄页』を刊行した　⑤店舗数：　⑥旗艦店：　⑦在庫検索：　⑧ URL：http://www.kankan.cn/

<古書店総合目録>

孔夫子旧书网［孔夫子旧書網］

①業種：古書店連合目録　②創業・設立：2002 年　③点数：　④特記：中国工商銀行のネット決済が主流。第三者による外国人用の購入代行サイトも存在する　⑤店舗数：5,000 店　⑥旗艦店：　⑦在庫検索：　⑧ URL：http://www.kongfz.com/

5. 図書館蔵書目録　時代別

< -1911>

中國古籍善本書目

①管理運営：中國國家圖書舘善本特藏部と北京大學數據分析研究中心　②作成・参加館：800 館　③検索対象：漢籍　④レコード件数：6 万件　⑤書誌データフォーマット：　⑥特記：中国大陸で所蔵される古籍のうち善本約 6 万種を経・史・子・集・叢の 5 部に分類収録したもの　⑦ URL：http://202.96.31.45/

中文古籍書目資料庫

①管理運営：國家圖書館　②作成・参加館：39 館　③検索対象：漢籍　④レコード件数：62 万 3 千件　⑤書誌データフォーマット：MARC21？　⑥特記：1998 年に構築した台灣地區善本古籍聯合目錄を基礎に，中国，香港，マカオ，他（日本からは東洋文化研究所）の各図書館所蔵情報と中國國家圖書館古籍書目資料をまとめたもの　⑦ URL：http://rarebook.ncl.edu.tw/rbookod/

全國漢籍データベース

①管理運営：全国漢籍データベース協議会（日本） ②作成・参加館：69館 ③検索対象：漢籍 ④レコード件数：81万5千件 ⑤書誌データフォーマット：NACSIS CATP MARC？ ⑥特記：日本の主要な公共図書館・大学図書館が所蔵する「漢籍」の総合目録 ⑦URL：http://www.kanji.zinbun.kyoto-u.ac.jp/kanseki

＜1900-1949＞

中国近代文献联合目录

①管理運営：国家图书馆と上海图书馆 ②作成・参加館：2館 ③検索対象：図書，雑誌 ④レコード件数：2万件 ⑤書誌データフォーマット： ⑥特記：旧・民国时期总书目。清国晩年から民国時期までの政治，軍事，外交，経済，教育，文化，宗教分野の文献を明らかにする ⑦URL：http://res3.nlc.gov.cn/jdwx/

＜1949-＞

中国图书大辞典：1949-1992

①管理運営： ②作成・参加館： ③検索対象： ④レコード件数： ⑤書誌データフォーマット： ⑥特記：1997年から1999年に出版された目録（19冊）。約40年間に出版された主要図書約10万冊に解題を付与して紹介。Google Booksで一部検索が可能である ⑦URL：http://books.google.co.jp/

国家图书馆 Web OPAC

①管理運営：国家图书馆 ②作成・参加館：単館 ③検索対象：図書，雑誌など ④レコード件数： ⑤書誌データフォーマット：CNMARC ⑥特記：国家図書館の蔵書検索。1949年から1998年までの書誌情報すなわち全国書誌『中国国家书目』については上海図書館，広東省立中山図書館，深圳図書館の書誌情報（約113万件）が含まれている ⑦URL：http://opac.nlc.gov.cn/

全国图书馆联合编目中心（OLCC: Online Library Cataloging Center）

①管理運営：国家图书馆联合编目中心 ②作成・参加館：1,000館 ③検索対象：図書 ④レコード件数： ⑤書誌データフォーマット：CNMARC ⑥特記：1997年にセンターが設立され，国家図書館と公共図書館を中心とする総合目録。インターネットに目録は未公開 ⑦URL：http://olcc.nlc.gov.cn/

CALIS 联合目录中心数据库

①管理運営：中国高等教育文献保障系统管理中心 ②作成・参加館：500館 ③検索対象：図書，雑誌，学位論文 ④レコード件数： ⑤書誌データフォーマット：CNMARC ⑥特記：1998年に開始された大学図書館の総合目録 ⑦URL：http://opac.calis.edu.cn/；http://www.cadlis.edu.cn/（学位論文検索可）

晚清期刊全文数据库

①管理運営：上海図書館 ②作成・参加館：単館 ③検索対象：雑誌 ④レコード件数：300誌 ⑤書誌データフォーマット： ⑥特記：商用データベース。清国晩年の1833年から1910年までの記事25万件を収録する。試用版あり ⑦URL：http://www.cnbksy.com/ShanghaiLibrary/introduction/mainflash.jsp

民国中文期刊

①管理運営：国家图书馆 ②作成・参加館：単館 ③検索対象：雑誌 ④レコード件数：4,350誌 ⑤書誌データフォーマット： ⑥特記：600万リールのマイクロで保存されている民国時期の雑誌を電子化し公開したもの ⑦URL：http://res4.nlc.

gov.cn/home/index.trs?channelid=6

全国期刊联合目录数据库

①管理運営：中国科学院国家科学图书馆　②作成・参加館：400 館　③検索対象：雑誌　④レコード件数：中国語 1 万 9 千件，日本語 7,000 件，欧米 54 万件，露語 6,500 件　⑤書誌データフォーマット：　⑥特記：1983 年に開始された科学技術雑誌の総合目録　⑦ URL：http://union.csdl.ac.cn/

<学位論文>

高校学位论文库

①管理運営：清华大学と中国高等教育文献保障系统　②作成・参加館：80 館　③検索対象：学位論文　④レコード件数：42 万件　⑤書誌データフォーマット：　⑥特記：2000 年に開始され，2005 年から全文 6 万件を収録　⑦ URL：http://etd.calis.edu.cn/

国家图书馆学位论文收藏中心

①管理運営：国家图书馆　②作成・参加館：単館　③検索対象：学位論文　④レコード件数：20 万件　⑤書誌データフォーマット：　⑥特記：1977 年からの学位論文を検索することが可能である。また博士論文については最初の 24 ページ分を読むのも可能　⑦ URL：http://www.nlc.gov.cn/service/lw.htm

<政府刊行物>

中国政府公开信息整合服务平台

①管理運営：国家图书馆　②作成・参加館：単館　③検索対象：政府公開情報，官報　④レコード件数：　⑤書誌データフォーマット：政府刊行物専門検索エンジンではない　⑥特記：　⑦ URL：http://govinfo.nlc.gov.cn/

4　中華人民共和国香港特別行政区（香港）

Hong Kong

1. 基本事項

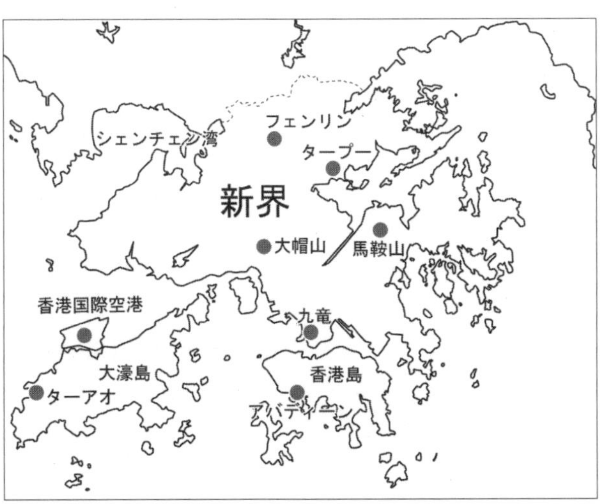

政体　中華人民共和国特別行政区

元首　中国国家主席

宗教　仏教，道教，カトリック，プロテスタント，回教，ヒンドゥー教，シーク教，ユダヤ教

言語　広東語，英語，中国語（北京語）ほか

通貨　香港ドル

時差　－ 1 時間

ccTLD　.hk

再販制度

ISBN 管理機関　香港公共图书馆书刊注册组（Books Registration Office）

ISSN 管理機関

全国書誌作成機関　香港公共图书馆

ISBN 国番号　978-962, 978-988

2. 出版流通　取次・書店・定期購読

＜取次＞

利通圖書文具

①業種：出版社，取次　②創業・設立：1964 年　③点数：　④特記：世界中の一流の事務用品を扱う　⑤店舗数：　⑥旗艦店：　⑦在庫検索：　⑧ URL：http://www.litung.com/

聯合出版（集團）

①業種：出版グループ，印刷，取次，書店チェーン　②創業・設立：1988 年　③点数：　④特記：数社の出版機構が集結し設立された香港最大の総合的な出版グループ。傘下には，香港三聯書店，香港中華書局，香港商務印書館，万里機構，新雅文化事業公司，集古斎，香港聯合零售公司および中華商務聯合印刷（香港）がある。2005 年に中国で初めて出版発行許可を得た外資企業「广东联合图书」として進出　⑤店舗数：　⑥旗艦店：　⑦在庫検索：　⑧ URL：http://www.sinounitedpublishing.com/

香港聯合書刊物流

①業種：取次　②創業・設立：2004 年　③点数：　④特記：出版グループ聯合出版の書籍流通部門を担当する。分散していた 5 つの出版社の発行部門と倉庫を競争力強化のため新設の物流機関に集中合併させた　⑤店舗数：　⑥旗艦店：　⑦在庫検索：　⑧ URL：http://www.suplogistics.com.hk/

＜書店＞

商務印書館

①業種：出版社，書店チェーン　②創業・設立：1897 年　③点数：　④特記：中国上海・商務印書館が 1914 年に設立した商務印書香港支店が原形と思われる。香港最大の総合書店チェーン　⑤店舗数：23 店舗（うちマカオに 1 店舗）　⑥旗艦店：九龍・尖沙咀圖書中心は 1 万 8 千平方フィート，香港島銅鑼灣圖書中心は 4 フロア 1 万 5 千平方フィート　⑦在庫検索：ネット書店の在庫表示あり　⑧ URL：http://www.commercialpress.com.hk/

三聯書店

①業種：出版社，書店チェーン　②創業・設立：1948 年（前身の最古は 1932 年）　③点数：　④特記：3 書店が合併して誕生。北米に 5 店舗あり　⑤店舗数：18 店舗　⑥旗艦店：灣仔店は 1 万 2 千平方フィートに在庫 8 万冊　⑦在庫検索：　⑧ URL：http://www.jointpublishing.com/

中華書局

①業種：出版社，書店チェーン　②創業・設立：1927 年　③点数：　④特記：当初は中華書局香港分館として設立。1988 年から現社名　⑤店舗数：3 店舗　⑥旗艦店：各店舗が大型店でそれぞれに特徴がある　⑦在庫検索：　⑧ URL：http://www.chunghwabook.com.hk/

葉壹堂［Page One Group］

①業種：書店チェーン　②創業・設立：1983 年　③点数：　④特記：元は紀伊國屋書店の子会社で，後に独立。運営サイトより「The big picture of Page One's small story is simple: every book begins with Page One.」　⑤店舗数：4 店舗　⑥旗艦店：銅鑼湾のタイムズスクエア店（9 階），九龍地区・尖沙咀 Harbour City 3 階店舗　⑦在庫検索：　⑧ URL：

http://www.pageonegroup.com/

大眾書局［大衆書局］

①業種：書店チェーン　②創業・設立：1980年代　③点数：　④特記：シンガポール資本。iPhoneアプリあり　⑤店舗数：15店舗　⑥旗艦店：九龍九龍灣のショッピングモールMegaBoxの9階店舗　⑦在庫検索：　⑧URL：http://www.popular.com.hk/

Bookazine

①業種：書店チェーン　②創業・設立：1985年　③点数：　④特記：英語専門書店　⑤店舗数：6店舗　⑥旗艦店：遮打道（Chapter通り）の太子大廈（Princes Building）店（3階）は書籍2万点，雑誌900点の在庫　⑦在庫検索：　⑧URL：http://www.bookazine.com.hk/

ShopInHK

①業種：ネット書店　②創業・設立：2004年　③点数：290万点　④特記：香港とマカオのみ送付　⑤店舗数：　⑥旗艦店：　⑦在庫検索：アメリカにある倉庫の在庫冊数を表示　⑧URL：http://www.shopinhk.com/

＜電子書籍＞

首尚文化

①業種：電子書籍書店　②創業・設立：2010年　③点数：　④特記：30出版社と提携。iPhone/iPad/Android/WindowsPhoneアプリあり　⑤店舗数：　⑥旗艦店：　⑦在庫検索：　⑧URL：http://www.handheldculture.com/

3. 図書館蔵書目録　時代別

香港公共図書館目録

①管理運営：香港公共図書館　②作成・参加館：67館＋移動図書館10館　③検索対象：図書，雑誌など　④レコード件数：1,250万冊　⑤書誌データフォーマット：　⑥特記：香港の全国書誌Catalogue of books printed in Hong Kongも検索できると考えられる　⑦URL：http://www.hkpl.gov.hk/

HKALL［港書網］

①管理運営：Hong Kong Academic Library Link（香港高校圖書聯網）　②作成・参加館：8館　③検索対象：図書，雑誌　④レコード件数：600万件　⑤書誌データフォーマット：USMARC，MARC21　⑥特記：1995年に行われた専門委員会「Task Force on Cataloguing of Chinese Materials」が原点だと思われる。目録は2004年に公開　⑦URL：http://hkall.hku.hk/

粤港澳统一检索系统［越港澳統一検索系統］

①管理運営：深圳图书馆　②作成・参加館：5館　③検索対象：　④レコード件数：　⑤書誌データフォーマット：　⑥特記：中国・深圳図書館と広東省立中山書店，香港・香港公共図書館，マカオ・マカオ大学図書館とマカオ中央図書館の横断検索総合目録。3地区の図書館の交流と協力は1981年に始まり，2006年に当目録が公開された　⑦URL：http://www.szlib.gov.cn/zgatecgi/zstart

＜学位論文＞

Dissertations and Theses Collections

①管理運営：香港浸會大學図書館　②作成・参加館：7館　③検索対象：学位論文　④レコード件数：2万9千件　⑤書誌データフォーマット：　⑥特記：香港主要7大学の学位論文検索。全文が4,500件ほど提供されている　⑦URL：http://www.hkbu.edu.hk/lib/electronic/libdbs/dol.html

5　中華人民共和国澳門特別行政区（マカオ）

Macau

1．基本事項

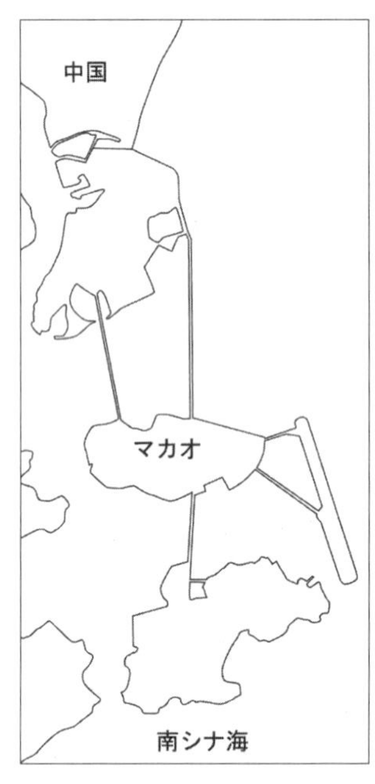

政体　中華人民共和国特別行政区

元首　中国国家主席

宗教

言語　中国語，英語，ポルトガル語

通貨　パタカ

時差　－1時間

ccTLD　.mo

再販制度

ISBN管理機関　澳門中央圖書館ISBN中心

ISSN管理機関

全国書誌作成機関

ISBN国番号　978-99937, 978-99965

2．販売目録

澳門出版物數據庫

①商品：書籍　②収録件数：2,700件　③収録年：2000年～　④運営元：澳門中央圖書館ISBN中心　⑤特記：ISBNがない書籍も検索可能である　⑥URL：http://isbn.library.gov.mo/Topic_04/Topic_04_03.asp

3．出版流通　取次・書店・定期購読

＜書店＞

星光書店

①業種：書店チェーン　②創業・設立：1950年　③点数：　④特記：　⑤店舗数：2店舗　⑥旗艦店：理工學院1階にある理工分店は3,000㎡。在庫1万5千冊　⑦在庫検索：　⑧URL：http://www.skbooks.com.mo/

4．図書館蔵書目録　時代別

澳門中央圖書館一般書目検索

①管理運営：澳門中央圖書館　②作成・参加館：15館　③検索対象：図書，雑誌　④レコード件数：　⑤書誌データフォーマット：　⑥特記：中央図書館，博物館，支部館の総合目録　⑦URL：http://www.library.gov.mo/cn/webpac/index.aspx

澳門圖書館聯合書目系統

①管理運営：澳門中央圖書館　②作成・参加館：29館（学校17館，公共9館，大学1館，国立2館）　③検索対象：　④レコード件数：15万件　⑤書誌データフォーマット：　⑥特記：2006年に開始された総合目録。香港科学技術の資金提供により実現　⑦ URL：http://www.mlima.org.mo/macaounion/

粤港澳统一检索系统［越港澳統一検索系統］

①管理運営：深圳图书馆　②作成・参加館：5館　③検索対象：　④レコード件数：　⑤書誌データフォーマット：　⑥特記：中国・深圳図書館と広東省立中山書店，香港・香港公共図書館，マカオ・マカオ大学図書館とマカオ中央図書館の横断検索総合目録。3地区の図書館の交流と協力は1981年に始まり，2006年に当目録が公開された　⑦ URL：http://www.szlib.gov.cn/zgatecgi/zstart

<政府刊行物>

政府出版物銷售

①管理運営：政府資訊中心　②作成・参加館：単館　③検索対象：政府刊行物　④レコード件数：　⑤書誌データフォーマット：　⑥特記：澳門官印局街に店舗あり　⑦ URL：https://publication.cip.gov.mo/

6　中華民国（臺灣）

Taiwan

1. 基本事項

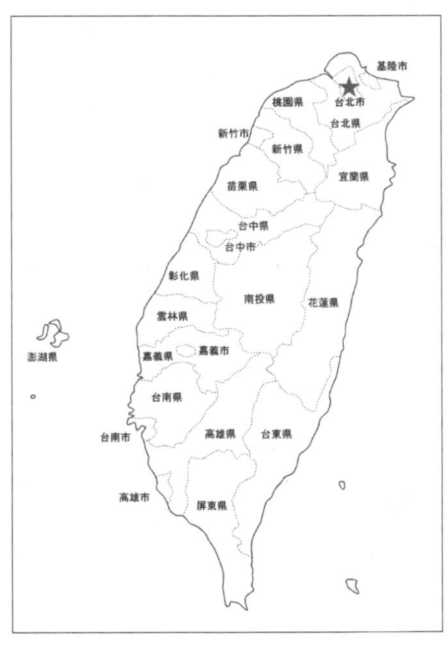

首都　台北

政体　三民主義に基づく民主共和制

元首　総統

宗教　仏教，道教，キリスト教

言語　北京語，福建語，客家語

通貨　新台湾ドル

時差　－1時間

ccTLD　.tw

再販制度　書籍の価格拘束あり

ISBN管理機関　國家圖書館國際標準書號中心

ISSN 管理機関　國家圖書館國際標準書號中心
全国書誌作成機関　中國國家圖書館
ISBN 国番号　978-957, 978-986
出版点数　40,575 点（2009）

2. 概要

台湾には多様な流通ルートが存在する。全国規模の取次は聯合發行（旧農學社）のみで，ネット書店ルートのシェアが 15%を占める。そのため台湾セブンイレブン（統一グループ系）がコンビニルートを基にした同国最大の書籍・雑誌の総取次を作ると宣言している。（参考文献：島崎英威著『中国・台湾の出版事情』（出版メディアパル，2007））

3. 販売目録

台湾出版資訊網

①商品：書籍　②収録件数：出版社 2,700 社，29 万件　③収録年：　④運営元：行政院新聞局　⑤特記：出版ニュース　⑥ URL：http://book.tpi.org.tw/

全國新書資訊網

①商品：書籍　②収録件数：68 万件　③収録年：1989 年～　④運営元：國家圖書館國際標準書號中心　⑤特記：台湾の新刊目録。分野別統計を見るとその他（政府刊行物か？）が多い　⑥ URL：http://lib.ncl.edu.tw/isbn/

出版期刊指南系統

①商品：雑誌　②収録件数：3,900 件　③収録年：　④運営元：國家圖書館期刊文獻中心　⑤特記：データベース公開は 1996 年から　⑥ URL：http://readopac.ncl.edu.tw/nclJournal/guide.htm

ISSN net

①商品：雑誌　②収録件数：　③収録年：　④運営元：國家圖書館國際標準書號中心　⑤特記：ISSN 登録された雑誌検索　⑥ URL：http://issn.ncl.edu.tw/issn/

4. 出版流通　取次・書店・定期購読

＜取次＞

聯合發行

①業種：取次　②創業・設立：2008 年　③点数：　④特記：大手メディアグループ聯合報系を親会社とする出版社の聯經出版と全国規模の取次・農學社（1979 年創設）による共同合資会社。両者の機能と長所を組み合わせた情報システムにより，マーケティング機能の強化と流通チャンネルの運用コストの削減を図る　⑤店舗数：　⑥旗艦店：　⑦在庫検索：　⑧ URL：http://www.ucd.com.tw/

＜書店＞

誠品書店

①業種：書店チェーン　②創業・設立：1988 年　③点数：　④特記：誠品とは「代表著誠品書局對美好社會的追求與實踐」　⑤店舗数：41 店舗　⑥旗艦店：台北市松高路の誠品信義店は日祝日深夜 2 時までで 4 フロア 3,000 坪，在庫 100 万冊，カフェあり。2008 年に再オープンした敦南店は 4 フロアで 24 時間営業。大陸への出店も盛んで，2012 年に香港・銅鑼灣マニュライフプラザに 8～10 階 3 フロア 5 万平方フィートの書店を開店，また 2014 年に中国江蘇省蘇州工業園区に 12 万 6 千㎡の複合施設を開店する，と報道あり　⑦在庫検索：　⑧ URL：http://www.eslite.com/

金石堂書店

①業種：書店チェーン　②創業・設立：1983 年　③点数：　④特記：1996 年に業界初の書店の ISO 9002 の認証を取得。カナダにも 2 店舗。カフェ併設店あり（例えば太平洋 SOGO 高尾店 13 階）。雑誌も扱う。目録は全文検索可能である　⑤店舗

数：71 店舗　⑥旗艦店：台北市南西の中和市中山路の環球店は在庫 10 万冊　⑦在庫検索：可能　⑧ URL：http://www.kingstone.com.tw/

何嘉仁書店

①業種：書店チェーン　②創業・設立：1990 年（1 号店）　③点数：　④特記：台湾最大の教育機関のヘス国際文化教育グループの一員。グループと連携し公開教育セミナーも開催している　⑤店舗数：30 店舗　⑥旗艦店：　⑦在庫検索：　⑧ URL：http://www.hess.com.tw/tw/

世界書局

①業種：出版社，書店　②創業・設立：1921 年　③点数：　④特記：上海発祥で後に台湾に移転。1978 年に出版した『永樂大典』では金鼎獎を獲得した。また 1985 年には台北故宮博物院との合作である『四庫全書薈要』影印版を刊行した　⑤店舗数：1 店舗　⑥旗艦店：　⑦在庫検索：　⑧ URL：http://www.worldbook.com.tw/

博客來

①業種：ネット書店　②創業・設立：1995 年　③点数：　④特記：台湾セブンイレブンを運営する統一企業グループが親会社。雑誌セクションには日本語，外国語雑誌もあり。2001 年から電子雑誌を扱う。英語書籍は Baker & Taylor と提携　⑤店舗数：　⑥旗艦店：　⑦在庫検索：　⑧ URL：http://www.books.com.tw/

天下網路書店

①業種：ネット書店　②創業・設立：2000 年？　③点数：　④特記：運営は大手雑誌出版社の天下雑誌出版。雑誌も販売　⑤店舗数：　⑥旗艦店：　⑦在庫検索：在庫冊数まで表示　⑧ URL：http://www.cwbook.com.tw/

城邦讀書花園

①業種：ネット書店　②創業・設立：2000 年　③点数：　④特記：大手メディアグループ城邦傘下のネット書店。雑誌や電子書籍も扱う　⑤店舗数：　⑥旗艦店：　⑦在庫検索：　⑧ URL：http://www.cite.com.tw/

重慶南路的書店街

①業種：書店街　②創業・設立：　③点数：　④特記：100 以上の出版社と書店が出店する大書店街　⑤店舗数：100 店舗　⑥旗艦店：　⑦在庫検索：　⑧ URL：http://www.dmall.com.tw/mrt/upbook1.htm

Findbook

①業種：書籍価格比較　②創業・設立：2005 年　③点数：　④特記：運営はネット関連企業の Ecowork。iPhone アプリあり　⑤店舗数：5 店舗以上　⑥旗艦店：　⑦在庫検索：　⑧ URL：http://findbook.tw/

好讀書

①業種：書籍価格比較　②創業・設立：2006 年　③点数：80 万点　④特記：図書，雑誌，CD，DVD を扱う　⑤店舗数：数店舗　⑥旗艦店：　⑦在庫検索：　⑧ URL：http://www.bookssearching.com/

GB 國家書店

①業種：政府刊行物書店　②創業・設立：2002 年　③点数：　④特記：政府刊行物専門書店。実店舗は台北松江門市にあり 2008 年に再開店　⑤店舗数：1 店舗　⑥旗艦店：　⑦在庫検索：　⑧ URL：http://www.govbooks.com.tw/

＜電子書籍＞

AiritiBooks

①業種：電子書籍書店　②創業・設立：2000 年

③点数：6万点　④特記：運営はネット上の美術作品イメージ検索を提供する華藝數位 Airiti.。同社は全文雑誌のメタ検索「Airiti Library 華藝線上圖書館」も提供する。iPad & Android アプリあり　⑤店舗数：　⑥旗艦店：　⑦在庫検索：　⑧ URL：http://www.airitibooks.com/

hyread.com.tw

①業種：電子書籍書店　②創業・設立：2010年？　③点数：2,800点　④特記：運営は凌網科技。ePub，PDF に対応。iPhone/iPad/Android 用アプリあり　⑤店舗数：　⑥旗艦店：　⑦在庫検索：　⑧ URL：http://ebook.hyread.com.tw/

＜雑誌＞

雑誌生活網

①業種：雑誌販売　②創業・設立：2002年　③点数：331誌　④特記：検索エンジンで「雑誌訂閱」を検索すると1番目に表示　⑤店舗数：　⑥旗艦店：　⑦在庫検索：　⑧ URL：http://dgnet.com.tw/

台灣1000大雑誌訂閱專業網

①業種：雑誌販売　②創業・設立：2007年（ネット販売）　③点数：　④特記：親会社はマーケティング会社の柏恆文化行銷。1998年から雑誌販売　⑤店舗数：　⑥旗艦店：　⑦在庫検索：　⑧ URL：http://www.hi-go.com.tw/（法人向け）；http://shop.hi-go.tw/goat/（個人向け）

＜古書店総合目録＞

臻品齋

①業種：古書店連合目録　②創業・設立：2004年？　③点数：142万点　④特記：運営は高尾・臻品齋舊書　⑤店舗数：　⑥旗艦店：　⑦在庫検索：　⑧ URL：http://www.2books.com.tw/

露天

①業種：オークション　②創業・設立：2000年　③点数：図書100万件以上，雑誌54万件　④特記：2006年まで ebay.com.tw。オークションサイトであるが，古書は臻品齋より見つかる。購入には工夫が必要　⑤店舗数：　⑥旗艦店：　⑦在庫検索：　⑧ URL：http://www.ruten.com.tw/

5. 図書館蔵書目録　時代別

＜-1911＞

中文古籍書目資料庫

①管理運営：國家圖書館　②作成・参加館：39館　③検索対象：漢籍　④レコード件数：62万3千件　⑤書誌データフォーマット：CMARC，MARC21？　⑥特記：1998年に構築した台灣地區善本古籍聯合目錄を基礎に，中国，香港，マカオ，他（日本からは東洋文化研究所）の各図書館所蔵情報と中國國家圖書館古籍書目資料をまとめたもの　⑦ URL：http://rarebook.ncl.edu.tw/rbookod/

古籍影像検索系統

①管理運営：國家圖書館　②作成・参加館：3館　③検索対象：漢籍　④レコード件数：4万1千件・國家図書館（書誌37,215件，画像あり図書9,237件）および米国議会図書館（書誌4,117件，画像あり図書1,144件）。ビューアのダウンロードが必要　⑤書誌データフォーマット：Chinese MARC（CMARC），MARC21？　⑥特記：2001年に開始された貴重書電子化事業。ワシントン大学も参加している　⑦ URL：http://rarebook.ncl.edu.tw/rbookod/

＜1912-＞

館藏目錄查詢系統

①管理運営：國家圖書館　②作成・参加館：単館　③検索対象：図書，雑誌，政府刊行物など　④レコード件数：　⑤書誌データフォーマット：

CMARC，MARC21？　⑥特記：全国書誌『中華民國出版圖書目録』も検索できていると思う　⑦URL：http://192.83.186.61/

全國圖書書目資訊網

①管理運営：國家圖書館書目資訊中心　②作成・参加館：76館　③検索対象：図書，雑誌　④レコード件数：870万件　⑤書誌データフォーマット：CMARC，MARC21？　⑥特記：1998年に開始された國家図書館，大学図書館，主要公共図書館，専門図書館の総合目録。英文名はNational Bibliographic Information Network（NBINet）　⑦URL：http://nbinet3.ncl.edu.tw/screens/opacmenu_cht.html

STPI 科技資訊網路整合服務

①管理運営：國家實驗研究院科技政策研究與資訊中心　②作成・参加館：300館以上　③検索対象：雑誌，学位論文，雑誌指示，技術報告など　④レコード件数：国内雑誌6,125誌，中国（大陸）雑誌8,583誌ほか　⑤書誌データフォーマット：MARC21？　⑥特記：ExLibris社のMetalibを利用している　⑦URL：http://real.stpi.narl.org.tw/

＜政府刊行物＞

政府出版資訊網

①管理運営：行政院研究發展考核委員會　②作成・参加館：65サイト　③検索対象：政府刊行物　④レコード件数：7万4千件　⑤書誌データフォーマット：　⑥特記：政府系65サイトを統合し，1993年以降の政府刊行物を検索可能であり，國家書店等から購入可能である　⑦URL：http://open.nat.gov.tw/

＜学位論文＞

臺灣博碩士論文知識加值系統

①管理運営：國家圖書館　②作成・参加館：137大学　③検索対象：学位論文および全文　④レコード件数：抄録65万件，全文20万件　⑤書誌データフォーマット：　⑥特記：1970年に開始。1994年からネット公開された。2004年から全文を収録開始　⑦URL：http://ndltd.ncl.edu.tw/

7　モンゴル国

Mongolia

1. 基本事項

首都 ウランバートル

政体 共和制

元首 大統領

宗教 チベット仏教等

言語 モンゴル語（国家公用語），カザフ語

通貨 トグログ（MNT）

時差 －1時間

ccTLD .mn

再販制度

ISBN 管理機関 ISBN Agency, Mongolian Book Publishers' Association

ISSN 管理機関

全国書誌作成機関

ISBN 国番号 978-99929, 978-99962

2. 図書館蔵書目録 時代別

E-Каталог MYHC［E-Katalog MYNS］

①管理運営：国立図書館 ②作成・参加館：単館 ③検索対象：図書，雑誌，学位論文 ④レコード件数： ⑤書誌データフォーマット： ⑥特記：学位論文専用検索あり ⑦ URL：http://www.nationallibrary.mn/catalog.php；http://www.nationallibrary.mn/dcatalog.php

Lib4U

①管理運営：Волвес（Wolves）社 ②作成・参加館： ③検索対象：図書，雑誌 ④レコード件数： ⑤書誌データフォーマット： ⑥特記：2000 年代に教育省の優秀ソフトに 3 回選出されたモンゴル 100 図書館で利用される図書館システム。総合目録に発展する可能性あり。利用図書館のリスト（不完全）がある ⑦ URL：http://www.wolves.mn/

1.2 東南アジア

1 ベトナム社会主義共和国

Socialist Republic of Viet Nam

1. 基本事項

首都 ハノイ

政体 社会主義共和国

元首 国家主席

宗教 仏教，カトリック，カオダイ教他

言語 ベトナム語

通貨 ドン（Dong）

時差 －2時間

ccTLD .vn

再販制度

ISBN管理機関 Vietnam ISBN Agency - Publishing Department

ISSN管理機関 National Center for Scientific and Technological Information

全国書誌作成機関 National Library of Vietnam

ISSN国番号 978-604

2. 出版流通 取次・書店・定期購読

＜取次＞

Xunhasaba

①業種：出版社，国際取次 ②創業・設立：1957年 ③点数： ④特記：文化省が輸出専門中央書店として設立。国外へのベトナム語書籍の輸出と外国語書籍・雑誌の独占輸入・販売を行う。本社はハノイ，ホーチミンに支社あり ⑤店舗数： ⑥旗艦店： ⑦在庫検索： ⑧URL：http://www.xunhasaba.com.vn/

VIETBOOK Hanoi Book Distribution

①業種：出版社，取次，書店チェーン　②創業・設立：1954年　③点数：　④特記：国営企業。ビジネス，行政，経済，社会，手工芸品，芸術，文化的な資料の出版，国内外の新聞，雑誌，文化的な製品，文房具，美術品や工芸品の輸出入を行う　⑤店舗数：20店舗　⑥旗艦店：　⑦在庫検索：　⑧URL：http://www.vietbookhn.com/vie/

Việt Nam（SAVINA）

①業種：出版社，取次　②創業・設立：1952年　③点数：　④特記：図書館や学校を含め，ベトナム国内外の出版物を配本する。国内官庁資料と外交政策文書の電子書籍も販売　⑤店舗数：　⑥旗艦店：　⑦在庫検索：ネット書店の在庫表示あり　⑧URL：http://www.savina.com.vn/

Nhà sách Thăng Long

①業種：出版社，取次，書店　②創業・設立：1986年　③点数：　④特記：ホーチミン市の防衛部門の一企業として設立。図書館サービスと2009年から児童書製作・販売促進に力を入れる。運営サイトには「顧客満足はThăng Long書店の幸せである」とある　⑤店舗数：2店舗（小売店センター）　⑥旗艦店：　⑦在庫検索：　⑧URL：http://www.thanglong.com.vn/

<書店>

Nhasachtritue

①業種：書店チェーン　②創業・設立：2002年　③点数：40万冊？　④特記：人類，文化の知識から人々に知識を供給し，継続読書に寄与することを目的とする。ネット書店はベトナム最大　⑤店舗数：3店舗　⑥旗艦店：　⑦在庫検索：　⑧URL：http://nhasachtritue.com/

Minhkhai.vn

①業種：書店　②創業・設立：1998年　③点数：　④特記：店舗では新聞と雑誌も扱う。国外書籍についてはAmzon.comと提携している　⑤店舗数：1店舗　⑥旗艦店：ホーチミンKhai本店は1,200㎡に在庫3万5千冊　⑦在庫検索：　⑧URL：http://www.minhkhai.com.vn/

Fahasa

①業種：書店チェーン　②創業・設立：1976年　③点数：　④特記：国家の主要政策（官庁資料と外交政策文書）の流通システムを構築することを目指す。国内に4つのブックセンターを置き，支部書店に配本すると思われる。倉庫は2,000㎡　⑤店舗数：60店舗　⑥旗艦店：ホーチミン市のタンディン店は3フロア2,000㎡に在庫12万点，100万冊　⑦在庫検索：　⑧URL：http://www.fahasasg.com.vn/

PNC Đại Thế Giới（PNC）&
Sách Phương Nam（Phương Nam Book, PNB）

①業種：出版社，取次，書店チェーン　②創業・設立：2004年　③点数：　④特記：親会社はPhuong Nam Cultura（PNC）社。2008年から現社名PNB　⑤店舗数：23店舗以上（PNBは4店？）　⑥旗艦店：ホーチミン「86A Nguyễn Thái Sơn, Q.」店と「191 Quang Trung, Q.」店は600～700㎡に文房具含めて25万点の在庫　⑦在庫検索：　⑧URL：http://www.pnsc.com.vn/；http://www.phuongnambook.com.vn/

Vinabook

①業種：ネット書店　②創業・設立：2008年　③点数：3万点　④特記：民間企業によるネット書店　⑤店舗数：　⑥旗艦店：　⑦在庫検索：　⑧URL：http://www.vinabook.com/

Nhà Sách Kim Dung

①業種：ネット書店　②創業・設立：2007年　③点数：　④特記：本社はホーチミン。これも民間企業ネット書店　⑤店舗数：　⑥旗艦店：　⑦在庫検索：　⑧URL：http://www.nhasachkimdung.com/

Tiki.vn

①業種：ネット書店　②創業・設立：2009年　③点数：3万点　④特記：英語書籍，ベトナム語書籍，電子書籍の3つを1か所で満たす最初の民間ネット書店　⑤店舗数：　⑥旗艦店：　⑦在庫検索：　⑧URL：http://www.tiki.vn/

3. 図書館蔵書目録　時代別

＜1600-1954＞

Dlib

①管理運営：国立図書館　②作成・参加館：単館　③検索対象：図書，雑誌，学位論文，電子資料　④レコード件数：　⑤書誌データフォーマット：MARC21　⑥特記：Indochina Booksは17世紀から1954年までの図書を6万7千点，9万5千ページ，1954年前後のハノイについての図書，地図のデジタルコレクションを含む。Z39.50 Searchを使うと後述するiLibも検索可能である　⑦URL：http://dlib.nlv.gov.vn/CMPortal/

＜1955- ＞

iLib

①管理運営：国立図書館　②作成・参加館：単館　③検索対象：図書，雑誌　④レコード件数：　⑤書誌データフォーマット：MARC21　⑥特記：CMC社製蔵書検索。全国書誌「Thu’ mục quốc gia Việt Nam」も検索できると考えられる　⑦URL：http://118.70.243.232/opac/

Libol

①管理運営：国立科学技術図書館NASATI　②作成・参加館：　③検索対象：図書，雑誌，電子資料　④レコード件数：図書15万6千件，雑誌7千件　⑤書誌データフォーマット：　⑥特記：科学技術中央図書館の蔵書検索　⑦URL：http://clst.vista.vn/opac/Search/Index.asp

VISTA（Vietnam Information for Science and Technology Advance）

①管理運営：National Center for Scientific and Technological Information　②作成・参加館：　③検索対象：雑誌記事，レター誌記事，技術報告など　④レコード件数：　⑤書誌データフォーマット：　⑥特記：　⑦URL：http://english.vista.gov.vn/english/advanced_search

2　カンボジア王国

Kingdom of Cambodia

1. 基本事項

首都　プノンペン

政体　立憲君主制

元首　国王

宗教　仏教（一部少数民族はイスラム教）

言語　カンボジア語

通貨　リエル

時差　－ 2 時間

ccTLD　.kh

再販制度

ISBN 管理機関　ISBN Agency, National Library of Cambodia

ISSN 管理機関

全国書誌作成機関

ISBN 国番号　978-99950, 978-99963

2. 出版流通　取次・書店・定期購読

＜書店＞

Peace Book Center（和平書局）

①業種：書店チェーン　②創業・設立：2005 年？　③点数：　④特記：　⑤店舗数：4 店舗？　⑥旗艦店：プノンペンの Monivong 大通り本店の PBC Building は 3 階建（1 階は文房具・お土産，2 階書籍，3 階中国書籍・おもちゃ）　⑦在庫検索：　⑧ URL：http://pbc.com.kh/

International Book Center

①業種：書店チェーン　②創業・設立：1994 年　③点数：　④特記：語学書中心。むしろ文房具屋　⑤店舗数：　⑥旗艦店：　⑦在庫検索：　⑧ URL：http://www.ibc.com.kh/

Monument Books

①業種：国際書店　②創業・設立：1993 年　③点数：　④特記：英語書籍中心。85 か国 45 言語の新聞も扱う。ミャンマーとラオスに店舗あり　⑤店舗数：4 店舗　⑥旗艦店：プノンペンノロドム大通り Norodom Store 店にはカフェあり　⑦在庫検索：　⑧ URL：http://www.monument-books.com/

3. 図書館蔵書目録　時代別

Cambodiana

①管理運営：国立図書館　②作成・参加館：単館　③検索対象：図書，雑誌などのデジタル資料　④レコード件数：3,400 点　⑤書誌データフォーマット：　⑥特記：　⑦ URL：http://carnetsdasie-pp.com/

3　ラオス人民民主共和国

Lao People's Democratic Republic

1. 基本事項

首都　ビエンチャン

政体　人民民主共和制

元首　国家主席

宗教　仏教

言語　ラオス語

通貨　キープ（Kip）

時差　－ 2 時間

ccTLD　.la

再販制度

ISBN 管理機関　Lao ISBN Agency, National Library of Laos, Sethathirath Road

ISSN 管理機関

全国書誌作成機関　Ho Samut Haeng Sat

ISBN 国番号　978-9932

2. 出版流通　取次・書店・定期購読

<取次>

State Publishing and Book Distribution House Bookshop

①業種：出版社，取次　②創業・設立：1983 年　③点数：　④特記：情報文科省下の出版・図書館・広告部門。公式にはラオスで唯一の書籍取次　⑤店舗数：1 店舗　⑥旗艦店：　⑦在庫検索：　⑧ URL：http://www.culturalprofiles.net/Laos/Units/973.html

<書店>

Monument Books

①業種：国際書店　②創業・設立：1993 年　③点

数：　④特記：英語，仏語，日本語，韓国語の書籍を扱う。ミャンマーとカンボジアに店舗あり　⑤店舗数：4 店舗　⑥旗艦店：　⑦在庫検索：　⑧ URL：http://www.monument-books.com/

Dokked Bookshop in Vientiane

①業種：出版社，書店　②創業・設立：2002 年　③点数：　④特記：ラオス最初の民間出版社。同社および他社の書籍を扱う　⑤店舗数：1 店舗　⑥旗艦店：　⑦在庫検索：　⑧ URL：http://veetoo.net/dokked/

4　タイ王国

Kingdom of Thailand

1. 基本事項

首都　バンコク

政体　立憲君主制

元首　国王

宗教　仏教，イスラム教

言語　タイ語

通貨　バーツ

時差　－ 2 時間

ccTLD　.th

再販制度

ISBN 管理機関　ISBN Agency

ISSN 管理機関　ISSN South East Asia Regional Centre

全国書誌作成機関　National Library of Thailand

ISSN 国番号　978-611, 978-616, 978-974

仏暦＝西暦＋ 543 年

2. 出版流通　取次・書店・定期購読

＜取次＞

Kled Thai

①業種：取次　②創業・設立：1971 年（仏暦 2514 年）　③点数：190 万点　④特記：バンコク拠点。ドイツの出版社 Kledt 社により設立。20 以上の出版社による 1 万冊の本を 800 書店に配本する　⑤

店舗数：　⑥旗艦店：　⑦在庫検索：　⑧ URL：http://www.kledthaishopping.com/

Asiabooks / Bookazine

①業種：取次，書店チェーン　②創業・設立：1969 年　③点数：　④特記：英語専門書店。取次として 300 書店と 400 図書館に配本。タイ語の書籍もネット販売。電子書籍は 50 万件　⑤店舗数：70 店舗　⑥旗艦店：　⑦在庫検索：冊数レベルまで表示　⑧ URL：https://www.asiabooks.com/

＜書店＞

Chulalongkorn University Book Center

①業種：書店チェーン　②創業・設立：1975 年（仏暦 2518 年）　③点数：　④特記：「タイの人々の中心にある書店」として誕生。iPhone アプリあり　⑤店舗数：8 店舗　⑥旗艦店：サイアムスクエア CU ブックセンターは 2,000㎡　⑦在庫検索：⑧ URL：http://www.chulabook.com/

DokYa

①業種：書店チェーン　②創業・設立：1985 年（仏暦 2528 年）　③点数：　④特記：雑誌 150 点も扱う。ロサンゼルスにも支店あり　⑤店舗数：85 店舗　⑥旗艦店：　⑦在庫検索：　⑧ URL：http://www.dokya.com/

Naiin

①業種：書店チェーン　②創業・設立：1994 年（仏暦 2537 年）　③点数：　④特記：運営はマリン印刷出版の一部門であるアマリンブックセンター。雑誌も販売　⑤店舗数：172 店舗　⑥旗艦店：⑦在庫検索：　⑧ URL：http://www.naiin.com/

B2S

①業種：メディアチェーン　②創業・設立：2000 年　③点数：6 万点　④特記：Central Retail Corporation（CRC）の一部門のメディアストア　⑤店舗数：50 店舗　⑥旗艦店：バンコク Central Court C にある Central World 店は 3 フロア。近隣には伊勢丹，紀伊國屋，Asiabooks がある　⑦在庫検索：　⑧ URL：http://www.b2s.co.th/

Prae Pittaya

①業種：出版社，書店チェーン　②創業・設立：1960 年代　③点数：　④特記：サイトに「50 年にわたって」とある。書籍検索は実質ない　⑤店舗数：6 店舗　⑥旗艦店：　⑦在庫検索：　⑧ URL：http://www.praepittaya.com/

DoubleA Book Tower

①業種：書店　②創業・設立：2006 年（開店）　③点数：　④特記：親会社は製紙会社 DoubleA。読者，出版業界のコミュニティビルを目的とする　⑤店舗数：1 店舗　⑥旗艦店：バンコク北サトーン通りの店舗は 9 フロア 5,400㎡　⑦在庫検索：⑧ URL：http://www.doubleabooktower.com/

SE-EDUCATION（SE-ED.COM）

①業種：出版社，書店チェーン　②創業・設立：1974 年（仏暦 2517 年）　③点数：　④特記：タイ最大の書店チェーン　⑤店舗数：371 店舗　⑥旗艦店：　⑦在庫検索：　⑧ URL：http://www.se-ed.com/

＜電子書籍＞

ebooks

①業種：電子書籍書店　②創業・設立：2011 年（仏暦 2554 年）　③点数：2 万点　④特記：運営元はタイ最大級のホスティング会社 Porar。PDF で提供。iPhone と Android アプリあり　⑤店舗数：⑥旗艦店：　⑦在庫検索：　⑧ URL：http://www.

ebooks.in.th/

＜雑誌＞

Ookbee

①業種：電子書籍書店　②創業・設立：2010年？　③点数：　④特記：親会社はソフトウェア企業のIt Works。日本にも支店がある。iPhoneとAndroidアプリあり　⑤店舗数：　⑥旗艦店：　⑦在庫検索：　⑧URL：http://www.ookbee.com/

3. 図書館蔵書目録　時代別

Bannanukrom haeng chat Prathet

①管理運営：国立図書館　②作成・参加館：単館　③検索対象：図書，雑誌，雑誌記事，学位論文　④レコード件数：100万件　⑤書誌データフォーマット：USMARC　⑥特記：1976年以降の全国書誌Thai National Bibliographyを含む図書館蔵書が検索可能。同時に15機関の蔵書も横断検索可能　⑦URL：http://www.nlt.go.th:82/ipac20/

ThaiLIS Union Catalog

①管理運営：ThaiLIS　②作成・参加館：大学図書館25館　③検索対象　④レコード件数：図書24万件，雑誌4万4千件　⑤書誌データフォーマット：MARC21　⑥特記：1993年に中央大学図書館ネットワークThailinetと地方大学図書館ネットワークPulinetの接続が閣議で承認され図書館ネットワーク構築が開始された　⑦URL：http://uc.thailis.or.th/

5　ミャンマー連邦共和国

Republic of the Union of Myanmar

1. 基本事項

首都　ネーピードー

政体　大統領制，共和制

元首　大統領

宗教　仏教，キリスト教，回教等

言語 ミャンマー語

通貨 チャット（Kyat）

時差 − 2.5 時間

ccTLD .mm

再販制度

ISBN 管理機関

ISSN 管理機関

全国書誌作成機関

ISBN 国番号

2. 出版流通　取次・書店・定期購読

＜取次＞

Myanmar Book Center

①業種：国際取次　②創業・設立：1995 年　③点数：　④特記：世界 50 か国から輸入した書籍の教育機関への輸入販売や頒布。研究機関や図書館へのサービスも行う　⑤店舗数：　⑥旗艦店：　⑦在庫検索：　⑧ URL：http://www.myanmarbook.com/

＜書店＞

Monument Books

①業種：国際書店　②創業・設立：1993 年　③点数：　④特記：英語，仏語，日本語，韓国語の書籍を扱う。カンボジアとラオスに店舗あり　⑤店舗数：3 店舗　⑥旗艦店：　⑦在庫検索：　⑧ URL：http://www.monument-books.com/

6　マレーシア

Malaysia

1. 基本事項

首都 クアラルンプール

政体 立憲君主制（議会制民主主義）

元首 国王

宗教 イスラム教（連邦の宗教），仏教，儒教，ヒンドゥー教，キリスト教，原住民信仰

言語 マレー語（国語），中国語，タミール語，英語

通貨 リンギ

時差 − 1 時間

ccTLD my

再販制度

ISBN 管理機関 ISBN National Centre, Perpustakaan Negara Malaysia（国立図書館）

ISSN 管理機関 ISSN National Centre, Perpustakaan Negara Malaysia

全国書誌作成機関　Perpustakaan Negara Malaysia

ISBN 国番号　978-967, 978-983

2. 出版流通　取次・書店・定期購読

＜書店＞

大衆書局 Popular Books

①業種：出版社，取次，書店チェーン　②創業・設立：1984 年　③点数：　④特記：　⑤店舗数：65 店舗　⑥旗艦店：Klang Valley，Penang，Johor Bahru の 4 メガ店舗　⑦在庫検索：　⑧ URL：http://www.popular.com.my/

MPH

①業種：書店チェーン　②創業・設立：1890 年（ルーツは 1815 年）　③点数：　④特記：1906 年に社名 Methodist Publishing House とし，1927 年に株式公開会社 Malaya Publishing House，1963 年に Malaysia Publishing House に改名した。親会社が何回か変わり，2000 年に MPH となった。現在の親会社はマレーシアのコングロマリット Jalinan Inspirasi Sdn Bhd。カフェ併設店多し　⑤店舗数：27 店舗　⑥旗艦店：クアラルンプールのショッピングセンターBanda 1 Utama 店は 3,600㎡に在庫 20 万冊。Midvalley Megamall 店も同規模　⑦在庫検索：　⑧ URL：http://mphonline.com/

Times Bookstores

①業種：書店チェーン　②創業・設立：2001 年　③点数：　④特記：東南アジアの主要メディア企業の Times Publishing Group の一員。2008 年のインドネシアへの出店でアジア最大の書籍小売業者になった　⑤店舗数：9 店舗　⑥旗艦店：Pavilion KL 店は売場面積 1 万 8 千平方フィートに在庫 20 万冊　⑦在庫検索：　⑧ URL：http://www.timesbookstores.com.my/

Kedai-Buku.com

①業種：ネット書店　②創業・設立：2009 年　③点数：　④特記：運営サイトより「マレーシア最大のオンライン書店」　⑤店舗数：　⑥旗艦店：⑦在庫検索：ネット書店の在庫表示あり　⑧ URL：http://www.kedai-buku.com/

BukuPopular.com

①業種：ネット書店　②創業・設立：2007 年　③点数：　④特記：運営会社は Mykams Enterprise ⑤店舗数：　⑥旗艦店：　⑦在庫検索：ネット書店の在庫表示あり　⑧ URL：http://www.bukupopular.com/

Dawama.com

①業種：出版社，印刷，書店　②創業・設立：1999 年　③点数：　④特記：辞書等を出版している教育省傘下の言語文学協会 Dewan Bahasa dan Pustaka（DBP）の出版事業部民営化の際に業務を引き継ぎ，2002 年に本格活動を開始し，学校に教科書を頒布する一方で，DBP 発行の書籍・雑誌の編集・出版・流通・販売を行う　⑤店舗数：1 店舗？　⑥旗艦店：クアラルンプール・言語文学協会の 1 階に書店あり（関係不明）　⑦在庫検索：⑧ URL：http://www.dawama.com/

3. 図書館蔵書目録　時代別

OPAC Perpustakaan Negara Malaysia

①管理運営：国立図書館　②作成・参加館：単館 ③検索対象：図書，雑誌，雑誌記事　④レコード件数：　⑤書誌データフォーマット：MALMARC, MARC21　⑥特記：蔵書（BINAR），1966 年以降の全国書誌（Bibliografi negara Malaysia），1997 年以降の雑誌記事（PANCARAN MENTARI）を検索することができる　⑦ URL：http://ils-gateway.pnm.my/

Katalog Induk Kebangsaan

①管理運営：国立図書館　②作成・参加館：102 館　③検索対象：図書，会議録など　④レコード件数：　⑤書誌データフォーマット：MALMARC，MARC21　⑥特記：2006 年に開始された図書館協力ネットワークを通じて書誌情報と非書誌情報のリポジトリを管理・開発する　⑦ URL：http://kik.pnm.my/

LibraryNet, OPAC

①管理運営：LibraryNet　②作成・参加館：22 館　③検索対象：図書，雑誌　④レコード件数：　⑤書誌データフォーマット：　⑥特記：2001 年に開始された公共図書館の総合目録　⑦ URL：http://www.librarynet.com.my/

MyULIS, MYTO

①管理運営：PERPUN　②作成・参加館：26 館　③検索対象：雑誌（MyULIS），学位論文（MYTO）　④レコード件数：　⑤書誌データフォーマット：　⑥特記：2005 年に開始された国立図書館と大学図書館の総合目録。図書検索は各大学の OPAC を検索するしかないようだ　⑦ URL：http://perpun.upm.edu.my/

7　シンガポール共和国

Republic of Singapore

1. 基本事項

首都　シンガポール

政体　立憲共和制

元首　大統領

宗教　仏教，イスラム教，キリスト教，道教，ヒンドゥー教

言語　国語はマレー語。公用語として英語，中国語，マレー語，タミール語

通貨　シンガポール・ドル（S ドル）

時差　－ 1 時間

ccTLD　.sg

再販制度

ISBN 管理機関　ISBN Agency, National Library Board, Library Supply Centre

ISSN 管理機関　ISSN National Centre for Singapore

全国書誌作成機関　National Library Board, Singapore

ISBN 国番号　978-981, 978-9971

2. 出版流通　取次・書店・定期購読

<取次>

MarketAsia Distributors

①業種：取次　②創業・設立：1987 年　③点数：　④特記：主要書店 MPH，Times，紀伊國屋，大衆書局，Borders に書籍，雑誌，政府刊行物，行政資料を供給する　⑤店舗数：　⑥旗艦店：　⑦在庫

検索：　⑧ URL：http://www.marketasia.com.sg/

Select Books

①業種：出版社，取次，書店　②創業・設立：1976年　③点数：3万点　④特記：国内外の図書館，博物館，研究機関に書籍を供給　⑤店舗数：1店舗　⑥旗艦店：　⑦在庫検索：　⑧ URL：http://www.selectbooks.com.sg/

＜書店＞

大衆書局　Popular Books

①業種：出版社，取次，書店チェーン　②創業・設立：1924年　③点数：　④特記：1997年にシンガポール証券取引所に上場。オーチャード地区の商業施設IONに新ブランドPrologueを展開　⑤店舗数：54店舗　⑥旗艦店：シティーホール駅近くのショッピングセンターBras Basah Complex内の2階と4階の店舗　⑦在庫検索：　⑧ URL：https://www.popular.com.sg/

MPH

①業種：書店チェーン　②創業・設立：1890年（ルーツは1815年）　③点数：　④特記：1906年に社名Methodist Publishing Houseとし，数回の変更を得て2000年にMPHとなった。現在の親会社はマレーシアのコングロマリットJalinan Inspirasi Sdn Bhd。運営サイトでは書籍販売を行わない　⑤店舗数：3店舗　⑥旗艦店：North Bridge RoadとSamford Roadにあるシティーホール駅真上のRaffles City Shopping Centre地下1階店舗　⑦在庫検索：　⑧ URL：http://www.mph.com.sg/

百胜楼［百勝楼］：Bras Basah Complex

①業種：書店連合　②創業・設立：1980年代　③点数：　④特記：国立図書館隣のショッピングセンター。開店当時に25階建のビル1〜5階に複数地域の書店が集められた。別名は「City of Books」（Shu Cheng）　⑤店舗数：20店舗　⑥旗艦店：　⑦在庫検索：　⑧ URL：http://bras-basah-complex.com.sg/

Times The Bookshop

①業種：書店チェーン　②創業・設立：1978年　③点数：　④特記：東南アジアの主要メディア企業のTimes Publishing Groupの一員。2000年にオーストラリアのNewsLink社と合併。2004年にW.H. Smithの小売事業を買収した。2008年のインドネシアへの出店でアジア最大の書籍小売業者になった　⑤店舗数：7店舗＋1店舗　⑥旗艦店：Changi国際空港店（Times Travelブランド店舗）　⑦在庫検索：　⑧ URL：http://www.timesbookstores.com.sg/

OpenTrolley Bookstore

①業種：ネット書店　②創業・設立：2008年　③点数：200万件　④特記：シンガポール国民でないと購入はできないが，目録は英語圏をカバーするので利用したい　⑤店舗数：　⑥旗艦店：　⑦在庫検索：在庫冊数まで表示　⑧ URL：http://opentrolley.com.sg/

3. 図書館蔵書目録　時代別

SILAS（Singapore Integrated Library Automation Services）

①管理運営：国立図書館　②作成・参加館：50館　③検索対象：図書，雑誌　④レコード件数：350万件　⑤書誌データフォーマット：MARC21　⑥特記：総合目録。SILASは1987年から書誌サービスと製品を参加館に提供する。商用データベース扱い　⑦ URL：http://www.silas.org.sg/

Virtula union catalogue

①管理運営：国立図書館　②作成・参加館：14館

③検索対象：図書，雑誌　④レコード件数：　⑤書誌データフォーマット：MARC21 等　⑥特記：2005 年に開始された国立図書館と大学図書館の横断検索総合目録。2008 年から Phese3 に入った。検索インターフェースは ExLibris 社の metalib を使用　⑦ URL：http://www.vuc.sg/

8　インドネシア共和国

Republic of Indonesia

1. 基本事項

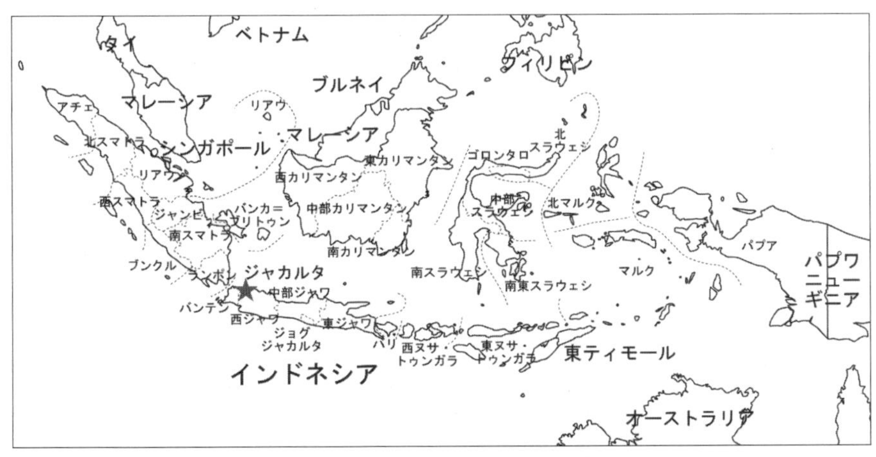

首都　ジャカルタ

政体　大統領制，共和制

元首　大統領

宗教　イスラム教，キリスト教，ヒンドゥー教

言語　インドネシア語

通貨　ルピア

時差　－ 2 時間

ccTLD　.id

再販制度

ISBN 管理機関　Directorate of Legal Deposit, Perpustakaan Nasional R.I.

ISSN 管理機関　ISSN National Centre for Indonesia（Pusat Dokumentasi dan Informasi Ilmiah）

全国書誌作成機関　Perpustakaan Nasional R.I.

ISBN 国番号　978-979

2. 販売目録

ISSN Online

①商品：雑誌　②収録件数：1 万 4 千誌　③収録年：　④運営元：Pusat Dokumentasi dan Informasi Ilmiah　⑤特記：ISSN 登録された雑誌検索　⑥ URL：http://issn.pdii.lipi.go.id/issn.cgi?daftar

3. 出版流通　取次・書店・定期購読

＜取次＞

Yasmin Agency

①業種：取次　②創業・設立：2002 年　③点数：　④特記：主要出版社と提携し，主要書店と市場ネットワークを構築している　⑤店舗数：　⑥旗艦店：　⑦在庫検索：　⑧ URL：http://www.yasminagency.com/

Gapura Mitra Sejati

①業種：取次　②創業・設立：1984 年　③点数：　④特記：インドネシア聖書協会の主要納入会社として列島全体に聖書を 10 万部配布するのを支援した　⑤店舗数：　⑥旗艦店：　⑦在庫検索：　⑧ URL：http://www.gapuramitrasejati.com/

＜書店＞

Periplus

①業種：書店チェーン ②創業・設立：1999年 ③点数：1万点 ④特記：スローガン「Periplus Bookshop is a bookshops with style」。雑誌も扱う ⑤店舗数：35店舗 ⑥旗艦店：ジャカルタ・スラバヤ東部の高級住宅街の中にあるショッピングモール Galaxy mall の1階にある店舗 ⑦在庫検索：ネット書店の在庫表示あり ⑧URL：http://periplus.co.id/

Gramedia

①業種：書店チェーン ②創業・設立：1970年 ③点数： ④特記：親会社はメディアグループの Kompas Gramedia ⑤店舗数：99店舗 ⑥旗艦店： ⑦在庫検索：ネット書店の在庫表示あり ⑧URL：http://www.gramediaonline.com/

Gunung Agung

①業種：書店チェーン ②創業・設立：1953年 ③点数： ④特記：インドネシア独立後に出版社として，書店として詩人，作家，学者，ジャーナリストの支援を受け成長し1991年から上場企業。書店名はバリ島の火山にちなむ。サイト掲載ビジョン「Together we will build the best books and stationery stores in Indonesia」。iPhoneアプリあり ⑤店舗数：32店舗 ⑥旗艦店：ジャカルタの Grand Indonesia Shopping Town 店の売場面積は約4万8千フィート ⑦在庫検索： ⑧URL：http://www.tokogunungagung.co.id/

Times Bookstores

①業種：書店チェーン ②創業・設立：2008年 ③点数： ④特記：東南アジアの主要メディア企業の Times Publishing Group の一員。2008年のインドネシアへの出店でアジア最大の書籍小売業者になった ⑤店舗数：19店舗 ⑥旗艦店：Lippo Village 店は1,900㎡に在庫10万冊 ⑦在庫検索： ⑧URL：http://www.timesbookstores.co.id/

Eureka BookHouse

①業種：書店チェーン ②創業・設立：2006年 ③点数： ④特記：PT. Publisher 企業グループの一つ ⑤店舗数：4店舗 ⑥旗艦店： ⑦在庫検索： ⑧URL：http://www.eurekabookhouse.com/

Kutukutubuku.com

①業種：ネット書店 ②創業・設立：2008年 ③点数： ④特記：ジャカルタに本社を持ち，さまざまなカテゴリーで安価な本，割引の本，古本を提供する ⑤店舗数： ⑥旗艦店： ⑦在庫検索： ⑧URL：http://www.kutukutubuku.com/

BukuKita.com

①業種：ネット書店 ②創業・設立：2006年 ③点数： ④特記：雑誌と電子書籍も扱う ⑤店舗数： ⑥旗艦店： ⑦在庫検索：在庫の保管先が表示される ⑧URL：http://www.bukukita.com/

4. 図書館蔵書目録 時代別

Katalog Induk Nasional（KIN）

①管理運営：国立図書館 ②作成・参加館：36館 ③検索対象：図書，雑誌 ④レコード件数：110万件 ⑤書誌データフォーマット：INDOMARC / MARC21 ⑥特記：総合目録 ⑦URL：http://kin.pnri.go.id/

Bibliografi Nasional Indonesia

①管理運営：国立図書館 ②作成・参加館：36館 ③検索対象：図書，雑誌 ④レコード件数：111万件 ⑤書誌データフォーマット：INDOMARC / MARC21 ⑥特記：インドネシア刊行物に限定。

何年から検索可能か不明　⑦ URL：http://bni.pnri.go.id/

SPEKTRA Virtual Library

①管理運営：Perpustakaan Universitas Kristen Petra　②作成・参加館：44 館　③検索対象：　④レコード件数：　⑤書誌データフォーマット：　⑥特記：1999 年から構築開始。現在はリポジトリも検索可能　⑦ URL：http://svl.petra.ac.id/

9　フィリピン共和国

Republic of the Philippines

1. 基本事項

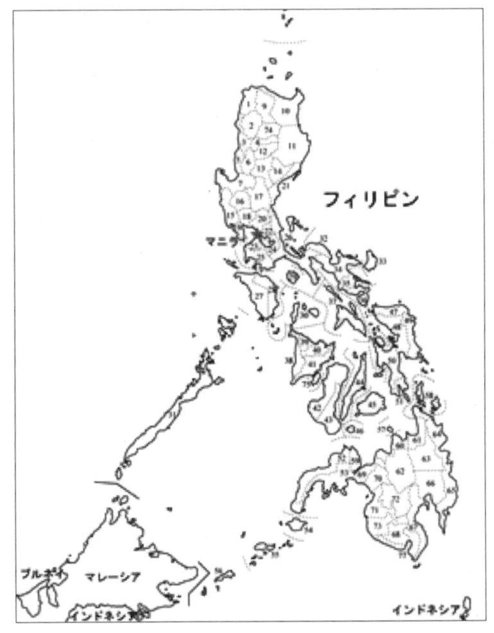

首都　マニラ

政体　立憲共和制

元首　大統領

宗教　カトリック，その他のキリスト教，イスラム教

言語　国語はフィリピノ語，公用語はフィリピノ語および英語

通貨　ペソ

時差　－ 1 時間

ccTLD　.ph

再販制度

ISBN 管理機関　Standard Book Numbering Agency, National Library of the Philippines

ISSN 管理機関　ISSN National Centre of the Philippines

全国書誌作成機関　National Library of the Philippines

ISBN 国番号　978-971

2. 出版流通　取次・書店・定期購読

<取次>

Central Books

①業種：出版社，取次　②創業・設立：1945 年　③点数：　④特記：法学書および他の専門書を扱う。1901 年以降の法情報データベース提供，オンデマンド本も受け付ける　⑤店舗数：　⑥旗艦店：　⑦在庫検索：　⑧ URL：http://central.com.

ph/

＜書店＞

National Book Store

①業種：書店チェーン　②創業・設立：1930年　③点数：　④特記：フィリピンで最も古い書店チェーン。2025年までにアジア太平洋地域に1,000ものナレッジセンターを構築することを目標としている　⑤店舗数：108店舗　⑥旗艦店：　⑦在庫検索：　⑧URL：http://www.nationalbookstore.com/

Power Books

①業種：書店チェーン　②創業・設立：1996年　③点数：20万件　④特記：運営サイトより「doesn't only sell books. It shares every reader's passion for all forms of literature」　⑤店舗数：10店舗　⑥旗艦店：マニラのオルティガスにあるMegamallのB棟店。カフェも併設　⑦在庫検索：　⑧URL：http://www.powerbooks.com.ph/

Fully Booked

①業種：書店チェーン　②創業・設立：1997年　③点数：30万点　④特記：親会社はSketchbooks。スローガン「Small things lead to big results」　⑤店舗数：18店舗　⑥旗艦店：マニラのタギッグタギッグにある「Bonifacio Global City」店　⑦在庫検索：　⑧URL：http://www.fullybookedonline.com/

Goodwill Bookstore

①業種：取次，書店チェーン　②創業・設立：1938年　③点数：　④特記：親会社はGoodwill Trading。ネット書店はBridges Bookstore。稀覯本，教科書，参考書，特に医学書を扱う　⑤店舗数：3店舗　⑥旗艦店：　⑦在庫検索：ネット書店の在庫冊数まで表示　⑧URL：http://bridgesbookstore.com/

＜古書店総合目録＞

Books for Less

①業種：書店チェーン　②創業・設立：2002年　③点数：　④特記：新刊・中古本を扱う。検索機能なしのためウェブからリクエストを行う　⑤店舗数：8店舗　⑥旗艦店：　⑦在庫検索：　⑧URL：http://booksforless.ph/

3. 図書館蔵書目録　時代別

Web Catalog

①管理運営：国立図書館　②作成・参加館：単館　③検索対象：図書，雑誌，学位論文など　④レコード件数：　⑤書誌データフォーマット：MARC21　⑥特記：全国書誌Philippine national bibliographyも恐らく検索できるのであろう　⑦URL：http://web.nlp.gov.ph/nlp/index.php?option=com_wrapper&Itemid=169

Filipiniana

①管理運営：The Library Corportion（TLC）　②作成・参加館：単館　③検索対象：図書，雑誌　④レコード件数：図書21万件，雑誌17万件　⑤書誌データフォーマット：　⑥特記：国立図書館が作成する全国書誌Philippine national bibliographyが検索できる　⑦URL：http://www.itsmarc.com/

LibraryLink

①管理運営：Filipinas Heritage Library　②作成・参加館：110館　③検索対象：図書　④レコード件数：25万5千件　⑤書誌データフォーマット：　⑥特記：1997年に成立し，Ayala財団の基金によって大学図書館と専門図書館の電子図書館プロジェクトを実施　⑦URL：http://www.librarylink.org.ph/

DOST Sci-Net Phil Union Catalog

①管理運営：Science and Technology Information

Network of the Philippines（SCINET-PHIL） ②作成・参加館：21 館 ③検索対象：図書，雑誌，技術報告，学位論文など ④レコード件数： ⑤書誌データフォーマット： ⑥特記：Department of Science and Technology（DOST）は，2002 年に成立したフィリピン科学技術情報ネットワーク SciNet-Philt の図書館情報センターコンソーシアム ⑦ URL：http://scinet.dost.gov.ph/union/

<電子図書館>

Philippine eLib

①管理運営：国立図書館 ②作成・参加館：政府国立機関 5 館 ③検索対象：図書，雑誌，目次，学位論文，雑誌記事など ④レコード件数：100 万件以上 ⑤書誌データフォーマット： ⑥特記：電子政府の一環として 2004 年に電子図書館プロジェクトが発足し，文献 2,500 万ページ，2 万 9 千全文ジャーナルを提供する（全文有料） ⑦ URL：http://www.elib.gov.ph/

1.3 南アジア

1 インド

India

1. 基本事項

首都 ニューデリー

政体 共和制

元首 大統領

宗教 ヒンドゥー教，イスラム教，キリスト教

言語 連邦公用語はヒンディー語

通貨 ルピー

時差 － 3.5 時間

ccTLD .in

再販制度

ISBN管理機関　Raja Rammohun Roy National Agency for ISBN

ISSN管理機関　Indian National Centre for ISSN

全国書誌作成機関　Central Reference Library

ISBN国番号　978-81, 978-93

2. 販売目録

All India Index to English Books in Print (AIIEBP)

①商品：書籍　②収録件数：14万2千件（DB版）③収録年：　④運営元：Indian Bibliographic Bureau, New, Delhi　⑤特記：冊子体版Indian Books in Printとデータベース版の2つがある。冊子体版2010年版は55万件の項目がある。一方，データベース版は2005年に国際的なベンダーEBSCOが中南米系のベンダーNISCを買収した段階で，検索可能にするとアナウンスしたが結局は移行されなかった模様　⑥URL：

3. 出版流通　取次・書店・定期購読

＜取次＞

Universal Books Stall Publishers' Distributors (UBS Publishers' Distributors)

①業種：出版社，取次　②創業・設立：1963年　③点数：250出版社，7万5千点，ネット書店20万点　④特記：インド全土に取次基地15拠点　⑤店舗数：　⑥旗艦店：　⑦在庫検索：　⑧URL：http://www.ubspd.com/；http://www.gobookshopping.com/

D.K. Publishers Distributors

①業種：取次　②創業・設立：1968年　③点数：1,700出版社，10万点　④特記：本社ニューデリー　⑤店舗数：　⑥旗艦店：　⑦在庫検索：　⑧URL：http://www.dkpd.com/

BooksMela

①業種：取次　②創業・設立：2001年　③点数：④特記：技術や医学書の教科書，参考図書，会議録，規格，定期刊行物を専門に扱う。本社はカルナータカ州バンガロール　⑤店舗数：　⑥旗艦店：⑦在庫検索：　⑧URL：http://www.booksmela.com/

＜書店＞

Crossword Bookstores

①業種：書店チェーン　②創業・設立：1992年　③点数：　④特記：親会社は不動産や小売事業を展開するK Raheja Corp。2000年に傘下に入ったと思われる。検索エンジンとして後述するネット書店infibeamのプラットフォームを利用する。そういうことから古書も扱う　⑤店舗数：81店舗　⑥旗艦店：コルカッタElgin Road店とベンガルールSadashivnagar店はともに1万8千平方フィート　⑦在庫検索：ネット書店の在庫表示あり　⑧URL：http://www.crossword.in/

Oxford Bookstore

①業種：書店チェーン　②創業・設立：1920年　③点数：6万点　④特記：親会社はApeejay Surrendra Group。お茶も扱い，店内に茶房あり　⑤店舗数：24店舗　⑥旗艦店：KolkataのPark Arcade店は6,000㎡　⑦在庫検索：　⑧URL：http://www.oxfordbookstore.com/

Landmark

①業種：書店チェーン　②創業・設立：2009年　③点数：12万点　④特記：大手書店の一つ。親会社はTata Group傘下のTrent　⑤店舗数：18店舗　⑥旗艦店：ムンバイPalladium店は4万2千㎡　⑦在庫検索：　⑧URL：http://www.landmarkonthenet.com/

Jain Book Agency
①業種：出版社，書店チェーン　②創業・設立：1935年　③点数：5万点　④特記：デリートデリー首都圏地域（NCR）に店舗を持つ。ビジネス，法律関係資料，インドの政府刊行物を扱う　⑤店舗数：5店舗　⑥旗艦店：　⑦在庫検索：　⑧URL：http://www.jainbookagency.com/

Jain Book Depot
①業種：書店　②創業・設立：1967年　③点数：4万5千点　④特記：親会社は出版社Nabhi Publications。3年連続で異なる優秀書店賞を獲得している　⑤店舗数：1店舗　⑥旗艦店：3,500平方フィートの店舗はデリー最大のショッピングゾーンConnaught Place（Circle）にある　⑦在庫検索：　⑧URL：http://www.jainbookdepot.com/

Vedams eBooks
①業種：ネット書店　②創業・設立：1971年　③点数：　④特記：ニューデリーPitampuraに本社がある。過去40年間大学，美術館，植物園，自然史博物館に対し通信販売事業を展開　⑤店舗数：⑥旗艦店：　⑦在庫検索：　⑧URL：http://www.vedamsbooks.com/

K.K. Agencies
①業種：ネット書店　②創業・設立：1996年　③点数：　④特記：インド初のネット書店　⑤店舗数：　⑥旗艦店：　⑦在庫検索：　⑧URL：http://www.kkagencies.com/

D.K. Agencies
①業種：ネット書店　②創業・設立：1968年　③点数：　④特記：国内外図書館と研究機関の研究に寄与する　⑤店舗数：　⑥旗艦店：　⑦在庫検索：　⑧URL：https://www.dkagencies.com/

Bookshop of India
①業種：ネット書店　②創業・設立：2004年　③点数：15万点　④特記：本社はデリー。サイトに「インド発の究極の書店」とあり　⑤店舗数：　⑥旗艦店：　⑦在庫検索：　⑧URL：http://www.bookshopofindia.com/

Bookwell
①業種：政府刊行物書店　②創業・設立：1958年　③点数：　④特記：インドの中央&州政府刊行物の指定販売店。国際機関刊行物も扱う　⑤店舗数：　⑥旗艦店：　⑦在庫検索：　⑧URL：http://www.bookwellindia.com/

India Book Store
①業種：書籍価格比較　②創業・設立：2010年　③点数：　④特記：Animesh Jain氏の個人運営。Crossword以外はネット書店が検索対象　⑤店舗数：9サイト　⑥旗艦店：　⑦在庫検索：　⑧URL：http://www.indiabookstore.net/

＜雑誌＞

Magazine Mall
①業種：雑誌販売　②創業・設立：2010年　③点数：37社，200点以上　④特記：運営はGlobal Interactive Malls P.。物流センターはニューデリーの郊外グルガオン　⑤店舗数：　⑥旗艦店：　⑦在庫検索：　⑧URL：https://www.magazinemall.in/

＜古書店総合目録＞

infibeam
①業種：ネット書店・古書店　②創業・設立：2007年　③点数：　④特記：新刊書店ではあるが，アマゾンドットコムのような中古書籍も扱うマーケットプレースを展開。また小売業者が独自のオンライン店舗をセットアップするためのインフラス

トラクチャプラットフォームも提供する。デリーとムンバイの郊外に2つの大型倉庫を持つ ⑤店舗数： ⑥旗艦店： ⑦在庫検索： ⑧URL：http://www.infibeam.com/

4. 図書館蔵書目録 時代別

＜1556-＞

South Asia Union Catalogue

①管理運営：シカゴ大学Center for Research Libraries ②作成・参加館：米国7，欧州2，南アジア7，国際機関1 ③検索対象：図書，雑誌 ④レコード件数： ⑤書誌データフォーマット： ⑥特記：南アジア9か国（アフガニスタン，バングラデシュ，ブータン，英領ビルマ，インド，モルディブ，ネパール，パキスタン，スリランカ）で出版された書籍や定期刊行物を記述する歴史書誌。2004年に米国フォード財団からの多額の寄付により成立した。書誌は米国の有力機関より提供されている。1993年に行われたニューデリーSahitya Akademiによる19世紀インド出版物目録のパイロットプロジェクトが一つの契機となっている ⑦URL：http://sauc.uchicago.edu/

＜-1900＞

Digitized Books

①管理運営：国立図書館 ②作成・参加館：単館 ③検索対象：図書 ④レコード件数：9,000件程度 ⑤書誌データフォーマット： ⑥特記：1900年以前に出版された英語およびインド諸言語の図書のデジタル画像 ⑦URL：http://www.nationallibrary.gov.in/SearchIndexDigital.php

＜1901-1953＞

The national bibliography of Indian literature

①管理運営：シカゴ大学Center for Research Libraries ②作成・参加館：複数館 ③検索対象：④レコード件数：5万6千件 ⑤書誌データフォーマット： ⑥特記：1962年から1990年まで冊子体で刊行された書誌を電子化したもの ⑦URL：http://dsal.uchicago.edu/bibliographic/nbil/nbil.php

＜1958-＞

Indian national bibliography

①管理運営：Calcutta（Central）Reference Library（CRL） ②作成・参加館：単館 ③検索対象：図書，雑誌など ④レコード件数： ⑤書誌データフォーマット： ⑥特記：CRLは1970年設立。過去の書誌についても遡及変換を行っているとのことであるが，いつ公開されるかは不明 ⑦URL：http://crlindia.gov.in/

Library Catalogue, Natinal Library of India

①管理運営：国立図書館 ②作成・参加館：単館 ③検索対象：図書，雑誌 ④レコード件数：14万件 ⑤書誌データフォーマット：Indian MARC, MARC21 ⑥特記：2010年にようやく蔵書検索を公開した。数年内に240万件の書誌すべてが公開される ⑦URL：http://www.nationallibrary.gov.in/

IndCat

①管理運営：Information and Library Network（INFLIBNET）Centre ②作成・参加館：138館（図書のみ） ③検索対象：図書，学位論文，雑誌 ④レコード件数：図書1,220万件，学位論文24万件，雑誌5万件 ⑤書誌データフォーマット：MARC21 ⑥特記：前身を含めるとINFLIBNETは1991年に設立され1996年に独立した大学間センターとなった ⑦URL：http://www.inflibnet.ac.in/

National Union Catalogue of Scientific Serials in India（NUCSSI）

①管理運営：National Institute of Science Communication and Information Resources（NISCAIR）　②作成・参加館：564館　③検索対象：雑誌　④レコード件数：4万5千件　⑤書誌データフォーマット：　⑥特記：NISCAIRは2つの科学技術系機関が合併して2002年に成立（前身は1952年）　⑦URL：http://124.124.221.23/

＜政府刊行物＞

Pre-Independence Indian Official Publications

①管理運営：シカゴ大学Center for Research Libraries　②作成・参加館：単館　③検索対象：政府刊行物　④レコード件数：　⑤書誌データフォーマット：　⑥特記：インド独立（1946年）前後に関する政府文書が検索可能である。精選書誌のため，全政府刊行物について英国図書館の蔵書検索を利用する方がよい　⑦URL：http://www.lib.uchicago.edu/e/su/southasia/off-pubs.html

2　バングラデシュ人民共和国

People's Republic of Bangladesh

1. 基本事項

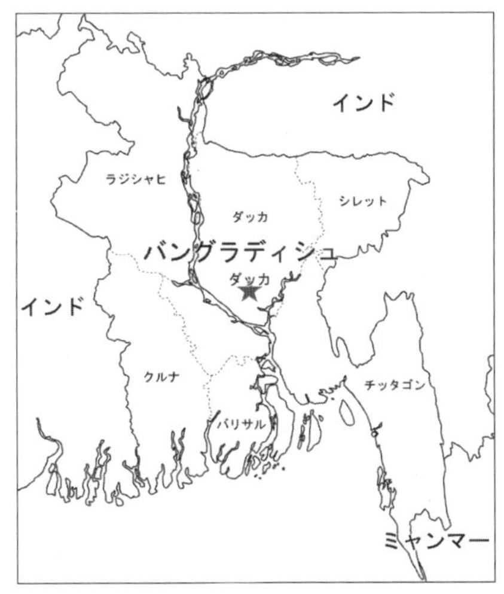

首都　ダッカ

政体　共和制

元首　大統領

宗教　イスラム教，ヒンドゥー教

言語　ベンガル語（国語）

通貨　タカ

時差　－3時間

ccTLD　.bd

再販制度

ISBN管理機関　National Library of Bangladesh, Directorate of Archives & Libraries, ISBN agency

ISSN管理機関

全国書誌作成機関　National Library of Bangladesh

ISBN国番号　978-984

2. 出版流通　取次・書店・定期購読

＜書店＞

Rubi Enterprise

①業種：ネット書店　②創業・設立：1995年　③点数：　④特記：バングラデシュ初のネット書店。ダッカ大学の近隣に店舗が存在するか不明　⑤店舗数：1店舗？　⑥旗艦店：　⑦在庫検索：　⑧

URL：http://www.rubibook.com/

3. 図書館蔵書目録　時代別

Collection of National Library

①管理運営：国立図書館　②作成・参加館：単館　③検索対象：図書，雑誌　④レコード件数：　⑤書誌データフォーマット：TXT　⑥特記：2009年に受け入れた資料のリストが公開されている　⑦URL：http://www.nanl.gov.bd/

3　パキスタン・イスラム共和国

Islamic Republic of Pakistan

1. 基本事項

首都　イスラマバード

政体　連邦共和制

元首　大統領

宗教　イスラム教（国教）

言語　ウルドゥー語（国語），英語（公用語）

通貨　パキスタン・ルピー

時差　－4時間

ccTLD　.pk

再販制度

ISBN管理機関　Pakistan ISBN Agency, National Library of Pakistan（国立図書館）

ISSN管理機関

全国書誌作成機関　National Bibliographical Unit, Department of Libraries（国立図書館内）

ISBN国番号　978-969

2. 出版流通　取次・書店・定期購読

<取次>

Ferozsons

①業種：取次，出版社，印刷，書店チェーン　②創業・設立：1894年　③点数：　④特記：取次ネットワークは主要26都市の小売店をサポートする。また同社刊行物は全国200拠点に配本可能　⑤店舗数：8店舗　⑥旗艦店：　⑦在庫検索：　⑧URL：http://www.ferozsons.com.pk/

<書店>

Saeed Book Bank

①業種：出版社，書店，取次，ネット書店　②創業・設立：1955年　③点数：　④特記：創業者の言葉「Making Books assessable & Knowledge Affordable」

⑤店舗数：イスラマバードとペシャワールに巨大ショールームあり　⑥旗艦店：イスラマバードのショールームは1万8千平方フィートの売場面積に国外20万書籍　⑦在庫検索：　⑧URL：http://saeedbookbank.com/

Mr. Books

①業種：書店　②創業・設立：2005年？　③点数：　④特記：イスラマバードで政府刊行物，学術書，教育書，時事問題関連書を扱う　⑤店舗数：1店舗　⑥旗艦店：イスラマバードで各種有名店が並ぶスーパルマーケット6階の店舗　⑦在庫検索：　⑧URL：http://mrbooks.com.pk/

Liberty Books

①業種：書店　②創業・設立：1980年　③点数：　④特記：実店舗では国外雑誌の定期購読の独占的な受付を行っているようだ　⑤店舗数：14店舗　⑥旗艦店：　⑦在庫検索：　⑧URL：http://www.libertybooks.com/

Urdu Bazaar Lahore

①業種：書店街　②創業・設立：　③点数：　④特記：3,500～4,000軒の書店が連なる，アジア最大の書店街。独立したサイトは運営されていないが是非訪れたい　⑤店舗数：3,500～4,000店舗　⑥旗艦店：　⑦在庫検索：　⑧URL：http://www.paklives.com/category/primary-links/literature/book-stores

3. 図書館蔵書目録　時代別

Pakistan national bibliography

①管理運営：国立図書館　②作成・参加館：単館　③検索対象：図書　④レコード件数：　⑤書誌データフォーマット：PDF　⑥特記：全国書誌の冊子体版は1998年からPDFで提供されている。OPACはかなり前から検索できている　⑦URL：http://www.nlp.gov.pk/booking.html；http://www.nlp.gov.pk/（OPAC）

4　ネパール連邦民主共和国

Federal Democratic Republic of Nepal

1. 基本事項

首都　カトマンズ

政体　連邦民主共和制

元首　大統領

宗教　ヒンドゥー教，仏教，イスラム教

言語　ネパール語

通貨　ネパール・ルピー（Rs）

時差　－3.25 時間

ccTLD　.np

再販制度

ISBN 管理機関　ISBN National Agency, Tribhuvan University Central Library

ISSN 管理機関　ISSN National Centre Nepal

全国書誌作成機関　Tribhuvan University Central Library and Nepal Research Centre または Nepal National Library（特定できず）

ISBN 国番号　978-9937, 978-99933, 978-99946

2. 出版流通　取次・書店・定期購読

＜取次＞

Pilgrims Book House

①業種：書店チェーン，ローカル取次　②創業・設立：1984 年　③点数：25 万点　④特記：ネパール最大の書店　⑤店舗数：ネパール 3 店舗，インド 2 店舗　⑥旗艦店：Patan の Kupondole 店の売場面積は 9,000 平方フィート。カトマンズ店は古書・新刊含めて在庫 25 万冊　⑦在庫検索：　⑧URL：http://www.pilgrimsbooks.com/

＜書店＞

Mandala Book Point

①業種：書店　②創業・設立：　③点数：1 万 2 千点　④特記：カトマンズ Kantipath の店舗は学者，研究者，学生，歴史家，人類学者，およびネパール旅行者の集う場所としても利用されている　⑤店舗数：1 店舗　⑥旗艦店：　⑦在庫検索：　⑧URL：http://www.mandalabookpoint.com/

3. 図書館蔵書目録　時代別

Koha

①管理運営：国立図書館　②作成・参加館：単館　③検索対象：図書，雑誌　④レコード件数：　⑤書誌データフォーマット：　⑥特記：同館所蔵目録。オープンソースの図書館システムを利用している　⑦ URL：http://library.nnl.gov.np/

TUCL OPAC

①管理運営：Tribhuvan 大学中央図書館　②作成・参加館：単館　③検索対象：図書，雑誌　④レコード件数：4 万 8 千件　⑤書誌データフォーマット：　⑥特記：全国書誌 Nepalese national bibliography の作成機関の目録　⑦ URL：http://www.tucl.org.np/database-search

Nepal national union catalogue

①管理運営：国立図書館　②作成・参加館：8 館　③検索対象：図書　④レコード件数：　⑤書誌データフォーマット：　⑥特記：UNESCO/DANIDA 支援のもと 1997 年から刊行されているネパール 8 館による総合目録。ネット公開が待たれる　⑦URL：

5　スリランカ民主社会主義共和国

Democratic Socialist Republic of Sri Lanka

1. 基本事項

首都　スリ・ジャヤワルダナプラ・コッテ

政体　共和制

元首　大統領

宗教　仏教，ヒンドゥー教，イスラム教，ローマン・カトリック

言語　公用語（シンハラ語，タミル語），連結語（英語）

通貨　ルピー

時差　－ 3.5 時間

ccTLD　.lk

再販制度

ISBN 管理機関　ISBN Agency, National Library and Documentation Services Board

ISSN 管理機関　ISSN National Centre

全国書誌作成機関　National Library of Sri Lanka

ISBN 国番号　978-955

2. 出版流通　取次・書店・定期購読

＜書店＞

Sarasavi

①業種：書店チェーン　②創業・設立：1955 年　③点数：　④特記：出版社と小売から構成される Sarasavi Group の販売部門。書籍に付与されたタグで連想検索可能　⑤店舗数：14 店舗　⑥旗艦店：スリランカ中央部世界遺産指定キャンディの Kandy City Centre 店　⑦在庫検索：　⑧ URL：http://www.sarasavi.lk/

Lake House

①業種：書店チェーン　②創業・設立：1941 年　③点数：　④特記：親会社は出版社。Associated Newspapers of Ceylon の貸出図書館として設立され，後に書店となった　⑤店舗数：2 店舗　⑥旗艦店：　⑦在庫検索：　⑧ URL：http://www.lakehousebookshop.com/

Vijitha Yapa

①業種：書店チェーン　②創業・設立：1991 年　③点数：25 万点　④特記：英語専門書店。親会社はメディアグループの Vijitha Yapa Associates。外国雑誌も扱う　⑤店舗数：12 店舗　⑥旗艦店：スリランカ中央部世界遺産指定キャンディの Kandy

City Centre 店　⑦在庫検索：　⑧ URL：http://www.vijithayapa.com/

3. 図書館蔵書目録　時代別

<1737- >

National Library and Documentation Services Board Catalogue

①管理運営：国立図書館　②作成・参加館：単館　③検索対象：図書，雑誌　④レコード件数：　⑤書誌データフォーマット：　⑥特記：　⑦ URL：http://www.natlib.lk/

National union catalogue

①管理運営：国立図書館　②作成・参加館：82 館　③検索対象：図書，雑誌　④レコード件数：　⑤書誌データフォーマット：　⑥特記：全国総合目録　⑦ URL：http://www.natlib.lk/

<学位論文>

Index to Post Graduate Theses

①管理運営：国立図書館　②作成・参加館：　③検索対象：学位論文　④レコード件数：　⑤書誌データフォーマット：　⑥特記：学位論文検索。詳細不明　⑦ URL：http://www.natlib.lk/

1.4　中央アジア（NIS 1）

1　カザフスタン共和国

Republic of Kazakhstan

1. 基本事項

首都　アスタナ
政体　共和制
元首　大統領
宗教　イスラム教，ロシア正教
言語　カザフ語が国語（ロシア語は公用語）
通貨　テンゲ（Tenge）

時差　－3時間

ccTLD　.kz

再販制度

ISBN 管理機関　ISBN agency, National State Book Chamber of the Republic of Kazakhstan

ISSN 管理機関

全国書誌作成機関　National State Book Chamber of the Republic of Kazakhstan

ISBN 国番号　978-601, 978-9965

2. 出版流通　取次・書店・定期購読

＜取次＞

Моя любимая книга［Moya Liubimaya Kniga］

①業種：取次　②創業・設立：2008年　③点数：　④特記：カザフスタンとCIS諸国の書籍の販売を行う　⑤店舗数：　⑥旗艦店：　⑦在庫検索：　⑧URL：http://mlkniga.kz/

Атамұра［Atamura］

①業種：出版社，取次，書店チェーン　②創業・設立：1992年　③点数：　④特記：教科書出版社だが，ノンフィクション，リファレンスとフィクションも出版する。書店のロシア語とカザフ語の書籍比率は6対4。書店チェーンであるAkadem Kniga，Экономик'С，Эврика，およびМеломанとで市場売上の7割以上を独占する　⑤店舗数：44店舗　⑥旗艦店：　⑦在庫検索：　⑧URL：http://www.atamura.kz/

＜書店＞

Экономик 'С［Economix］

①業種：書店チェーン　②創業・設立：1992年　③点数：2万3千点　④特記：1990年代からアルマトイで活動する　⑤店舗数：8店舗　⑥旗艦店：　⑦在庫検索：　⑧URL：http://www.economix.kz/

Эврика［Evrika］

①業種：書店チェーン　②創業・設立：1999年？　③点数：2万点　④特記：サイトに過去11年間の活動とあり　⑤店舗数：7店舗　⑥旗艦店：パブロダール1号店は在庫2万冊　⑦在庫検索：　⑧URL：http://evrika-book.kz/

Меломан［Meloman］

①業種：書店チェーン　②創業・設立：1987年　③点数：書籍4万4千点，DVD 1万4千点　④特記：ロシア語中心のメディアストアである　⑤店舗数：60店舗　⑥旗艦店：　⑦在庫検索：　⑧URL：http://www.meloman.kz/

Книжный город［Knizhnyi Gorod］（Book City）

①業種：書店チェーン　②創業・設立：2006年　③点数：　④特記：アルマトイを拠点とする書店。運営はКнига-HB社。ロシア語書籍が中心　⑤店舗数：2店　⑥旗艦店：アルマトイRozybakieva通り店は1,000㎡　⑦在庫検索：　⑧URL：http://www.bookcity.kz/

Гулянда［Gulyanda］

①業種：書店チェーン　②創業・設立：1994年　③点数：　④特記：アルマトイを拠点とするロシア語専門書店　⑤店舗数：4店舗　⑥旗艦店：アルマトイ「Толе би, 111」店は3フロア（4,000㎡）　⑦在庫検索：在庫書店まで表示　⑧URL：http://www.gulyanda.kz/

＜電子書籍＞

1inKZ

①業種：電子書籍書店　②創業・設立：kaznetmediaにより2009年　③点数：3,200点　④特記：要登録　⑤店舗数：　⑥旗艦店：　⑦在庫検索：　⑧URL：http://1in.kz/books/

<雑誌>

Казпочта［Kazpost］

①業種：雑誌販売　②創業・設立：2004年　③点数：8,000点　④特記：郵便局のサービス　⑤店舗数：　⑥旗艦店：　⑦在庫検索：　⑧URL：http://www.kazpost.kz/

<古書店総合目録>

BookLance

①業種：古書店　②創業・設立：2010年　③点数：2,000点　④特記：物々交換　⑤店舗数：　⑥旗艦店：　⑦在庫検索：　⑧URL：http://booklance.kz/

3. 図書館蔵書目録　時代別

<1800-1940>

Kazakhstan National Electronic Library

①管理運営：Мемлекеттік Электронды Кітапханалық Қо［Electronic State Library Foundation］　②作成・参加館：　③検索対象：図書・雑誌　④レコード件数：　⑤書誌データフォーマット：　⑥特記：カザフスタン国立アカデミー図書館 National Academic Library of RK in Astana（NABRK）と複数図書館の総合目録。所蔵資料の電子化全文コレクション多数　⑦URL：http://www.kazneb.kz/

<1928-1941>

Латын графикасымен басылған қазақ кітаптарының каталогы
［Catalogue of Kazakh books in Latin script］

①管理運営：国立図書館　②作成・参加館：単館　③検索対象：図書　④レコード件数：2,071件　⑤書誌データフォーマット：書籍のみ　⑥特記：2007年に第1部が出版されたラテン文字（ローマ字）によるカザフ語書誌　⑦URL：

<1938->

Книжная летопись［Book Chronicle］

①管理運営：カザフスタン共和国国家図書院　②作成・参加館：単館　③検索対象：　④レコード件数：　⑤書誌データフォーマット：　⑥特記：書籍のみ（ISSN: 0136-0825）　⑦URL：

Электронный каталог библиотеки
［Library's electronic catalog］

①管理運営：国立図書館　②作成・参加館：単館　③検索対象：図書　④レコード件数：　⑤書誌データフォーマット：UNIMARC　⑥特記：　⑦URL：http://cat.nlrk.kz/

SvEK

①管理運営：国立図書館　②作成・参加館：　③検索対象：図書　④レコード件数：500万件　⑤書誌データフォーマット：UNIMARC　⑥特記：公共図書館13館による総合目録。Қазақстанның корпоративтік каталогтау орталығы（KTSKK）［Kazakhstan Center for cataloging］は2002年に設立　⑦URL：http://catalogue.nlrk.kz/

2 キルギス共和国

Kyrgyz Republic

1. 基本事項

首都　ビシュケク

政体　共和制

元首　大統領

宗教　主としてイスラム教スンニー派，ロシア正教

言語　キルギス語が国語（ロシア語は公用語）

通貨　ソム（Som）

時差　－ 3 時間

ccTLD　.kg

再販制度

ISBN 管理機関　Государственная книжная палата Кыргызской Республики［State Book Chamber, Goskonzern Akyl of Kyrgyzstan］

ISSN 管理機関　State Book Chamber

全国書誌作成機関　State Book Chamber

ISBN 国番号　978-9967

2. 出版流通　取次・書店・定期購読

＜書店＞

Раритет［Raritet］

①業種：書店，出版社　②創業・設立：1992 年　③点数：2 万点　④特記：店舗には中央アジアの美術工芸品の展示会場もあり　⑤店舗数：5 店舗　⑥旗艦店：　⑦在庫検索：　⑧ URL：http://www.books.kg/

Одиссей［Odyssey］

①業種：書店，出版社　②創業・設立：1994 年　③点数：4 万点　④特記：ビシュケクの中央には，マナスとキエフの隅にあるロシア大使館の近くにある。ホームページなし　⑤店舗数：1 店舗？　⑥旗艦店：　⑦在庫検索：　⑧ URL：

3. 図書館蔵書目録　時代別

＜1948- ＞

Kyrgyz Respublikasynyn basma sȯz zhylnaamasy

①管理運営：キルギス共和国国家図書院　②作成・参加館：単館　③検索対象：図書，雑誌，新聞　④レコード件数：　⑤書誌データフォーマット：　⑥特記：全国書誌は 1996 年から閲覧可能となっている　⑦ URL：http://nkp.literatura.kg/

＜1964- ＞

Электронный каталог［Electronic Catalog］

①管理運営：国立図書館　②作成・参加館：単館　③検索対象：図書，雑誌　④レコード件数：16 万件（キルギス語は 3 万 8 千件）　⑤書誌データフォ

ーマット：UNIMARC　⑥特記：国家図書院と国立図書館の関係が不明だが，文化情報省サイトによれば30年間分ぐらいは検索できそうだ　⑦URL：http://nlkr.gov.kg/

Сводный каталог Кыргызской Республики [Union Catalog of the Kyrgyz Republic]

①管理運営：キルギスタン図書館情報資源協会と図書館情報コンソーシアム協会　②作成・参加館：12館　③検索対象：図書，雑誌，雑誌記事　④レコード件数：　⑤書誌データフォーマット：UNIMARC　⑥特記：国立図書館と大学図書館等による総合目録　⑦URL：http://uc.net.kg/

Корпоративный Репозиторий Авторефератов Диссертаций［Corporate Repository Theses Abstracts］(KRAD)

①管理運営：国立図書館　②作成・参加館：14大学　③検索対象：学位論文　④レコード件数：200件　⑤書誌データフォーマット：　⑥特記：国立図書館，大学図書館のリポジトリ　⑦URL：http://krad.bik.org.kg/

3　ウズベキスタン共和国

Republic of Uzbekistan

1. 基本事項

首都　タシケント
政体　共和制
元首　大統領
宗教　主としてイスラム教スンニー派
言語　公用語はウズベク語，ロシア語
通貨　スム（Sum）
時差　－4時間
ccTLD　.uz
再販制度
ISBN管理機関　Ŭzbekiston Respublikasi davlat kitob palatasi - ISBN Agency
ISSN管理機関　ISSN National Centre of Uzbekistan
全国書誌作成機関　Ŭzbekiston Respublikasi davlat kitob palatasi（ウズベキスタン共和国国立図書院）
ISBN国番号　978-9943

2. 出版流通　取次・書店・定期購読

＜取次＞

Kaleon

①業種：図書・雑誌・新聞取次・販売　②創業・設立：1996年　③点数：　④特記：ロシア語資料

も扱う　⑤店舗数：　⑥旗艦店：　⑦在庫検索：　⑧ URL：http://www.kaleon.uz/

<書店>

Bookland

①業種：書店　②創業・設立：2008年　③点数：10万点　④特記：ロシア語資料も扱う　⑤店舗数：2店舗？　⑥旗艦店：タシケントのハイパーマーケットメガプラネットの1階にある書店　⑦在庫検索：　⑧ URL：http://www.bookland.uz/

Meram Books

①業種：書店　②創業・設立：不明　③点数：　④特記：サイトに検索機能なし　⑤店舗数：1店舗？　⑥旗艦店：タシケントのMERAMショッピングセンターにある書店　⑦在庫検索：　⑧ URL：http://www.meram.uz/

VASHURKIN ALEKSEY

①業種：書店　②創業・設立：1991年　③点数：6,200点　④特記：ロシアの医薬出版社グループGEOTAR-MEDIAの一員。ロシア語一般書籍も扱う　⑤店舗数：1店舗　⑥旗艦店：　⑦在庫検索：　⑧ URL：http://www.books-education.uz/

BookStore.Uz

①業種：ネット書店　②創業・設立：2007年　③点数：36万点　④特記：ロシア語図書多し。雑誌も扱う　⑤店舗数：　⑥旗艦店：　⑦在庫検索：　⑧ URL：http://www.bookstore.uz/

<電子書籍>

ebooks.uz

①業種：電子書籍目録　②創業・設立：個人？　③点数：400点　④特記：無料電子書籍の案内　⑤店舗数：　⑥旗艦店：　⑦在庫検索：　⑧ URL：http://www.ebooks.uz/

<雑誌>

Inter Press

①業種：雑誌販売　②創業・設立：2003年　③点数：1万1千点　④特記：　⑤店舗数：　⑥旗艦店：　⑦在庫検索：　⑧ URL：http://www.interpress.uz/

3. 図書館蔵書目録　時代別

<1644-1917>

Katalog dorevoliutsionnoi literatury

①管理運営：　②作成・参加館：　③検索対象：図書　④レコード件数：　⑤書誌データフォーマット：書籍のみ　⑥特記：1965年から1978年までに出版された4巻物の書誌。著者はM. P. Izosimovaほか　⑦ URL：

<1917-1975>

Sovet Uzbekistoni kitobi : bibliografik kŭrsatkich = Kniga sovetskogo Uzbekstana : bibliograficheskii ukazatel'

①管理運営：Ŭzbekiston SSR davlat kitob palatasi　②作成・参加館：単館　③検索対象：図書，雑誌　④レコード件数：　⑤書誌データフォーマット：書籍のみ　⑥特記：　⑦ URL：

<1928-1991>

Kitob letopisi : ŬzSSR davlat bibliografiia organi = Knizhnaia letopis' : organ gosudarstvennoi bibliografii UzSSR

①管理運営：ウズベキスタン共和国国立図書院 Ŭzbekiston SSR davlat kitob palatasi　②作成・参加館：単館　③検索対象：図書，雑誌　④レコード件数：　⑤書誌データフォーマット：書籍のみ　⑥特記：　⑦ URL：

<1992- >

Uzbekiston Respublikasi matbuoti solnomasi = Letopis pechati Respubliki Uzbekistan, 1992-

①管理運営：ウズベキスタン共和国国立図書院 ②作成・参加館：単館 ③検索対象：図書・雑誌 ④レコード件数： ⑤書誌データフォーマット：UNIMARC ⑥特記：上部メニューから「Национальная библиография」を選択のこと。1992年から検索可能 ⑦URL：http://www.natlib.uz/

Elektron Katalog

①管理運営：Alisher Navoiy nomidagi O'zbekiston Milliy kutubxonasi［National Library of Uzbekistan named after Alisher Navoi］ ②作成・参加館：単館 ③検索対象：図書・雑誌 ④レコード件数： ⑤書誌データフォーマット：UNIMARC ⑥特記：所蔵資料は1950年代からは検索できている ⑦URL：http://www.natlib.uz/

4 グルジア

Georgia

1. 基本事項

首都 トビリシ

政体 共和制

元首 大統領

宗教 主としてキリスト教（グルジア正教）

言語 公用語はグルジア語

通貨 ラリ（Lari）

時差 －5時間

ccTLD .ge

再販制度

ISBN管理機関 ISBN Centre

ISSN管理機関 ISSN Georgian Centre

全国書誌作成機関 Tsignis Palata

ISBN国番号 978-9941, 978-99928, 978-99940

2. 出版流通 取次・書店・定期購読

<書店>

Parnasi

①業種：書店チェーン ②創業・設立：2002年 ③点数：1万5千点 ④特記：主要書店の一つ。英語ページなし ⑤店舗数：2店舗？ ⑥旗艦店： ⑦在庫検索： ⑧URL：http://www.parnasi.ge/

Bookland

①業種：書店チェーン ②創業・設立：2005年 ③点数： ④特記：2009年にネット店開業。英語ページなし ⑤店舗数：3店舗 ⑥旗艦店： ⑦在庫検索： ⑧URL：http://www.bookland.ge/

Santa Esperanza
①業種：書店チェーン ②創業・設立：2005年 ③点数： ④特記：検索機能なし ⑤店舗数：2店舗（うちEx Libris店は古書専門） ⑥旗艦店： ⑦在庫検索： ⑧URL：http://www.santaesperanza.ge/

3. 図書館蔵書目録 時代別

<1629- >
Алфавитный каталог книг на грузинском языке [Alphabetical Catalogue of Books in Georgian]
①管理運営：ロシア国立図書館 ②作成・参加館：単館 ③検索対象：図書 ④レコード件数：10万5千件 ⑤書誌データフォーマット： ⑥特記：カード目録をスキャニングしたもの。グルジア語とロシア語併記 ⑦URL：http://www.nlr.ru/poisk/

<1925- >
NPLG Online Catalogs
①管理運営：National Parliamentary Library of Georgia ②作成・参加館：単館 ③検索対象：図書，雑誌，記事，学位論文 ④レコード件数：全160万件うち図書25万件 ⑤書誌データフォーマット：UNIMARC ⑥特記：1925年から刊行されている全国書誌「Tsignis matiane = Knižnaja letopis'」が恐らくほぼ検索可能である ⑦URL：http://www.nplg.gov.ge/ec/en/changedb.html

<電子図書館>
Digital Library
①管理運営：National Parliamentary Library of Georgia ②作成・参加館：単館 ③検索対象：電子書籍 ④レコード件数：1,300件 ⑤書誌データフォーマット： ⑥特記：電子化書籍と学位論文 ⑦URL：http://www.nplg.gov.ge/index.php?lang_id=ENG&sec_id=50

5 アルメニア共和国

Republic of Armenia

1. 基本事項

首都 エレバン
政体 共和制
元首 大統領
宗教 主としてキリスト教

言語　公用語はアルメニア語
通貨　ドラム（Dram）
時差　－4時間
ccTLD　.am
再販制度
ISBN管理機関　Hayastani Azgayin Grapalat, ISBN Agency
ISSN管理機関　Hayastani Azgayin Grapalat
全国書誌作成機関　Hayastani Azgayin Grapalat
ISBN国番号　978-9939, 978-99930, 978-99941

2. 出版流通　取次・書店・定期購読

<取次，書店>

Bookinist

①業種：取次，新刊＆古書店チェーン　②創業・設立：1997年　③点数：4,000点　④特記：ロシア語，CIS各国言語図書も扱う　⑤店舗数：5店舗　⑥旗艦店：エレバンにある中央店「The World of Books」　⑦在庫検索：　⑧URL：http://books.am/

3. 図書館蔵書目録　時代別

<1500- >

Armenian Libraries Union Catalog

①管理運営：国立図書館　②作成・参加館：16館　③検索対象：図書，雑誌，雑誌記事，学位論文等　④レコード件数：　⑤書誌データフォーマット：MARC21　⑥特記：2001年に国立図書館，エレバン国立大学，およびアルメニア科学アカデミーにより開始されたArmenian Libraries Consortium（LibNet）の総合目録　⑦URL：http://armunicat.am:8991/

<1623- >

Алфавитный каталог книг на армянском языке [Alphabetical Catalogue of Books in Armenian]

①管理運営：ロシア国立図書館　②作成・参加館：単館　③検索対象：図書　④レコード件数：6万4千件　⑤書誌データフォーマット：　⑥特記：カード目録をスキャニングしたもの。アルメニア語とロシア語併記　⑦URL：http://www.nlr.ru/poisk/

<1925-2010>

[The Book in Soviet Armenia ; The Book in the Republic of Armenia]

①管理運営：アルメニア図書院 Armenian National Book Chamber　②作成・参加館：単館　③検索対象：図書　④レコード件数：　⑤書誌データフォーマット：　⑥特記：10年区切りの遡及的書誌（8冊本）。書籍のみだが，同院はArmenian Libraries Union Catalogの参加館となっており，当該年度のものが検索できているようだ　⑦URL：http://armunicat.am:8991/

<2009- >

Tpagrutian Taregir [Annals of books]

①管理運営：Armenian National Book Chamber　②作成・参加館：単館　③検索対象：図書，雑誌，雑誌記事，学位論文等　④レコード件数：　⑤書誌データフォーマット：　⑥特記：冊子体は1925年創刊。2009年よりPDFによる電子化文書の配布　⑦URL：http://www.book-chamber.am/annual_en.htm

6　アゼルバイジャン共和国

Republic of Azerbaijan

1. 基本事項

首都　バクー

政体　共和制

元首　大統領

宗教　主としてイスラム教シーア派

言語　公用語はアゼルバイジャン語

通貨　マナト（Manat）

時差　－5時間

ccTLD　.az

再販制度

ISBN管理機関　ISBN Agency

ISSN管理機関

全国書誌作成機関　Khazar University Library Information Center

ISBN国番号　978-9952

2. 図書館蔵書目録　時代別

Elektron kataloqu

①管理運営：Azərbaycan Milli Kitabxanası　②作成・参加館：単館　③検索対象：図書，雑誌など　④レコード件数：　⑤書誌データフォーマット：　⑥特記：国立図書館の蔵書検索。米国，ロシア，トルコの国立図書館も同時に検索可能である　⑦URL：http://ek.anl.az/

Web Collection Plus

①管理運営：Khazar University Library Information Center　②作成・参加館：単館　③検索対象：図書，雑誌など　④レコード件数：　⑤書誌データフォーマット：　⑥特記：ISBN機関，全国書誌作成機関である同大学の蔵書検索　⑦URL：http://webopac.khazar.org/

1.5 オセアニア

1 オーストラリア連邦

Australia

1. 基本事項

首都　キャンベラ

政体　立憲君主制

元首　英国女王，通常は連邦総督が王権を代行

宗教　キリスト教

言語　英語

通貨　豪州ドル

時差　－1～＋1時間

ccTLD　.au

再販制度　書籍の価格拘束なし

ISBN管理機関　ISBN Agency - Thorpe-Bowker

ISSN管理機関　Australian ISSN Agency, National Library of Australia

全国書誌作成機関　National Library of Australia

ISBN国番号　978-0, 978-1

2. 販売目録

Australian books in print

①商品：書籍　②収録件数：20万7千点　③収録年：1958年～　④運営元：THORPE-Bowker　⑤特記：1919年に冊子体として創刊。最新は2008年版。2万出版社，12万点を収録。現在は，ニュージーランドの販売目録と合体した商用データベース Australian and New Zealand Books in Print, Publishers として提供されている　⑥URL：http://www.informit.com.au/indexes_ANZP.html

3. 出版流通　取次・書店・定期購読

＜取次＞

Scribo Group

①業種：取次　②創業・設立：2008年　③点数：　④特記：有力取次 Tower Books，Bookwise International，Gary Allen Pty および Brumby Books & Music の合併によって誕生。2008年末にオーストラリア最古の取次 Gordon and Gotch（1853年創業）に買収され，商業印刷企業 PMP の子会社となった。南豪ウィングフィールドに物流センターあり　⑤店舗数：　⑥旗艦店：　⑦在庫検索：　⑧URL：http://www.scribo.com.au/

Rainbow Books Agencies

①業種：取次　②創業・設立：1985年　③点数：　④特記：メルボルン北近郊のプレストンが拠点　⑤店舗数：　⑥旗艦店：　⑦在庫検索：　⑧URL：https://rainbowbooks.com.au/

United Book Distributors（UBD）

①業種：取次　②創業・設立：1946年？　③点数：　④特記：メルボルンScoresbyを拠点とする最大の取次。出版社Pearson Australiaの一部門。物流センターは2万9千㎡の広さ　⑤店舗数：　⑥旗艦店：　⑦在庫検索：　⑧URL：http://www.unitedbookdistributors.com.au/

＜書店＞

Angus & Robertson

①業種：ネット書店　②創業・設立：1882年　③点数：　④特記：オーストラリア最大のチェーン書店だった。2001年にUKの書店W.H. Smithに買収され，2009年に同じ書店のWhitcoullsとBordersとともにRedGroupの傘下に入ったが，RedGroupの財政破綻のため，2011年に185の店舗は閉鎖もしくは売却された。ネット書店自体はBorders同様にPearson Australia Groupの一部門となった　⑤店舗数：　⑥旗艦店：　⑦在庫検索：　⑧URL：http://www.angusrobertson.com.au/

Dymocks

①業種：書店チェーン　②創業・設立：1879年　③点数：　④特記：老舗書店。2011年の競合相手のAngus & Robertsonの消滅によってシェアがどうなるだろうか　⑤店舗数：73店舗　⑥旗艦店：シドニーのGeorge通りの伝統店は2,500㎡に在庫20万点，150万冊，メルボルンのCollins Street店は1,700㎡　⑦在庫検索：可能　⑧URL：http://www.dymocks.co.au/

Collins Booksellers

①業種：書店チェーン　②創業・設立：1922年　③点数：　④特記：発祥の地メルボルンのコリンズ通りが店名。2007年に競合書店チェーンBookcityを買収。2011年に破綻したAngus & Robertsonの店舗の何割かを引き受ける。書店システムUnLinkを開発した。目録は目次・要旨検索可能　⑤店舗数：57店舗　⑥旗艦店：　⑦在庫検索：　⑧URL：http://www.collinsbooks.com.au/

University Co-operative Bookshop

①業種：書店チェーン　②創業・設立：1958年　③点数：　④特記：シドニー大学の学生によって設立された生協書店　⑤店舗数：47店舗　⑥旗艦店　⑦在庫検索：在庫冊数まで表示　⑧URL：http://www.coop-bookshop.com.au/

Word

①業種：書店チェーン，取次　②創業・設立：1946年　③点数：　④特記：シドニーで創業した書店チェーン　⑤店舗数：18店舗　⑥旗艦店：　⑦在庫検索：在庫店と在庫冊数を表示する　⑧URL：http://www.ebookbop.com.au/

Booko

①業種：書籍価格比較　②創業・設立：2008年　③点数：　④特記：比較60書店のうち半分以上がオーストラリアの店舗　⑤店舗数：60店舗　⑥旗艦店：　⑦在庫検索：　⑧URL：http://booko.com.au/

＜電子書籍＞

eBooks

①業種：電子書籍書店　②創業・設立：2000年　③点数：　④特記：1997年にStephen Cole書店が電子書籍市場構想を抱き設立。大手出版社の財政支援のもと2000年にサイト開店。2011年に米英

加欧に支店を開設した　⑤店舗数：　⑥旗艦店：　⑦在庫検索：　⑧ URL：http://www.ebooks.com/

eBookBop

①業種：電子書籍書店　②創業・設立：2011 年？　③点数：25 万点　④特記：Advantage Media Group Pty による運営　⑤店舗数：　⑥旗艦店：　⑦在庫検索：　⑧ URL：http://www.ebookbop.com.au/

BookU

①業種：電子書籍書店　②創業・設立：2011 年　③点数：16 万点　④特記：2002 年創業のネット関連企業 Eclipse Commerce 傘下のネット書店 Boomerang Books により開始。ePub，PDF 対応　⑤店舗数：　⑥旗艦店：　⑦在庫検索：　⑧ URL：http://www.booku.com/

＜雑誌＞

iSUBSCRIBE AU

①業種：雑誌販売　②創業・設立：2000 年　③点数：5,000 誌　④特記：イギリス，オーストラリア，ニュージーランドで販売展開。顧客の 6 割が女性　⑤店舗数：　⑥旗艦店：　⑦在庫検索：　⑧ URL：http://www.isubscribe.co.au/

Magshop

①業種：雑誌販売　②創業・設立：1999 年　③点数：　④特記：運営はオーストラリア ACP Magazines と ACP Media　⑤店舗数：　⑥旗艦店：　⑦在庫検索：　⑧ URL：http://www.magshop.co.au/

Mag Nation

①業種：雑誌販売　②創業・設立：2005 年　③点数：4,000 誌　④特記：オーストラリアとニュージーランドそれぞれに 3 店舗ずつ。文房具，デザイン本，T シャツも扱う　⑤店舗数：6 店舗　⑥旗艦店：　⑦在庫検索：　⑧ URL：http://www.magnation.com/

＜古書店総合目録＞

BibliOZ

①業種：古書店連合目録　②創業・設立：1994 年　③点数：数百万点　④特記：運営はニューサウスウェールズ州の BiblioQuest International　⑤店舗数：　⑥旗艦店：　⑦在庫検索：　⑧ URL：http://www.biblioz.com.au/

4. 図書館蔵書目録　時代別

Trove

①管理運営：国立図書館　②作成・参加館：1,100 館以上　③検索対象：図書，雑誌，雑誌記事，学位論文，新聞記事イメージなど　④レコード件数：図書 1,632 万件，雑誌記事 1 億 3 千万件　⑤書誌データフォーマット：MARC21　⑥特記：元は 1981 年に開始された全国総合目録 Australian National Bibliographic Database（ANBD）。同データベースは有料サービスの Libraries Australia service でも提供。全国書誌は 1972 年以降のデータを含む　⑦ URL：http://trove.nla.gov.au/

publications.gov.au

①管理運営：Australian Government Information Management Office　②作成・参加館：　③検索対象：政府刊行物　④レコード件数：　⑤書誌データフォーマット：　⑥特記：1970 年代から　⑦ URL：http://www.publications.gov.au/

GovPubs

①管理運営：NSLA（National and State Libraries Australasia）　②作成・参加館：9 館　③検索対象：政府刊行物と行政資料　④レコード件数：　⑤書誌データフォーマット：　⑥特記：NSLA は 2000 年に成立。国立図書館と州立図書館所蔵が検索対

象。州別，図書館別で検索可能である　⑦ URL：　http://www.nla.gov.au/govpubs/

2　ニュージーランド

New Zealand

1. 基本事項

首都　ウェリントン

政体　立憲君主国

元首　英国女王，総督が王権代行

宗教　キリスト教

言語　英語，マオリ語，ニュージーランド手話

通貨　NZ ドル

時差　＋ 3 時間

ccTLD　.nz

再販制度　書籍の価格拘束なし

ISBN 管理機関　ISBN Agency, National Library of New Zealand

ISSN 管理機関　New Zealand ISSN Centre

全国書誌作成機関　National Library of New Zealand

ISBN 国番号　978-0, 978-1

出版点数　2,266 点（2005）

2. 販売目録

New Zealand books in print

①商品：書籍　②収録件数：20 万 7 千点　③収録年：1958 年〜　④運営元：THORPE-Bowker　⑤特記：1957 年に冊子体として創刊。最新は 2008 年版。1,100 出版社，1,500 点を収録。現在は，オーストラリアの販売目録と合体した商用データベース Australian and New Zealand Books in Print, Publishers として提供されている　⑥ URL：http://www.informit.com.au/indexes_ANZP.html

3. 出版流通　取次・書店・定期購読

<取次>

Nationwide Book Distributors

①業種：書籍取次　②創業・設立：1995 年　③点数：　④特記：南島のクライストチャーチ近郊にあるオックスフォードを拠点とする独立系取次。

30 年以上の取次経験ともあり前身は 1980 年代か ⑤店舗数： ⑥旗艦店： ⑦在庫検索： ⑧ URL：http://www.nationwidebooks.co.nz/

Gordon & Gotch

①業種：雑誌取次 ②創業・設立：1899 年 ③点数：2,800 誌 ④特記：メディアサービスグループの PMP Group の一員。ニュージーランド最大の雑誌取次。7,000 以上の顧客に配本する。またオーストラリア最大の書籍取次 Scribo Group の書籍の配本代行を行う ⑤店舗数： ⑥旗艦店： ⑦在庫検索： ⑧ URL：http://www.gordongotch.co.nz/

Akasha Books

①業種：書籍取次 ②創業・設立：不明 ③点数： ④特記：北島ウェリントン近郊のパラパラウムを拠点とする。常時 4 万冊の在庫を持つ ⑤店舗数： ⑥旗艦店： ⑦在庫検索： ⑧ URL：http://www.akasha.co.nz/

<書店>

Paper Plus

①業種：フランチャイズ（チェーン）書店 ②創業・設立：1983 年 ③点数： ④特記：文房具・ギフトショップの Take Note との 2 ブランドからなる Paper Plus Group の一員 ⑤店舗数：120 店舗 ⑥旗艦店：ウェリントン Masterton 店はニュージーランド最大規模の広さ ⑦在庫検索： ⑧ URL：http://www.paperplus.co.nz/

Whitcoulls

①業種：書店チェーン ②創業・設立：1882 年 ③点数： ④特記：2004 年からの親会社・オーストラリアの老舗書店 Angus & Robertson，Borders の両チェーンを経営していた REDGroup が破綻し，2011 年から James Pascoe Group の Project Mark が親会社になった。1972 年までの店名は Whitcombe & Tombs ⑤店舗数：57 店舗 ⑥旗艦店：オークランドの Queen 通り店 ⑦在庫検索： ⑧ URL：http://www.whitcoulls.co.nz/

Dymocks

①業種：書店チェーン ②創業・設立：1879 年 ③点数： ④特記：オーストラリアの有力チェーン書店。ニュージーランド第 1 号店はオークランドに 1994 年開店。書籍検索はオーストラリア店で ⑤店舗数：5 店舗 ⑥旗艦店： ⑦在庫検索：不可 ⑧ URL：http://www.dymocks.co.nz/；http://www.dymocks.co.au/

Fishpond.co.nz

①業種：ネット書店 ②創業・設立：2004 年 ③点数：643 万点 ④特記：英語圏の書籍，CD，ビデオを扱う ⑤店舗数： ⑥旗艦店： ⑦在庫検索：空港近く自社倉庫の在庫は表示される ⑧ URL：http://www.fishpond.co.nz/

BooKo

①業種：書籍価格比較 ②創業・設立：2008 年 ③点数： ④特記：比較 60 書店のうちニュージーランドは数店 ⑤店舗数：60 店舗 ⑥旗艦店： ⑦在庫検索： ⑧ URL：http://booko.com.au/

Bookish

①業種：書籍価格比較 ②創業・設立：Brian Ellison により 2010 年 ③点数： ④特記：比較店舗には英米も入る ⑤店舗数：42 店舗（ニュージーランドは 30 店舗ほど） ⑥旗艦店： ⑦在庫検索： ⑧ URL：http://bookish.co.nz/

＜電子書籍＞

meBooks

①業種：電子書籍書店　②創業・設立：2010年　③点数：　④特記：大手出版社7社と独立系出版社が電子書籍を作成し，販売を支援する。ePubとKindle対応　⑤店舗数　⑥旗艦店：　⑦在庫検索：　⑧URL：http://mebooks.co.nz/

＜雑誌＞

Mag Nation

①業種：雑誌販売　②創業・設立：2005年　③点数：4,000誌　④特記：オーストラリアとニュージーランドそれぞれに3店舗ずつ。文房具，デザイン本，Tシャツも扱う　⑤店舗数：6店舗　⑥旗艦店：　⑦在庫検索：　⑧URL：http://www.magnation.com/

Magnetix

①業種：雑誌販売　②創業・設立：2002年　③点数：6,000誌　④特記：ウェリントン市内のミッドランドパークにある雑誌専門店　⑤店舗数：1店舗　⑥旗艦店：　⑦在庫検索：　⑧URL：http://www.magnetix.co.nz/

iSUBSCRiBE NZ

①業種：雑誌販売　②創業・設立：2000年　③点数：5,000誌　④特記：イギリス，オーストラリア，ニュージーランドで販売展開。ニュージーランド店は2003年に開店。顧客の6割が女性　⑤店舗数：　⑥旗艦店：　⑦在庫検索：　⑧URL：http://www. isubscribe.co.nz/

Magshop

①業種：雑誌販売　②創業・設立：1999年　③点数：　④特記：運営はオーストラリアACP MagazinesとACP Media。ニュージーランド店の開店は2000年？　⑤店舗数：　⑥旗艦店：　⑦在庫検索：　⑧URL：http://www.magshop.co.nz/

NZ Magazine Shop

①業種：雑誌販売　②創業・設立：2000年　③点数：1万誌　④特記：海外雑誌も扱う　⑤店舗数：　⑥旗艦店：　⑦在庫検索：　⑧URL：http://www.nzmagazineshop.co.nz/

4. 図書館蔵書目録　時代別

Early New Zealand Books Project

①管理運営：オークランド大学図書館　②作成・参加館：単館　③検索対象：図書　④レコード件数：250点　⑤書誌データフォーマット：UNIMARC？　⑥特記：1800年代の書籍の全文　⑦URL：http://www.enzb.auckland.ac.nz/

New Zealand Libraries' Catalogue（New Zealand National Union Catalogue（NZNUC））

①管理運営：国立図書館　②作成・参加館：280館　③検索対象：図書，雑誌，学位論文　④レコード件数：1千万件　⑤書誌データフォーマット：MARC21　⑥特記：1982年に開始され1999年に凍結された全国総合目録New Zealand National Bibliographic Database。1983年以前の同館蔵書検索は不可　⑦URL：http://nzlc.natlib.govt.nz/

＜政府刊行物＞

Publications New Zealand

①管理運営：国立図書館　②作成・参加館：単館　③検索対象：ニュージーランド刊行物　④レコード件数：　⑤書誌データフォーマット：MARC21　⑥特記：全国書誌New Zealand National Bibliographyから書誌を抽出　⑦URL：http://find.natlib.govt.nz/primo_library/libweb/static_htmls/pubnz/

第2章
ヨーロッパ

■ヨーロッパ地区の主な図書館間国際協力

・Conference of European National Libraries（CENL）

欧州評議会加盟国の国立図書館長による独立の組織である。各国図書館政策の調和と革新，図書館への新技術の導入，欧州内のネットワークの標準化，重要なコレクションの保存などを協議する。

2.1 ヨーロッパ

1 ヨーロッパ

Europe

1. 出版流通 取次・書店・定期購読

<書店>

EU Book Shop

①業種：書店，電子書籍書店 ②創業・設立： ③点数：10 万点 ④特記：EU 機関，政府機関で 1952 年に出版された全刊行物が検索できる。無料ダウンロード可能なものもある ⑤店舗数： ⑥旗艦店： ⑦在庫検索： ⑧ URL：http://bookshop.europa.eu/

European Bookshop

①業種：書店 ②創業・設立：1966 年 ③点数：3,000 点 ④特記：EU と国際機関の刊行物を扱う ⑤店舗数：1 店舗 ⑥旗艦店：ブリュッセル l'Orme 通り店 ⑦在庫検索： ⑧ URL：http://www.europeanbookshop.com/

2. 図書館蔵書目録 時代別

< -1500>

Incunabula Short Title Catalogue（ISTC）

①管理運営：英国図書館 ②作成・参加館：6 館 ③検索対象：古版本 ④レコード件数：3 万件 ⑤書誌データフォーマット： ⑥特記：1500 年以前にヨーロッパで印刷されたインキュナブラの総合目録 ⑦ URL：http://istc.bl.uk/

<1455-1830>

Heritage of the Printed Book Database（HPB）

①管理運営：Consortium of European Research Libraries（CERL） ②作成・参加館：68 機関（100 館以上） ③検索対象：古版本 ④レコード件数：270 万件 ⑤書誌データフォーマット： ⑥特記：米欧の主要図書館のコンソーシアムが 1992 年に成立。1994 年からデータベース構築開始。CERL Portal では古版本・貴重書コレクションを横断検索可能である ⑦ URL：http://cerl.epc.ub.uu.se/sportal/

The European Library（TEL）

①管理運営：オランダ王立図書館 ②作成・参加館：50 館 ③検索対象：古版本，図書，雑誌，デジタルコンテンツ ④レコード件数： ⑤書誌データフォーマット： ⑥特記：2001 年に主要 9 国立図書館と欧州国立図書館館長会議（CENL）の TEL プロジェクトが発足。ヨーロッパ 48 か国 50 国立図書館の情報源アクセスを目的とする。2005 年にサイト公開 ⑦ URL：http://search.theeuropeanlibrary.org/

OpenGrey

①管理運営：仏 INIST-CNRS ②作成・参加館：パートナー 14 館 ③検索対象：灰色文献 ④レコード件数：70 万件 ⑤書誌データフォーマット：OAI-PMH ⑥特記：1980 年から EC 諸国の灰色文献の SIGLE データベース構築開始（有料）。1997 年から英文抄録付与。2008 年に OpenSIGLE データベース公開 ⑦ URL：http://www.opengrey.eu/

Europeana

①管理運営：オランダ王立図書館 ②作成・参加館：1,500 機関（寄与） ③検索対象：デジタル資料 ④レコード件数：1,500 万件 ⑤書誌データ

フォーマット： ⑥特記：欧州の大学図書館等が所蔵する絵画，音楽，映像，図書の資料デジタル化プロジェクト ⑦URL：http://www.europeana.eu/portal/

2.2 イギリス諸島

1 グレートブリテン及び北アイルランド連合王国

United Kingdom of Great Britain and Northern Ireland

1. 基本事項

首都 ロンドン

政体 立憲君主制

元首 女王

宗教 英国国教等

言語 英語（ウェールズ語，ゲール語）

通貨 スターリング・ポンド

時差 －9時間

ccTLD .uk

再販制度 書籍の価格拘束なし

ISBN 管理機関 ISBN Agency - UK and Ireland

ISSN 管理機関 ISSN UK Centre

全国書誌作成機関 British Library

ISBN 国番号 978-0, 978-1

出版点数 151,969点（2010）

2. 概要

書籍と雑誌は別々の流通経路を持つ。上位10社の出版グループの総売上が6割を超え，トップを占めるのは独ベルテルスマンや仏アシェットのようにコングロマリット化した巨大外資である。英国では出版流通が十分に発達したとは言えず，書籍注文量の半分以上はニールセンのEDIシステムが利用されるが，大手出版社は自社流通センターを利用している。また巨大書店チェーンとスーパーマーケットが市場の半分を占める。そのため取次は流通の中心ではなく書籍出版の補助的な役割を果たす。（参考文献：蔡星慧著『出版産業の変遷と書籍出版流通』（出版メディアパル，2006），日本出版学会編『白書出版産業』2010（文化通信社，2010））

3. 販売目録

Nielsen BookData Online

①商品：書籍　②収録件数：1千万件　③収録年：　④運営元：Nielsen Book Services　⑤特記：英国の出版総目録 Whitaker's Books in Print（British Books in print）の版元で出版と情報サービスを提供する J. Whitaker（1858年設立）は，1999年にオランダに親会社を持つ VNU Entertainment Media UK に買収された。VNU は同時期にテレビ視聴率調査を行う世界最大の情報・メディア企業 Nielsen Media Research も買収。その後 2002年に競合企業の BookData（1986年設立）も買収し，両者の書誌データベースと業務が統合された。VNU は 2007年に Nielsen Company と社名を変更した。英国の出版社と取次・書店間，米国 R.R. Bowker や Amazon. com 等との近刊情報の仲介を Onix for Books のフォーマットで使って行う（有料）⑥ URL：http://www.nielsenbookdataonline.com/

Llyfrau o Gymru

①商品：書籍　②収録件数：　③収録年：　④運営元：Welsh Books Council　⑤特記：ウェールズの新刊情報データベース。2000年に公開された　⑥ URL：http://www.gwales.com/

Books from Scotland

①商品：書籍　②収録件数：1万4千点　③収録年：　④運営元：Publishing Scotland　⑤特記：運営はスコットランド書籍出版業界ネットワーク。ウェールズの Llyfrau o Gymru に影響を受け 2005年に構築・公開。購入も可能　⑥ URL：http://www.booksfromscotland.com/

Benn's media directory

①商品：雑誌　②収録件数：雑誌 8,600誌，新聞1万4千紙　③収録年：　④運営元：Benn's Media UK　⑤特記：英国のメディアガイド。以前は商用データベースが存在したが，現在は UK 編，世界編，ヨーロッパ編の 3つに分けて出版されている冊子体のみのようだ　⑥ URL：

Willings press guide

①商品：雑誌　②収録件数：6万5千件　③収録年：　④運営元：Willings Press Guide　⑤特記：1925年に創刊されたメディアガイドの商用データベース版　⑥ URL：http://www.willingspress.com/

Pickanews

①商品：雑誌　②収録件数：5万メディア　③収録年：　④運営元：Press Index グループ　⑤特記：英仏独伊西等ヨーロッパのメディア情報を提供する　⑥ URL：http://www.pickanews.com/

4. 出版流通　取次・書店・定期購読

＜取次＞

Bertram Books

①業種：書籍取次　②創業・設立：1968年　③点数：　④特記：1999年に家族経営企業から大手図書館専門取次とグループ企業を形成し，2009年にニュースグループ大手 Smiths News PLC の傘下に入った。同社サイトには「heart of the book trade」とある。Norwich の物流センターは 14万5千㎡　⑤店舗数：　⑥旗艦店：　⑦在庫検索：　⑧ URL：http://www.bertrams.com/

Book Service

①業種：書籍取次　②創業・設立：1800年　③点数：　④特記：Essexに本社を持つ主要取次の一つ。1989年からランダムハウスグループの一員（1999年には独メディアグループ・ベルテルスマン（Bertelsmann）がランダムハウスを買収したため同グループの一員でもある）。年間の配本冊数は1億以上。物流センターには在庫3万2千点，合計3千万冊　⑤店舗数：　⑥旗艦店：　⑦在庫検索：　⑧URL：http://www.thebookservice.co.uk/

Gardners Books

①業種：書籍取次　②創業・設立：1986年　③点数：450万件，電子書籍15万件　④特記：イーストサセックスに本社を構え世界中に1万5千もの顧客を持つ家族経営企業。南部Eastbourneには35万平方フィートの倉庫を持つ　⑤店舗数：　⑥旗艦店：　⑦在庫検索：可能　⑧URL：http://www.gardners.com/

NBN International

①業種：書籍取次　②創業・設立：1976年　③点数：　④特記：出版社Macdonald & Evansの流通部門として誕生。再三の買収を経て，2003年に北米最大の独立系出版社Rowman & Littlefield Publishing Groupとグループ企業の取次National Book Networkの傘下に入り，現社名となった。英国最大の独立系書籍取次の一つである。プリマスのEstover工業団地にある倉庫は5万5千平方フィートに260万冊の在庫収容能力を持つ　⑤店舗数：　⑥旗艦店：　⑦在庫検索：在庫表示あり　⑧URL：http://www.nbninternational.com/

Booksource

①業種：書籍取次　②創業・設立：1995年　③点数：　④特記：スコットランド出版社協会（現Publishing Scotland）によって設立。グラスゴーの倉庫には7,500点，300万冊の在庫　⑤店舗数：　⑥旗艦店：　⑦在庫検索：　⑧URL：http://www.booksource.net/

Bookpoint

①業種：書籍取次　②創業・設立：1973年　③点数：　④特記：親会社は2004年から大手出版グループHachette UK Group。グループ企業と中小出版社の書籍の配本を行う。オックスフォードシャーの倉庫には6万7千点，合計3千万冊の在庫があり，毎日20万冊の本が発送されていく　⑤店舗数：　⑥旗艦店：　⑦在庫検索：　⑧URL：http://bookpoint.hachette-livreuk.com/

Littlehampton Book Services

①業種：書籍取次　②創業・設立：1972年　③点数：　④特記：ウェストサセックスのLittlehamptonに本拠を構える有力取次の一つ。倉庫の広さは2万5千平方フィート　⑤店舗数：　⑥旗艦店：　⑦在庫検索：　⑧URL：http://www.lbsltd.co.uk/

Retail and Mailing Solutions（J.G. Palmer）

①業種：雑誌取次　②創業・設立：1898年　③点数：3,000誌　④特記：物流拠点4か所を持つ雑誌取次。親会社はケント州カンタベリにあるJ. G. Palmer。外国新聞300紙のデジタル配信Newspaper Directも運営する　⑤店舗数：　⑥旗艦店：　⑦在庫検索：　⑧URL：http://www.jgpalmer.com/

＜書店＞

Foyles

①業種：書店チェーン　②創業・設立：1903年　③点数：350万点，電子書籍17万点　④特記：ロンドンで「world's greatest bookshop」になるべく誕生した。第2次世界大戦後は繁栄と衰微を経て，

2000年以降に完全復活した。2011年3月にブリストルのキャボットサーカスにロンドン以外の支店を初めて出店した ⑤店舗数：6店舗 ⑥旗艦店：2004年に全面改装されたチャリングクロスロード店。5フロアに在庫20万点。1階にカフェあり ⑦在庫検索：在庫冊数表示あり ⑧URL：http://www.foyles.co.uk/

Blackwell's

①業種：書店チェーン ②創業・設立：1879年 ③点数：600万点 ④特記：研究者，学術機関や図書館を専門とする学術書店。グループ企業であったBlackwell Publishingは2007年にJohn Wileyに売却された ⑤店舗数：50店舗 ⑥旗艦店：ロンドンのチャリングクロスロード店。絶版本のオンデマンド本サービス「ATM for book」を設置 ⑦在庫検索：可能 ⑧URL：http://bookshop.blackwell.co.uk/

Waterstone's

①業種：書店チェーン ②創業・設立：1982年 ③点数：100万点 ④特記：買収し，傘下に収めた競合書店には1797年創業の王室御用達書店Hatchards，1768年に創業したアイルランドの老舗書店Hodges Figgisもある。チェーン店の平均在庫点数は3万点。iPhone/iPad/Androidアプリあり ⑤店舗数：300店舗（海外店舗含む） ⑥旗艦店：ロンドン・ピカデリー店は8フロア中6フロアに在庫15～20万点 ⑦在庫検索：店頭在庫レベルまで表示 ⑧URL：http://www.waterstones.com/

W.H. Smith

①業種：書店チェーン ②創業・設立：1792年 ③点数： ④特記：親会社はW.H. Smith PLC。1966年にISBNの前身となるSBNを開発。1998年にネット書店Bookshop.co.uk（2004年頃閉鎖）と新聞・雑誌販売店チェーン展開するJohn Menzies Retailを買収した ⑤店舗数：ハイストリート（中心街）の550店舗，空港・駅・病院・高速道路サービス売店490店舗 ⑥旗艦店：ロンドンWaterloo駅内店 ⑦在庫検索：ネット書店在庫表示あり ⑧URL：http://www.whsmith.co.uk/

BookDepository

①業種：ネット書店 ②創業・設立：2004年 ③点数：600万点 ④特記：本社はグロスタシャー。世界100か国に無料配送とある。考えようによっては世界最高の書店かもしれないと思ったら，2011年に米国Amazon.comに買収された ⑤店舗数： ⑥旗艦店： ⑦在庫検索： ⑧URL：http://www.bookdepository.co.uk/

Local Bookshops

①業種：書店連合 ②創業・設立：2004年？ ③点数：220万点 ④特記：運営はBook Partnership。中小出版社がPRする自社発行書籍を地域独立系書店で販売できるようにし，また地域住民が地域書店で購入できるようにした書籍販売システム ⑤店舗数：726書店（参加） ⑥旗艦店： ⑦在庫検索： ⑧URL：http://www.localbookshops.co.uk/

IndieBound

①業種：書店連合 ②創業・設立：2010年 ③点数： ④特記：アメリカ書店協会に加盟している独立系書店が主導する地域書店活性化支援プログラム（地域活性化のために地域書店で本を買おう）の英国版。米国版のようにはサイトを通じて地域書店が販売するシステムは未完成 ⑤店舗数： ⑥旗艦店： ⑦在庫検索： ⑧URL：http://www.indiebound.org.uk/

Amazon.co.uk

①業種：ネット書店　②創業・設立：1996年　③点数：　④特記：前身はBookpages.co.uk。1998年に米国Amazon.comが買収し誕生した。試読サービス（Look Inside!）あり　⑤店舗数：　⑥旗艦店：　⑦在庫検索：　⑧URL：http://www.amazon.co.uk/

Bookprice24.co.uk

①業種：書籍価格比較　②創業・設立：2004年　③点数：　④特記：本社はドイツSchweinfurtにあるBuchpreis24.de　⑤店舗数：25サイト　⑥旗艦店：　⑦在庫検索：　⑧URL：http://www.bookprice24.co.uk/

TSO

①業種：政府刊行物書店　②創業・設立：1996年　③点数：　④特記：前身は1786年に設立されたHer Majesty's Stationery Office（HMSO）。1996年に民営化され，TSO（The Stationery Office）となった。TSOは2007年に企業情報を扱うWilliams Leaに買収された　⑤店舗数：　⑥旗艦店：　⑦在庫検索：　⑧URL：http://www.tsoshop.co.uk/

＜雑誌＞

Newsstand.co.uk

①業種：雑誌販売　②創業・設立：1995年　③点数：3,000誌　④特記：運営は雑誌取次のJ.G. Palmer（Retail and Mailing Solutions）。Androidアプリあり　⑤店舗数：　⑥旗艦店：　⑦在庫検索：　⑧URL：http://www.newsstand.co.uk/

iSUBSCRIBE UK

①業種：雑誌販売　②創業・設立：2003年（サイト公開）　③点数：1,450誌　④特記：親会社iSUBSCRiBEは2000年創業。英国以外にオーストラリアとニュージーランドで雑誌販売を行っている　⑤店舗数：　⑥旗艦店：　⑦在庫検索：　⑧URL：http://www.isubscribe.co.uk/

2Save.co.uk

①業種：雑誌価格比較　②創業・設立：2009年　③点数：　④特記：書籍，ホテル，レンタカーなどの価格比較サイトの雑誌部門　⑤店舗数：5サイト程度　⑥旗艦店：　⑦在庫検索：　⑧URL：http://www.2save.co.uk/

＜古書店総合目録＞

Hay-on-Wye

①業種：古書店連合　②創業・設立：1960年代　③点数：　④特記：ウェールズのボーイスにある古書店街。毎年5月から6月にかけて文学祭が開催されている。検索機能はなし　⑤店舗数：30書店程度　⑥旗艦店：　⑦在庫検索：　⑧URL：http://www.hay-on-wye.co.uk/

Abebooks.co.uk

①業種：古書店連合目録　②創業・設立：2002年（サイト公開）　③点数：14億点　④特記：本社はカナダ・ビクトリア。前身は2000年に設立されたJustbooks.co.uk。親会社のJustbooks.deがAbebooksに買収されたことから2001年に現社名となった　⑤店舗数：　⑥旗艦店：　⑦在庫検索：　⑧URL：http://www.abebooks.co.uk/

5. 図書館蔵書目録　時代別

＜-1500＞

Catalogue Archives and Manuscripts

①管理運営：英国図書館　②作成・参加館：単館　③検索対象：古版本　④レコード件数：1,400件　⑤書誌データフォーマット：　⑥特記：同図書館が1753年以降に入手した手稿コレクションを検索することができる。目録は基金Heritage Lottery

Fund と Gladys Krieble Delmas Foundation の支援によって作成された ⑦URL：http://searcharchives.bl.uk/

<1473-1800>

English Short Title Catalogue（ESTC）

①管理運営：英国図書館 ②作成・参加館：2,000館 ③検索対象：図書（印刷本），雑誌，新聞，パンフレットなど ④レコード件数：48万件 ⑤書誌データフォーマット： ⑥特記：ブリテン諸島と北米の図書館が所蔵する英国初期印刷文献簡略書名目録。1970年代に後述するNSTCの拡張プロジェクトの一環として，1994年にマイクロフィッシュやCD-ROMで販売されていた ⑦URL：http://estc.bl.uk/

<1475-1700>

Early English Books Online（EEBO）

①管理運営：ProQuest ②作成・参加館： ③検索対象：図書 ④レコード件数：12万5千件 ⑤書誌データフォーマット： ⑥特記：マイクロフィルムで刊行されている4つの全文コレクションをデジタル化した初期英語書籍集成データベース。商用データベースである ⑦URL：http://eebo.chadwyck.com/；http://dportal.nlc.gov.cn:8332/（検索のみ。「查找电子书」を選択）

<1500- >

Explore the British Library

①管理運営：英国図書館 ②作成・参加館：単館 ③検索対象：図書，雑誌，雑誌記事 ④レコード件数：5,700万件（図書・雑誌1,300万件） ⑤書誌データフォーマット：MARC21 ⑥特記：英国図書館の蔵書を一括検索。西暦1100年からの資料を検索できる ⑦URL：http://explore.bl.uk/；http://www.itsmarc.com/

<1682- >

National Library of Scotland Catalogues

①管理運営：Scotland国立図書館 ②作成・参加館：単館 ③検索対象：図書，雑誌 ④レコード件数： ⑤書誌データフォーマット：MARC21 ⑥特記：1682年以降の蔵書が検索可能である ⑦URL：http://www.nls.uk/catalogues

<1701-1800>

Eighteenth Century Collections Online（ECCO）

①管理運営：Gale Cengage Learning ②作成・参加館： ③検索対象：版画と新聞を除く印刷物 ④レコード件数：20万件 ⑤書誌データフォーマット： ⑥特記：18世紀刊行の英語・英語文献4,000万ページを全文検索可能である。商用データベースで，上記ProQuest社EEBOを契約すれば両者とも横断検索可能となる ⑦URL：http://gdc.gale.com/；http://dportal.nlc.gov.cn:8332/（検索のみ。「查找电子书」を選択）

<1795-1907>

Nineteenth Century

①管理運営：ProQuest ②作成・参加館：単館 ③検索対象：図書 ④レコード件数：3万4千件 ⑤書誌データフォーマット： ⑥特記：1986年に開始された英国図書館所蔵の19世紀書誌。1987年から出版された全文収録のマイクロフィッシュ版の索引 ⑦URL：http://c19.chadwyck.co.uk/

<1801-1919>

Nineteenth-Century Short Title Catalogue（NSTC）

①管理運営：ProQuest ②作成・参加館：8館 ③検索対象：図書 ④レコード件数：120万件 ⑤書誌データフォーマット： ⑥特記：1977年に英国図書館とカリフォルニア大学書誌調査研究センターが共同で開始した世界最高の8研究図書館に

よる英国18世紀印刷文献簡略書名目録（商用サービス） ⑦URL：http://nstc.chadwyck.com/

C19: The Nineteenth Century Index

①管理運営：ProQuest ②作成・参加館：単館 ③検索対象：図書，雑誌，雑誌記事 ④レコード件数：図書170万件，雑誌2,500件，雑誌記事2,100万件 ⑤書誌データフォーマット： ⑥特記：NSTCの発展書誌。英国図書館所蔵の19世紀書誌に，12の雑誌記事索引コレクション等を組み合わせたもの。商用データベースである ⑦URL：http://c19index.chadwyck.co.uk/

National Library of Wales Catalogues

①管理運営：Wales国立図書館 ②作成・参加館：単館 ③検索対象：古版本，図書，雑誌 ④レコード件数： ⑤書誌データフォーマット：MARC21 ⑥特記：連想検索AquaBrowserが使用されている ⑦URL：http://discover.llgc.org.uk/

UnityUK

①管理運営：OCLCとThe Combined Regions ②作成・参加館：300館 ③検索対象：図書，雑誌 ④レコード件数：1千万件 ⑤書誌データフォーマット：MARC21 ⑥特記：2005年に開始された英国とアイルランド唯一初の全国図書総合目録。2011年に公共図書館の蔵書も収録されることになった。参加館のみ検索可能 ⑦URL：http://www.unity-uk.com/

COPAC

①管理運営：Consortium of University Research Libraries（CURL） ②作成・参加館：80館 ③検索対象：図書，雑誌 ④レコード件数：3,600万件 ⑤書誌データフォーマット：MARC21 ⑥特記：英国図書館，国立図書館，大学図書館の総合目録。CURLは英国とアイルランドの主要研究図書館を中心として1983年に設立された ⑦URL：http://copac.ac.uk/

Suncat

①管理運営：EDINA（エジンバラ大学） ②作成・参加館：78館 ③検索対象：雑誌 ④レコード件数： ⑤書誌データフォーマット：MARC21 ⑥特記：2001年に開始された英国図書館，国立図書館，大学図書館の雑誌総合目録。2005年にサイト公開された ⑦URL：http://www.suncat.ac.uk/

＜政府刊行物＞

UKOP

①管理運営：TSO（The Stationery Office） ②作成・参加館：単館 ③検索対象：政府刊行物 ④レコード件数：45万件 ⑤書誌データフォーマット： ⑥特記：1980年以降に政府および関係団体2,000機関が刊行した政府刊行物が検索可能である。商用データベース ⑦URL：http://www.ukop.co.uk/

BOPCRIS

①管理運営：Southampton大学 ②作成・参加館： ③検索対象：政府刊行物 ④レコード件数：3万9千件 ⑤書誌データフォーマット： ⑥特記：1688年から1995年までの政府刊行物検索。1999年からResearch Support Libraries Programmeの支援を受け，2005年から2007年まではJISC基金計画により書誌作成および資料電子化が行われた。電子化部分は商用データベースHouse of Commons Parliamentary Papers（HCPP）となり，書誌部分はSouthampton大学のOPACで検索可能である ⑦URL：https://www-lib.soton.ac.uk/

＜学位論文＞

Index to Theses

①管理運営：Expert Information　②作成・参加館：　③検索対象：学位論文　④レコード件数：56万4千件（抄録33万件）　⑤書誌データフォーマット：　⑥特記：1716年以降の英国とアイルランドの学位論文が検索可能である。同名の冊子体目録の商用データベース版　⑦ URL：http://www.theses.com/

EThOS

①管理運営：英国図書館　②作成・参加館：115機関　③検索対象：学位論文　④レコード件数：25万件　⑤書誌データフォーマット：　⑥特記：2009年に開始された学位論文検索。2011年1月現在4万4千件の全文が登録されている　⑦ URL：http://ethos.bl.uk/

2　アイルランド共和国

Ireland

1. 基本事項

首都　ダブリン

政体　立憲共和制

元首　大統領

宗教　カトリック

言語　アイルランド語（ゲール語）および英語

通貨　ユーロ

時差　－9時間

ccTLD　.ie

再販制度　書籍の価格拘束なし

ISBN 管理機関　ISBN Agency - UK and Ireland

ISSN 管理機関　Irish ISSN Centre

全国書誌作成機関　National Library of Ireland

ISBN 国番号　978-0, 978-1

2. 販売目録

Irish Books in Print

①商品：書籍　②収録件数：　③収録年：　④運営元：Rapid Multimedia　⑤特記：500出版社の出

版情報を提供する商用データベース　⑥ URL：http://www.rapidmultimedia.com/ibip.shtm

3. 出版流通　取次・書店・定期購読

＜書店＞

Kennys

①業種：書店　②創業・設立：1940年　③点数：500万点（ネット書店）　④特記：家族経営企業　⑤店舗数：2店舗　⑥旗艦店：OCLCの書誌を書店目録に利用している。ゴールウェイ本店には現代アイルランド絵画を展示する画廊がある。また製本専門店を持つ　⑦在庫検索：在庫冊数が表示される　⑧ URL：http://www.kennys.ie/

Eason

①業種：書店チェーン　②創業・設立：1886年　③点数：450万点（ネット書店）　④特記：前身は1819年にJohnstonとして創業。1886年にEason親子がW.H. Smithより買収。スローガンは「Whatever you're into, get into Eason」。北アイルランドにも店舗あり　⑤店舗数：45店舗　⑥旗艦店：ダブリン・オコンネル店は4フロア　⑦在庫検索：　⑧ URL：http://www.eason.ie/

Books Unlimited

①業種：書店チェーン　②創業・設立：1981年　③点数：　④特記：プログレッシブ英和中辞典の用例に出てくる書店。「無限の」と会社名のUnlimitedをかけたもの　⑤店舗数：ダブリンに4店舗　⑥旗艦店：　⑦在庫検索：　⑧ URL：http://www.booksunlimited.ie/

Chapters

①業種：書店チェーン　②創業・設立：1983年　③点数：　④特記：古書も扱う　⑤店舗数：1店舗　⑥旗艦店：ダブリン・パーネル街本店は最大の独立系書店　⑦在庫検索：　⑧ URL：http://chapters.ie/

Hodges Figgis（Waterstones）

①業種：書店　②創業・設立：1768年　③点数：6万点　④特記：伝統ある書店だがHMVグループの書店チェーンWaterstonesの傘下に2002年から入った　⑤店舗数：1店舗　⑥旗艦店：4フロアのドーソン街本店はジョイスの小説「ユリーシーズ」にも言及されている　⑦在庫検索：店頭在庫レベルまで可能　⑧ URL：http://www.waterstones.com/

4. 図書館蔵書目録　時代別

＜15世紀 - ＞

Catalogue, National Library of Ireland

①管理運営：国立図書館　②作成・参加館：単館　③検索対象：古版本，図書，雑誌など　④レコード件数：　⑤書誌データフォーマット：UNIMARC, MARC21　⑥特記：古版本は1990年以降に収集したものは国立図書館の目録，それ以前はSourcesデータベースに案内される　⑦ URL：http://catalogue.nli.ie/

＜-1886＞

1872 Printed Catalogue

①管理運営：Trinity College Library Dublin　②作成・参加館：単館　③検索対象：図書　④レコード件数：25万件　⑤書誌データフォーマット：　⑥特記：書誌学者James Henthorn Toddが1835年に編纂を開始し，補遺も合わせて1864年から1887年まで刊行されたトリニティ大学図書館の所蔵する18言語の蔵書目録をスキャニングしたもの　⑦ URL：http://www.scss.tcd.ie/misc/1872catalogue/

＜1930- ＞

Irish History Online

①管理運営：国立図書館　②作成・参加館：単館　③検索対象：史料　④レコード件数：7万4千件　⑤書誌データフォーマット：　⑥特記：アイルランド人文社会科学研究評議会 IRCHSS が王立イギリス・アイルランド歴史学会と共同編纂したローマ期から現在までの英国およびアイルランド史に関わる書籍，雑誌論文，書評記事等目録のアイルランド部分のデータベース　⑦ URL：http://cats.ria.ie/search.html

2.3　中欧 1

1　ドイツ連邦共和国

Federal Republic of Germany

1. 基本事項

首都　ベルリン

政体　連邦共和制

元首　大統領

宗教　キリスト教（カトリック，プロテスタント）

言語　ドイツ語

通貨　ユーロ

時差　－ 8 時間

ccTLD　.de

再販制度　書籍の価格拘束あり（時限再販）

ISBN 管理機関　ISBN-Agentur für die Bundesrepublik Deutschland

ISSN 管理機関　Nationales ISSN-Zentrum für

Deutschland
全国書誌作成機関　Die Deutsche Bibliothek
ISBN 国番号　978-3
出版点数　93,124 点（2009）

2. 概要

ドイツには多様な流通チャンネルが存在する。ベルテルスマン等大手出版社直営の流通センター，出版社供給・流通代行業，取次，書店，市場および新聞販売所，ブッククラブ等であり，独出版書籍商協会の EDI システム（VLB）で商取引が行われている。ただし日本の取次のような卸売業を通じての流通量は 20%程度で，書店は出版社直営の流通センターや代行業者を通じた直取引で大量の物流を確保し，取次からは多様な品目の小部数の確保を行っている。結果的に 50～60%の物流は取次や代行業者の流通経路を通る。（参考文献：蔡星慧著『出版産業の変遷と書籍出版流通』（出版メディアパル，2006），日本出版学会編『白書出版産業』2010（文化通信社，2010））

3. 販売目録

Verzeichnis lieferbarer Bücher（VLB）

①商品：書籍　②収録件数：2 万出版社，120 万件　③収録年：　④運営元：MVB Marketing- und Verlagsservice des Buchhandels　⑤特記：1971 年に冊子体目録として刊行開始されたドイツ語圏の書籍総目録。MVB の親会社は独書籍業協会 Börsenverein des Deutschen Buchhandels。VLB は電子商取引で使用される標準データベースとなっている。データ交換仕様は ONIX 2.1　⑥ URL：http://www.buchhandel.de/

Newbooks.de

①商品：書籍　②収録件数：72 万件　③収録年：1999 年（サイト公開）　④運営元：NEWBOOKS Services　⑤特記：当初は新刊カタログ。現在は出版社，書店，取次に対してマーケティングツールや書籍流通標準フォーマット ONIX への変換ツールを，また図書館に対しては OPAC 連携ツールの提供も行う　⑥ URL：http://catalog.newbooks.de/

Zeitschriften Online

①商品：雑誌　②収録件数：9,600 出版社，2 万 4 千誌　③収録年　④運営元：Der Banger　⑤特記：Banger は 1946 年創業。1950 年に出版社年鑑，1956 年に雑誌年鑑を創刊した。同名の商用データベースである　⑥ URL：http://www.banger.de/

STAMM Impressum

①商品：雑誌　②収録件数：2 万 5 千件　③収録年：　④運営元：Stamm　⑤特記：1947 年に冊子体として創刊されたメディアガイドのオンライン版。数が合わないがドイツ 1 万 3 千件，オプションとしてスイスとリヒテンシュタイン 4,000 件およびオーストリア 4,000 件を収録している。データベース（有料），冊子体，CD-ROM の 3 媒体で提供される　⑥ URL：http://www.stamm.de/

Media-Daten

①商品：雑誌　②収録件数：1 万 8 千件　③収録年：　④運営元：Media-Daten　⑤特記：商用データベースだが検索は可能。検索対象国はドイツのみ　⑥ URL：https://www.mediadaten-online.com/

Pickanews

①商品：雑誌　②収録件数：5 万メディア　③収録年：　④運営元：Press Index グループ　⑤特記：英仏独伊西等ヨーロッパのメディア情報を提供する　⑥ URL：http://www.pickanews.com/

4. 出版流通　取次・書店・定期購読

<取次>

Koch, Neff & Volckmar（KNV）

①業種：取次　②創業・設立：1829年　③点数：4,300出版社，48万点　④特記：ドイツ2大取次の一つ。1987年に複数の取次と合併し現社名。本社がシュトゥットガルトにある家族経営企業。シュトゥットガルトとケルンにある倉庫からはドイツ語圏7,000書店，世界70か国の1,200書店に配本が行われる。日本には毎週出荷される。目録は11言語の書籍を検索できる　⑤店舗数：　⑥旗艦店：　⑦在庫検索：ネット書店の在庫表示あり　⑧URL：http://www.buchkatalog.de/

Libri（Lingenbrink Georg）

①業種：取次　②創業・設立：1928年　③点数：50万点　④特記：ハンブルクに本社を持つドイツ2大取次の一つ。2万㎡の倉庫から世界5,000以上のディーラーや取次に配本を行う。グループ企業にはインターネット書店Libri，物流会社BOOXpress，25万件のプリントオンデマンド可能なBooks on Demand，スイスの取次Buchzentrum。iPhoneアプリあり。書誌画面表紙画像下に「Leseprobe: jetzt reinlesen」とあるかまたは，電子書籍版が存在する場合は試読可能　⑤店舗数：　⑥旗艦店：　⑦在庫検索：ネット書店の在庫表示あり　⑧URL：http://www.libri.de/

G. Umbreit

①業種：取次　②創業・設立：1912年　③点数：　④特記：シュトゥットガルト地域のBietigheim-Bissingenにある有力取次。配本エリアはドイツとルクセンブルク。40万冊の在庫を持つ　⑤店舗数：　⑥旗艦店：　⑦在庫検索：　⑧URL：http://www.ubitweb.de/

Könemann

①業種：取次　②創業・設立：1987年　③点数：30万点　④特記：ノルトライン＝ヴェストファーレン州のハーゲンに本社を置く有力取次。7,000㎡の倉庫から全独1,000の顧客に配本される。目録は要旨検索可能　⑤店舗数：　⑥旗艦店：　⑦在庫検索：　⑧URL：http://www.biblosweb.de/

VVA Arbato Media

①業種：取次（流通代行業）　②創業・設立：1959年　③点数：　④特記：最大手出版グループ・ベルテルスマンの子会社。世界的なメディアコミュニケーションサービスのArvatoを統合し，全独3拠点に合計17万㎡の流通センターを持つ。ベルテルスマンが運営するブッククラブや他出版社200社の供給代行業を担う。ドイツの出版物流の50％以上を処理可能なシステムを有している。目録はなし　⑤店舗数：　⑥旗艦店：　⑦在庫検索：　⑧URL：http://www.vva-online.net/

<書店>

Deutsche Buch Handels（DBH）

①業種：書店グループ　②創業・設立：2006年　③点数：　④特記：2006年に家族経営企業書店チェーンHugendubelと出版グループWeltbildが経営統合して誕生した巨大書店チェーン。Hugendubel（42店）の他にWeiland（38店），Weltbild Plus（330店）Jokers，Wohlthatのブランド書店がある　⑤店舗数：ドイツ語圏469書店　⑥旗艦店：　⑦在庫検索：　⑧URL：http://www.weltbild.com/unternehmen/buchhandel/

Weltbild Plus Medienvertriebs

①業種：書店チェーン　②創業・設立：1994年　③点数：　④特記：DBHを形成する書店チェーン。ミュンヘンに本社を置く。出版グループ

Weltbild 社と H. Hugendubel 社の子会社。書誌に「Inhaltsverzeichnis」とある場合は目次・要旨あり ⑤店舗数：ドイツ語圏 330 店舗 ⑥旗艦店：バイエルン州 Fürth の Filialen 店 ⑦在庫検索：ネット書店在庫表示あり ⑧ URL：http://www.weltbild.de/

Hugendubel

①業種：書店チェーン ②創業・設立：1893 年 ③点数： ④特記：ミュンヘンに本社を持つ ⑤店舗数：42 店舗 ⑥旗艦店：Münchner Marienplatz にあるレストラン「Metropolitan」の 5 階と 6 階の店舗は売り場面積 3,600㎡。フランクフルト店（Steinweg 12）は 4 フロア 4,000㎡で地下にカフェあり ⑦在庫検索：ネット書店在庫表示あり ⑧ URL：http://www.hugendubel.de/

Thalia

①業種：書店チェーン ②創業・設立：1919 年 ③点数： ④特記：本社をハンブルクに置く複数の出版関連企業の持ち株会社。Buch & Medien 社が 75%の株式を所有する。店名はハンブルクの伝統的なタリアシアターにちなんだもの。主題（中性名詞）による要旨検索と一部の書籍が試読可能である ⑤店舗数：237 店舗，オーストリアとスイスに 56 店舗 ⑥旗艦店：ハンブルクの Spitalerstraße 店は 4,000㎡。カフェあり ⑦在庫検索：ネット書店の在庫表示あり ⑧ URL：http://www.thalia.de/

Dussmann das KulturKaufhaus

①業種：書店 ②創業・設立：1997 年 ③点数： ④特記：社会福祉やオフィス関連企業からなる Dussmann グループの子会社 ⑤店舗数：1 店舗 ⑥旗艦店：ベルリン州立（国立）図書館近辺にある店舗は 4 フロアで売場面積 7,000㎡。カフェあり ⑦在庫検索：ネット書店の在庫表示あり ⑧ URL：http://www.kulturkaufhaus.de/

Mayersche

①業種：書店チェーン ②創業・設立：1817 年 ③点数：45 万件 ④特記：アーヘンに本社を持つ家族経営企業 ⑤店舗数：47 店舗 ⑥旗艦店：アーヘン Buchkremerstraße 本店は 7,000㎡。デュッセルドルフ Königsallee 店は 4,400㎡で，階下に直接降りられる子ども用滑り台がある。iPhone アプリあり ⑦在庫検索：ネット書店の在庫表示あり ⑧ URL：http://www.mayersche.de/

Reuffel.de

①業種：書店チェーン ②創業・設立：1945 年 ③点数： ④特記：ラインラント＝プファルツ州コブレンツを拠点とする家族経営書店。人材育成のため過去 20 年間で 150 人以上の実習生を受け入れた ⑤店舗数：5 店舗 ⑥旗艦店：コブレンツ中央駅店は 750㎡ ⑦在庫検索：可能 ⑧ URL：http://www.reuffel.de/

Stern-Verlag

①業種：書店チェーン，出版社 ②創業・設立：1900 年 ③点数：40 万冊＋古書 7 万 5 千冊 ④特記：デュッセルドルフを拠点とする家族経営の巨大書店 ⑤店舗数：2 店舗 ⑥旗艦店：Friedrich 通り本店は 3 フロア 8,000㎡で古書店併設。緑に囲まれたアーチ型のガラスドームにはカフェとイベントホールがある ⑦在庫検索：可能 ⑧ URL：http://www.buchhaus-sternverlag.de/

Amazon.de

①業種：ネット書店 ②創業・設立：1998 年 ③点数： ④特記：前身は 1991 年に創業し，1996 年からネット販売を開始した Telebuch.de（運営 ABC-

Bücherdienst と Telebook)。1998 年に米国 Amazon.com により買収された。試読サービス（Look Inside!）あり。送料定額€14　⑤店舗数：　⑥旗艦店：　⑦在庫検索：　⑧ URL：http://www.amazon.de/

Buchpreis24.de

①業種：書籍価格比較　②創業・設立：2002 年　③点数：　④特記：運営はバイエルンのシュヴァインフルトに本社を置くネット関連企業 Buchpreis 24.de 社。イギリスサイトもある　⑤店舗数：29 サイト　⑥旗艦店：　⑦在庫検索：　⑧ URL：http://www.buchpreis24.de/

＜電子書籍＞

Ciando

①業種：電子書籍書店　②創業・設立：2000 年　③点数：1,800 出版社，25 万点　④特記：ミュンヘンに拠点を置く電子書籍プロバイダー。ePub, PDF, Online Lesen に対応。目録は目次・要旨検索（「Inhaltsverzeichnis」）が可能である　⑤店舗数：　⑥旗艦店：　⑦在庫検索：　⑧ URL：http://www.ciando.com/

Libreka

①業種：電子書籍書店　②創業・設立：2006 年　③点数：8 万点　④特記：Libreka はドイツ書籍流通協会 Börsenvereins des Deutschen Buchhandels のプロジェクト名。電子書籍だけではなく 1,500 出版社，136 万点の紙書籍についても検索可能としておりネット書店各社に提供している。ePub 対応　⑤店舗数：　⑥旗艦店：　⑦在庫検索：　⑧ URL：http://www.libreka.de/

＜雑誌＞

PresseKatalog

①業種：雑誌販売　②創業・設立：2000 年　③点数：5 万 4 千誌（ドイツ語以外含む）　④特記：運営はカールスルーエの LeserAuskunft 社。1 万件の論文や技術論文の電子ペーパーも提供を行う。iPhone, Android アプリあり　⑤店舗数：　⑥旗艦店：　⑦在庫検索：　⑧ URL：http://www.pressekatalog.de/

abo-direkt

①業種：雑誌販売　②創業・設立：1977 年　③点数：4,500 誌　④特記：運営は intan media-service 社。1998 年からネット販売開始　⑤店舗数：　⑥旗艦店：　⑦在庫検索：　⑧ URL：http://www.abo-direkt.de/

Fachzeitungen

①業種：雑誌販売　②創業・設立：2001 年　③点数：100 出版社，専門誌 300 誌，学位論文 2 万 5 千点　④特記：　⑤店舗数：　⑥旗艦店：　⑦在庫検索：　⑧ URL：http://www.fachzeitungen.de/

＜古書店総合目録＞

Abebooks.de

①業種：古書店連合目録　②創業・設立：1999 年　③点数：14 億点　④特記：前身は Justbooks.de。デュッセルドルフの大学生が困難を極めた教科書入手の経験から設立。2001 年からカナダ企業 Abebooks の子会社。その Abebooks は 2008 年から Amazon.com の子会社　⑤店舗数：　⑥旗艦店：　⑦在庫検索：　⑧ URL：http://www.abebooks.com/

ZVAB

①業種：古書店連合目録　②創業・設立：1996 年　③点数：　④特記：2011 年から Abebooks Europe（Abebooks.de）の子会社。本社はデュッセルドルフ。ドイツの古書市場はほぼ Amazon.com に独占されることになった　⑤店舗数：3,000 古書店が参

加　⑥旗艦店：　⑦在庫検索：　⑧ URL：http://www.findmybook.de/

Booklooker

①業種：古書店　②創業・設立：1999年　③点数：2,041万点　④特記：運営はデュッセルドルフの cBooks Germany。学生のための本のフリーマーケットのプラットフォームとして誕生。Weltbild などのネット書店でも検索可能である　⑤店舗数：　⑥旗艦店：　⑦在庫検索：　⑧ URL：http://www.booklooker.de/

Eurobuch

①業種：古書連合目録メタ検索　②創業・設立：2001年　③点数：2億1千万件　④特記：運営は mediantis 社　⑤店舗数：31サイト　⑥旗艦店：　⑦在庫検索：　⑧ URL：http://www.eurobuch.com/

5. 図書館蔵書目録　時代別

<1401-1500>

Datenbank Gesamtkatalog der Wiegendrucke

①管理運営：ベルリン州立図書館　②作成・参加館：　③検索対象：古版本（インキュナブラ）　④レコード件数：3万6千件　⑤書誌データフォーマット：　⑥特記：1925年に第1巻が刊行され，現在も継続されているインキュナブラの総合目録　⑦ URL：http://www.gesamtkatalogderwiegendrucke.de/

<1501-1600>

VD16

①管理運営：バイエルン州立図書館と Deutsche Forschungsgemeinschaft（DFG）　②作成・参加館：260館　③検索対象：古版本，図書　④レコード件数：10万件　⑤書誌データフォーマット：　⑥特記：1969年に開始された古典籍総合目録　⑦ URL：http://www.vd16.de/

<1601-1700>

VD17

①管理運営：バイエルン州立図書館と Deutsche Forschungsgemeinschaft（DFG）　②作成・参加館：プロジェクトパートナー32館　③検索対象：図書　④レコード件数：27万件　⑤書誌データフォーマット：　⑥特記：1996年に開始された17世紀全国書誌。2万9千件の全文イメージあり　⑦ URL：http://www.vd17.de/

<1701-1800>

VD18

①管理運営：Sachsen-Anhalt, Halle 大学・州立図書館と Deutsche Forschungsgemeinschaft（DFG）　②作成・参加館：6館　③検索対象：図書　④レコード件数：3万7千件　⑤書誌データフォーマット：　⑥特記：2004年に開始された18世紀全国書誌。最終的にドイツ語圏60万件が収録される。一部全文イメージあり　⑦ URL：http://vd18-proto.bibliothek.uni-halle.de/

<1700-1965>

Gesamtverzeichnis des deutschsprachigen Schrifttums（GV）

①管理運営：　②作成・参加館：　③検索対象：図書　④レコード件数：　⑤書誌データフォーマット：図書，マイクロ　⑥特記：310冊からなるドイツ語圏の遡及的全国書誌。約180書誌を再編集したもの。電子化されていないのが残念　⑦ URL：

<1913- >

Deutsche Nationalbibliographie（DNB）

①管理運営：ドイツ国立図書館　②作成・参加館：

2館　③検索対象：図書，雑誌，学位論文など　④レコード件数：1,200万件（図書700万件，雑誌200万件，学位論文100万件）　⑤書誌データフォーマット：MARC21，MAB2　⑥特記：2つの国立図書館，1913年以降のライプツィヒ図書館，1945年以降のフランクフルト図書館の蔵書を検索可能である　⑦URL：https://portal.d-nb.de/

GVK

①管理運営：GBV　②作成・参加館：400館　③検索対象：図書，雑誌，雑誌記事等　④レコード件数：3,410万件　⑤書誌データフォーマット：MARC21　⑥特記：1982年に開始されたドイツ北部の7州（ブレーメン，ハンブルク，メクレンブルク＝フォアポンメルン，ニーダーザクセン，ザクセン＝アンハルト，シュレースヴィヒ＝ホルシュタイン，テューリンゲン）図書館およびFoundation of Prussian Cultural Heritageの総合目録　⑦URL：http://www.gbv.de/

SWB

①管理運営：SWS　②作成・参加館：1,200館　③検索対象：図書，雑誌，雑誌記事等　④レコード件数：1,500万件（うち雑誌46万4千件）　⑤書誌データフォーマット：MARC21　⑥特記：1983年に開始された南部4州（バーデン＝ヴュルテンベルク，ザクセン，ザールラント，ラインラント・プファルツ）の図書館総合目録　⑦URL：http://swb.bsz-bw.de

Virtuelle Deutsche Landesbibliographie

①管理運営：AG Regionalbibliographieとカールスルーエ大学図書館　②作成・参加館：15館　③検索対象：図書　④レコード件数：　⑤書誌データフォーマット：　⑥特記：地域研究文献を目的にした州立図書館の仮想総合目録　⑦URL：http://www.ubka.uni-karlsruhe.de/landesbibliographie/

Zeitschriftendatenbank（ZDB）

①管理運営：ベルリン州立図書館　②作成・参加館：4,300館　③検索対象：雑誌　④レコード件数：150万件　⑤書誌データフォーマット：　⑥特記：ドイツの雑誌総合目録。16世紀からの雑誌が含まれている　⑦URL：http://dispatch.opac.d-nb.de/

Karlsruher Virtueller Katalog

①管理運営：カールスルーエ大学図書館　②作成・参加館：単館　③検索対象：図書，雑誌　④レコード件数：50億件　⑤書誌データフォーマット：　⑥特記：1996年に公開されたカールスルーエ大学のコンピュータサイエンス学部と大学図書館と共同で開発された仮想総合目録。GVK，SWBやZDBを含むドイツ14総合目録のみらならず欧米67図書館総合目録・書店が検索対象　⑦URL：http://www.ubka.uni-karlsruhe.de/kvk.html

＜学位論文＞

BASE

①管理運営：ビーレフェルト大学図書館　②作成・参加館：2,000機関　③検索対象：図書，雑誌記事，学位論文など　④レコード件数：3,143万件　⑤書誌データフォーマット：　⑥特記：ドイツのみならず世界中の機関リポジトリの文献検索が可能である　⑦URL：http://www.base-search.net/

Dandelon

①管理運営：AGI-Information Management Consultants　②作成・参加館：AGIおよび5州の図書館コミュニティ　③検索対象：図書，雑誌記事，学位論文など　④レコード件数：目次付図書93万件，記事84万件　⑤書誌データフォーマッ

ト： ⑥特記：2003 年に開始された学術文献の全文検索。全文が提供されるものもあり ⑦ URL：http://www.dandelon.com/

2 スイス連邦

Swiss Confederation

1. 基本事項

首都 ベルン

政体 連邦共和制

元首 大統領

宗教 カトリック，プロテスタント

言語 独語，仏語，伊語，レート・ロマンシュ語

通貨 スイス・フラン

時差 － 8 時間

ccTLD .ch

再販制度 書籍の価格拘束なし

ISBN 管理機関 ISBN-Agentur Schweiz

ISSN 管理機関 Centre Suisse ISSN

全国書誌作成機関 Schweizerische National- bibliothek

ISBN 国番号 978-2, 978-3

2. 販売目録

MediaPrint

①商品：新聞・雑誌 ②収録件数： ③収録年：1999 年～ ④運営元：スイス広告企業協会 VSW/ASSP ⑤特記：冊子体書誌 Kataloge der Schweizer Presse 相当の商用データベース。新聞・雑誌約 3,700 点の情報を提供する。無料の簡易版あり ⑥ URL：http://www.mediaprint.ch/

3. 出版流通 取次・書店・定期購読

<取次>

Buchzentrum

①業種：書籍取次 ②創業・設立：1882 年 ③点数：270 万点（独英）在庫 33 万冊 ④特記：スイスの法令に基づく出版業界の連合組織体として誕

生。1968年Schweizer Buchzentrum（SBZ）に社名変更。2001年に取次部門のみ分社化。20%の株式を取得したドイツ・ハンブルクの取次Libriが経営参加。650出版社の書籍を国内2,200書店と外国250社に卸売。物流センターは1万7千㎡。データベースは有料だが，リヒテンシュタインのOmni書店で検索可能である　⑤店舗数：　⑥旗艦店：　⑦在庫検索：　⑧URL：http://www.buchzentrum.ch/；http://www.omni.li/bzshop

Payot Naville Distribution

①業種：書籍・雑誌取次　②創業・設立：1877年　③点数：　④特記：1990年にスイスEdipresseとフランスLagardère Services両メディアグループとの提携で書店Payot，Navilleおよび取次OLFから構成する現社名となる。2000年に16か国の駅，空港，スタンドに展開する国際書店RELAYを開店。サイトには検索機能なし　⑤店舗数：　⑥旗艦店：　⑦在庫検索：　⑧URL：http://www.naville.ch/

OLF

①業種：書籍取次　②創業・設立：1946年　③点数：英独仏100万点以上　④特記：拠点はフリブール。1952年に社名を「Office du Livre」，1990年にPayot Naville Distributionが株式に資金投入，社屋移転し現社名のOLFに変更。Lagardère Mediaグループ企業。1,000以上出版社の出版物を顧客4,000社に卸売　⑤店舗数：　⑥旗艦店：　⑦在庫検索：　⑧URL：http://www.olf.ch/

SZB Service Zentrum Buch

①業種：書籍取次　②創業・設立：1995年　③点数：336万点（独仏伊）　④特記：取次2社（AVAとBalmer）による鉄道物流を基本とする公共会社として設立。物流EDIシステムとしてLDS/LBSを開発　⑤店舗数：　⑥旗艦店：　⑦在庫検索：　⑧URL：http://servicezentrumbuch.ch/

Edigroup.ch

①業種：雑誌取次・販売（仏語）　②創業・設立：1984年　③点数：900誌以上　④特記：ジュネーブ拠点。2010年にSwiss Post Group傘下のSwiss Post Internationalが買収。フランスとベルギーにもサービス展開　⑤店舗数：　⑥旗艦店：　⑦在庫検索：　⑧URL：http://www.edigroup.ch/

＜書店＞

Lüthy Balmer Stocker（Buchhaus.ch）

①業種：書店チェーン　②創業・設立：Lüthy（1938年），Balmer（1950年），Stocker（1927年）　③点数：656万点　④特記：スイス有力書店の一つ。使命は「We love and sell books and other content」　⑤店舗数：12店舗　⑥旗艦店：LüthyのSolothurn店とEinkaufszentrum Glatt店は1,000㎡以上，在庫8万冊以上。StockerのLuzern店は2,500㎡，10万冊の在庫　⑦在庫検索：在庫冊数まで表示　⑧URL：http://www.buchhaus.ch/

Thalia（旧Jaeggi）

①業種：書店チェーン　②創業・設立：1822年（前身）　③点数：　④特記：書店チェーンThalia，Stauffacher，Meissner，およびZapでタリアグループを形成　⑤店舗数：23店舗　⑥旗艦店：Freie通りのBasel店は3,200㎡　⑦在庫検索：　⑧URL：http://www.thalia.ch/

Stauffacher.ch

①業種：書店チェーン　②創業・設立：1977年　③点数：　④特記：ドイツ語圏最大の書店（同店サイトより）　⑤店舗数：3店舗　⑥旗艦店：ベルン本店には文学カフェあり　⑦在庫検索：　⑧

URL：http://www.stauffacher.ch/

Payot

①業種：書店チェーン（フランス語圏） ②創業・設立：1875年 ③点数：7万点 ④特記：1992年にLagardère Mediaの子会社であるHachette Distribution Servicesが大株主となり経営を引き継いだ。スローガンは「everywhere, at any time」 ⑤店舗数：13店舗 ⑥旗艦店：ジュネーブのサンピエール大聖堂近くのGenève Rive Gauche店は4フロア ⑦在庫検索： ⑧URL：http://www.payot-libraire.ch/

Casagrande

①業種：書店 ②創業・設立：1924年 ③点数： ④特記：イタリア語圏ティチーノ州のイタリア語専門店 ⑤店舗数：1店舗 ⑥旗艦店： ⑦在庫検索： ⑧URL：http://www.libreriacasagrande.ch/

Orell Füssli

①業種：書店チェーン（ドイツ語） ②創業・設立：1993年（前身1941年） ③点数： ④特記：グループ親会社の出版社は1519年創業 ⑤店舗数：14店舗 ⑥旗艦店：チューリッヒKramhofは4フロア2,000㎡，ヴィンタートゥールMarktgasse店は5フロア1,600㎡，チューリッヒに在庫4万冊の英語専門店あり。ベルンのショッピングセンターWestside店は1,600㎡で，うち120㎡を使いPayot書店（在庫6,000冊）も共同出店 ⑦在庫検索：可能 ⑧URL：http://www.books.ch/

Ex Libris

①業種：書店チェーン（ドイツ語） ②創業・設立：1947年 ③点数：300万点 ④特記：親会社は文化教育レジャー産業市場で活躍するMigros-Kulturprozent ⑤店舗数：117店舗 ⑥旗艦店：チューリッヒ駅近くのMigros-Cityの2階店舗。iPhoneおよびAndroidアプリあり ⑦在庫検索：可能 ⑧URL：http://www.exlibris.ch/

Weltbild

①業種：書店チェーン（独語） ②創業・設立：1988年？ ③点数：300万件 ④特記：ザルツブルクを拠点とするドイツの出版グループWeltbildの子会社。Android用電子書籍アプリあり ⑤店舗数：33店舗 ⑥旗艦店： ⑦在庫検索： ⑧URL：http://www.weltbild.ch/

Billigbuch

①業種：書籍価格比較 ②創業・設立：2007年 ③点数： ④特記：書籍専門の価格比較検索エンジン ⑤店舗数：22店舗 ⑥旗艦店： ⑦在庫検索： ⑧URL：http://billigbuch.ch/

＜電子書籍＞

Reader.ch

①業種：電子書籍書店 ②創業・設立：2009年 ③点数： ④特記：書店Lüthy Balmer Stockerと取次OLFの共同独仏英電子書籍サービス。PDFとePub形式 ⑤店舗数： ⑥旗艦店： ⑦在庫検索： ⑧URL：http://www.reader.ch/

＜雑誌＞

My-Kiosque.ch

①業種：雑誌販売（仏語） ②創業・設立：2007年？ ③点数：500誌以上 ④特記：スイス北西マラン＝エパニエを拠点とするDe Winter Groupによる運営 ⑤店舗数： ⑥旗艦店： ⑦在庫検索： ⑧URL：http://www.my-kiosque.ch/

Dynapresse.ch

①業種：雑誌販売（独語） ②創業・設立：1985

年　③点数：300 誌　④特記：ジュネーブ州カルージュを拠点とする Payot Naville Distribution（PND）が親会社　⑤店舗数：　⑥旗艦店：　⑦在庫検索：　⑧ URL：http://www.dynapresse.ch/

Buy.ch

①業種：雑誌販売（独語）②創業・設立：2009 年　③点数：1,000 誌　④特記：チューリッヒを拠点する Abocom 社による運営　⑤店舗数：　⑥旗艦店：　⑦在庫検索：　⑧ URL：http://www.buy.ch/

Presseshop.ch

①業種：雑誌販売（独語）②創業・設立：2001 年　③点数：300 誌　④特記：ドイツとオーストリアにも姉妹店　⑤店舗数：　⑥旗艦店：　⑦在庫検索：　⑧ URL：http://www.presseshop.ch/

Leserservice.ch

①業種：雑誌販売（独語）②創業・設立：2009 年　③点数：500 誌　④特記：ルツェルン拠点。スイスポスト MDS の電子プラットフォームを利用している　⑤店舗数：　⑥旗艦店：　⑦在庫検索：　⑧ URL：http://www.leserservice.ch/

＜古書店総合目録＞

Bibliophile Bookbase

①業種：古書店連合目録　②創業・設立：1999 年　③点数：400 万件以上　④特記：スイス Dr. Jack Benson（Ammonet 社）運営による仮想連合目録　⑤店舗数：17 か国 323 店（スイス 3 店）⑥旗艦店：　⑦在庫検索：　⑧ URL：http://bookbase.com/

4. 図書館蔵書目録　時代別

＜1500- ＞

e-rara.ch

①管理運営：ジュネーブ図書館，バーゼル大学図書館　②作成・参加館：11 館　③検索対象：古版本，図書　④レコード件数：5,000 件　⑤書誌データフォーマット：　⑥特記：中近世の貴重書デジタルアーカイブポータル。スイス電子図書館 e-lib. ch の全国共同プロジェクトの一つ。16 世紀の貴重書が 3,000 点と全体の 6 割を超える　⑦ URL：http://www.e-rara.ch/

＜1871- ＞

Helveticat

①管理運営：スイス国立図書館　②作成・参加館：単館　③検索対象：図書，雑誌，学位論文　④レコード件数：　⑤書誌データフォーマット：MARC21　⑥特記：全国書誌 The Swiss Book を含む　⑦ URL：http://www.nb.admin.ch/

RERO OPAC

①管理運営：Réseau des Bibliothèques de Suisse occidentale　②作成・参加館：220 館　③検索対象：図書，雑誌，電子資料　④レコード件数：1 千万件（うち雑誌は 22 万件）⑤書誌データフォーマット：SIBIL-MARC，MARC21　⑥特記：1972 年にスイスのローザンヌ州立大学図書館が開発したソフトウェアによる西スイス・フランス語圏の SIBIL 地域総合有目録を前身とする　⑦ URL：http://opac.rero.ch/

IDS Kataloge

①管理運営：Informationsverbund Deutschschweiz（IDS）②作成・参加館：450 館　③検索対象：図書，雑誌　④レコード件数：1,460 万件　⑤書誌データフォーマット：IDS-MARC，MARC21　⑥特記：スイスのドイツ語圏地域総合目録 SIBIL Basel-Bern，SGBN 等の 5 つの総合目録を 1999 年に統合したもの　⑦ URL：http://www.informationsverbund.ch/

CHVK

①管理運営：Thomas Rosemann 氏（チューリヒ美術館所属・連絡先） ②作成・参加館： ③検索対象：図書，雑誌，楽譜等 ④レコード件数： ⑤書誌データフォーマット： ⑥特記：2001 年に公開されたスイスの主要図書館，総合目録を横断検索するオープンシステム（ドイツ Karlsruher Virtuellen Kataloges）を利用する仮想総合目録 ⑦ URL：http://www.chvk.ch/

SwissBib

①管理運営：E-lib-ch（Swiss University Conference） ②作成・参加館：730 館 ③検索対象：図書，雑誌 ④レコード件数：1 万 5 千件 ⑤書誌データフォーマット：MARC21 ⑥特記：OCLC の協力のもと 2008 年に開始された国立図書館と大学図書館等による図書館統合検索ツール構築プロジェクト ⑦ URL：http://www.swissbib.ch/

Das Schweizerische Zeitschriftenportal（SZP）/ Le Portail suisse des périodiques（PSP）/ Il Portale svizzero dei periodici（PSP）

①管理運営：国立図書館 ②作成・参加館： ③検索対象：雑誌 ④レコード件数： ⑤書誌データフォーマット： ⑥特記：国立図書館と地域図書館協会の協力によって公開。2002 年に凍結された 600 館による雑誌総合目録 RP/VZ（17 万書誌）の事実上の後継目録で 2003 年公開。ドイツ Karlsruher Virtuellen Kataloges の技術を利用し，RP/VZ と各地の総合目録雑誌ファイルを横断検索する ⑦ URL：http://www.swiss-serials.ch/

3 オーストリア共和国

Republic of Austria

1. 基本事項

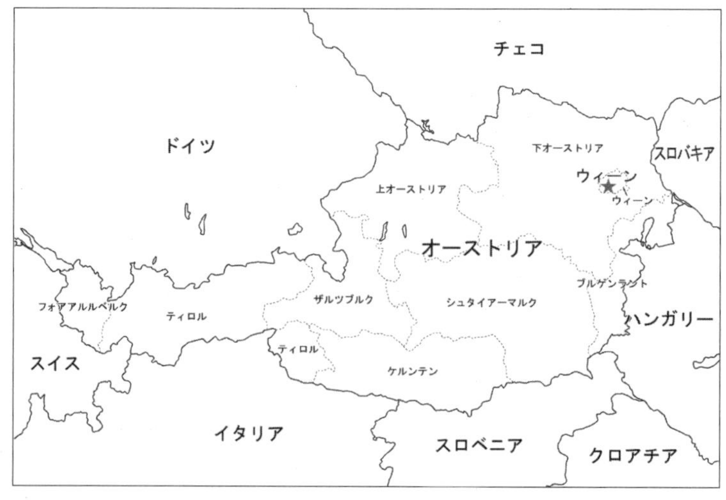

首都 ウィーン

政体 連邦共和制

元首 大統領

宗教 カトリック，プロテスタント

言語 ドイツ語

通貨 ユーロ

時差 − 8 時間

ccTLD .at

再販制度 書籍の価格拘束あり（時限再販）

ISBN 管理機関 Hauptverband des Österreichischen

Buchhandels

ISSN 管理機関

全国書誌作成機関　Österreichische Nationalbibliothek

ISBN 国番号　978-3

出版点数　7,806 点（2005）

2. 販売目録

Verzeichnis Lieferbarer Bücher（VLB）

①商品：書籍　②収録件数：2 万出版社，120 万件　③収録年：　④運営元：独 MVB　⑤特記：1971 年に創刊されたドイツ語圏（ドイツ，オーストリア，スイス）の販売書誌の電子版　⑥ URL：http://www.buchmarkt.at/

3. 出版流通　取次・書店・定期購読

<取次>

Morawa

①業種：出版社，取次，書店チェーン　②創業・設立：1877 年　③点数：　④特記：2 つの流通センターと 32 の物流拠点を持つ　⑤店舗数：16 店舗　⑥旗艦店：ウィーン南部のニーダーエスターライヒ州にあるオーストリア最大のショッピングセンター内の SCS Vösendorf 店は 450㎡。同センター内には複数の書店が競合　⑦在庫検索：　⑧ URL：http://www.morawa-buch.at/

Medienlogistik Österreichisches Buchzentrum

①業種：出版社，取次　②創業・設立：1860 年　③点数：　④特記：オーストリア最大の教科書取次の一つ。2006 年には音楽配信企業との合併により同国 3 大物流業者の一つとなり，2008 年には Medienlogistik 社（MELO）による経営陣買収により，独立系出版社と家族経営の取次に分離した　⑤店舗数：　⑥旗艦店：　⑦在庫検索：　⑧ URL：http://www.medien-logistik.at/

<書店>

ÖBV

①業種：書店　②創業・設立：1923 年　③点数：　④特記：ウィーンの Hegelgasse にある老舗書店。開店当時からの学習と知識提供の分野への強い親和性の理念は引き継がれ，教材展示も行われる。また頻繁に作家のサイン会や読書会が行われる　⑤店舗数：1 店舗　⑥旗艦店：　⑦在庫検索：　⑧ URL：http://www.oebv.net/

Weltbild（旧 A&M）

①業種：書店チェーン　②創業・設立：1948 年　③点数：300 万件　④特記：ザルツブルクを拠点とするドイツの出版グループ Weltbild の子会社。2008 年に現行社名に変更　⑤店舗数：35 店舗　⑥旗艦店：　⑦在庫検索：　⑧ URL：http://www.weltbild.at/

Thalia（旧 Amadeus）

①業種：書店チェーン　②創業・設立：1991 年　③点数：　④特記：書店 Libro が 1998 年に買収するも，2001 年にドイツの書店 Thalia（Douglas グループ）傘下に入り，2005 年から現社名に　⑤店舗数：35 店舗　⑥旗艦店：リンツ本店（Landstraße 41）は 4,200㎡，カフェあり。マリアヒルファー通り店はウィーン最大級の書店　⑦在庫検索：　⑧ URL：http://www.thalia.at/

Libro

①業種：書店チェーン　②創業・設立：1978 年　③点数：　④特記：2002 年にオーストリア史上 3 番目とされる最大の破産を経験。specialty stores やショッピングセンターに出店し，黄色，オレンジ，赤を誘導色として多用　⑤店舗数：230 店舗　⑥旗艦店：　⑦在庫検索：　⑧ URL：http://www.libro.at/

Tyrolia

①業種：出版社，書店チェーン　②創業・設立：1888年（書店1992年）　③点数：　④特記：紙の卸売業者でもある　⑤店舗数：22店舗　⑥旗艦店：インスブルックのマリア・テレジア通り店は3フロア2,000㎡で在庫10万冊を誇るオーストリア西部最大の書店　⑦在庫検索：　⑧URL：http://www.tyrolia.at/

Preisvergleich.at

①業種：書籍価格比較　②創業・設立：2006年　③点数：　④特記：オーストリアの書店登録はWeltbildのみ？　⑤店舗数：　⑥旗艦店：　⑦在庫検索：　⑧URL：http://www.preisvergleich.at/

＜雑誌＞

Presseshop.at

①業種：雑誌販売（独語）　②創業・設立：2001年　③点数：300誌　④特記：ドイツとスイスにも姉妹店　⑤店舗数：　⑥旗艦店：　⑦在庫検索：　⑧URL：http://www.presseshop.at/

4. 図書館蔵書目録　時代別

＜1501-＞

Kataloge der Österreichischen Nationalbibliothek [Catalog of National Library of Austria]

①管理運営：国立図書館　②作成・参加館：単館　③検索対象：古版本，図書，雑誌，学位論文（2007年まで），楽譜（2000年から），雑誌記事等　④レコード件数：　⑤書誌データフォーマット：MARC21　⑥特記：3つに分かれていた目録が2011年になりようやく一本化された　⑦URL：http://search.obvsg.at/ONB/de_DE

Landesbibliothekenverbund Österreich / Südtirol [State Library of composite Austria / South Tyrol]

①管理運営：　②作成・参加館：22館　③検索対象：　④レコード件数：450万件，700万冊　⑤書誌データフォーマット：MARC21，UNIMARC　⑥特記：オーストリアの州立図書館とイタリア・ドイツ語圏Alto Adige州の仮想総合目録。DABIS社の図書館システムBIS-C 2000を利用　⑦URL：http://www.lbb.at/

Büchereiverband Österreichs Bibliotheken Online [Austrian Library Association Library Online]

①管理運営：オーストリア図書館協会BVÖ　②作成・参加館：2,400館　③検索対象：図書，雑誌等　④レコード件数：　⑤書誌データフォーマット：　⑥特記：公共図書館および学校図書館による総合目録。2000年に公開された　⑦URL：http://www.bibliotheken.at/

Gesamtkatalog des Österreichischen Bibliothekenverbundes

①管理運営：オーストリア図書館ネットワークサービスÖsterreichische Bibliothekenverbund und Service GmbH, OBVSG　②作成・参加館：65機関80館　③検索対象：図書，雑誌等　④レコード件数：図書800万件，1,520万冊，雑誌70万件　⑤書誌データフォーマット：MAB2，MARC21　⑥特記：大学図書館等の学術図書館による総合目録。1988年に構想され，1995年のオーストリア国立図書館新法制定時に学術図書館企画庁が議決された。1996年に計画開始，1999年に総合目録を公開した　⑦URL：http://www.obvsg.at/kataloge/

4 リヒテンシュタイン公国

Principality of Liechtenstein

1. 基本事項

首都 ファドーツ

政体 立憲君主制

元首 公爵

宗教 カトリック，プロテスタント

言語 ドイツ語

通貨 スイス・フラン

時差 －8時間

ccTLD .li

再販制度

ISBN 管理機関

ISSN 管理機関

全国書誌作成機関 Liechtensteinische Landesbibliothek

ISBN 国番号

2. 販売目録

Buchzentrum Liechtenstein [Book Center Liechtenstein]

①商品：書籍 ②収録件数：470点 ③収録年： ④運営元：Alpenland Verlag ⑤特記：創業1930年の出版社によるリヒテンシュタインの40出版社の出版情報を提供し，販売も行っている。目録の公開は2004年7月のようだ ⑥URL：http://www.buchzentrum.li/

3. 出版流通 取次・書店・定期購読

<書店>

Omni

①業種：書店 ②創業・設立：1996年 ③点数： ④特記：目録はリヒテンシュタインとスイスの両ブックセンターの目録を利用している。お店のスローガン「atmosphärischer guter」（良い雰囲気を） ⑤店舗数：1店舗 ⑥旗艦店： ⑦在庫検索： ⑧URL：http://www.omni.li/shop

Buecherwurm

①業種：書店 ②創業・設立：不明 ③点数：40万点 ④特記：書店名は「本の虫」の意味。目録はドイツ取次KNVを利用。親会社は文房具や事務用品を扱うPapeterie Thöny ⑤店舗数：1店舗 ⑥旗艦店：首都ファドーツ一番の繁華街シュテッ

トレ通りにある ⑦在庫検索： ⑧ URL：http://www.buecherwurm.li/

McOwl's

①業種：個人書店？ ②創業・設立：不明 ③点数： ④特記：週3日しか営業しない。写真を見た限りでは訪問するのに相当の勇気がいると思う ⑤店舗数：1店舗 ⑥旗艦店：ファドーツ郊外？ ⑦在庫検索： ⑧ URL：http://www.mcowls.li/

4. 図書館蔵書目録 時代別

＜1981-＞

Katalog der Liechtensteinensien［Catalogue of Liechtenstein Sien］

①管理運営：国立図書館 ②作成・参加館：単館 ③検索対象：図書，雑誌 ④レコード件数： ⑤書誌データフォーマット：IDS-MARC ⑥特記：冊子体の全国書誌 Liechtensteinische Bibliographie は1980年代からのみ検索不可。それ以前の遡及入力が徐々に行われている ⑦ URL：http://katalog.bibliothek.li/

Kataloge der liechtensteinischen Bibliotheken［Catalogues of libraries Liechtenstein］

①管理運営：国立図書館 ②作成・参加館：8館 ③検索対象：図書，雑誌 ④レコード件数： ⑤書誌データフォーマット：IDS-MARC ⑥特記：国立図書館を中心とした8図書館の総合目録 ⑦ URL：http://www.landesbibliothek.li/

2.4 中欧2

1 ハンガリー共和国

Republic of Hungary

1. 基本事項

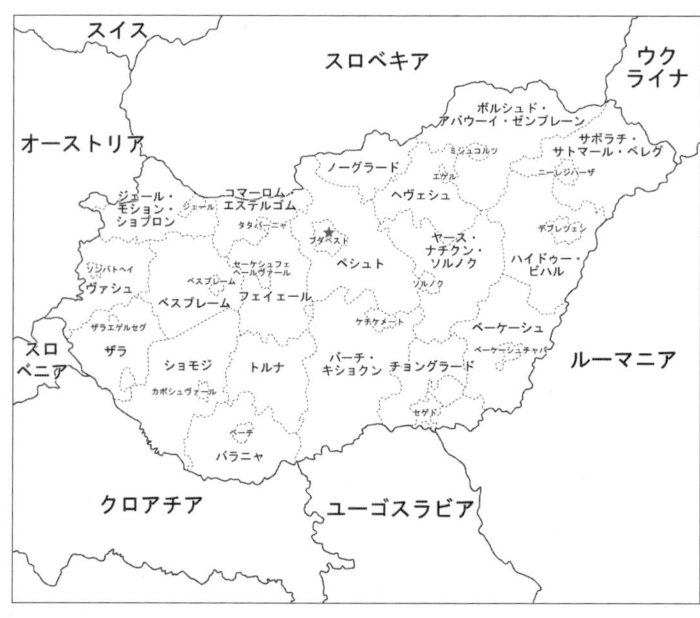

首都 ブダペスト

政体 共和制

元首　大統領

宗教　カトリック，カルヴァン派

言語　ハンガリー語

通貨　フォリント（HUF）

時差　－ 8 時間

ccTLD　.hu

再販制度　書籍の価格拘束あり

ISBN 管理機関　Magyar ISBN és ISMN Iroda

ISSN 管理機関　ISSN Hungary

全国書誌作成機関　Országos Széchényi Könyvtár（国立図書館）

ISBN 国番号　978-615, 978-963

出版点数　14,447 点（2008）

2. 販売目録

Könyvkereső

①商品：書籍　②収録件数：11 万件　③収録年：1993 年　④運営元：Libri（書店）　⑤特記：1993 年から 2000 年までは冊子体「Könyvek Magyarországon」。現在は書店 Libri の目録　⑥ URL：http://www.libri.hu/konyvkereso/

3. 出版流通　取次・書店・定期購読

＜取次＞

Alexandra

①業種：出版社，取次，書店チェーン　②創業・設立：1992 年　③点数：1,400 社，5 万点　④特記：ハンガリー南西の都市ペーチェに物流センターあり。ワインも販売　⑤店舗数：87 店舗　⑥旗艦店：ブダペストのニュガティ店は 5 フロアに在庫 50 万冊，同じく Károly 店は 2,600㎡でハンガリー最大の書店　⑦在庫検索：　⑧ URL：http://www.alexandra.hu/；http://www.alexandrakonyveshaz.hu/

Líra

①業種：出版社，取次，書店チェーン　②創業・設立：1993 年　③点数：8 万点　④特記：国営の取次企業として設立。1994 年の民営化時に卸売直営店と 16 店舗を買収。2003 年ブダペスト 8 区に 40 万㎡の物流センターあり　⑤店舗数：70 余店舗　⑥旗艦店：ラコッツィ通りにあるフォーシズ店　⑦在庫検索：冊数レベルまで可能　⑧ URL：http://www.lira.hu/

Libri

①取次，書店チェーン　②創業・設立：1991 年に国営の取次企業として設立　③点数：　④特記：⑤店舗数：43 店舗　⑥旗艦店：ブダペスト 11 区のショッピングモール 1 階にある Allee 店は 2 階 2,000㎡で在庫 1 万 8 千点。同じく 7 区ラコッツィ通りの Könyvpalota（本の宮殿）店は 2 フロアでカフェあり　⑦在庫検索：冊数レベルまで可能　⑧ URL：http://www.libri.hu/

＜書店＞

Bookline

①業種：書店チェーン　②創業・設立：2001 年　③点数：　④特記：古書も検索可能　⑤店舗数：26 店舗　⑥旗艦店：　⑦在庫検索：　⑧ URL：http://bookline.hu/

Könyváradat

①業種：書籍価格比較　②創業・設立：不明　③点数：　④特記：古書だけに絞って検索可能　⑤店舗数：69 店舗（比較）　⑥旗艦店：　⑦在庫検索：　⑧ URL：http://konyvar.hu/

Könyv Kereső

①業種：書籍価格比較　②創業・設立：不明　③点数：111 万冊　④特記：メタ検索　⑤店舗数：⑥旗艦店：　⑦在庫検索：　⑧ URL：http://konyv.ker.eso.hu/

<電子書籍>

eKönyv Magyarország

①業種：電子書籍書店　②創業・設立：2010年　③点数：　④特記：BooklineとLíraの合弁会社。iPhoneアプリあり　⑤店舗数：　⑥旗艦店：　⑦在庫検索：　⑧URL：http://ekonyv.hu/

<雑誌>

Magazin Centrum

①業種：雑誌販売　②創業・設立：2004年？　③点数：20誌　④特記：有力雑誌出版社Sanoma Budapestの雑誌販売サイト　⑤店舗数：　⑥旗艦店：　⑦在庫検索：　⑧URL：http://www.mc.hu/

Hungaropress

①業種：雑誌販売　②創業・設立：1990年　③点数：1,500誌　④特記：仏メディアグループLagardère Services，独出版社Axel Springer，ハンガリーVintonの合弁会社　⑤店舗数：9店舗（Press Poitn Inmedio）　⑥旗艦店：　⑦在庫検索：　⑧URL：http://www.hungaropress.hu/

<古書店総合目録>

Antikváriumunkról

①業種：古書店連合目録　②創業・設立：2002年　③点数：30万点　④特記：協力店連合目録。価格比較Könyváradatの検索対象にもなっている　⑤店舗数：29店舗（参加）　⑥旗艦店：　⑦在庫検索：　⑧URL：http://www.antikvarium.hu/

4. 図書館蔵書目録　時代別

<1450-1850>

Régi magyarországi nyomtatványok［Hungarian joint catalog of old prints］（MOKKA-R）

①管理運営：ハンガリー国家協同分担目録協会MOKKA　②作成・参加館：33館　③検索対象：古版本　④レコード件数：　⑤書誌データフォーマット：　⑥特記：電子書籍も含む　⑦URL：http://www.eruditio.hu/mokka-r/

<1473-1944>

Magyar Nemzeti Bibliográfia［National Bibliography of Hungary］

①管理運営：国立図書館　②作成・参加館：単館　③検索対象：図書，雑誌など　④レコード件数：　⑤書誌データフォーマット：　⑥特記：各種冊子体目録を遡及入力したもの。串刺検索は不可　⑦URL：http://mnb.oszk.hu/

<1952- >

NEKTÁR

①管理運営：国立図書館　②作成・参加館：単館　③検索対象：図書，雑誌　④レコード件数：　⑤書誌データフォーマット：HUNMARC　⑥特記：冊子体全国書誌「Magyar Nemzeti Bibliográfia Könyvek bibliográfiája」を累積したもの　⑦URL：http://nektar.oszk.hu/

Magyar Országos Közös KAtalógus（MOKKA）［Hungarian National Shared Catalogue］

①管理運営：ハンガリー国家協同分担目録協会MOKKA　②作成・参加館：30館　③検索対象：図書，雑誌　④レコード件数：　⑤書誌データフォーマット：HUNMARC　⑥特記：1980年代の全国雑誌総合目録が前身。2001年成立　⑦URL：http://www.mokka.hu/

Erdélyi Közös Katalógus（EKKA）［Transylvania Common Catalogue］

①管理運営：MOKKA？　②作成・参加館：13館（ルーマニア）　③検索対象：図書，雑誌　④レコード件数：5万件　⑤書誌データフォーマット：

UNIMARC　⑥特記：トランシルヴァニア地方はハンガリーとルーマニアに統治された経緯がある　⑦ URL：http://www.konyvtar.ro/

KÖZös ELektronikus KATalógus（KözElKat） [Common Electronic Catalogs]

①管理運営：国家情報インフラ開発 National Information Infrastructure Development（NIIF）　②作成・参加館：37 館　③検索対象：図書，雑誌　④レコード件数：　⑤書誌データフォーマット：　⑥特記：1996 年に開始された NIIF プログラムによる分散 OPAC システムの統合検索　⑦ URL：http://www.eduport.hu/kozelkat/

Országos Dokumentum-ellátási Rendszer [National Document Supply System]

①管理運営：デブレツェン大学・大学および国立図書館　②作成・参加館：55 館　③検索対象：図書，雑誌　④レコード件数：　⑤書誌データフォーマット：MARC21，UNIMARC　⑥特記：図書館システム Corvina を利用した図書館間相互貸借用データベース。1998 年から稼働　⑦ URL：http://odr.lib.unideb.hu/

2　チェコ共和国

Czech Republic

1. 基本事項

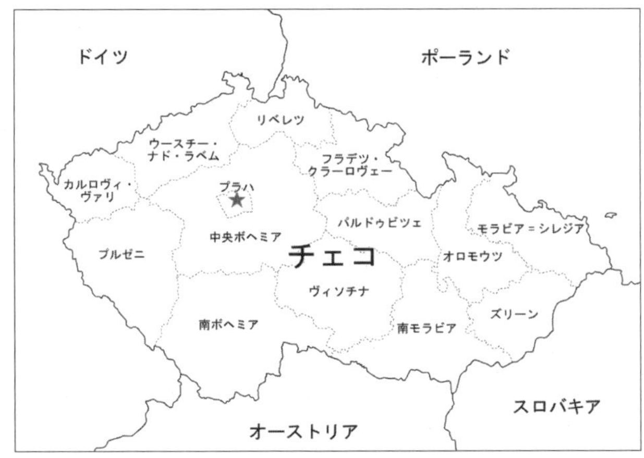

首都　プラハ

政体　共和制

元首　大統領

宗教　カトリック

言語　公用語はチェコ語

通貨　Czech Koruna（CZK）

時差　プラハ：－ 8 時間

ccTLD　.cz

再販制度　書籍の価格拘束なし

ISBN 管理機関　Národni agentura ISBN v ČR

ISSN 管理機関　Ceské národní stredisko ISSN

全国書誌作成機関　Národní knihovna České republiky（国立図書館）

出版点数　18,250 点（2008）

2. 販売目録

Almanach Labyrint

①商品：書籍　②収録件数：　③収録年：　④運営元：Nakladatelství Labyrint　⑤特記：1992 年創刊の出版年鑑。出版社，取次，書店，古書店リス

トあり　⑥ URL：http://www.almanachlabyrint.cz/

České knihy - databáze vydaných titulů

①商品：書籍　②収録件数：　③収録年：　④運営元：チェコ書店出版社協会 SČKN　⑤特記：2000 年構想。2001 年から 2004 年にかけて行われた Central and East European Book Projects（CEEBP）の基金により構築　⑥ URL：http://www.sckn.cz/ceskeknihy/

Kulturní Bedekr kulturně informační portál

①商品：雑誌　②収録件数：128 誌　③収録年：　④運営元：Nakladatelství Labyrint　⑤特記：2000 年創刊の同名雑誌リスト　⑥ URL：http://www.labyrint.net/bedekr/

eČetba.cz

①商品：電子書籍　②収録件数：4,300 点　③収録年：　④運営元：Martin Pauer（個人）　⑤特記：2010 年開始　⑥ URL：http://www.ecetba.cz/

3. 出版流通　取次・書店・定期購読

＜取次＞

Pemic

①業種：取次　②創業・設立：1991 年　③点数：4 万点　④特記：チェコ最大の書籍取次。スロバキアにも進出　⑤店舗数：　⑥旗艦店：　⑦在庫検索：　⑧ URL：http://www.pemic.cz/

Pavel Dobrovský BETA

①業種：取次　②創業・設立：1990 年　③点数：④特記：チェコとスロバキアの 300 以上の出版社の本を配本。書店チェーンも展開　⑤店舗数：21 店舗　⑥旗艦店：　⑦在庫検索：冊数レベルまで可能　⑧ URL：http://www.knihycz.cz/（書店）

＜書店＞

KNIHKUPECTVÍ.info

①業種：書店連合　②創業・設立：2003 年　③点数：　④特記：チェコ最大の独立系書店支援ネットワーク。運営は Rodinné knihkupectví　⑤店舗数：80 余書店・店舗　⑥旗艦店：　⑦在庫検索：冊数レベルまで可能　⑧ URL：http://www.knihkupectvi.info/

Knihcentrum.cz

①業種：書店チェーン　②創業・設立：1995 年　③点数：　④特記：経営する Booknet 社は取次 Pemic も所有。2007 年から Knihcentrum.cz ブランドへ移行中である　⑤店舗数：12 店舗　⑥旗艦店：Olympia 店（500㎡）　⑦在庫検索：上記の KNIHKUPECTVÍ. info で可能　⑧ URL：http://www.knihcentrum.cz/

Kanzelsberger

①業種：書店チェーン　②創業・設立：1991 年　③点数：5 万 6 千点　④特記：プラハ一番の書店　⑤店舗数：40 店舗　⑥旗艦店：Dům knihy（本の家）と称したヴァーツラフ広場 1920 年代歴史的建築ビル出店 5 階建て（2,000㎡）は 2011 年 3 月に閉鎖。近隣の 3 階建（800㎡）に移転する（予定）。現在，チェコ南部のチェスケー・ブジェヨヴィツェ州店舗のみ Dům knihy と名乗る　⑦在庫検索：可能　⑧ URL：http://www.kanzelsberger.cz/

Kosmas.cz

①業種：取次・書店チェーン　②創業・設立：1999 年（取次会社と合併）　③点数：1 万 2 千点　④特記：400 出版社と協力。800 以上の書店に卸す　⑤店舗数：12 店舗　⑥旗艦店：プラハ東部のフラデツ・クラーロヴェー店は在庫 15 万点　⑦在庫検索：　⑧ URL：http://www.kosmas.cz/

Neoluxor

①業種：書店チェーン　②創業・設立：2002年　③点数：6万5千点　④特記：プラハ地域のみに出店。独ベルテルスマンの子会社 Euromedia Group とチェコ主要出版社の共同計画による出店　⑤店舗数：7店舗　⑥旗艦店：ヴァーツラフ広場の Palác knih Luxor は4階建て。カフェ，文化イベント　⑦在庫検索：　⑧URL：http://www.neoluxor.cz/

Barvič a Novotný

①業種：書店チェーン　②創業・設立：1883年　③点数：　④特記：チェコ第2の都市・ブルノ地域にある老舗書店。文学カフェを開催する　⑤店舗数：3店舗　⑥旗艦店：2号店 Knihkupectví Masarykova（Masarykova 26）は844㎡　⑦在庫検索：　⑧URL：http://www.knihkupectvi-bn.cz/

Librex

①業種：出版社，書店チェーン　②創業・設立：1990年　③点数：3万点　④特記：チェコ東部でチェーン店展開　⑤店舗数：21店舗　⑥旗艦店：オストラバの Dům knihy は3,000㎡，在庫3万冊　⑦在庫検索：　⑧URL：http://www.knihservis.cz/

Knihy ABZ

①業種：書店チェーン　②創業・設立：2005年　③点数：2万点　④特記：運営は Ostrava-Zábřeh の出版社の X-Web。2007年に書店はプラハから Ostrava に移転。目録は要旨検索可能　⑤店舗数：5店舗　⑥旗艦店：Ostrava 店の在庫は6万点　⑦在庫検索：　⑧URL：http://knihy.abz.cz/

Dobrá Knihy［Good Books］

①業種：ネット書店　②創業・設立：2008年　③点数：2万点　④特記：運営はネット関連企業 Donativo　⑤店舗数：　⑥旗艦店：　⑦在庫検索：表示あり　⑧URL：http://www.dobre-knihy.cz/

Nejlepší Ceny.cz

①業種：書籍価格比較　②創業・設立：2006年　③点数：　④特記：価格比較の一部門　⑤店舗数：50店以上（比較）　⑥旗艦店：　⑦在庫検索：　⑧URL：http://www.nejlepsiceny.cz/knihy/

＜電子書籍＞

Palmknihy

①業種：電子書籍書店　②創業・設立：1999年　③点数：　④特記：ePub，Mobipocket，PDF対応　⑤店舗数：　⑥旗艦店：　⑦在庫検索：　⑧URL：http://palmknihy.cz/

eReading

①業種：電子書籍書店　②創業・設立：2010年　③点数：800点　④特記：ePub，PDF対応　⑤店舗数：　⑥旗艦店：　⑦在庫検索：　⑧URL：http://www.ereading.cz/

＜雑誌＞

CZ Press

①業種：雑誌販売　②創業・設立：1991年　③点数：850誌　④特記：仏メディアグループ Lagardère Services の一員　⑤店舗数：10店舗　⑥旗艦店：　⑦在庫検索：　⑧URL：http://www.czpress.cz/

Send

①業種：雑誌販売　②創業・設立：1991年　③点数：200誌　④特記：SEND社により運営　⑤店舗数：　⑥旗艦店：　⑦在庫検索：　⑧URL：http://www.send.cz/

Periodik

①業種：雑誌販売　②創業・設立：2002年　③点

数： ④特記：Mikropost 社により運営 ⑤店舗数： ⑥旗艦店： ⑦在庫検索： ⑧ URL：http://www.periodik.cz/

Magaziny.cz

①業種：雑誌販売 ②創業・設立：2007 年 ③点数：135 誌 ④特記：Qmedia Solutions により運営 ⑤店舗数： ⑥旗艦店： ⑦在庫検索： ⑧ URL：http://www.magaziny.cz/

＜古書店総合目録＞

Knihy na internetu

①業種：古書店連合目録 ②創業・設立： ③点数：65 万点 ④特記：チェコのみ販売 ⑤店舗数： ⑥旗艦店： ⑦在庫検索： ⑧ URL：http://www.knihynainternetu.cz/

4. 図書館蔵書目録 時代別

＜1476-1800＞

Digital Knihopis

①管理運営：Kabinet pro klasická studia AV ČR ②作成・参加館： ③検索対象：古版本等 ④レコード件数： ⑤書誌データフォーマット： ⑥特記：2010 年に刊行された冊子体の総合目録「Knihopisný slovník českých, slovenských a cizích autorů 16.-18. Století」のウェブ版 ⑦ URL：http://www.knihopis.org/index.eng.asp

＜1501-1800＞

Databáze starých tisků a map 1501-1800 [Early Printed Books and Maps 1501-1800]

①管理運営：国立図書館 ②作成・参加館：単館 ③検索対象：図書 ④レコード件数： ⑤書誌データフォーマット： ⑥特記：上記の Digital Knihopis の国立図書館分 ⑦ URL：http://aleph.nkp.cz/F/?func=file&file_name=base-list

＜1801-1900＞

Bibliografie 19.století [19th Century Bibliography]

①管理運営：国立図書館 ②作成・参加館：単館 ③検索対象：図書 ④レコード件数：9 万 7 千件 ⑤書誌データフォーマット： ⑥特記：カード蔵書目録をスキャニングしたもの ⑦ URL：http://katif.nkp.cz/Katalogy.aspx

＜1923- ＞

Česká národní bibliografie [Czech National Bibliography]

①管理運営：国立図書館 ②作成・参加館：単館 ③検索対象：図書・雑誌等 ④レコード件数：96 万件 ⑤書誌データフォーマット：MARC 21, UNIMARC ⑥特記：1801 年から 1923 年までの遡及が引き続き行われている ⑦ URL：http://sigma.nkp.cz/F/

SKC – Souborný katalog České republiky [SKC - Catalogue of the Czech Republic]

①管理運営：CASLIN ②作成・参加館：3,200 館 ③検索対象：図書・雑誌 ④レコード件数：350 万件 ⑤書誌データフォーマット：MARC21 ⑥特記：1995 年に開始されたチェコとスロバキアの総合目録。現在チェコのみで運用 ⑦ URL：http://www.caslin.cz/

Catalogue SKAT

①管理運営：Association of LANius Library System Users ②作成・参加館：公共図書館 180 館 ③検索対象：図書 ④レコード件数：21.4 万件 ⑤書誌データフォーマット： ⑥特記：1995 年開始された同一図書館システム利用図書館の総合目録 ⑦ URL：http://www.skat.cz/

Informační portál Jednotné informační brány
[Information Uniform Information Gateway]
①管理運営：Jednotné informační brány ②作成・参加館： ③検索対象：図書・雑誌 ④レコード件数： ⑤書誌データフォーマット：MARC21 等 ⑥特記：チェコの代表的な目録を一括検索 ⑦ URL：http://info.jib.cz/

<学位論文>

THESES.CZ
①管理運営：Masaryk 大学情報学部 ②作成・参加館： ③検索対象：学位論文 ④レコード件数： ⑤書誌データフォーマット：約 27 万件 ⑥特記：論文盗用・剽窃発見が可能 ⑦ URL：http://theses.cz/?lang=en

3 スロバキア共和国

Slovak Republic

1. 基本事項

首都 ブラチスラバ
政体 共和制（1993 年独立）
元首 大統領
宗教 ローマ・カトリック 69%等
言語 スロバキア語
通貨 ユーロ
時差 − 8 時間
ccTLD .sk
再販制度 書籍の価格拘束なし
ISBN 管理機関 Slovak ISBN Group Agency
ISSN 管理機関 Narodna agentura ISSN
全国書誌作成機関 Slovenská národná knižnica v Matici slovenskej（国立図書館）

2. 販売目録

Slovenská národná databáza ISSN
①商品：雑誌 ②収録件数： ③収録年： ④運営元：Národná agentúra ISSN ⑤特記：2008 年 11 月以降の ISSN 情報 ⑥ URL：http://www.issn.sk/

3. 出版流通 取次・書店・定期購読

<取次>

Belimex
①業種：取次 ②創業・設立：1992 年 ③点数： ④特記：300 書店およびスーパーマーケットチェーンの小売店と取引 ⑤店舗数： ⑥旗艦店： ⑦在庫検索： ⑧ URL：http://b2b.belimex.sk/

Pemic
①業種：取次　②創業・設立：2004年　③点数：4万点（チェコ語含む）　④特記：チェコ資本。250書店と取引　⑤店舗数：　⑥旗艦店：　⑦在庫検索：　⑧URL：http://www.pemic.sk/

Slovart Store
①業種：取次　②創業・設立：1993年　③点数：　④特記：250書店と取引　⑤店舗数：　⑥旗艦店：　⑦在庫検索：　⑧URL：http://shop.slovartstore.sk/

IKAR（Knižnyweb.sk）
①業種：出版社，取次　②創業・設立：1990年　③点数：8,000点　④特記：DirectGroupベルテルスマンの一員（直販部門）　⑤店舗数：　⑥旗艦店：　⑦在庫検索：　⑧URL：http://ikar.sk/

＜書店＞

BeneLibri
①業種：書店チェーン　②創業・設立：2007年　③点数：　④特記：親会社は取次Belimex。サイトに検索機能なし　⑤店舗数：34店舗　⑥旗艦店：　⑦在庫検索：　⑧URL：http://www.benelibri.sk/

Panta Rhei
①業種：書店チェーン　②創業・設立：1989年　③点数：　④特記：Central European Books社が親会社　⑤店舗数：25店舗　⑥旗艦店：Poštovej ulici v Bratislave店（1,500㎡）。セネツ（Senac）店は12万冊の在庫　⑦在庫検索：　⑧URL：http://www.pantarhei.sk/；http://www.najlacnejsieknihy.eu/（Senac店）

Martinus.sk
①業種：書店チェーン　②創業・設立：1990年　③点数：7万点　④特記：スロバキア最大のネット書店の評価あり。電子書籍も扱う　⑤店舗数：4店舗　⑥旗艦店：ニトラ県のショッピングセンターCentro Nitra店　⑦在庫検索：　⑧URL：http://www.martinus.sk/

Artforum
①業種：書店チェーン　②創業・設立：1997年　③点数：　④特記：各種文化イベントも実施。サイトには「思考の冒険」とあり　⑤店舗数：7店舗　⑥旗艦店：　⑦在庫検索：可能　⑧URL：http://www.artforum.sk/

KNIHCENTRUM.SK
①業種：ネット書店　②創業・設立：2008年　③点数：4万2千点（チェコ語含む）　④特記：親会社はチェコBooknet社　⑤店舗数：　⑥旗艦店：　⑦在庫検索：　⑧URL：http://www.knihcentrum.sk/

Dobrá Knihy［Good Books］
①業種：ネット書店　②創業・設立：2001年　③点数：2万点　④特記：本社は首都ブラチスラバ北東のバンスカー・ビストリツァにある　⑤店舗数：　⑥旗艦店：　⑦在庫検索：表示あり　⑧URL：http://www.dobreknihy.sk/

Gorila
①業種：書店　②創業・設立：2007年　③点数：15万点　④特記：親会社はBeyond Media。目録は要旨検索可能　⑤店舗数：1店舗　⑥旗艦店：ブラチスラバŠpitálskaの400㎡のメガストアの在庫は2万点，4万冊。ネット書店価格が適用される　⑦在庫検索：　⑧URL：http://www.gorila.sk/；http://www.gorilamegastore.sk/

NajNakup.sk
①業種：書籍価格比較　②創業・設立：2007年

③点数： ④特記：運営はネット関連企業の Minet ⑤店舗数：18 店（比較） ⑥旗艦店： ⑦在庫検索： ⑧ URL：http://www.najnakup.sk/knihy-filmy

Pricemania

①業種：書籍価格比較 ②創業・設立：2007 年 ③点数： ④特記：運営はネット関連企業の Digital Dream 社 ⑤店舗数：16 店（比較） ⑥旗艦店： ⑦在庫検索： ⑧ URL：http://www.pricemania.sk/katalog/knihy/

＜電子書籍＞

Martinus.sk eknihy

①業種：電子書籍書店 ②創業・設立：2010 年 ③点数： ④特記：書店チェーンサイトの一部門。ePub，PDF 対応 ⑤店舗数： ⑥旗艦店： ⑦在庫検索： ⑧ URL：http://www.martinus.sk/eknihy/

Rajknih.sk

①業種：電子書籍書店 ②創業・設立：2007 年 ③点数： ④特記：運営は MB Entertainment 社。iPhone/iPad/Android アプリあり ⑤店舗数： ⑥旗艦店： ⑦在庫検索： ⑧ URL：http://rajknih.zoznam.sk/

＜雑誌＞

Press.sk

①業種：雑誌取次，雑誌販売 ②創業・設立：2004 年 ③点数：400 誌 ④特記：運営は Magnet Press Slovakia 社 ⑤店舗数：4 店舗 ⑥旗艦店： ⑦在庫検索： ⑧ URL：http://www.press.sk/

＜古書店総合目録＞

Antkivariatshop.sk

①業種：古書店 ②創業・設立：2000 年 ③点数：1 万 2 千点 ④特記：運営は ANTIKVARIÁT 社 ⑤店舗数： ⑥旗艦店： ⑦在庫検索： ⑧ URL：http://www.antikvariatshop.sk/

Olejar Books

①業種：古書店 ②創業・設立：2008 年 ③点数：16 万 2 千点 ④特記： ⑤店舗数： ⑥旗艦店： ⑦在庫検索： ⑧ URL：http://sk.olejar.eu/

4. 図書館蔵書目録 時代別

＜1477-1830＞

Staré tlače ［Old Print］

①管理運営：国立図書館 ②作成・参加館： ③検索対象：古版本 ④レコード件数：1 万 4 千点 ⑤書誌データフォーマット：MARC21 ⑥特記：スロバキア電子図書館の一コンテンツ。総合目録 ⑦ URL：http://www.memoria.sk/

＜16 世紀 -20 世紀＞

Slovanská knihovna-GK ［Slavonic Library - GK］

①管理運営：チェコ国立図書館 ②作成・参加館：単館 ③検索対象：図書 ④レコード件数：67 万 6 千点 ⑤書誌データフォーマット： ⑥特記：同館所蔵のスロバキア図書。カード目録を電子化したもの ⑦ URL：http://katif.nkp.cz/Katalogy.aspx

＜1900- ＞

Slovenská národná bibliografía ［Slovak National Bibliography］

①管理運営：国立図書館 ②作成・参加館：単館 ③検索対象：図書・雑誌等 ④レコード件数：約 470 万点 ⑤書誌データフォーマット：MARC21 ⑥特記： ⑦ URL：https://www.kis3g.sk/

Súborný katalóg monografií ［Union Catalogue of Books］

①管理運営：国立図書館 ②作成・参加館：複数

館　③検索対象：図書　④レコード件数：　⑤書誌データフォーマット：UNIMARC　⑥特記：休止中？　⑦ URL：http://www.snk.sk/?suborny-katalog-monografii

Súborný katalóg periodic［Union Catalogue of Periodicals］

①管理運営：ブラチスラバ大学図書館　②作成・参加館：350 館　③検索対象：雑誌　④レコード件数：5 万件　⑤書誌データフォーマット：UNIMARC　⑥特記：　⑥事業は 1982 年開始　⑦ URL：http://www.snk.sk/?suborny-katalog-periodik

Metalib

①管理運営：ブラチスラバ大学図書館　②作成・参加館：　③検索対象：図書・雑誌　④レコード件数：　⑤書誌データフォーマット：　⑥特記：チェコとスロバキアの代表的な図書・雑誌の目録の ExLibris 社製メタ検索　⑦ URL：http://www.ulib.sk/sk/metalib/metalib.html

<学位論文>

THESES.SK

①管理運営：チェコ Masaryk 大学情報学部　②作成・参加館：　③検索対象：学位論文　④レコード件数：約 27 万件　⑤書誌データフォーマット：　⑥特記：論文盗用・剽窃発見が可能　⑦ URL：http://theses.sk/

4　ポーランド共和国

Republic of Poland

1. 基本事項

首都　ワルシャワ
政体　共和制
元首　大統領
宗教　カトリック

言語　ポーランド語
通貨　ズロチ（ZL）
時差　－ 8 時間
ccTLD　.pl

再販制度　書籍の価格拘束なし

ISBN 管理機関　Krajowe Biuro ISBN, Biblioteka Narodowa（国立図書館）

ISSN 管理機関　ISSN National Centre for Poland

全国書誌作成機関　Biblioteka Narodowa

ISBN 国番号　978-83

2. 販売目録

WirtualnyWydawca.pl

①商品：書籍　②収録件数：4,200 点　③収録年：　④運営元：Book Marketing Research　⑤特記：2001 年から 2004 年にかけて行われた Central and East European Book Projects（CEEBP）の基金により構築。サイト自体は 2000 年から存在　⑥ URL：http://wirtualnywydawca.pl/

IWP : Wydawcy w Izbie

①商品：新聞・雑誌　②収録件数：115 社，120 誌　③収録年：　④運営元：Izba Wydawców Prasy　⑤特記：雑誌会議 IWP 加盟出版社・発行雑誌の便覧　⑥ URL：http://www.izbaprasy.pl/wydawcy_w_izbie.php?menu=2

3. 出版流通　取次・書店・定期購読

＜取次＞

Matras

①業種：取次，書店チェーン　②創業・設立：1989 年　③点数：13 万点　④特記：ワルシャワを拠点とするポーランド初の民間卸売業者。1995 年に第 1 号店。書店サイズは 50～500㎡で，在庫は 5,000～3 万 5 千冊。物流拠点はワルシャワと Bydgoszczy。倉庫は 5 か所。120 の独立系書店と協力し 100 図書館に供給。1,500 書店と 1,900 法人顧客に提供する　⑤店舗数：129 店舗　⑥旗艦店：　⑦在庫検索：　⑧ URL：http://www.matras.pl/

Jacek Olesiejuk

①業種：出版社，取次　②創業・設立：1990 年　③点数：DB 15 万点（うち刊行中 6 万 4 千点）　④特記：Olesiejuk 兄弟による駅売店での書籍販売が原点。ワルシャワ西部のオジャルフ・マゾビエツキが拠点。1992 年に取次業務を始め，2002 年に 2,200㎡の，2006 年に 8,000㎡の物流センターを開設　⑤店舗数：　⑥旗艦店：　⑦在庫検索：　⑧ URL：http://www.olesiejuk.pl/

Platon

①業種：取次　②創業・設立：1995 年　③点数：　④特記：ワルシャワ拠点。350 出版社の出版物を 400 以上の主要書店等の顧客に卸売。目録詳細検索で要旨検索可能である　⑤店舗数：　⑥旗艦店：　⑦在庫検索：　⑧ URL：http://www.platon.com.pl/

Agencja Wydawnicza Jerzy Mostowski [MOREX National Polish Books Wholesale]

①業種：出版社，取次　②創業・設立：1989 年　③点数：　④特記：ワルシャワ南部のラシンが拠点。出版社は児童書，文芸書，料理書，健康書が主力　⑤店舗数：　⑥旗艦店：　⑦在庫検索：　⑧ URL：http://sklep.morex.com.pl/

Azymut

①業種：書店，取次　②創業・設立：1999 年　③点数：　④特記：ワルシャワ拠点。ポーランド出版グループ PWN の一員。物流センターは 8,500㎡。ネット書店は個人販売を行わない　⑤店舗数：　⑥旗艦店：　⑦在庫検索：　⑧ URL：http://www.azymut.pl/

Cegielski

①業種：取次　②創業・設立：1992 年　③点数：1 万 7 千点　④特記：教育書が中心　⑤店舗数：1

店舗　⑥旗艦店：　⑦在庫検索：　⑧ URL：http://www.kup-ksiazke.pl/

＜書店＞

Empik

①業種：書店チェーン　②創業・設立：1948 年　③点数：240 万件（国内 52 万件），雑誌・新聞 2,000 件　④特記：PRL Clubs International Press and Book を前身とする。1991 年に設立。Empik メディア＆ファッショングループの一員　⑤店舗数：153 店舗（うち 33 店にカフェあり）　⑥旗艦店：Junior w Warszawie 店は 4,000㎡　⑦在庫検索：　⑧ URL：http://www.empik.com/

Weltbild（旧 KDC）

①業種：書店チェーン　②創業・設立：2000 年　③点数：　④特記：ザルツブルクを拠点とするドイツの出版グループ Weltbild の子会社。2011 年にベルテルスマンブッククラブと wydawnictwo Świat Książki から業務を引き継いだ　⑤店舗数：45 店舗　⑥旗艦店：　⑦在庫検索：　⑧ URL：http://www.weltbild.pl/

Warszawa

①業種：書店チェーン　②創業・設立：1988 年　③点数：8 万点　④特記：ワルシャワで展開する書店チェーン。目録は要旨検索可能である　⑤店舗数：12 店舗　⑥旗艦店：Andersa 通り店（多分）は 4 フロア。吹抜けで開放感があり綺麗なステンドグラスが印象的（店舗確定できず）　⑦在庫検索：　⑧ URL：http://ksiegarniawarszawa.pl/

Bolesława Prusa

①業種：書店チェーン　②創業・設立：1952 年　③点数：　④特記：3,000 出版社と協力して学術書を中心に提供　⑤店舗数：13 店舗　⑥旗艦店：本店はワルシャワ大学正門前に位置し 3 フロア　⑦在庫検索：　⑧ URL：http://prus24.pl/

Lubimy Czytać

①業種：書籍価格比較　②創業・設立：2009 年　③点数：324 万点　④特記：独自の仮想棚が作れる　⑤店舗数：3 店舗（比較）　⑥旗艦店：　⑦在庫検索：　⑧ URL：http://lubimyczytac.pl/

nakanapie.pl

①業種：書籍価格比較　②創業・設立：2007 年　③点数：400 万点　④特記：プライベートコレクションを作成できるポーランド最大の書籍データベースを搭載　⑤店舗数：14 店舗（比較）　⑥旗艦店：　⑦在庫検索：　⑧ URL：http://nakanapie.pl/

Ceneo

①業種：書籍価格比較　②創業・設立：2005 年　③点数：70 万点　④特記：Grupa Allegro の一員。比較店舗（サイト）が一番多い　⑤店舗数：40 店舗（比較）　⑥旗艦店：　⑦在庫検索：　⑧ URL：http://www.ceneo.pl/Ksiazki

＜電子書籍＞

Nexto.pl

①業種：電子書籍書店　②創業・設立：2007 年　③点数：1 万 1 千点　④特記：ePub，PDF 対応。電子雑誌，録音図書も販売　⑤店舗数：　⑥旗艦店：　⑦在庫検索：　⑧ URL：http://www.nexto.pl/

BezKartek.pl

①業種：電子書籍書店　②創業・設立：2008 年？　③点数：15 万点　④特記：ハイテクベンチャーのコンサルタント Apetonic 等数社による運営。PRC，PDF，ePub，MP3。iPhone アプリあり　⑤店舗数：　⑥旗艦店：　⑦在庫検索：　⑧ URL：http://

www.bezkartek.pl/

<雑誌>

Kiosk24.pl

①業種：雑誌販売　②創業・設立：2004 年　③点数：800 誌　④特記：運営はワルシャワのネット関連企業 websky　⑤店舗数：　⑥旗艦店：　⑦在庫検索：　⑧ URL：http://www.kiosk24.pl/

Europress

①業種：新聞・雑誌販売　②創業・設立：1991 年　③点数：1,600 誌　④特記：ワルシャワ拠点の世界各国の新聞・雑誌を空港やホテルの小売店で販売する　⑤店舗数：300 店舗　⑥旗艦店：　⑦在庫検索：　⑧ URL：http://www.europress.pl/

Inter News

①業種：新聞・雑誌販売　②創業・設立：1989 年　③点数：1,500 点（うち新聞 680 紙）④特記：ワルシャワ拠点。外国語中心　⑤店舗数：　⑥旗艦店：　⑦在庫検索：　⑧ URL：http://www.internews.pl/

Kolporter DP

①業種：雑誌販売　②創業・設立：1992 年　③点数：5,000 誌　④特記：市場シェアは 52%　⑤店舗数：　⑥旗艦店：　⑦在庫検索：　⑧ URL：http://dp.kolporter.com.pl/

Prenumerata Czasopism

①業種：雑誌販売　②創業・設立：2006 年　③点数：　④特記：ポーランド郵便局の定期購読サービス　⑤店舗数：　⑥旗艦店：　⑦在庫検索：　⑧ URL：http://www.poczta-polska.pl/prenumerata

<古書店総合目録>

Book and more

①業種：古書店連合目録　②創業・設立：ネット関連企業 E- more4you により 2008 年？　③点数：19 万点　④特記：　⑤店舗数：　⑥旗艦店：　⑦在庫検索：　⑧ URL：http://bookandmore.pl/

Maciej Bakuła

①業種：古書店　②創業・設立：1990 年代　③点数：　④特記：専門知識と書籍市場で 20 年の活動。ワルシャワ最初の店舗（Jerozolimskie 55）は 2004 年開店　⑤店舗数：4 店舗　⑥旗艦店：　⑦在庫検索：　⑧ URL：http://antykwariat.waw.pl/

4. 図書館蔵書目録　時代別

<1400-1900>

Bibliografia polska

①管理運営：Konsorcjum Bibliotek Naukowych Regionu Kujawsko-Pomorskiego　②作成・参加館：　③検索対象：図書　④レコード件数：　⑤書誌データフォーマット：独自　⑥特記：Karol Estreiche 編纂の書誌を電子化したもの。Kujawsko-Pomorskiego Digital Library に掲載されている。書名検索で探すこと　⑦ URL：http://kpbc.umk.pl/

<1901-1939>

Bibliografia Polska

①管理運営：国立図書館　②作成・参加館：単館　③検索対象：図書　④レコード件数：6 万 5 千件　⑤書誌データフォーマット：UNIMARC　⑥特記：遡及された国立図書館の蔵書目録　⑦ URL：http://mak.bn.org.pl/cgi-bin/makwww.exe?BM=32

<1965- >

INNOPAC（Bibliografia polska）

①管理運営：国立図書館　②作成・参加館：単館

③検索対象：図書，雑誌など ④レコード件数： ⑤書誌データフォーマット：MARC21 ⑥特記：1801年から1900年代中盤までの遡及は約50%。現在も入力作業が継続されている。統合検索FIDKARでは1973年以前の資料を検索できない ⑦URL：http://alpha.bn.org.pl/screens/libinfo.html；http://mak.bn.org.pl/fidkar/（統合検索）

NUKat

①管理運営：NUKATセンター（ワルシャワ大学） ②作成・参加館：81館 ③検索対象：図書，雑誌 ④レコード件数：図書191万件，雑誌6万7千件 ⑤書誌データフォーマット：MARC21 ⑥特記：2002年に開始された学術研究図書館の総合目録 ⑦URL：http://www.nukat.edu.pl/

KaRo

①管理運営：Nicoluas Copernicus University Torun ②作成・参加館：単館 ③検索対象：図書，雑誌 ④レコード件数： ⑤書誌データフォーマット： ⑥特記：NUKat，国立図書館蔵書目録INNOPACを含む97目録の横断検索 ⑦URL：http://karo.umk.pl/Karo/

2.5 フランス，ベネルクス

1 フランス共和国

French Republic

1. 基本事項

首都 パリ
政体 共和制
元首 大統領
宗教 カトリック，イスラム教，プロテスタント
言語 フランス語
通貨 ユーロ

時差 －8時間
ccTLD .fr
再販制度 書籍の価格拘束あり（時限再販・2年）
ISBN管理機関 AFNIL
ISSN管理機関 Centre ISSN France
全国書誌作成機関 Bibliothèque Nationale de France
ISBN国番号 979-10, 978-2
出版点数 63,690点（2009）

2. 概要

フランスの流通経路には出版社直営あるいは代行供給会社が存在し，出版社主導の流通が可能となっている。Hachette LivreとInterforum Editisが2大取次（流通会社）となっている。書店は大型化とチェーン化が進み，ネット書店は新刊の他に古書も扱う。業界間の電子商取引にはDilicom社のFELが利用されている。（参考文献：蔡星慧著『出版産業の変遷と書籍出版流通』（出版メディアパル，2006），日本出版学会編『白書出版産業』2010（文化通信社，2010））

3. 販売目録

Electre

①商品：書籍 ②収録件数：120万件（絶版50万件，近刊1万4千件） ③収録年：1984年～ ④運営元：Electre ⑤特記：Unimarc系の商用データベース。親会社は1847年から出版事業と書籍総目録「Les Livres disponibles」により書籍情報提供を行う書籍業者組合Cercle de la Librairie。iPhoneアプリあり（こちらは一部検索可能） ⑥URL：http://www.electre.com/

Fichier Exhaustif du Livre（FEL）

①商品：書籍 ②収録件数：124万件 ③収録年：1984年～ ④運営元：Dilicom（旧Edilectre） ⑤特記：Dilcomはフランス出版業界間の電子取引の開発促進するのを目的とし1989年に創設された多職種間協同企業。100万件以上の目録は，フランス，ベルギー，ルクセンブルクの出版社1万5千社，8,000書店，1,500取次店の電子商取引（EDI）で利用されている。データ交換仕様はONIX3.0を採用。受発注専門なので目録の書誌項目はElectreと比較すると少なめ。目録は中央フランス・ニエーヴル県の家族企業であるFrench Book Distribution社，ブルターニュ地域ヴァンヌにある書店Lafolyeで検索可能である（検索結果は異なる） ⑥URL：http://www.dilicom.net/；http://www.frenchbookdistribution.com/（検索）；http://www.lafolye.fr/（検索）

Pickanews

①商品：雑誌 ②収録件数：5万メディア ③収録年： ④運営元：Press Indexグループ ⑤特記：英仏独伊西等ヨーロッパのメディア情報を提供する ⑥URL：http://www.pickanews.com/

Edi Stat

①商品：書籍 ②収録件数： ③収録年： ④運営元：TiTe Live ⑤特記：フランス本土1,200書店の売上の情報と統計を提供する。分析結果は有料だが検索だけの利用は可能。運営元は企業や個人に在庫管理のソフトウェアとツールを提供する ⑥URL：http://www.edistat.com/

4. 出版流通　取次・書店・定期購読

＜取次＞

Centre d’exportation du livre français（CELF）

①業種：書籍輸出 ②創業・設立：1977年 ③点数：65万件 ④特記：法人向けに3,000社の出版情報を提供し，世界6,000書店に年間60万冊以上の書籍を配本する ⑤店舗数： ⑥旗艦店： ⑦在庫検索： ⑧URL：http://www.celf.fr/

Hachette Livre

①業種：取次　②創業・設立：1826年　③点数：　④特記：フランス大手出版社Hacheteの物流部門。グループおよび他60出版社の書籍をフランス全土に配本する。ソンム県Maurepas郊外に5万㎡の物流センターを持つ　⑤店舗数：　⑥旗艦店：　⑦在庫検索：　⑧ URL：http://www.hachette.com/

Sodis

①業種：取次　②創業・設立：1971年　③点数：　④特記：大手出版社HachetteとGallimardの取次部門として設立（ガリマールグループ傘下）。本社はセーヌ＝エ＝マルヌ県Lagny sur Marne　⑤店舗数：　⑥旗艦店：　⑦在庫検索：　⑧ URL：http://www.sodis.fr/

Vilo

①業種：取次　②創業・設立：1948年（グループ）　③点数：　④特記：16出版社から成るVilo Groupeの物流部門。独立出版社70社の取次として機能している。パリ，ボルドー，トゥルーズ，マルセイユに物流拠点を持ち，パリの物流センターは5,000㎡　⑤店舗数：　⑥旗艦店：　⑦在庫検索：　⑧ URL：http://www.vilo-groupe.com/distribution.php

Interforum Editis

①業種：出版社，取次　②創業・設立：2004年（前身は1835年）　③点数：　④特記：旧Havas通信社の取次部門。2002年にLagardèreグループの傘下に入り，2008年にスペインの大手出版グループGrupo Planetaによって買収された　⑤店舗数：　⑥旗艦店：　⑦在庫検索：　⑧ URL：https://www.interforum.fr/

Presstalis

①業種：雑誌取次　②創業・設立：1947年　③点数：3,600誌　④特記：2009年12月から出版社，2つの雑誌組合，Lagardèreグループの子会社Hachetteの共同出資会社。新聞・雑誌流通と市場動向調査を行う。旧社名はNouvelles messageries de la presse parisienne（Nmpp）。仏語圏20か国の雑誌ダイレクトリを提供し，国内外3万か所の売場に配本を行う　⑤店舗数：　⑥旗艦店：　⑦在庫検索：　⑧ URL：http://www.presstalis.fr/；http://www.trouverlapresse.com/（データベース）

<書店>

Fnac

①業種：書店チェーン　②創業・設立：1954年　③点数：　④特記：1994年からGucciグループの仏大手コングロマリット企業PPRが親会社。キャッチフレーズは「Agitateur de curiosité」（好奇心を揺さぶれ）　⑤店舗数：78店舗　⑥旗艦店：パリForum des Halles店は8,000㎡　⑦在庫検索：可能（郵便番号が必要）　⑧ URL：http://www.fnac.com/

Furet du Nord

①業種：書店チェーン　②創業・設立：1936年　③点数：　④特記：フランス北部を拠点とする書店チェーン　⑤店舗数：13店舗　⑥旗艦店：リールGrand'Place店は7,000㎡でフランス最大の書店と言われる。ネット書店の在庫は5万8千点　⑦在庫検索：可能　⑧ URL：http://www.furet.com/

France Loisirs

①業種：書店チェーン（ブッククラブ）　②創業・設立：1970年　③点数：3万点　④特記：独メディアグループ・ベルテルスマンの子会社のブッククラブ。キャッチフレーズは「Vous n'êtes pas au bout de vos découvertes」（あなたは自分を発見して

いない） ⑤店舗数：200 店舗 ⑥旗艦店： ⑦在庫検索： ⑧ URL：http://www.franceloisirs.com/

Chapitre

①業種：書店チェーン ②創業・設立：1997 年 ③点数：仏語 45 万件，国外 100 万件，国内古書 300 件，古雑誌 40 万件 ④特記：パリから 150 キロ南西の都市 Lamnay に本社。2,000 古書店と提携し古書も提供 ⑤店舗数：59 店舗 ⑥旗艦店： ⑦在庫検索： ⑧ URL：http://www.chapitre.com/

Le Divan

①業種：書店 ②創業・設立：1908 年 ③点数：5 万点 ④特記：パリ Convention 通りには一般書店と児童書専門書店がある。運営サイトには「Nos libraires vous accueillent 7 jours sur 7」（年中無休） ⑤店舗数：2 店舗 ⑥旗艦店：435㎡ ⑦在庫検索： ⑧ URL：http://www.librairie-ledivan.com/

Gibert Joseph

①業種：書店チェーン ②創業・設立：1886 年 ③点数： ④特記：スローガン「La culture c'est l' échange」（文化は交換である） ⑤店舗数：30 店舗 ⑥旗艦店：カルチェラタンにあるパリ店の販売エリアは 4,900㎡ ⑦在庫検索：可能 ⑧ URL：http://www.gibertjoseph.com/

Gibert Jeune

①業種：書店チェーン ②創業・設立：1886 年 ③点数：25 万件 ④特記：先述した Gibert Joseph から 1929 年に分離した人文社会系専門書店。古書も扱う ⑤店舗数：9 店舗（パリもしくはパリ近郊） ⑥旗艦店：「5 place Saint-Michel」店は 6 階建て ⑦在庫検索： ⑧ URL：http://www.gibertjeune.fr/

Mollat Bordeaux

①業種：出版社，書店チェーン ②創業・設立：1886 年 ③点数： ④特記：ボルドーにあるフランス初の独立系書店 ⑤店舗数：1 店舗 ⑥旗艦店：ポルトディジョー通りボルドー店の売場面積は 2,700㎡に在庫 16 万冊。ワイン書籍が充実 ⑦在庫検索： ⑧ URL：http://www.mollat.com/

Gallimard

①業種：書店 ②創業・設立：1921 年 ③点数：3 万 5 千点 ④特記：仏有力出版社発行 2 万点を在庫で持つ直営書店。2 フロア 180㎡ ⑤店舗数：1 店舗 ⑥旗艦店：パリ Raspail 大通りにあり。日曜定休 ⑦在庫検索： ⑧ URL：http://www.librairie-gallimard.com/

Librairie de Paris

①業種：書店 ②創業・設立：1948 年 ③点数：4 万点 ④特記：サイトには「Une grande librairie dans votre quartier」（近所の大型書店）。5 万点の電子書籍「livres numériques」の一部については試読可能である ⑤店舗数：1 店舗 ⑥旗艦店：パリの「Place de Clichy」にある店舗は中 2 階 40㎡を持つ 275㎡の売場面積 ⑦在庫検索： ⑧ URL：http://www.librairie-de-paris.fr/；http://www.lalibrairienumerique.fr/（電子書籍）

Société LIBER/Camponovo/Granger

①業種：書店チェーン ②創業・設立：不明 ③点数：140 万件 ④特記：フランスのブザンソンとディジョンを本拠とする 1,000㎡を超える大型書店。LIBER が Camponovo と Granger の親会社になる。4,000㎡の倉庫には在庫 14 万 5 千冊 ⑤店舗数：2 店舗 ⑥旗艦店： ⑦在庫検索： ⑧ URL：http://www.liber.fr/

1001libraires.com

①業種：書店連合　②創業・設立：2011年　③点数：100万件　④特記：フランス書店組合Syndicat de la Librairie Française（SLF）のイニシアチブによる独立書店の紙・電子書籍の販売促進サイト。電子書籍はePubとPDFに対応　⑤店舗数：294書店（参加）　⑥旗艦店：　⑦在庫検索：2時間以内に受取可能な取置書店の表示（郵便番号が必要）　⑧URL：http://www.1001libraires.com/

Librest & LaLibrairie

①業種：書店連合　②創業・設立：2010年　③点数：80万件　④特記：パリ東部の独立系9書店による共同プラットフォーム。在庫を持っていない書籍を融通し合うシステムを構築している　⑤店舗数：9店舗　⑥旗艦店：　⑦在庫検索：9書店の在庫10万件（書店表示なし）　⑧URL：http://www.librest.com/；http://www.lalibrairie.com/

Place des libraires

①業種：書店連合　②創業・設立：2008年　③点数：100万件　④特記：Tite-Live社の書店在庫管理システムを使う独立系書店の在庫が一括で検索可能である。1001libraires.comやLibrestよりずっと使いやすい　⑤店舗数：150店舗　⑥旗艦店：　⑦在庫検索：可能　⑧URL：http://www.placedeslibraires.fr/

Amazon.fr

①業種：ネット書店　②創業・設立：2000年　③点数：　④特記：フランス最大のネット書店の一つ。親会社は米国シアトルのAmazon.com。試読サービス（Look Inside!）あり　⑤店舗数：　⑥旗艦店：　⑦在庫検索：　⑧URL：http://www.amazon.fr/

Alapage

①業種：ネット書店　②創業・設立：1996年　③点数：　④特記：フランス最大のネット書店の一つ。2つの出版グループPlanète Livre（書籍）とNovalis（メディア）により設立。1999年にフランステレコムに買収され，2009年からRueDu Commerceの子会社　⑤店舗数：　⑥旗艦店：　⑦在庫検索：　⑧URL：http://www.alapage.com/

La Documentation Française

①業種：政府刊行物書店　②創業・設立：2002年（サイト）　③点数：　④特記：管理運営は法律と行政情報の総局（DILA）。150以上の政府機関の刊行物を扱う　⑤店舗数：　⑥旗艦店：　⑦在庫検索：　⑧URL：http://www.ladocumentationfrancaise.fr/

Chasse-aux-livres.fr

①業種：書籍価格比較　②創業・設立：2011年　③点数：　④特記：学生Thibault Le Portによる書籍価格比較サイト　⑤店舗数：17サイト（電子書籍書店は5サイト）　⑥旗艦店：　⑦在庫検索：　⑧URL：http://www.chasse-aux-livres.fr/

＜電子書籍＞

Numilog

①業種：電子書籍書店　②創業・設立：2000年　③点数：5万点　④特記：2008年に大手出版社Hachette Livreにより買収。ePubとPDFに対応。一部の書籍は試読可能である。iPhone/iPad/Android用アプリあり　⑤店舗数：　⑥旗艦店：　⑦在庫検索：　⑧URL：http://www.numilog.com/

ePagine

①業種：電子書籍書店　②創業・設立：2008年　③点数：210出版社，2万点　④特記：書店在庫管

理システムを作成している Tite-Live 社が作った電子書籍販売ソリューション。先述した Place des libraires でも検索可能。ePub 対応で iPhone アプリあり。主要 36 ネット書店を通じて購入可能である ⑤店舗数： ⑥旗艦店： ⑦在庫検索： ⑧ URL：http://www.epagine.fr/

<雑誌>

Lavoisier

①業種：書店，雑誌販売 ②創業・設立：1947 年 ③点数：書籍 3 万出版社，100 万件，雑誌 1 万 5 千社，5 万誌 ④特記：パリの実店舗は技術書・専門書のみ販売。書籍目録は要旨検索可能である ⑤店舗数：1 店舗 ⑥旗艦店： ⑦在庫検索： ⑧ URL：http://www.lavoisier.fr/

Toutabo

①業種：雑誌販売 ②創業・設立：2005 年 ③点数：4,900 誌 ④特記：運営は Toutabo。キャッチフレーズは「Votre Centrale d'abonnements Presse」（定期購読は一か所で）。iPhone 対応サイトあり。学術雑誌と電子マガジンも扱う ⑤店舗数： ⑥旗艦店： ⑦在庫検索： ⑧ URL：http://www.toutabo.com/

Pressedefrance

①業種：雑誌販売 ②創業・設立：2001 年 ③点数：4,900 誌 ④特記：2008 年に Toutabo に買収された。こちらもキャッチフレーズは「Votre Centrale d'abonnements Presse」（定期購読は一か所で）。学術雑誌も扱う ⑤店舗数： ⑥旗艦店： ⑦在庫検索： ⑧ URL：http://www.pressedefrance.com/

Maison de la Presse / Magpresse

①業種：雑誌販売 ②創業・設立： ③点数： ④特記：運営は Seddif。Presstalis の子会社 ⑤店舗数：Maison 700 店舗 & Megapresse 1,100 店舗 ⑥旗艦店： ⑦在庫検索： ⑧ URL：http://www.maisondelapresse.tm.fr/；http://www.magpresse.com/

Made in Presse

①業種：雑誌販売 ②創業・設立：2009 年 ③点数： ④特記：紙&電子雑誌の販売。一部のページを閲覧可能。iPhone 対応サイトは GPS による Maison de la Presse と Magpresse 販売店検索機能付き ⑤店舗数： ⑥旗艦店： ⑦在庫検索： ⑧ URL：http://madeinpresse.fr/

LeGuide, Journaux et magazines

①業種：雑誌価格比較 ②創業・設立：2003 年 ③点数：3 万誌 ④特記：フランス，ベルギー，ルクセンブルク，スイスの定期購読サイトの横断検索 ⑤店舗数：8 サイト ⑥旗艦店： ⑦在庫検索： ⑧ URL：http://www.leguide.net/go/cat/idx/10000108/go.htm

<古書店総合目録>

Galaxidion

①業種：古書店連合目録 ②創業・設立：1997 年 ③点数： ④特記：運営は Loisirs et culture ⑤店舗数：10 か国 360 書店 ⑥旗艦店： ⑦在庫検索： ⑧ URL：http://www.galaxidion.com/

MaxiChoice

①業種：古書価格比較 ②創業・設立：2010 年（公開） ③点数：20 億点 ④特記：運営は古書店 Le Beau Livre。フランスの東部，スイス国境にちかいサボワ地方の代表的な温泉保養地のエクス・レ・バンにある ⑤店舗数：6 サイト ⑥旗艦店： ⑦在庫検索： ⑧ URL：http://www.maxichoice.com/

5. 図書館蔵書目録　時代別

＜1500-＞

Catalogue général de la BnF（旧 BN-Opale）

①管理運営：国立図書館　②作成・参加館：単館　③検索対象：古版本，図書，雑誌など　④レコード件数：図書830万件，雑誌68万件　⑤書誌データフォーマット：Intermarc，UNIMARC　⑥特記：国立図書館の蔵書はほとんど検索可能　⑦URL：http://catalogue.bnf.fr/；http://www.itsmarc.com/

＜1814-1900＞

Bibliographie nationale française

①管理運営：国立図書館　②作成・参加館：単館　③検索対象：図書　④レコード件数：　⑤書誌データフォーマット：　⑥特記：民間（Cercle de la librairie）と国立図書館の目録が統合される以前の出版物目録を電子化したもの　⑦URL：http://gallica.bnf.fr/ark:/12148/cb34348270x/date.r=bibliographie+de+la+france.langFR

Sudoc

①管理運営：Agence Bibliographique de l'Enseignement Supérieur（ABES）②作成・参加館：高等教育機関1,100館＋公共・私立図書館2,000館　③検索対象：図書，雑誌，学位論文　④レコード件数：900万件　⑤書誌データフォーマット：UNIMARC　⑥特記：前身は1982年に開始されたRéseau Sibil-France（RSF）。BN-Opale，RSF，1987年に計画され，1991年に稼働したPancatalogue，1983年に開始された雑誌CCN-PS，1972年に公開された学位論文Téléthèses等を統合したもの。運営元のABESは高等教育機関の総合目録編纂のために1994年に設立された。スマートフォン対応サイトあり　⑦URL：http://www.sudoc.abes.fr/

Catalogue collectif de France（CCFr）

①管理運営：文化コミュニケーション省，国立教育省，国立図書館　②作成・参加館：5,000館＋2,000法人　③検索対象：図書，雑誌，学位論文など　④レコード件数：3千万件　⑤書誌データフォーマット：UNIMARC　⑥特記：前身は1987年に計画されたPancatalogue。2002年に国立図書館BN-Opale，大学図書館Sudoc，公共図書館BMR等の目録が統合された　⑦URL：http://ccfr.bnf.fr/

＜電子図書館＞

Gallica

①管理運営：国立図書館　②作成・参加館：単館　③検索対象：電子図書，電子雑誌など　④レコード件数：150万件　⑤書誌データフォーマット：Intermarc，Dublin Core　⑥特記：1997年に開始された電子図書館　⑦URL：http://gallica.bnf.fr/

2 ベルギー王国

Kingdom of Belgium

1. 基本事項

首都 ブリュッセル

政体 立憲君主制

元首 国王

宗教 キリスト教（カトリック）

言語 オランダ語，フランス語，ドイツ語

通貨 ユーロ

時差 －8時間

ccTLD .be

再販制度 制度あるが実質書籍の価格拘束なし

ISBN管理機関 ISBN Agency, Centraal Boekhuis（蘭語），仏 AFNIL（仏語），独 ISBN-Agentur für die Bundesrepublik Deutschland（独語）

ISSN管理機関 Centre national belge ISSN

全国書誌作成機関 Bibliothèque royale de Belgique

ISBN国番号 978-2（仏語）

出版点数 6,981点（2005）

2. 販売目録

Boekenbank Publieke［Book Bank Public］

①商品：書籍 ②収録件数：20万件 ③収録年： ④運営元：Boekenbank VZW ⑤特記：フラマン（オランダ）語書籍のみ扱う。目録には連想検索 Aqua Browser が組み込まれ，購入も可能 ⑥URL：http://www.boekenbank.be/

Fichier Exhaustif du Livre（FEL）

①商品：書籍 ②収録件数：170万件 ③収録年：1984年 ④運営元：Banque du Livre ⑤特記：2004年に稼働したベルギーを含む仏語圏出版業界間の電子商取のデータ交換（EDI）システム（有料）。データ交換仕様は ONIX3.0 を採用。詳細は仏の Dilcom を参照。ベルギー150書店で利用されている ⑥URL：http://www.banquedulivre.net/

Febelma

①商品：雑誌 ②収録件数：17社，76誌 ③収録年： ④運営元：ベルギー雑誌連合会 Belgian Federation of Magazines ⑤特記：Febelma の前身は1956年設立。2007年から現行名 ⑥URL：http://www.febelma.be/

Unie van de uitgevers van de Periodieke Pers vzw［Union of the publishers of the periodical press association］

①商品：雑誌　②収録件数：260社，800誌　③収録年：　④運営元：定期刊行物出版社協会連合 Unie van de uitgevers van de Periodieke Pers vzw　⑤特記：蘭仏両言語を扱う　⑥URL：http://www.upp.be/node/

3. 出版流通　取次・書店・定期購読

＜取次＞

Interforum Editis

①業種：書籍取次　②創業・設立：1942年　③点数：　④特記：フランスの出版グループPlanetaの子会社であるEditis傘下にある。ベルギーのブラバンワロン州ヴァンラヌーヴにあるルーヴァンカトリック大学の大学キャンパス内のサイエンスパークに本社があり，400以上の出版社によって発行される書籍を1日当たり3万冊以上処理し，1,000もの書店等に配本を行う　⑤店舗数：　⑥旗艦店：　⑦在庫検索：　⑧URL：http://www.interforum.be/

Edigroup Belgique

①業種：雑誌取次・販売　②創業・設立：1984年　③点数：500誌　④特記：親会社はスイスEdigroup　⑤店舗数：　⑥旗艦店：　⑦在庫検索：　⑧URL：http://www.edigroup.be/

＜書店＞

Standaard Boekhandel［standard Bookstore］

①業種：書店チェーン　②創業・設立：1919年　③点数：300万点　④特記：親会社はオランダの出版社NV。2001年にネット書店Azurを買収するが翌年撤退　⑤店舗数：100店舗　⑥旗艦店：　⑦在庫検索：　⑧URL：http://www.standaardboekhandel.be/

Fnac

①業種：書店チェーン　②創業・設立：1954年（仏），ベルギー1号店1981年　③点数：36万点　④特記：音響機器，映像機器，情報機器，カメラ等も扱う　⑤店舗数：9店舗　⑥旗艦店：ブリュッセル中心部「Rue Neuve」にあるベルギー最大のショッピングセンターCity2の2階（実質3階）店舗は在庫20万点　⑦在庫検索：　⑧URL：http://www.fnac.be/

Belgique Loisirs［Belgium Entertainment］

①業種：書店チェーン　②創業・設立：1970年代初頭　③点数：　④特記：仏語圏最大のブッククラブで会員数20万4千人　⑤店舗数：14店舗　⑥旗艦店：　⑦在庫検索：　⑧URL：http://www.belgiqueloisirs.com/

Le Petit Filigranes［The Little Watermarks］

①業種：書店　②創業・設立：1984年　③点数：15万点　④特記：スローガン「Librairie 365 → 365」　⑤店舗数：1店舗　⑥旗艦店：現行ブランドは1989年から。ブリュッセル近郊にある店舗は1フロア1,700㎡。年中無休で閉店は夕方7時。店中央にカフェあり。iPhoneアプリあり　⑦在庫検索：可能　⑧URL：http://www.filigranes.be/fr/

Cook & Book

①業種：書店（仏語）　②創業・設立：2006年　③点数：　④特記：画廊とレストランを組み合わせた新コンセプトの書店　⑤店舗数：1店舗　⑥旗艦店：ブリュッセル近郊の店舗は1,500㎡で在庫8万冊　⑦在庫検索：　⑧URL：http://www.cookandbook.be/

UOPC

①業種：書店（仏語） ②創業・設立：1923年 ③点数：15万点 ④特記：家族経営書店。150人収容可能なイベントホールあり ⑤店舗数：1店舗 ⑥旗艦店：ブリュッセル近郊Gustave Demey通り店舗は2フロア700㎡ ⑦在庫検索：3段階で表示 ⑧URL：http://www.uopc.eu/

Tropismes

①業種：書店 ②創業・設立：1984年 ③点数： ④特記：舞踏会場を書店にした内装のセンスが光る。総合書店と絵本専門店がある ⑤店舗数：2店舗 ⑥旗艦店：ブリュッセルのギャラリーサンテベールの店舗は2フロア800㎡，在庫6万冊 ⑦在庫検索： ⑧URL：http://www.tropismes.com/

Proxis.be & Azur.be

①業種：ネット書店 ②創業・設立：Azurは1995年，Proxisは1997年 ③点数： ④特記：Azurが2010年11月に買収し誕生。Azurはベルギー最初の電子商取引サイト。現在はMid-Group傘下 ⑤店舗数： ⑥旗艦店： ⑦在庫検索： ⑧URL：http://www.proxisazur.be/

Comparer.be

①業種：書籍価格比較 ②創業・設立：2000年 ③点数： ④特記：ベルギーのフランス語圏のネットショッピングサイトを対象にした横断検索。書店の登録は少ない（例えばBOL） ⑤店舗数：数店舗 ⑥旗艦店： ⑦在庫検索： ⑧URL：http://www.comparer.be/

Vergelijk.be

①業種：書籍価格比較 ②創業・設立：2000年 ③点数： ④特記：ベルギーのフラマン語圏のネットショッピングサイトを対象にした横断検索。書店の登録はCosmox，Boek.Net，BOL等。実はComparer.beは姉妹サイト ⑤店舗数：5店舗程度 ⑥旗艦店： ⑦在庫検索： ⑧URL：http://www.vergelijk.be/

＜電子書籍＞

e-boek.org

①業種：電子書籍書店 ②創業・設立：2009年 ③点数：オランダ語6,000点 ④特記：運営はフランダース出版関連業界3団体Boek.beとフランス電子書籍書店ePagine。ePub対応。iPhoneアプリあり ⑤店舗数： ⑥旗艦店： ⑦在庫検索： ⑧URL：http://www.e-boek.org/

＜雑誌＞

Sanoma Magazines

①業種：出版社，雑誌販売 ②創業・設立：出版社，創業1945年 ③点数：仏18誌，蘭100誌 ④特記：1997年からネットによる雑誌販売 ⑤店舗数： ⑥旗艦店： ⑦在庫検索： ⑧URL：http://www.aboshop.be/

Abonnements-loisirs.be

①業種：雑誌販売 ②創業・設立：1984年 ③点数：105誌 ④特記：スイスの雑誌定期購読企業Edigroupのベルギー支社。ブッククラブBelgique Loisirsと提携し雑誌を販売する ⑤店舗数： ⑥旗艦店： ⑦在庫検索： ⑧URL：http://www.abonnements-loisirs.be/

Amp

①業種：雑誌販売 ②創業・設立：1895年 ③点数：5,000誌，300紙 ④特記：フランスのメディアグループLagardère Servicesのブリュッセル拠点の子会社 ⑤店舗数：6,000店 ⑥旗艦店： ⑦在庫検索： ⑧URL：http://www.ampnet.be/

Press Shop

①業種：雑誌販売　②創業・設立：1923年　③点数：　④特記：フランスのメディアグループLagardère Servicesのブリュッセル近郊フロート・ベイハールデン拠点の子会社　⑤店舗数：290店舗　⑥旗艦店：　⑦在庫検索：　⑧URL：http://www.press-shop.be/

4. 図書館蔵書目録　時代別

＜1541-1600＞

Belgica Typographica

①管理運営：Elly Cockx-Indestege（編纂者）②作成・参加館：47館　③検索対象：古版本　④レコード件数：7,739件　⑤書誌データフォーマット：　⑥特記：書籍4冊セット（1968-1993刊行）。王立図書館とベルギー各地46図書館の所蔵。電子化が望まれる　⑦URL：

＜1601-1801＞

Short Title Catalogus Vlaanderen（STCV）

①管理運営：Vlaamse Erfgoedbibliotheek（VEB）②作成・参加館：6館　③検索対象：図書　④レコード件数：　⑤書誌データフォーマット：　⑥特記：1982年に開始されたオランダの貴重書データベースSTCNを模範に，2000年開始（前身プロジェクトは1997年から）。2009年から伝統図書館6館のコンソーシアムVEBにより維持管理制に移行　⑦URL：http://www.vlaamse-erfgoedbibliotheek.be/

＜1801-1874＞

Digitized prints

①管理運営：王立図書館　②作成・参加館：単館　③検索対象：図書　④レコード件数：9,000件　⑤書誌データフォーマット：　⑥特記：19世紀の図書をデジタル化したもの。全文あり　⑦URL：http://www.kbr.be/catalogues/catalogues_en.html

＜1838-1868＞

Bibliographie de la Belgique

①管理運営：　②作成・参加館：　③検索対象：図書　④レコード件数：　⑤書誌データフォーマット：　⑥特記：C. Muquardtによって1838年から1868年にかけて編纂された書誌を電子化したもの　⑦URL：http://www.onread.com/

＜1875-＞

Bibliographie de Belgique

①管理運営：王立図書館　②作成・参加館：単館　③検索対象：図書，雑誌　④レコード件数：　⑤書誌データフォーマット：UNIMARC　⑥特記：標題の全国書誌を創刊から検索できるようにしたもの　⑦URL：http://www.kbr.be/catalogues/catalogues_en.html

Bibliotheek.be

①管理運営：Openbare Bibliotheek van Kluisbergen　②作成・参加館：80館　③検索対象：図書，雑誌　④レコード件数：400万件（400万冊）⑤書誌データフォーマット：UNIMARC？　⑥特記：フランダース地方の公共図書館の総合目録。連想検索AquaBrowserを搭載　⑦URL：http://www.bibliotheek.be/

Collectieve Catalogus van België（CCB）

①管理運営：ゲントおよびルーヴェン大学　②作成・参加館：　③検索対象：図書　④レコード件数：520万件　⑤書誌データフォーマット：UNIMARC　⑥特記：1989年に開始された大学，研究機関，専門図書館による総合目録プロジェクト。2つの巨大総合目録ネットワークAnet，Libisnetを統合したもの。1993年から毎年CD-ROMで提供。2002年で更新凍結。現在は商用データベースIscientiaで公開（有償）⑦URL：http://www.kbr.be/

catalogues/autres_catal/catal_belges_nl.html

UniCat

①管理運営：王立図書館　②作成・参加館：67館　③検索対象：図書，雑誌　④レコード件数：1,400万件　⑤書誌データフォーマット：UNIMARC, MARC21　⑥特記：2011年5月に公開された総合目録。2つの巨大総合目録ネットワークAnet, Libisnet，および他の図書館ネットワークを統合したもの。前身は2003年から2007年まで行われた王立図書館と5大学図書館で始まった総合目録プロジェクト　⑦URL：http://www.unicat.be/

Common Catalogue of the Federal Libraries

①管理運営：ベルギー連邦政府　②作成・参加館：30館　③検索対象：図書，雑誌，雑誌記事　④レコード件数：　⑤書誌データフォーマット：　⑥特記：王立図書館を含む政府系図書館約80館の総合目録　⑦URL：http://www.bib.belgium.be/

ANTILOPE

①管理運営：アントワープ大学　②作成・参加館：200館　③検索対象：雑誌　④レコード件数：17万件　⑤書誌データフォーマット：MARC21　⑥特記：1995年に開始された雑誌総合目録。国内の相互貸借に利用される　⑦URL：http://www.kbr.be/catalogues/autres_catal/catal_belges_nl.html

＜政府刊行物＞

Publications Online

①管理運営：ベルギー連邦政府　②作成・参加館：単館　③検索対象：政府刊行物等　④レコード件数：　⑤書誌データフォーマット：　⑥特記：公式刊行物，市場調査，電子調達等の情報提供を行う　⑦URL：http://www.publicationsonline.be/

3　ルクセンブルク大公国

Grand Duchy of Luxembourg

1. 基本事項

首都　ルクセンブルク

政体　立憲君主制

元首　大公

宗教　カトリック

言語　ルクセンブルク語，仏語，独語

通貨　ユーロ

時差　－8時間

ccTLD　.lu

再販制度　制度はあるが実質書籍の価格拘束なし

ISBN管理機関　ISBN Agency, Bibliothèque nationale

de Luxembourg

ISSN 管理機関　creation in progress（調整中）

全国書誌作成機関　Bibliothèque nationale

ISBN 国番号　978-99959, 978-2

2. 出版流通　取次・書店・定期購読

＜書店＞

Libo

①業種：書店チェーン　②創業・設立：2004年　③点数：　④特記：英独仏蘭書も扱う。目録は独取次KNVだが，検索時に「libo.lu」ファイルを選択するとルクセンブルク語書籍のみ検索可能　⑤店舗数：5店舗　⑥旗艦店：ルクセンブルク駅前店はレストランExkiとの併設。新コンセプトの書店　⑦在庫検索：　⑧URL：http://www.libo.lu/

Ernster

①業種：書店チェーン　②創業・設立：1889年　③点数：　④特記：ルクセンブルク一の書店　⑤店舗数：6店舗　⑥旗艦店：ギョーム広場前のCentre-Ville店は5フロア。国立図書館が近い　⑦在庫検索：可能　⑧URL：http://www.ernster.com/

Papeterie DIDERICH

①業種：書店　②創業・設立：1945年　③点数：　④特記：総合書店。目録はドイツの取次Libri　⑤店舗数：1店舗　⑥旗艦店：ルクセンブルクの南西部の都市エッシュ・シュル・アルゼット店は地区最大の書店　⑦在庫検索：　⑧URL：http://www.diderich.lu/

3. 図書館蔵書目録　時代別

＜-1500＞

Catalogue descriptif des manuscrits

①管理運営：国立図書館　②作成・参加館：単館　③検索対象：古版本　④レコード件数：262件　⑤書誌データフォーマット：　⑥特記：国立図書館が所蔵する貴重書通し番号262番までの目録（1894年刊行）を電子化したもの。263番以降は図書館のカード目録を調べるしかない　⑦URL：http://www.bnl.public.lu/fr/catalogues/

＜1902-1932＞

Bibliographie luxembourgeoise

①管理運営：Blum, Martin　②作成・参加館：単館　③検索対象：図書　④レコード件数：　⑤書誌データフォーマット：　⑥特記：1981年に刊行された冊子体目録。第2巻中途（[A-Siegen]）で中断。再開が望まれるが期待薄　⑦URL：

＜1927-1985＞

Digital Catalogue

①管理運営：国立図書館　②作成・参加館：単館　③検索対象：図書　④レコード件数：　⑤書誌データフォーマット：　⑥特記：同館蔵書カード目録をスキャニングしたもの　⑦URL：http://www.bibnet.lu/

＜1986-（16世紀-)＞

Bibnet

①管理運営：国立図書館　②作成・参加館：31館　③検索対象：図書，雑誌，雑誌記事等　④レコード件数：75万件　⑤書誌データフォーマット：SIBIL-MARC，MARC21　⑥特記：全国総合目録。前身は1985年に開始されたSIBIL Luxembourg。国立図書館は1986年以降の所蔵のみ，他館は所蔵する1985年以前の図書も検索可能である　⑦URL：http://www.bibnet.lu/

＜電子図書館＞

eluxemburgensia.lu

①管理運営：国立図書館　②作成・参加館：単館

③検索対象：図書，雑誌，新聞の記事本文　④レコード件数：　⑤書誌データフォーマット：　⑥特記：電子図書館。19 世紀から 20 世紀中頃までの貴重文書，記事など　⑦ URL：http://www.bibnet.lu/

4　オランダ王国

Kingdom of the Netherlands

1. 基本事項

首都　アムステルダム

政体　立憲君主制

元首　女王

宗教　キリスト教，イスラム教

言語　オランダ語

通貨　ユーロ

時差　－ 8 時間

ccTLD　.nl

再販制度　書籍の価格拘束あり

ISBN 管理機関　Bureau ISBN

ISSN 管理機関　ISSN Centrum Nederland

全国書誌作成機関　Koninklijke Bibliotheek

ISBN 国番号　978-90, 978-94

2. 販売目録

Boek.nl

①商品：図書　②収録件数：　③収録年：　④運営元：財団 Boek.nl　⑤特記：オランダ出版社協会 NBB とオランダ公共図書館知識センターNBLC 等の協議により 2000 年より運用。「最も完全な書籍データベース」。iPhone アプリあり　⑥ URL：http://www.boek.nl/

Handboek van de Nederlandse pers en publiciteit

①商品：雑誌　②収録件数：7,000 誌　③収録年：　④運営元：出版社 Nijgh Periodieken　⑤特記：1974 年から刊行されている冊子体目録の商用版。9,000 人の編集者・ジャーナリスト名鑑も収録　⑥ URL：http://www.handboeknederlandsepers.nl/

3. 出版流通　取次・書店・定期購読

<取次>

Nedbook International

①業種：書籍・雑誌取次　②創業・設立：1986 年

③点数：　④特記：2011年4月に破産。ロッテルダムの図書館支援企業Ingressusが買収した　⑤店舗数：　⑥旗艦店：　⑦在庫検索：　⑧URL：http://www.nedbook.nl/

NBD/Biblion

①業種：図書館専門取次　②創業・設立：1970年　③点数：　④特記：公共図書館，出版社および書店のコンソーシアム。年間300万冊を供給する　⑤店舗数：　⑥旗艦店：　⑦在庫検索：　⑧URL：http://www.nbdbiblion.nl/

Aldipress

①業種：雑誌取次　②創業・設立：1966年　③点数：1,150誌　④特記：アルンヘム近郊のDuivenに2万㎡の物流センターあり。2011年よりフィンランドのメディアグループSanomaの一員　⑤店舗数：　⑥旗艦店：　⑦在庫検索：　⑧URL：http://www.aldipress.nl/

Centraal Boekhuis

①業種：物流事業者　②創業・設立：1973年　③点数：　④特記：前身は1871年に創設。オランダとフランダース地方の書店協会と出版社協会によって設立され，書店に代わって物流管理を行う。また電子書籍40万点を書店に代わって顧客に配信するeBoekhuisも開発　⑤店舗数：　⑥旗艦店：　⑦在庫検索：　⑧URL：https://portal.boekhuis.nl/

Swets Information Service

①業種：雑誌取次　②創業・設立：1901年　③点数：6万5千社，30万誌　④特記：Royal Swets & Zeitlingerのグループ企業。世界160か国に顧客6万社。23か国に現地法人を持つ。Royalは国家より優良企業の認定の印　⑤店舗数：　⑥旗艦店：　⑦在庫検索：　⑧URL：http://www.swets.com/

＜書店＞

Selexyz

①業種：書店チェーン　②創業・設立：1992年　③点数：　④特記：10%以上のチェーン店市場シェアを誇るオランダ最大の書店チェーン店。2010年までの社名はBoekhandelsgroep Nederland（BGN）。親会社は投資会社NPM Capitalと有力出版社Wolters Kluwer　⑤店舗数：16店舗　⑥旗艦店：マーストリヒトのショッピングモール内のDominicanen店は14世紀建造の聖ドミニカ教会を改装したもの。同店は英国ガーディアン紙に「世界で最も美しい書店」の一つとして選ばれた。1,265㎡に在庫5万冊。奥にはカフェもある　⑦在庫検索：　⑧URL：http://www.selexyz.nl/

Libris

①業種：書店チェーン　②創業・設立：1982年　③点数：　④特記：親会社はさまざまな業態でフランチャイズ展開を図るIntres　⑤店舗数：109店舗　⑥旗艦店：　⑦在庫検索：　⑧URL：http://www.libris.nl/

Athenaeum

①業種：書店チェーン　②創業・設立：1966年　③点数：5万点　④特記：アムステルダム市内のスパイ広場やハーレムで展開し，スタッフが共同所有するオランダ最大の独立系書店　⑤店舗数：8店舗　⑥旗艦店：運河沿いシンゲルのフラワーマーケット近くアムステルダム大学周辺のスパイ広場店。3フロアに5万点の在庫がある　⑦在庫検索：　⑧URL：http://www.athenaeum.nl/

AKO（Amsterdamsche Kiosk Onderneming）

①業種：書店チェーン　②創業・設立：1878年　③点数：図書18万点，雑誌2,000点　④特記：親会社は出版グループのAudax。キオスクが原点。

駅46店舗，空港17店舗，市内37店舗がある。1店舗当たりの在庫は書籍1,500冊，雑誌2,000点。広報誌のiPhone & Androidアプリがある　⑤店舗数：100店舗　⑥旗艦店：　⑦在庫検索：　⑧URL：http://www.ako.nl/

Bruna

①業種：書店チェーン　②創業・設立：1868年　③点数：10万点　④特記：郵便局Postkantorenの子会社。500店舗まで拡大路線を取るとのことである。また出店面では競合するAKOと戦略提携している　⑤店舗数：380店舗　⑥旗艦店：　⑦在庫検索：　⑧URL：http://www.bruna.nl/

De Slegte

①業種：書店チェーン　②創業・設立：1899年　③点数：　④特記：新刊・古書を扱う　⑤店舗数：オランダ18店舗，ベルギー8店舗　⑥旗艦店：ダム広場近くにあるアムステルダム店。2階の古書の在庫は20万冊　⑦在庫検索：新刊・古書とも在庫表示　⑧URL：http://www.deslegte.nl/

Pet Boekverkopers

①業種：書店　②創業・設立：1857年　③点数：9万点　④特記：オランダ東部最大の書店。親会社は新聞発行もする出版社，文房具，オフィス用品販売も行う！Pet Hoogeveen　⑤店舗数：1店舗　⑥旗艦店：ホーヘフェーンの中心部にある店舗には書籍在庫1万6千冊，雑誌900誌　⑦在庫検索：　⑧URL：http://www.petboekverkopers.nl/

De Kler

①業種：書店チェーン　②創業・設立：1876年　③点数：　④特記：アムステルダム以外の都市に出店し，ライデン，ライダードルプ，ウフストヘースト，フォールスホーテンとワッセナーでは地域最大の書店　⑤店舗数：5店舗　⑥旗艦店：　⑦在庫検索：可能　⑧URL：http://www.dekler.nl/

Paagman

①業種：書店　②創業・設立：1951年　③点数：　④特記：デンハーグを拠点とする家族経営企業　⑤店舗数：複数店舗（サイトに支店記載なし。別サイトに閉店舗情報あり）　⑥旗艦店：デンハーグの店舗は1990年代から音楽CDやDVDを販売し，バーとレストランも経営する。またキューブの建築家による中央図書館City Hall and Central Library（Stadhuis en Bibliotheek）内の店舗のデザインとインテリアは必見　⑦在庫検索：　⑧URL：http://www.paagman.nl/

Boekenvoordeel（Eci.nl）

①業種：書店チェーン　②創業・設立：1967年　③点数：60万点　④特記：本社はフレヴォラント州Almere。独自の物流センターを持つ　⑤店舗数：オランダとベルギーに120店舗　⑥旗艦店：　⑦在庫検索：　⑧URL：http://www.boekenvoordeel.nl/；http://www.eci.nl/

Van Stockum

①業種：書店チェーン　②創業・設立：1833年　③点数：英蘭独680万点　④特記：1987年に専門書店3店の合弁で現社名。2011年にはハールレムの老舗書店H de Vries書店（1905年創業）を買収（書店名は存続）。2010年には社史を出版販売　⑤店舗数：3店舗（ハーグ2店，ライデン1店）　⑥旗艦店：ライデン市庁舎前店　⑦在庫検索：可能　⑧URL：http://www.vanstockum.nl/

Boek.net

①業種：ネット書店　②創業・設立：1999年　③点数：300万点　④特記：ロッテルダムを拠点と

する。親会社はNederlands Boek Onderneming（NBO）。NBOはStudieboeken.nl，Kinderboeken.nlのブランドのネット書店を所有している　⑤店舗数：　⑥旗艦店：　⑦在庫検索：　⑧URL：http://www.boek.net/

Boekzoeken.com

①業種：書籍価格比較　②創業・設立：2009年？　③点数：　④特記：親会社はネット関連企業のRedream　⑤店舗数：3店舗？（比較）⑥旗艦店：　⑦在庫検索：　⑧URL：http://www.boekzoeken.com/

Omero.nl

①業種：書籍価格比較　②創業・設立：2010年　③点数：720万点　④特記：新刊・中古ともに検索　⑤店舗数：56サイト（比較）⑥旗艦店：　⑦在庫検索：　⑧URL：http://www.omero.nl/

＜電子書籍＞

ebook.nl

①業種：電子書籍書店　②創業・設立：2000年　③点数　④特記：運営は大手出版社のNDC/VBK. ePub対応　⑤店舗数：　⑥旗艦店：　⑦在庫検索：　⑧URL：http://www.ebook.nl/

eBoekenweb

①業種：電子書籍書店　②創業・設立：2011年　③点数：1万点　④特記：運営元はロッテルダムを拠点とする企業。eBoekhuisから電子書籍を配信する。Androidアプリあり。ePubとPDFに対応　⑤店舗数：　⑥旗艦店：　⑦在庫検索：　⑧URL：http://www.eboekenweb.nl/

＜雑誌＞

Miss Mag

①業種：雑誌販売　②創業・設立：1999年　③点数：国内3,900誌，国外26万誌　④特記：ユトレヒト北部のヒルフェルスムに本社　⑤店舗数：　⑥旗艦店：　⑦在庫検索：　⑧URL：http://www.missmag.nl/

DeBladen.nl

①業種：雑誌販売　②創業・設立：2001年　③点数：250誌　④特記：運営はネット広告代理店のOMG/Netdirect　⑤店舗数：　⑥旗艦店：　⑦在庫検索：　⑧URL：http://www.debladen.nl/

123tijdschrift.nl

①業種：雑誌販売　②創業・設立：2002年？　③点数：350誌　④特記：親会社はオンライン小売業のRead & View　⑤店舗数：　⑥旗艦店：　⑦在庫検索：　⑧URL：http://www.123tijdschrift.nl/

Proefabonnementen-Gids

①業種：雑誌販売　②創業・設立：2003年？　③点数：474誌　④特記：スマートフォン対応サイトになっている　⑤店舗数：　⑥旗艦店：　⑦在庫検索：　⑧URL：http://www.proefabonnementen-gids.nl/

Zester

①業種：雑誌販売　②創業・設立：　③点数：860誌　④特記：親会社はSanoma Media　⑤店舗数：　⑥旗艦店：　⑦在庫検索：　⑧URL：http://www.zester.nl/

Global Magazines

①業種：雑誌販売　②創業・設立：2005年（サイト公開）　③点数：25万誌　④特記：本社はWageningenのAgro Business Parkにある。アメリカのテキサス州にも支社がある　⑤店舗数：　⑥旗艦店：　⑦在庫検索：　⑧URL：http://www.

global-magazines.com/

<古書店総合目録>

Justbooks.nl

①業種：古書店連合目録　②創業・設立：2007年　③点数：1億5千点　④特記：本社はカリフォルニア大学バークレーにあるBookFinder.com。カナダの古書連合目録を運営するAbebooksの独立子会社　⑤店舗数：　⑥旗艦店：　⑦在庫検索：　⑧URL：http://www.justbooks.nl/

Boekwinkeltjes

①業種：古書店連合目録　②創業・設立：2001年　③点数：530万件　④特記：運営元はドレンテ州アッセン　⑤店舗数：6,000書店（参加）⑥旗艦店：　⑦在庫検索：　⑧URL：http://www.boekwinkeltjes.nl/

4. 図書館蔵書目録　時代別

<1540-1800>

Short Title Catalogue Netherlands（STCN）

①管理運営：王立図書館　②作成・参加館：26館　③検索対象：古版本，図書　④レコード件数：19万件　⑤書誌データフォーマット：MARC21　⑥特記：2009年に終了した国家電子図書館Bibliopolisの一プロジェクト　⑦URL：http://picarta.pica.nl/DB=3.11/LNG=EN/

<1781-1800>

Early Dutch Books Online

①管理運営：アムステルダム大学と王立図書館　②作成・参加館：2館　③検索対象：図書　④レコード件数：1万件　⑤書誌データフォーマット：　⑥特記：2005年に開始され，図書1万点200万ページの電子化に成功し，提供を行う　⑦URL：http://www.earlydutchbooksonline.nl/

<1801->

Nederlandse Centrale Catalogus（NCC）

①管理運営：王立図書館　②作成・参加館：400館　③検索対象：図書，雑誌，など　④レコード件数：図書1千万件，雑誌46万誌　⑤書誌データフォーマット：MARC21　⑥特記：商用データベース。全国総合目録であるが，1832年に創刊された全国書誌Brinkman's cumulatieve catalogus van boeken等も収録　⑦URL：http://picarta.pica.nl/DB=2.4/LNG=EN/

<1974->

Nederlandse Bibliografie

①管理運営：王立図書館　②作成・参加館：単館　③検索対象：図書，雑誌　④レコード件数：　⑤書誌データフォーマット：MARC21　⑥特記：国立納本図書館に納本された1974年以降の資料が検索可能である　⑦URL：http://www.kb.nl/menu/catalogi-en.html

Bibliotheek.nl

①管理運営：オランダ公共図書館協会，Bibliotheek.nl財団　②作成・参加館：170館（あるいは1,000館）③検索対象：図書，雑誌，新聞・雑誌記事　④レコード件数：　⑤書誌データフォーマット：Unimarc？　⑥特記：1998年に開始された公共図書館の総合目録。AquaBrowserで連想検索が可能である。また書誌に「Meer informatie」とある場合は要旨がある。ただし所蔵館確認や電子書籍全文の閲覧は図書館登録番号が必要なようである　⑦URL：http://www.bibliotheek.nl/

<政府刊行物>

Officiële bekendmakingen

①管理運営：Overheid.nl　②作成・参加館：単館　③検索対象：官報，官報改正，条約，議会文書

④レコード件数：　⑤書誌データフォーマット：　⑥特記：電子政府。1995年から検索可能　⑦URL：https://zoek.officielebekendmakingen.nl/

Grijze Literatuur in Nederland - GLIN

①管理運営：王立図書館　②作成・参加館：単館　③検索対象：政府機関および学術機関の刊行物　④レコード件数：11万件　⑤書誌データフォーマット：　⑥特記：1982年から収録する　⑦URL：http://picarta.pica.nl/DB=3.2/

<学位論文>

NARCIS

①管理運営：Royal Netherlands Academy of Arts and Sciences　②作成・参加館：2,085機関　③検索対象：学位論文全文，紀要全文など　④レコード件数：63万件（うちオープンアクセス誌25万件，電子学位論文4万件）　⑤書誌データフォーマット：　⑥特記：2004年に開始された学術情報ゲートウェイ　⑦URL：http://www.narcis.nl/

2.6 イベリア半島

1 スペイン

Spain

1. 基本事項

首都　マドリード

政体　議会君主制

元首　国王

宗教　カトリック

言語　スペイン（カスティーリャ）語

通貨　ユーロ

時差　－8時間

ccTLD　.es

再販制度　書籍の価格拘束あり（時限再販，値引可能な場合あり）

ISBN管理機関　Agencia del ISBN

ISSN管理機関　Centro Nacional Español del ISSN

全国書誌作成機関　Biblioteca Nacional

ISBN国番号　978-84

出版点数　86,370点（2008）

2. 販売目録

ISBN

①商品：書籍　②収録件数：　③収録年：1972年～　④運営元：Agencia Española del ISBN　⑤特記：販売書誌「Libros españoles en venta」に相当する書誌と出版社データベース　⑥URL：http://www.mcu.es/libro/CE/AgenISBN.html

Dilve

①商品：書籍　②収録件数：33万件　③収録年：④運営元：Distribuidor de Información del Libro Español en Venta（DILVE）　⑤特記：日本の日本出版インフラセンターに相当する機関。2006年から出版情報の収集と配信および標準フォーマットの作成と普及促進，出版情報提供者の情報システム基盤整備および電子データ交換システムの基盤整備を支援する。検索不可　⑥URL：http://www.dilve.es/

LatIndex

①商品：雑誌　②収録件数：2万誌　③収録年：1995年～　④運営元：Universidad Nacional Autónoma de México（UNAM）　⑤特記：ラテンアメリカ，カリブ海，スペインとポルトガル諸国で出版された学術雑誌のダイレクトリ。UNAMが1995年に構想し，1997年から国家間協力の目録となった　⑥URL：http://www.latindex.org/

APP

①商品：雑誌　②収録件数：60出版社，228誌　③収録年：　④運営元：Asociación Prensa Profesional　⑤特記：専門出版社協会APPの設立は1925年　⑥URL：http://www.app.es/

ARCE

①商品：雑誌　②収録件数：102誌　③収録年：④運営元：Asociación de Editores de Revistas Culturales de España　⑤特記：同協会は1983年に文化とビジネスのプロジェクトの推進のため誕生した　⑥URL：http://www.arce.es/；http://www.revistasculturales.com/

ARI

①商品：雑誌　②収録件数：21出版社，400誌　③収録年：　④運営元：Asociación de Revistas de Información　⑤特記：情報雑誌協会ARIは1977年設立。同協会加盟雑誌は市場の8割を占有する　⑥URL：http://www.revistas-ari.com/

Pickanews

①商品：雑誌　②収録件数：5万メディア　③収録年：　④運営元：Press Indexグループ　⑤特記：英仏独伊西等ヨーロッパのメディア情報を提供する　⑥URL：http://www.pickanews.com/

Mira Medios

①商品：雑誌　②収録件数：　③収録年：　④運営元：市場調査会社MarketingDATA-RED　⑤特記：広告代理店，広告主，ジャーナリスト，通信事業の部門，および通信業界に，雑誌を含むメディアに関する最新情報を提供する　⑥URL：http://www.miramedios.com/

3. 出版流通　取次・書店・定期購読

<取次>

Egartorre

①業種：取次　②創業・設立：1970年代　③点数：④特記：大学法人や公的機関の専門取次として，30年以上の実績がある　⑤店舗数：　⑥旗艦店：　⑦在庫検索：　⑧URL：http://www.egartorre.com/

UDL Libros

①業種：取次　②創業・設立：2004 年　③点数：　④特記：本社はマドリード。中小規模出版社の専門取次。1,800 書店に配本する　⑤店舗数：　⑥旗艦店：　⑦在庫検索：　⑧ URL：http://www.udllibros.com/

Enciclo

①業種：出版社，取次　②創業・設立：1970 年代　③点数：50 万件　④特記：百科事典を出版する Grupo Enciclo の取次部門。30 年以上の実績がある　⑤店舗数：　⑥旗艦店：　⑦在庫検索：　⑧ URL：http://www.enciclo.com/

Puvill

①業種：取次　②創業・設立：1945 年　③点数：　④特記：本社をバルセロナに置く家族企業。メキシコ，ポルトガル，アメリカに支社を持つ全世界の図書館や研究機関を専門とする取次。書誌サポートサービスの提供も行う　⑤店舗数：　⑥旗艦店：　⑦在庫検索：　⑧ URL：http://www.puvill.com/

Celesa

①業種：書籍輸出　②創業・設立：1986 年　③点数：　④特記：スペインの大手出版社と文化省が所有する企業。海外の 6,000 以上の書店，代理店，図書館に配本を行う　⑤店舗数：　⑥旗艦店：　⑦在庫検索：　⑧ URL：http://www.celesa.com/

＜書店＞

Agapea

①業種：書店チェーン　②創業・設立：2002 年　③点数：480 万件　④特記：マラガなどスペイン南部を拠点とする　⑤店舗数：7 店舗　⑥旗艦店：　⑦在庫検索：　⑧ URL：http://www.agapea.com/

Books Center

①業種：書店チェーン　②創業・設立：1970 年代　③点数：　④特記：マドリードで 30 年以上の営業　⑤店舗数：4 店舗　⑥旗艦店：マドリード Luchana 店は 2 フロアで 180㎡　⑦在庫検索：　⑧ URL：http://www.bookscenter.es/

Casa del Libro

①業種：書店チェーン　②創業・設立：1923 年　③点数：　④特記：1992 年に大手出版グループ Grupo Planeta 傘下。2011 年 2 月にポルトガルの書店チェーン Librerías Bertrand のスペイン 7 店舗を買収した　⑤店舗数：29 店舗 + 7 店舗　⑥旗艦店：マドリード・Gran via 通り店は 5 フロア。買収した Bertrand のバルセロナ店は 1,500㎡，在庫 14 万冊　⑦在庫検索：ネット書店の在庫を表示　⑧ URL：http://www.casadellibro.com/

Diaz de Santos

①業種：出版社，書店チェーン　②創業・設立：1948 年　③点数：書籍 60 万点，雑誌 15 万誌　④特記：学術・専門書店　⑤店舗数：5 店舗　⑥旗艦店：　⑦在庫検索：　⑧ URL：http://www.diazdesantos.es/

El Corte Inglés

①業種：書店チェーン　②創業・設立：1940 年（グループ）　③点数：　④特記：親会社はマドリードのヨーロッパ最大のデパートグループ・エルコルテイングレス。デパート専門のテナント書店　⑤店舗数：80 店舗　⑥旗艦店：　⑦在庫検索：　⑧ URL：http://www.elcorteingles.es/

Fnac

①業種：書店チェーン　②創業・設立：1993 年（スペイン 1 号店）　③点数：　④特記：フランス

発の書店チェーン。1号店はマドリード　⑤店舗数：19店舗　⑥旗艦店：マドリードXanadúショッピングセンター店は2,000㎡　⑦在庫検索：　⑧URL：http://www.Fnac.es/

Happy Books

①業種：書店チェーン　②創業・設立：1885年　③点数：　④特記：バルセロナなどカタルーニャ州を拠点とする書店　⑤店舗数：3店舗　⑥旗艦店：La Formiga d'Or店は1,000㎡　⑦在庫検索：　⑧URL：http://www.happybooks.com/

llibres.cat

①業種：出版社，書店　②創業・設立：1991年　③点数：　④特記：百科事典出版社が設立したカタロニア語専門書店　⑤店舗数：1店舗　⑥旗艦店：バルセロナのProa Espais店　⑦在庫検索：　⑧URL：http://llibres.cat/

Catalònia

①業種：書店　②創業・設立：1924年　③点数：　④特記：独メディアグループ・ベルテルスマン傘下　⑤店舗数：1店舗　⑥旗艦店：バルセロナの店舗は800㎡に在庫5万冊　⑦在庫検索：ネット書店の在庫表示　⑧URL：http://www.llibreriacatalonia.cat/

La Central

①業種：書店チェーン　②創業・設立：1995年　③点数：　④特記：ユニークで均質なレベルで文化の仲介を開拓する書籍販売プロジェクトを目的に，1995年バルセロナに設立された　⑤店舗数：5店舗　⑥旗艦店：本店は500㎡，在庫8万5千冊。カフェあり　⑦在庫検索：可能　⑧URL：http://www.lacentral.com/

Bestiari

①業種：書店連合　②創業・設立：1970年代？　③点数：　④特記：30年以上前に組織されたカタルーニャ州の独立書店連合　⑤店舗数：20書店，22店舗　⑥旗艦店：　⑦在庫検索：　⑧URL：http://www.bestiari.net/

LEA（Librerías Especializadas Asociadas）

①業種：書店連合　②創業・設立：2003年　③点数：45万件　④特記：マドリードの専門書店グループで，グループ在庫は90万冊。検索ができない　⑤店舗数：20書店　⑥旗艦店：　⑦在庫検索：　⑧URL：http://www.libreriasespecializadas.com/

Muchos Libros.com

①業種：書店連合　②創業・設立：2003年？　③点数：　④特記：スペイン，アメリカ，中南米のアルゼンチン，メキシコ，スペイン，コロンビア，ベネズエラ，ボリビア，エクアドル，チリ，ウルグアイおよびペルーの書店連合　⑤店舗数：150書店　⑥旗艦店：　⑦在庫検索：在庫書店（店名は伏せられている）と冊数表示　⑧URL：http://www.muchoslibros.com/

Amazon.es

①業種：ネット書店　②創業・設立：2011年　③点数：250万点　④特記：スペイン進出したネット書店。カスティーリャ語1万3千点やバスク語の書籍も扱い，将来的には中南米の書籍も販売する模様。スペインでは後述するLibrandaが大手出版社との独占契約を持っているため，進出時点では電子書籍リーダーKindleを使った電子書籍販売を行わない。日本への送料は€14（固定）　⑤店舗数：　⑥旗艦店：　⑦在庫検索：　⑧URL：http://www.amazon.es/

Ciao!

①業種：書籍価格比較　②創業・設立：1999年　③点数：5万2千点以上　④特記：欧州各国で運営されるネットショッピングポータル。2008年からマイクロソフト傘下。検索エンジンとしてBingが使用されている　⑤店舗数：5店舗以上　⑥旗艦店：　⑦在庫検索：　⑧URL：http://www.amazon.es/

La tienda del BOE en Internet

①業種：政府刊行物書店　②創業・設立：不明　③点数：　④特記：Agencia Estatal Boletín Oficial del Estadoが運営する政府刊行物書店　⑤店舗数：1店舗　⑥旗艦店：店舗はマドリードのトラファルガーにある。各州にも取扱書店がある　⑦在庫検索：　⑧URL：http://www.boe.es/aeboe/libros/

＜電子書籍＞

Libranda

①業種：電子書籍書店　②創業・設立：2010年　③点数：5,000点　④特記：共通の電子書籍配信プラットフォームを利用したヨーロッパと中南米の116出版社による電子書籍書店。70書店の店頭で購入可能にしている。ePubとPDFに対応　⑤店舗数：　⑥旗艦店：　⑦在庫検索：　⑧URL：http://www.libranda.com/

＜雑誌＞

Cámara

①業種：書店　②創業・設立：1946年？　③点数：2,000点（タイトル重複あり）　④特記：ビルバオの中央郵便局近くに店舗を構える。雑誌の定期購読ではなくバラ買いが可能　⑤店舗数：1店舗　⑥旗艦店：　⑦在庫検索：　⑧URL：http://www.libreriacamara.com/

＜古書店総合目録＞

iberLibro

①業種：古書店連合目録　②創業・設立：1999年？　③点数：　④特記：スペインとポルトガルの古書店と出版社の連合目録。2004年にカナダのAbebooks傘下に入ったため目録は全世界を統合したものになった。国で限定する必要あり　⑤店舗数：　⑥旗艦店：　⑦在庫検索：　⑧URL：http://www.iberlibro.com/

Uniliber

①業種：古書店連合目録　②創業・設立：2005年　③点数：370万件　④特記：iberLibroとの違いは参加店の大半がスペインの古書店であること　⑤店舗数：283書店（参加）　⑥旗艦店：　⑦在庫検索：　⑧URL：http://www.uniliber.com/

4. 図書館蔵書目録　時代別

＜1400-1958＞

Manual del librero hispanoamericano

①管理運営：　②作成・参加館：　③検索対象：古版本，図書　④レコード件数：38万件　⑤書誌データフォーマット：　⑥特記：書店主であり書誌学者であるAntonio Palau y Dulcet編纂によるスペイン語書誌。1948年から1978年まで刊行された第2版は本編28冊・索引7冊。1990年から始まった補遺は中断。Google Booksで一部検索可能　⑦URL：http://books.google.es/

Catalogo colectivo del patrimonio bibliográfico español : CCPB

①管理運営：Ministerio de Cultura（文化省）　②作成・参加館：765館　③検索対象：古版本，図書　④レコード件数：100万件　⑤書誌データフォーマット：　⑥特記：1985年に開始された古典籍総合目録　⑦URL：http://www.mcu.es/bibliotecas/MC/CCPB/

<1500-1850>

Novum regestrum

①管理運営：Asociación de Estados Iberoamericanos para el Desarrollo de las Bibliotecas Nacionales de Iberoamérica（ABINIA） ②作成・参加館：23 館 ③検索対象：古版本，図書 ④レコード件数：18 万件 ⑤書誌データフォーマット： ⑥特記：1989 年にスペイン国立図書館の調整の下 ABINIA が開始したスペイン，ポルトガル，中南米の 23 国立図書館の古典籍総合目録。1995 年に CD-ROM 版の総合目録が販売された。一時期，2002 年までの補遺が ABINIA サイトに公開されたが現在はない ⑦ URL：

<1500->

Catálogo BNE（旧 Ariadna）

①管理運営：国立図書館 ②作成・参加館：単館 ③検索対象：古版本，図書，雑誌など ④レコード件数： ⑤書誌データフォーマット：MARC21 ⑥特記：1830 年を境に以前を古典籍，以後を現代書籍としている。スペインの目録を一括検索するメタ検索も準備された ⑦ URL：http://www.bne.es/en/Catalogos/CatalogoBibliografico/；http://www.bne.es/en/Catalogos/ElBuscon/

Catàleg Bibliotea de Catalunya

①管理運営：カタルーニャ国立図書館 ②作成・参加館：単館 ③検索対象：図書，雑誌など ④レコード件数： ⑤書誌データフォーマット： ⑥特記：1982 年に刊行開始された全国書誌 Bibliografia Nacional de Catalunya も検索可能である ⑦ URL：http://cataleg.bnc.cat/

Catálogos de las Bibliotecas Públicas

①管理運営：Dirección General del Libro, Archivos y Bibliotecas ②作成・参加館：52 州立図書館＋ 17 公共図書館ネットワーク（2,700 館） ③検索対象：図書 ④レコード件数：1,135 万件 ⑤書誌データフォーマット： ⑥特記：1996 年に開始された公共図書館の総合目録。途中から 17 地域の公共図書館ネットワークが参加した ⑦ URL：http://www.mcu.es/bibliotecas/MC/CBPE/i

Catálogo Colectivo de la Red de Bibliotecas Universitarias Españolas（REBIUN）

①管理運営：REBIUN ②作成・参加館：74 館 ③検索対象：図書，雑誌 ④レコード件数：図書 860 万件，雑誌 27 万件 ⑤書誌データフォーマット： ⑥特記：REBIUN は 1994 年に誕生したスペイン大学学長会議（CRUE）の下部組織に当たるが，総合目録自体は 1992 年に CD-ROM で初公開された ⑦ URL：http://rebiun.crue.org/

Catàleg Col·lectiu de les Universitats de Catalunya（CCUC）

①管理運営：カタルーニャ大学図書館コンソーシアム Consorci de Biblioteques Universitàries de Catalunya ②作成・参加館：160 館 ③検索対象：古版本，図書，雑誌 ④レコード件数：370 万件 ⑤書誌データフォーマット：MARC21 ⑥特記：1995 年に開始されたカタルーニャ地方の大学図書館の総合目録。1983 年に開始された古典籍総合目録 CCPBC とは分離していたが 2007 年から統合された ⑦ URL：http://www.cbuc.es/ccuc/

Catálogo Colectivo de Publicaciones Periódicas（CCPP）

①管理運営：国立図書館 ②作成・参加館：1,100 館 ③検索対象：雑誌 ④レコード件数： ⑤書誌データフォーマット：MARC21 ⑥特記： ⑦ URL：http://www.bne.es/es/Catalogos/CatalogosColectivos/PublicacionesPeriodicas/

Punto de Consulta Único

①管理運営：Working Group on Bibliotecas de la Administración General del Estado（BAGE） ②作成・参加館： ③検索対象：古版本，図書，雑誌 ④レコード件数： ⑤書誌データフォーマット：MARC21 ⑥特記：2009年から構想されている国内図書館の目録データをOAI-PMH経由で収集する総合目録プロジェクト ⑦URL：

＜学位論文＞

TESEO

①管理運営：Ministerio de Educación y Ciencia ②作成・参加館：単館 ③検索対象：学位論文 ④レコード件数： ⑤書誌データフォーマット： ⑥特記：1976年以降の博士論文を検索することができる ⑦URL：https://www.educacion.es/teseo/login.jsp

Dialnet

①管理運営：Fundación Dialnet ②作成・参加館：42大学 ③検索対象：学位論文 ④レコード件数： ⑤書誌データフォーマット： ⑥特記：DialnetはRioja大学が開始した司書協同プロジェクト。学位論文検索は書誌だけでなく全文も提供する ⑦URL：http://dialnet.unirioja.es/servlet/portadatesis

＜電子図書館＞

Ciberoteca

①管理運営：Obra Social Bancaja ②作成・参加館 ③検索対象：電子図書 ④レコード件数：12万件 ⑤書誌データフォーマット： ⑥特記：2001年に開始されたインターネット経由で利用可能な文芸，学術および技術等の最高の文化的資源の目録化を行う ⑦URL：http://www.ciberoteca.com/

Biblioteca Virtual Miguel de Cervantes

①管理運営：アリカンテ大学，セルバンテス財団，国立図書館 ②作成・参加館：16機関 ③検索対象：電子図書 ④レコード件数：7万件以上 ⑤書誌データフォーマット：MARC21 ⑥特記：スペイン文化圏の作品群をオープンアクセス化し提供するために1998年に開始された ⑦URL：http://www.cervantesvirtual.com/

2　アンドラ公国

Principality of Andorra

1. 基本事項

首都　アンドララベリャ

政体　共同元首を擁する議会制

元首　仏大統領およびウルヘル司教（在スペイン）

宗教　カトリック

言語　カタロニア語（公用語），西語，葡語，仏語

通貨　ユーロ

時差　－8時間

ccTLD　.ad

再販制度

ISBN管理機関　Andorran Standard Book Numbering Agency, National Library of Andorra

ISSN管理機関

全国書誌作成機関　National Library of Andorra

ISBN国番号　978-99913, 978-99920

2. 出版流通　取次・書店・定期購読

＜書店＞

La Puça［The Flea］

①業種：書店　②創業・設立：　③点数：　④特記：アンドラ文学センター　⑤店舗数：1店舗　⑥旗艦店：本店はPrincep Benlloch通りにある　⑦在庫検索：　⑧URL：http://www.lapuca.com/

3. 図書館蔵書目録　時代別

Catàleg en línia

①管理運営：アンドラ国立図書館　②作成・参加館：単館　③検索対象：図書，雑誌他　④レコード件数：　⑤書誌データフォーマット：独自MARC　⑥特記：創設1930年からの蔵書がすべて検索できるようには思えないが，1980年代以降は確実に検索できているようだ　⑦URL：http://www.bibliotecanacional.ad/cat/cataleg.asp

3　ポルトガル共和国

Portuguese Republic

1. 基本事項

首都　リスボン

政体　共和制

元首　大統領

宗教　カトリック

言語　ポルトガル語
通貨　ユーロ
時差　－9時間
ccTLD　.pt
再販制度　書籍の価格拘束あり（時限再販・2年半）
ISBN管理機関　ISBN Agency, Associação Portuguesa de Editores e Livreiros
ISSN管理機関　Centro Nacional ISSN Portugal
全国書誌作成機関　Instituto da Biblioteca Nacional e do Livro
ISBN国番号　978-972, 978-989
出版点数　15,594点（2006）

2. 販売目録

Livros Portugueses

①商品：書籍　②収録件数：24万件　③収録年：　④運営元：ポルトガル出版社書店協会APEL　⑤特記：1984年に冊子体で刊行し，2000年からはCD-ROM版刊行。2005年からは同サイトでオンライン版を公開したが2008年からは停止されている　⑥URL：http://www.apel.pt/

3. 出版流通　取次・書店・定期購読

＜取次＞

Dinalivro

①業種：取次　②創業・設立：1969年　③点数：　④特記：全国規模の取次（Distribuidora Nacional de Livros）。ネット書店のBookhouseも運営　⑤店舗数：　⑥旗艦店：　⑦在庫検索：　⑧URL：http://www.dinalivro.com/；http://www.bookhouse.pt（ネット書店）

＜書店＞

Livraria Portugal

①業種：書店　②創業・設立：1941年　③点数：　④特記：2005年まで冊子体の新刊目録を作成。現在は同店サイトに公開　⑤店舗数：1店舗　⑥旗艦店：リスボンのサクラメント（歴史的地域）のカルモ通り店　⑦在庫検索：　⑧URL：http://www.livrariaportugal.pt/

Almedina

①業種：出版社，書店チェーン　②創業・設立：1955年　③点数：　④特記：法律出版社Grupo Almedinaが親会社。公立大学を主顧客としている。有名建築家によるセンスのいい内外装。2005年にブラジルに出店　⑤店舗数：10店舗　⑥旗艦店：旗艦店：ポルトV. N. GaiaにあるArrábida Shoppingの2階店舗は600㎡。カフェ併設　⑦在庫検索：可能　⑧URL：http://www.almedina.net/

Bertrand

①業種：書店チェーン　②創業・設立：1732年　③点数：10万点　④特記：2010年にギネス認定の世界最古の書店。2006年にブッククラブのCírculo de Leitores買収，2007年にドイツ・ベルテルスマンのDirectGroup傘下，2010年から有力メディアグループPorto Editora傘下　⑤店舗数：53店舗　⑥旗艦店：リスボンのChiado店は世界最古の書店　⑦在庫検索：　⑧URL：http://www.bertrand.pt/

Fnac

①業種：書店チェーン　②創業・設立：1998年　③点数：　④特記：仏資本FNACグループの中で，ポルトガルは最も収益性があるとの評価　⑤店舗数：19店舗　⑥旗艦店：ポルトガル北西部のBragaのショッピングセンターBraga Parqueの2階店舗（1階には競合するBertrandもある）　⑦在庫検索：　⑧URL：http://www.fnac.pt/

Wook

①業種：ネット書店　②創業・設立：1999年　③

点数： ④特記：メディアグループ Porto Editora によるネット書店。創業時は Webboom.pt。現ブランドは 2008 年から ⑤店舗数： ⑥旗艦店： ⑦在庫検索： ⑧ URL：http://www.wook.pt/

Leya Mediabooks

①業種：ネット書店 ②創業・設立：1998 年 ③点数： ④特記：運営はリスボン・アルフラジデを拠点とする出版グループ Leya。国内外作家作品への迅速かつ容易なアクセスと文化的多様性の伝達手段を目的に設立。書誌に「Ver por dentro」とある場合は試読可能である。電子書籍は ePub 対応で，iPhone と Android アプリあり ⑤店舗数： ⑥旗艦店： ⑦在庫検索： ⑧ URL：http://www.mediabooks.com/

Kuanto Kusta

①業種：書籍価格比較 ②創業・設立：2004 年 ③点数： ④特記：著者名検索ができない。書名検索のみ ⑤店舗数：5 店舗（比較） ⑥旗艦店： ⑦在庫検索： ⑧ URL：http://www.kuantokusta.pt/precos/livros

＜雑誌＞

Assineja

①業種：雑誌販売 ②創業・設立：2003 年 ③点数：43 誌（電子版 19 誌を含む） ④特記：Grupo Impresa 傘下 ⑤店舗数： ⑥旗艦店： ⑦在庫検索： ⑧ URL：http://www.assineja.pt/

＜古書店総合目録＞

iberLibro

①業種：古書販売 ②創業・設立：1999 年？ ③点数： ④特記：スペインとポルトガルの古書店と出版社の連合目録。2004 年にカナダの Abebooks 傘下に入ったため目録は全世界を統合したものになった。国で限定する必要あり ⑤店舗数： ⑥旗艦店： ⑦在庫検索： ⑧ URL：http://www.iberlibro.com/

4. 図書館蔵書目録　時代別

＜-1800＞

Patrimonia

①管理運営：国立図書館 ②作成・参加館：170 館 ③検索対象：古版本，図書，雑誌 ④レコード件数：3 万 5 千件（2007 年 2 月） ⑤書誌データフォーマット：UNIMARC，MARC21 ⑥特記：総合目録 PORBASE から 1800 年以前を抽出したもの ⑦ URL：http://pacweb.bn.pt/patrimonia.htm

＜1800-＞

PORBASE

①管理運営：国立図書館 ②作成・参加館：170 館 ③検索対象：図書，雑誌 ④レコード件数：1,500 万件 ⑤書誌データフォーマット：UNIMARC，MARC21 ⑥特記：1986 年に始まった全国総合目録。年間 10 万書誌増加。2006 年から Google Scholar 経由の検索が可能となった ⑦ URL：http://porbase.bnportugal.pt/

Gibweb, Catálogo Colectivo de Bibliotecas Escolares [Union Catalogue of School Libraries]

①管理運営：Libweare ②作成・参加館：41 館 ③検索対象：図書，雑誌 ④レコード件数： ⑤書誌データフォーマット： ⑥特記：「School」と翻訳したが，都市別の教育機関総合目録 ⑦ URL：http://www.bibliotecasescolares.net/

Catálogo Colectivo de Publicações Periódicas (CCPP)

①管理運営：科学技術財団 Fundação para a Ciência e a Tecnologia（FCT） ②作成・参加館：500 館

③検索対象：雑誌　④レコード件数：3万5千件(2005)　⑤書誌データフォーマット：　⑥特記：日本の科学技術振興機構に相当する団体　⑦URL：http://www.fct.mctes.pt/catalogo/site/catalogo/bdCatalogo.asp

ColCat

①管理運営：Aveiro大学　②作成・参加館：国内11館　③検索対象：図書，雑誌　④レコード件数：　⑤書誌データフォーマット：　⑥特記：1999年に大学図書館情報連合RUBiのワーキンググループ目録頒布構築サービスの検討により誕生　⑦URL：http://cc.doc.ua.pt/

＜学位論文＞

DiTeD - Dissertações e Teses Digitais

①管理運営：国立図書館　②作成・参加館：5大学　③検索対象：学位論文　④レコード件数：2,600件　⑤書誌データフォーマット：　⑥特記：5大学の学位論文を収録。全文提供されるものあり　⑦URL：http://dited.bn.pt/

2.7 イタリア半島

1 イタリア共和国

Republic of Italy

1. 基本事項

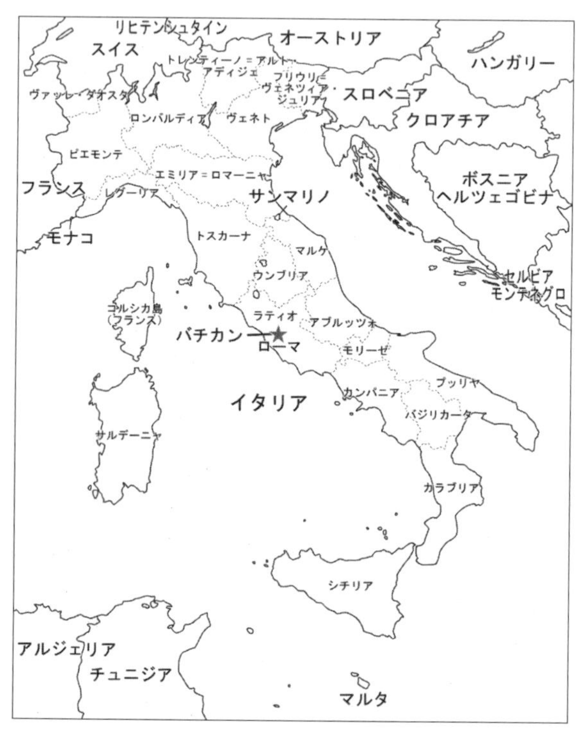

首都　ローマ
政体　共和制
元首　大統領
宗教　キリスト教（カトリック）
言語　イタリア語
通貨　ユーロ

時差　－ 8 時間

ccTLD　.it

再販制度　書籍の価格拘束あり（値引販売可能）

ISBN 管理機関　Ediser srl

ISSN 管理機関　Centro Nazionale ISSN

全国書誌作成機関　Biblioteca Nazionale Centrale di Firenze

ISBN 国番号　978-88

出版点数　50,000 点（2008）

2. 販売目録

Alice（IE-Online）

①商品：書籍　②収録件数：1 万出版社，100 万件　③収録年：　④運営元：Informazioni Editoriali　⑤特記：1975 年に刊行が始まった冊子体販売書誌 Catalogo dei libri italiani in commercio は現在，冊子体，DVD-ROM，商用データベースで提供される。iBUK は EDI システム　⑥ URL：http://www.ie-online.it/；http://www.ibuk.it/

Pickanews

①商品：雑誌　②収録件数：5 万メディア　③収録年：　④運営元：Press Index グループ　⑤特記：英仏独伊西等ヨーロッパのメディア情報を提供する　⑥ URL：http://www.pickanews.com/

ADV - Advertising Data Vision

①商品：雑誌　②収録件数：　③収録年：　④運営元：ADV　⑤特記：広告代理店のテレビ，ラジオ，新聞，雑誌等のメディア広告掲載カタログ　⑥ URL：http://www.advertising.it/

Guida della stampa periodica italiana

①商品：雑誌　②収録件数：3,000 件　③収録年：　④運営元：USPI - Unione Stampa Periodica Italiana　⑤特記：USPI 加盟雑誌社発行の雑誌データベース。冊子体書誌の簡易版？　⑥ URL：http://www.uspi.it/

3. 出版流通　取次・書店・定期購読

＜取次＞

Messaggerie Italiane

①業種：書籍・雑誌取次，出版社　②創業・設立：1914 年　③点数：　④特記：ボローニャに本社を持つイタリア最大の書籍出版流通グループ。1996 年に書店チェーン Libraccio との共同企業体の大型書店 Melbookstore を主要 5 都市に開店。1998 年にはネット書店 Internet Bookstore Italy（Ibs.it）を開店。2007 年には出版グループの Giunti Editore との共同企業体の新流通会社 Emmelibri を設立し，グループ企業に配本を行う。また雑誌取次の Messaggerie Periodici は 140 拠点を通じて全国 3 万 7 千の小売店やスタンドに配本を行う。傘下にある書店・取次は Giunti al Punto，Fastbook，Ubik，Opportunity，Melbookstore，Ibs.it，Libraccio.it　⑤店舗数：　⑥旗艦店：　⑦在庫検索：　⑧ URL：http://www.messaggerie.it/

Fastbook

①業種：取次　②創業・設立：2003 年　③点数：15 万点　④特記：全国に 5 拠点（ボローニャ，フィレンツェ，ミラノ，パドヴァやローマ）を持つイタリア最大の取次。親会社は Emme Libri。中小規模書店向けソリューションを展開する　⑤店舗数：　⑥旗艦店：　⑦在庫検索：　⑧ URL：http://www.fastbookspa.it/

Casalini

①業種：取次　②創業・設立：1958 年　③点数：書籍 157 万件，雑誌 2 万誌　④特記：学術機関，大学や公共図書館に書籍・雑誌を供給する。「i libri」という出版情報誌も発行している。目次も検索対象にできる書籍目録の検索は登録制　⑤店

舗数： ⑥旗艦店： ⑦在庫検索： ⑧URL：http://www.casalini.it/

Licosa

①業種：書店・雑誌取次 ②創業・設立：1951年 ③点数：国内18万点，国外10万点，雑誌3万5千誌 ④特記：フィレンツェを拠点とし，法人顧客（大学，企業，公的機関，図書館）に対し書籍の輸出入を行う。2002年に出版社Nuova Italia Bibliograficaと合併。コンテンツプロバイダーでもある ⑤店舗数： ⑥旗艦店： ⑦在庫検索： ⑧URL：http://www.licosa.com/

<書店>

Arion

①業種：書店チェーン ②創業・設立：2007年 ③点数：15万点 ④特記：ローマを拠点とする独立系書店チェーン ⑤店舗数：22店舗 ⑥旗艦店：ローマミラノ通りのPalazzo delle Esposizioni（市立展示館）店は450㎡に在庫1万冊。店内の展示法は必見の価値あり ⑦在庫検索： ⑧URL：http://www.librerierarion.it/

Mel Bookstore

①業種：書店チェーン ②創業・設立：1995年 ③点数：12万冊 ④特記：主要8都市に展開する大型書店 ⑤店舗数：8店舗 ⑥旗艦店：3フロア2,000㎡のローマ店。建築家アントニオ・ザヌーゾによる店内は白が基調。1階にカフェあり。WiFi完備 ⑦在庫検索： ⑧URL：http://www.melbookstore.it/

Libraccio

①業種：書店チェーン ②創業・設立：1979年 ③点数： ④特記：ミラノに本社を持つイタリア最初の書店チェーン ⑤店舗数：22店舗 ⑥旗艦店： ⑦在庫検索： ⑧URL：http://www.libraccio.it/

Giunti al Punto

①業種：書店チェーン ②創業・設立：1993年 ③点数： ④特記：主にショッピングモール，空港，都市センター，病院に出店する。売場面積は100～1,000㎡。出版グループGiuntiの前身は1841年に創業した出版社Libreria editrice Paggi。1965年に出版社Giuntiとグループ化。2005年に書店チェーンLibrerie del Centroを買収し140店以上のチェーンに急成長した ⑤店舗数：157店舗 ⑥旗艦店： ⑦在庫検索： ⑧URL：http://www.giuntialpunto.it/

Ubik

①業種：書店チェーン ②創業・設立：2003年 ③点数：13万点 ④特記：親会社はEmme Libri。店頭在庫は2万～2万5千冊 ⑤店舗数：28店舗 ⑥旗艦店： ⑦在庫検索： ⑧URL：http://www.ubiklibri.it/

Edison

①業種：書店 ②創業・設立：1996年 ③点数： ④特記： ⑤店舗数：40店舗（グループ店含む） ⑥旗艦店：フィレンツェの共和国広場店は4フロア，在庫6万5千冊。週7日24時まで営業 ⑦在庫検索： ⑧URL：http://www.libreriaedison.it/

Hoepli

①業種：出版社，書店 ②創業・設立：1870年 ③点数：50万冊 ④特記：ミラノに拠点を持つ教育系出版社 ⑤店舗数：1店舗 ⑥旗艦店：ミラノの店舗は6フロア2,000㎡に在庫50万冊 ⑦在庫検索： ⑧URL：http://www.hoepli.it/

La Feltrinelli

①業種：出版社，書店チェーン　②創業・設立：1957 年（書店 1 号店）　③点数：　④特記：有力出版社による書店チェーン　⑤店舗数：104 店舗　⑥旗艦店：ミラノ中央駅店は 3 フロア 2,500m²に在庫 4 万点　⑦在庫検索：可能（確認ボタンがかなり下）　⑧ URL：http://www.lafeltrinelli.it/

Fnac

①業種：書店チェーン　②創業・設立：2000 年（1 号店）　③点数：　④特記：フランス資本の書店チェーン　⑤店舗数：8 店舗　⑥旗艦店：　⑦在庫検索：　⑧ URL：http://www.fnac.it/

Mondadori

①業種：書店チェーン　②創業・設立：1998 年　③点数：　④特記：親会社は国内外 50 以上の子会社と関連会社からなるヨーロッパ最大級の出版業界グループ。モンダドリグループ内の書籍流通販売の統合を目的に設立された。近年書店を基調としたメディアストアの Mutli Center が登場　⑤店舗数：471 店舗（スタンド 208 店や別ブランド書店含む）　⑥旗艦店：ミラノドウモ広場 Multi Center 店は 3 フロア 4,000m²。カフェあり　⑦在庫検索：　⑧ URL：http://www.negozimondadori.it/；http://www.libreriemondadori.com/

LibrerieItaliane.net

①業種：書店連合　②創業・設立：2002 年（サイト公開）　③点数：80 万点　④特記：書店管理システム Macbook を利用している独立系書店のポータル。Macbook は 1976 年に Rinascita Informatica と Rinascit 書店が開発した　⑤店舗数：500 店舗　⑥旗艦店：　⑦在庫検索：可能（26 店舗）　⑧ URL：http://www.librerieitaliane.net/

Internet Bookshop Italia（Ibs.it）

①業種：ネット書店　②創業・設立：1998 年　③点数：　④特記：取次 Messaggerie と英国 Internet Bookshop di Oxford によって設立されたネット書店　⑤店舗数：　⑥旗艦店：　⑦在庫検索：　⑧ URL：http://www.ibs.it/

BOL

①業種：ネット書店　②創業・設立：1999 年　③点数：700 万点　④特記：1999 年に Mondadori と独メディアグループのベルテルスマン社（当時）によって設立されたネット書店。2010 年に Mondadori の完全子会社化　⑤店舗数：　⑥旗艦店：　⑦在庫検索：　⑧ URL：http://www.bol.it/

Amazon.it

①業種：ネット書店　②創業・設立：2010 年　③点数：23 万 5 千点　④特記：イタリアでは後発。送料定額€14　⑤店舗数：　⑥旗艦店：　⑦在庫検索：　⑧ URL：http://www.amazon.it/

rilibri.it

①業種：書籍価格比較　②創業・設立：2009 年　③点数：　④特記：運営は Ri LIBRI。トリノの大学生が困難を極めた安価な教科書探しのために作成　⑤店舗数：12 サイト　⑥旗艦店：　⑦在庫検索：　⑧ URL：http://www.rilibri.it/

＜電子書籍＞

ebooksitalia

①業種：電子書籍書店　②創業・設立：1996 年　③点数：1,000 点　④特記：運営は Simonelli Editore。日本のソフトバンククリエイティブとも提携。PDF と ePub，Lit，Pdb に対応。iPhone と iPad アプリあり　⑤店舗数：　⑥旗艦店：　⑦在庫検索：　⑧ URL：http://www.ebooksitalia.com/

Torrossa

①業種：電子書籍書店　②創業・設立：2000年　③点数：18万件（電子書籍8,500点，電子雑誌440誌）　④特記：先述したCasaliniのデジタル部門。イタリアとスペインの110出版社から提供されるコンテンツを販売（検索無料）。PDF対応　⑤店舗数：　⑥旗艦店：　⑦在庫検索：　⑧URL：http://digital.casalini.it/

＜雑誌＞

Abbonamenti.it

①業種：雑誌販売　②創業・設立：1999年？　③点数：150誌　④特記：運営はPress-Di Distribuzione Stampa e Multimedia　⑤店舗数：　⑥旗艦店：　⑦在庫検索：　⑧URL：http://www.abbonamenti.it/

Miabbono

①業種：雑誌販売　②創業・設立：2002年？　③点数：800誌　④特記：　⑤店舗数：　⑥旗艦店：　⑦在庫検索：　⑧URL：http://www.miabbono.com/

＜古書店総合目録＞

Mare Magnum

①業種：古書店連合目録　②創業・設立：1940年　③点数：600万件　④特記：1996年に古書籍商6店が共同サイトを開始し，1998年からイタリア全土の古書店が参加するようになった。2005年からは新刊，2007年からはヨーロッパ各国の古書店在庫も表示されるようになった　⑤店舗数：　⑥旗艦店：　⑦在庫検索：　⑧URL：http://www.maremagnum.com/

Abebooks.it

①業種：古書店連合目録　②創業・設立：2001年（商取引開始）　③点数：14億点　④特記：前身はChris Lands（1999年創業）。2008年にカナダ企業Abebooksが買収し現行名　⑤店舗数：　⑥旗艦店：　⑦在庫検索：　⑧URL：http://www.abebooks.com/

ComproVendoLibri.it

①業種：古書店連合目録　②創業・設立：2000年　③点数：132万点　④特記：学生の古本売買のために誕生した　⑤店舗数：169書店（参加）　⑥旗艦店：　⑦在庫検索：　⑧URL：http://www.comprovendolibri.it/

4. 図書館蔵書目録　時代別

＜1501-1600＞

Edit 16

①管理運営：Istituto Centrale per il Catalogo Unico（ICCU）　②作成・参加館：3万8千機関　③検索対象：古版本　④レコード件数：62,800件　⑤書誌データフォーマット：UNIMARC，SBNMARC　⑥特記：　⑦URL：http://edit16.iccu.sbn.it/

＜1500-＞

OPAC Servizio Bibliotecario Nazionale（SBN）

①管理運営：Istituto Centrale per il Catalogo Unico（ICCU）　②作成・参加館：4,000館（オンライン接続1万7千館）　③検索対象：図書，雑誌　④レコード件数：古書69万件，現代図書902万件，雑誌33万件　⑤書誌データフォーマット：UNIMARC，SBNMARC　⑥特記：総合目録構想は1951年に遡る。運営するICCUの設立は1975年。目録は1830年を境に古書と現代図書で分けている　⑦URL：http://www.sbn.it/

＜1801-1900＞

CLIO

①管理運営：Presidenza del Consiglio e del Ministero　②作成・参加館：　③検索対象：図書　④レコー

ド件数：65万件　⑤書誌データフォーマット：　⑥特記：冊子体19巻とCD-ROMで出版された19世紀書誌。収録書誌はSBNで検索できていると思うが…　⑦URL：

<1886->

Catalogo in linea（OPAC）del polo BNCF

①管理運営：Biblioteca nazionale centrale di Firenze　②作成・参加館：国立9館　③検索対象：図書，雑誌，学位論文　④レコード件数：図書222万件，雑誌16万5千件　⑤書誌データフォーマット：　⑥特記：1958年に開始された全国書誌Bibliografia nazionale italiana（BNI）。遡及が行われ1886年から一部検索可能となっている　⑦URL：www.bncf.firenze.sbn.it/

MAI（MetaOPAC Azalai italiano）

①管理運営：イタリア図書館協会AIB　②作成・参加館：390館　③検索対象：図書　④レコード件数：　⑤書誌データフォーマット：　⑥特記：1999年に公開された主要OPACの横断検索。SBNや下記のACNPで発見できないものが出てくる可能性あり　⑦URL：http://azalai.cilea.it/mai/

Catalogo dei periodici italiani（ACNP）

①管理運営：ボローニャ大学Centro Inter-Bibliotecario（CIB）とConsiglio Nazionale delle Ricerche（CNR）　②作成・参加館：2,500館　③検索対象：雑誌　④レコード件数：17万8千件　⑤書誌データフォーマット：　⑥特記：雑誌総合目録はISRDS-CNR主導で1970年代に開始され，1981年にボローニャ大学も参加。1988年からオンライン検索が可能となった　⑦URL：http://acnp.cib.unibo.it/；http://www.unicipe.it/

<政府刊行物>

Biblioteca Virtuale

①管理運営：Istituto Poligrafico dello Stato　②作成・参加館：単館　③検索対象：政府刊行物　④レコード件数：　⑤書誌データフォーマット：　⑥特記：経済財務省の下部組織である国家政府印刷局による目録。2000年以降の政府刊行物を省庁，出版物種から検索可能　⑦URL：http://www.bv.ipzs.it/

2　バチカン

Vatican

1．基本事項

首都

政体

元首　ローマ法王

宗教　キリスト教（カトリック）

言語　公用語はラテン語，外交用語はフランス語，業務用語はイタリア語
通貨　ユーロ
時差　－8時間
ccTLD　.va
再販制度
ISBN管理機関
ISSN管理機関
全国書誌作成機関
ISBN国番号

2. 図書館蔵書目録　時代別

Biblioteca Apostolica Vaticana
①管理運営：国立図書館　②作成・参加館：単館　③検索対象：図書，雑誌など　④レコード件数：　⑤書誌データフォーマット：　⑥特記：目録の電子化は1985年から開始，1994年からネット公開　⑦URL：http://www.vaticanlibrary.va/

URBS Catalog
①管理運営：Unione Romana Biblioteche Scientifiche（URBS）　②作成・参加館：12館　③検索対象：図書，雑誌，雑誌記事，楽譜など　④レコード件数：50万件　⑤書誌データフォーマット：MARC21　⑥特記：1992年に成立したヨーロッパ各国のローマ調査図書館ネットワークの目録。バチカン図書館件名を付与する　⑦URL：http://www.reteurbs.org/

3 マルタ共和国

Republic of Malta

1. 基本事項

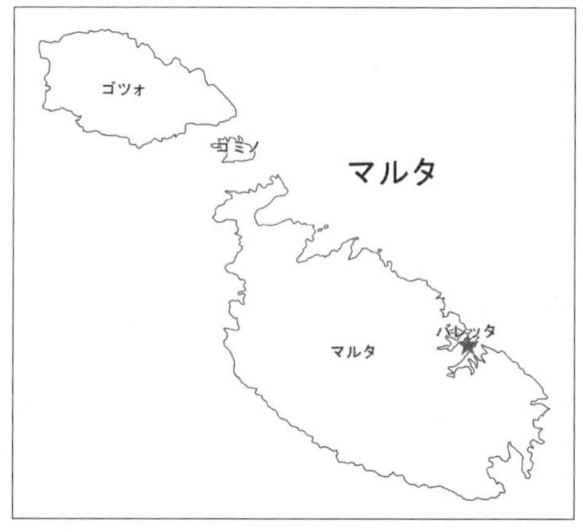

首都　バレッタ
政体　共和制
元首　大統領
宗教　カトリック
言語　マルタ語および英語が公用語
通貨　ユーロ
時差　－8時間
ccTLD　.mt
再販制度
ISBN管理機関　ISBN Agency for Malta, National Book Council
ISSN管理機関
全国書誌作成機関　National Library of Malta
ISBN国番号　978-99909, 978-99932, 978-99957

2. 出版流通　取次・書店・定期購読

<取次>

Miller Distributors

①業種：書籍・雑誌取次，書店チェーン　②創業・設立：1914 年　③点数：　④特記：もともと 1970 年末まではUK の W.H. Smith の子会社。書店以外のグループ企業は，コンビニエンスストア，薬局等，バッテリー（電池），化粧品等を扱う　⑤店舗数：　⑥旗艦店：　⑦在庫検索：　⑧ URL：http://www.millermalta.com/

<書店>

Agenda Bookshop, Newskiosk, Bookends

①業種：書店チェーン　②創業・設立：1914 年　③点数：　④特記：親会社は Miller Distributors。空港や大学に店舗あり　⑤店舗数：19 店舗　⑥旗艦店：　⑦在庫検索：　⑧ URL：http://www.agendamalta.com/

3. 図書館蔵書目録　時代別

Malta Public Libraries Online Catalogue

①管理運営：マルタ国立図書館　②作成・参加館：43 館　③検索対象：図書，雑誌　④レコード件数：　⑤書誌データフォーマット：UK MARC　⑥特記：総合目録。国立図書館が 1995 年以降に受け入れたもの（すなわち全国書誌 Bibljografija nazzjonali ta' Malta）を含む　⑦ URL：http://opac.library.gov.mt/

2.8　ロシア，中央アジア（NIS 2）

1　ロシア

Russia

1. 基本事項

首都　モスクワ

政体　共和制，連邦制

元首　大統領

宗教　ロシア正教，イスラム教，仏教等

言語　ロシア語

通貨　ルーブル

時差　－6時間

ccTLD　.ru

再販制度　書籍の価格拘束なし（推定）

ISBN 管理機関　Russian ISBN Agency, Rossiiskaia knizhnaia palata［Russian Book Chamber］

ISSN 管理機関

全国書誌作成機関　Russian Book Chamber

ISBN 国番号　978-5

出版点数　127,596 点（2009）

2. 概要

ソビエト時代の出版流通（正規ルート）は，出版された書籍はソ連文科省直轄の Союз Книга（サユーズクニーグ，本部モスクワ）から各共和国の代理店 Книга Торг（クニーグトールグ）に送られ，国営の小売書店（1 万 5 千店），キオスク（2 万 7 千店）や図書館に配本されていた。ソ連邦崩壊後は市場経済に移行し，官営から民間主導となったが，出版関連業者はモスクワとサンクトペテルブルクの 2 都市集中の傾向が強いため，書籍をロシア全土に流通させる Российский Книжный Союз という全国網を持つ流通組織（官営）が作られた。（参考文献：金子聖之『世界の出版流通』（サイマル・ジャーナリズム，1970），能勢仁著『世界の書店をたずねて』（本の学校・郁文塾，今井書店（発売），2004）

3. 販売目録

Книги в наличии и печати［Books in Print］

①商品：書籍　②収録件数：3,000 出版社による書籍 30 万件　③収録年：1995 年以降在庫があるもののみ　④運営元：ロシア図書院　⑤特記：ロシア図書院は 1917 年に創設された全国書誌作成機関。同データベースは国内書籍市場情報を提供するために 1995 年に構築された　⑥ URL：http://rbip.bookchamber.ru/

BIBLUS

①商品：書籍　②収録件数：著者 63 万 8 千人による書籍 197 万件　③収録年：1979 年以降　④運営元：BIBLUS　⑤特記：1552 年以降のロシアの出版情報を明らかにするため Sergey Moskalev と Mikhail Morozov の 2 人が 2000 年に開始した遡及計画　⑥ URL：http://www.biblus.ru/

Новые книги［Novye knigi（New Books）］

①商品：書籍　②収録件数：1 万 8 千件　③収録年：　④運営元：Международная книга［International Book］　⑤特記：1923 年に創設されたロシア最古の外国貿易機関が発行する新刊情報誌の検索　⑥ URL：http://www.mkniga.ru/

MK-Periodica

①商品：雑誌　②収録件数：90 か国，6,000 誌　③収録年：　④運営元：MK-Periodica　⑤特記：1923 年に創設されたロシア最古の外国貿易機関 Международная книга［International Book］から 1998 年に分社　⑥ URL：http://www.periodicals.ru/

Пресса России［Russian Press］

①商品：雑誌，新聞　②収録件数：4,000 誌　③収録年：　④運営元：Книга-Сервис［Book Service］　⑤特記：政府系を含む雑誌定期購読代理店 9 社が作成する連邦郵便局雑誌定期購読用目録　⑥ URL：http://www.pressa-rf.ru/

4. 出版流通　取次・書店・定期購読

<取次>

East View Information Services

①業種：書籍・雑誌取次，コンテンツプロバイダー　②創業・設立：1989 年　③点数：　④特記：

米国ミネアポリスに本部があり，ロシアとウクライナに支部がある。1990年以降の出版情報をアルファベットで検索できる。また商用データベースのロシア図書院の全国書誌は1998年以降検索可能である　⑤店舗数：　⑥旗艦店：　⑦在庫検索：　⑧URL：http://ssl.eastview.com/search_book.asp

ТОП - КНИГА［Top-Kniga］

①業種：取次，書店チェーン　②創業・設立：1995年　③点数：　④特記：ロシア最大の取次。「Knigomir」「Las Knigas」「Write-Read」「City of forty」等の書店ブランドで多店舗展開を行う。またネット書店Bookean.ruも運営　⑤店舗数：523店舗　⑥旗艦店：　⑦在庫検索：　⑧URL：http://www.top-kniga.ru/；http://www.bookean.ru/（ネット販売）

Книжный Лабиринт［Book Labyrinth］

①業種：出版社，取次，書店チェーン　②創業・設立：1991年　③点数：700出版社，15万点（書籍以外も含む）　④特記：1995年の地下鉄キオスクが原点。2005年から支店を次々と出店ラッシュ。目録は要旨検索と試読可能である　⑤店舗数：30店舗　⑥旗艦店：　⑦在庫検索：可能　⑧URL：http://www.labirint-press.ru/；http://www.labirint.ru/（ネット販売）

＜書店＞

Книгомир［Knigomir］

①業種：書店チェーン　②創業・設立：1997年　③点数：　④特記：不正競争の結果，親会社Top-Knigaはブックフェアの場所を1997年4月にチカロスキーからシベリアのノヴォシビルスクに移転を余儀なくされた。同年5月に1号店を開店。2001年に現行ブランド名に変更し，ロシア全土に展開する　⑤店舗数：約400店舗　⑥旗艦店：　⑦在庫検索：　⑧URL：http://www.knigomir.ru/

Московский Дом Книги［Moscow Book House］

①業種：書店チェーン　②創業・設立：1967年　③点数：21万点　④特記：第1号店はノーブイアルバート通り店。1998年にモスクワ市により国営単一企業として設立。ノーブイアルバート通り店は中央店となる　⑤店舗数：41店舗　⑥旗艦店：ノーブイアルバート通り店は売場面積3,600㎡。13部門に11万5千冊の在庫　⑦在庫検索：可能　⑧URL：http://www.mdk-arbat.ru/

Санкт - Петербургский Дом Книги［St. Petersburg House of Books］

①業種：書店チェーン　②創業・設立：1919年　③点数：15万点　④特記：目録に発行部数が表示されるのは珍しい　⑤店舗数：13店舗　⑥旗艦店：国立図書館から1キロ離れた場所にある歴史的建築物に入居するサンクトペテルブルクのネフスキー通り店は最古の書店の一つ　⑦在庫検索：　⑧URL：http://www.dk-spb.ru/；http://www.spbdk.ru/（ネフスキー通り店＋書籍検索）

Буквоед［Bookvoed］

①業種：書店チェーン　②創業・設立：2000年　③点数：12万5千点　④特記：急成長を続ける新興書店。カフェあり　⑤店舗数：200店舗以上，ウクライナにも30店舗　⑥旗艦店：サンクトペテルブルク・ネフスキープロスペクト46番街店は3フロア3,000㎡　⑦在庫検索：在庫冊数まで表示　⑧URL：http://www.bookvoed.ru/

БИБЛИО - ГЛОБУС［Biblio-Globus］

①業種：書籍輸入，書店　②創業・設立：1957年　③点数：　④特記：Книжный мир［Book World］として創業。首都最高の文化的および教育センタ

ーの一つとして認識されている。在庫キオスク端末あり　⑤店舗数：1店舗　⑥旗艦店：モスクワ Myasnitskaya 通りの店舗は 1807 年建設の歴史的建築物は観光コース。3 階建て在庫 25 万冊　⑦在庫検索：在庫と配置まで表示　⑧ URL：http://www.biblio-globus.ru/

Торговый Дом Книги « МОСКВА »［Trading House Books “MOSCOW”］

①業種：書店チェーン　②創業・設立：1958 年　③点数：　④特記：1995 年にロシアで最初のセルフサービスを取り入れた。中古書籍も扱う。Print-on-Demand の復刻版サービスもある　⑤店舗数：1 店舗　⑥旗艦店：Gorky 街本店は夜中 1 時まで営業　⑦在庫検索：在庫と配置まで表示　⑧ URL：http://www.moscowbooks.ru/

Новый Книжный［New Books］& Читай - город［Read City］

①業種：書店チェーン　②創業・設立：1992 年　③点数：　④特記：モスクワ地下鉄キオスク店が原点。2000 年から現社名で展開。2009 年から Читай-город で新ブランド展開　⑤店舗数：150 店舗　⑥旗艦店：　⑦在庫検索：可能　⑧ URL：http://www.nk1.ru/；http://www.chitai-gorod.ru/

Ozon

①業種：ネット書店　②創業・設立：1998 年　③点数：書籍他 85 万点　④特記：登録ユーザー470 万人を誇るロシア最大のショッピングサイト。古書も扱う。書籍情報は Russina Books in Print よりも頼りになる　⑤店舗数：　⑥旗艦店：　⑦在庫検索：　⑧ URL：http://www.ozon.ru/

ЧТИВО［Fiction］

①業種：書籍価格比較　②創業・設立：2001 年　③点数：14 書店，144 万点（延べ 764 万冊）　④特記：電子書籍も検索可能　⑤店舗数：14 店舗　⑥旗艦店：　⑦在庫検索：　⑧ URL：http://www.chtivo.ru/

Универсальный поиск книг［Universal Search Books］

①業種：書籍価格比較　②創業・設立：2007 年　③点数：　④特記：主要 8 書店と 4 横断検索サイトも横断検索　⑤店舗数：8 店舗（比較）　⑥旗艦店：　⑦在庫検索：　⑧ URL：http://www.universal-p.ru/

＜電子書籍＞

eBdb

①業種：電子書籍書店横断検索　②創業・設立：2004 年　③点数：201 万点　④特記：有料・無料の電子書籍を横断検索　⑤店舗数：　⑥旗艦店：　⑦在庫検索：　⑧ URL：http://www.ebdb.net/

Поиск электронных книг［Search eBooks］

①業種：電子書籍書店横断検索　②創業・設立：2004 年　③点数：　④特記：有料・無料の電子書籍を横断検索　⑤店舗数：　⑥旗艦店：　⑦在庫検索：　⑧ URL：http://www.poiskknig.ru/

＜雑誌＞

ATC Book International

①業種：雑誌販売　②創業・設立：1995 年　③点数：ロシア，CIS 諸国 4,000 誌　④特記：本部は米国ミシガン州南東部に位置するアナーバー。MARC 納品も行う　⑤店舗数：15 か国 28 拠点　⑥旗艦店：　⑦在庫検索：　⑧ URL：http://www.atcbooks.com/

BestPeriodica

①業種：雑誌販売　②創業・設立：1989 年　③点

数：　④特記：Panorama of Russia 社は米国マサチューセッツ州ソマービルにある　⑤店舗数：　⑥旗艦店：　⑦在庫検索：　⑧ URL：http://www.bestperiodica.com/

Деловая пресса［Business Press］
①業種：雑誌販売　②創業・設立：2002 年？　③点数：1 万 1 千誌　④特記：モスクワに本社。法人・企業だけでなく個人もサービス対象　⑤店舗数：　⑥旗艦店：　⑦在庫検索：　⑧ URL：http://www.delpress.ru/

Мегапресс［Megapress］
①業種：雑誌・新聞販売　②創業・設立：2006 年　③点数：　④特記：Смарт Трейд 社により運営　⑤店舗数：　⑥旗艦店：　⑦在庫検索：　⑧ URL：⑧ http://www.mega-press.ru/

Книга-Сервис［Book Service］
①業種：雑誌・新聞販売　②創業・設立：1992 年　③点数：4,000 誌以上　④特記：連邦郵便局雑誌定期購読用目録編纂に参加　⑤店舗数：　⑥旗艦店：　⑦在庫検索：　⑧ URL：http://www.akc.ru/

RusMagazine.com
①業種：雑誌・新聞販売　②創業・設立：1994 年　③点数：3,000 誌　④特記：サンクトペテルブルクに本社。顧客は世界 7 万か所　⑤店舗数：　⑥旗艦店：　⑦在庫検索：　⑧ URL：http://www.rusmagazine.com/

Роспечать［Rospechat］
①業種：雑誌販売　②創業・設立：1906 年　③点数：　④特記：駅キオスク店が原点。1917 年国営化，1994 年再民営化。4 万以上の郵便局と地方拠点を通じ雑誌を頒布　⑤店舗数：　⑥旗艦店：　⑦在庫検索：　⑧ URL：http://pressa.rosp.ru/；http://www.presscafe.ru/

＜古書店総合目録＞
Findlib.ru
①業種：古書店連合目録＆価格比較　②創業・設立：2008 年　③点数：200 万点　④特記：主要古書サイト（Alib，Labirint，Ozon，Kniga.ru 等）を横断検索する　⑤店舗数：　⑥旗艦店：　⑦在庫検索：　⑧ URL：http://www.findlib.ru/

5. 図書館蔵書目録　時代別

＜1450-1830，1831- ＞
Единый электронный каталог（ЭК）РГБ
［Single electronic catalog（EC）of the RSL］
①管理運営：ロシア国家図書館（モスクワ旧レーニン図書館）　②作成・参加館：単館　③検索対象：図書，雑誌，雑誌記事，学位論文など　④レコード件数：　⑤書誌データフォーマット：　⑥特記：RUSMARC，RSLMARC，MARC21　⑦ URL：http://www.rsl.ru/ru/s97/s339/

＜1700-1945，1980- ＞
Сводный каталог библиотек России（СКБР）
［Union Catalog of Russian Libraries（SKBR)］
①管理運営：国立情報ライブラリーセンター ЛИБНЕТ（LIBNET）　②作成・参加館：ロシア連邦を構成する国立図書館 5 館　③検索対象：図書　④レコード件数：600 万件　⑤書誌データフォーマット：RUSMARC，USMARC？　⑥特記：LIBNET は 2001 年に独立した非営利団体として成立した　⑦ URL：http://skbr2.nilc.ru/

＜1708-1926，1976- ＞
Электронный каталог［Electronic Catalogue］
①管理運営：ロシア国立図書館（サンクトペテル

ブルク）②作成・参加館：単館 ③検索対象：古版本，図書，雑誌 ④レコード件数：467 万件 ⑤書誌データフォーマット：RUSMARC ⑥特記：1998 年からベラルーシ語とウクライナ語の図書も検索可能 ⑦ URL：http://www.nlr.ru/poisk/

<1725-1998>

Генеральный алфавитный каталог книг на русском языке［General alphabetical catalog of books in Russian］

①管理運営：ロシア国立図書館 ②作成・参加館：単館 ③検索対象：図書 ④レコード件数：700 万件 ⑤書誌データフォーマット： ⑥特記：カード目録をスキャニングしたもの ⑦ URL：http://www.nlr.ru/poisk/

<1826-1917>

Сводный каталог русской книги XIX века［General Catalogue of Russian Books XIX century］

①管理運営：ELARA ②作成・参加館：国立図書館 2 館と主要 4 館 ③検索対象：図書 ④レコード件数：53 万件 ⑤書誌データフォーマット：RUSMARC？ ⑥特記：商用データベース ⑦ URL：http://www.biblio.ru/

<1939-1945>

Книгоиздание военных лет［Book publishing the war years 1939-1945］

①管理運営：ロシア図書院 ②作成・参加館：単館 ③検索対象：図書 ④レコード件数：14 万件 ⑤書誌データフォーマット：RUSMARC，MARC21 ⑥特記：第 2 次世界大戦中に発行された図書を検索できるようにしたもの ⑦ URL：http://1945.bookchamber.ru/

<1950-1952，2005-2010>

Электронный Банк Данных［Electronic Data Bank］

①管理運営：ロシア図書院 ②作成・参加館：単館 ③検索対象：図書，雑誌，雑誌記事等 ④レコード件数：不明 ⑤書誌データフォーマット： ⑥特記：全国書誌 Книжная летопись を閲覧できるようにしたものだが，創刊の 1907 年から検索できないのが痛い。遡及入力をしないのだろうか ⑦ URL：http://www.bookchamber.ru/content/edb/

Российского информационно - библиотечного консорциума（РИБК）［Russian Information Library Consortium］каталог

①管理運営：RIBK ②作成・参加館：国立機関 5 館 ③検索対象：図書 ④レコード件数： ⑤書誌データフォーマット：RUSMARC，MARC21 ⑥特記：コンソーシアムは 2003 年に成立 ⑦ URL：http://www.ribk.net/

ARBICON

①管理運営：地域図書館コンソーシアム連合 ARBICON ②作成・参加館：144 館 ③検索対象：図書，雑誌，雑誌記事など ④レコード件数：4 千万件以上 ⑤書誌データフォーマット：USMARC，RUSMARC，MARC21 ⑥特記：2002 年に非営利団体「地域図書館コンソーシアム連合」として発足（前身の活動は 1997 年から）。雑誌総合目録 MARS が準備中である ⑦ URL：http://arbicon.ru/services/

Сигла［Sigla］

①管理運営：モスクワ国立総合大学科学図書館 ②作成・参加館： ③検索対象：図書，雑誌 ④レコード件数： ⑤書誌データフォーマット： ⑥特記：国内外 93 目録を横断検索可能である

⑦ URL：http://www.sigla.ru/

Периодические и продолжающиеся издания на русском, украинском и белорусском языках［Description Catalog Periodicals and serials in Russian, Ukrainian and Belarusian languages］

①管理運営：ロシア国立図書館　②作成・参加館：単館　③検索対象：雑誌　④レコード件数：8万5千件　⑤書誌データフォーマット：RUSMARC　⑥特記：同館雑誌所蔵目録。新聞は除く　⑦ URL：http://www.nlr.ru/poisk/

＜電子図書館＞

BookFinder

①管理運営：bookfi.org　②作成・参加館：単館　③検索対象：電子書籍　④レコード件数：12万5千著者，102万件　⑤書誌データフォーマット：ePub，FB2，DF，MOBI，RTF，LIT　⑥特記：無料提供される電子テキストの横断検索。テキストを各種形式に変換できる　⑦ URL：http://en.bookfi.org/

2　ベラルーシ共和国

Republic of Belarus

1. 基本事項

首都　ミンスク

政体　共和制

元首　大統領

宗教　ロシア正教

言語　公用語はベラルーシ語，ロシア語

通貨　ベラルーシ・ルーブル（BYR）

時差　－７時間

ccTLD　.by

再販制度

ISBN 管理機関　Национальная книжная палата Беларуси［National Book Chamber of the Belarus, ISBN Agency］

ISSN 管理機関

全国書誌作成機関　National Book Chamber of the Belarus

ISBN 国番号　978-985

出版点数　12,885 点（2009）

2. 出版流通　取次・書店・定期購読

<取次，書店>

Belkniga

①業種：取次，書店チェーン　②創業・設立：1952年　③点数：8万5千件　④特記：ベラルーシ書籍配送システム小売書籍販売ネットワークの中心　⑤店舗数：79店舗　⑥旗艦店：Центральный книжный магазин（中央書店）は内外8万5千冊の在庫がある　⑦在庫検索：検索機能はない　⑧URL：http://www.belkniga.by/

3. 図書館蔵書目録　時代別

<1517-1917>

Кн і га Беларус і, 1517–1917, зводны каталог [The Book of Belarus, 1517-1917, Union Catalog]

①管理運営：国立図書館　②作成・参加館：　③検索対象：古版本等　④レコード件数：　⑤書誌データフォーマット：　⑥特記：CD-ROMで出版されたベラルーシの地域で発行された文書の書誌レコードを含む総合目録　⑦URL：

<1700-2006>

Имидж - каталог［Image catalog］

①管理運営：国立図書館　②作成・参加館：単館　③検索対象：古版本　④レコード件数：　⑤書誌データフォーマット：　⑥特記：カード目録をスキャニングしたもの　⑦URL：http://www.nlb.by/

<1924- >

Кніжны летапіс［Knizhny letapis］

①管理運営：ベラルーシ国立図書院　②作成・参加館：単館　③検索対象：図書・雑誌　④レコード件数：　⑤書誌データフォーマット：UNIMARC　⑥特記：Информационная система государственной библиографической информации［Bibliographic Information System Public Information］。1980-2010のみ検索可。要登録　⑦URL：http://isgbi.iba.by/

<1993- >

Электронный каталог［Electronic Catalog］

①管理運営：国立図書館　②作成・参加館：単館　③検索対象：図書，雑誌，古版本　④レコード件数：　⑤書誌データフォーマット：UNIMARC　⑥特記：1509年以降の古版本情報も収録　⑦URL：http://www.nlb.by/

Сводный электронный каталог библиотек Беларуси［Electronic Union Catalog Library of Belarus］

①管理運営：国立図書館　②作成・参加館：3館　③検索対象：図書，学位論文　④レコード件数：100万件　⑤書誌データフォーマット：UNIMARC　⑥特記：国立図書館，ベラルーシ科学アカデミー中央科学技術図書館，および共和国科学技術図書館RLSTによる総合目録　⑦URL：http://www.nlb.by/

3　ウクライナ

Ukraine

1. 基本事項

首都　キエフ

政体　共和制

元首　大統領

宗教　ウクライナ正教およびウクライナ・カトリック教

言語　ウクライナ語（国語），その他ロシア語等

通貨　フリヴニャ（UAH: hryvnya）

時差　－7時間

ccTLD　.ua

再販制度

ISBN管理機関　Книжкова палата України（ウクライナ図書院）

ISSN管理機関

全国書誌作成機関　Книжкова палата України（ウクライナ図書院）

ISBN国番号　978-617, 978-966

2. 販売目録

Вс і книги .org.ua［Vsiknygy.org.ua］

①商品：書籍　②収録件数：8万1千件　③収録年：　④運営元：Джерела М　⑤特記：書誌詳細有料。2000年構想。2001年から2004年にかけて行われたCentral and East European Book Projects（CEEBP）の基金により構築　⑥URL：http://www.vsiknygy.org.ua/

3. 出版流通　取次・書店・定期購読

＜取次＞

Клубе Семейного Досуга［Family Leisure Club］

①業種：出版社，取次，書店チェーン（ブッククラブ）　②創業・設立：2000年　③点数：　④特記：ドイツの大手メディア企業ベルテルスマン社の直販部門DirectGroupの一員。物流センターは12,800㎡　⑤店舗数：70店舗　⑥旗艦店：　⑦在庫検索：　⑧URL：http://www.bookclub.ua/

＜書店＞

Empik & Буква［Bukva］

①業種：書店チェーン　②創業・設立：2007年　③点数：6万2千点　④特記：ポーランド資本のEM&Fグループの一員。ウクライナ進出に当たっては2006年に地元書店Bukva（2005年創業）の65％の株式を取得した　⑤店舗数：17店舗　⑥旗艦店：　⑦在庫検索：　⑧URL：http://empik.ua/

Книгарня Є［Bookshop E］

①業種：書店チェーン　②創業・設立：2007 年　③点数：　④特記：オーストリアの出版社 ESEM Media により創業（ESEM は『Vkraine Week』誌を刊行）。多彩な文化イベントの開催により 2008 年の第 15 回出版社フォーラムで最良の書店に認定される　⑤店舗数：13 店舗　⑥旗艦店：西ウクライナのイヴァーノ＝フランキーウシクの店舗「文化と芸術」は 4 フロアで WiFi 完備。1 階と 2 階では文化イベントが開催される　⑦在庫検索：　⑧ URL：http://book-ye.com.ua/

Books

①業種：書店　②創業・設立：2001 年　③点数：3 万点　④特記：ウクライナ北東部の都市 Kharkiv（ハリコフ）の書店　⑤店舗数：1 店舗？　⑥旗艦店："Авионика-Харьков" 店。最寄り駅はハリコフの地下鉄駅「大学」　⑦在庫検索：　⑧ URL：http://www.books.ua/

Навчальна книга – Богдан［Educational Books – Bohdan］

①業種：教育出版社，書店チェーン　②創業・設立：1995 年　③点数：3,100 点（出版点数）　④特記：国内外出版社と複数書店と協力して書店チェーン「Дім книги」（本の家）を設立し，独自の販売網を作る　⑤店舗数：17 店舗　⑥旗艦店：ウクライナ西部のコペルニクス通りにあるテルノーピリ店は地域最大規模　⑦在庫検索：　⑧ URL：http://www.bohdan-books.com/

Книжковий супермаркет［book supermarket］

①業種：書店チェーン　②創業・設立：1991 年　③点数：　④特記：できそうなのだが目録が検索できない　⑤店舗数：36 店舗　⑥旗艦店：　⑦在庫検索：マリウポリ店は 700㎡　⑧ URL：http://www.kc.com.ua/

Читайка［Chytayka］

①業種：書店　②創業・設立：2008 年　③点数：　④特記：キエフの大書籍市場の最寄り駅ペトロフカ地下街に開店した書店。文化イベントが多数行われる　⑤店舗数：1 店舗　⑥旗艦店：　⑦在庫検索：　⑧ URL：http://www.chytayka.com.ua/

Bookshop

①業種：ネット書店　②創業・設立：1999 年　③点数：30 万点（ウクライナ語，英，露），古書 1 万点　④特記：ウクライナ最大のネット書店。モットーの「より速く，より高く，より強く」はオリンピックにちなんだものである。目録は要旨検索が可能である　⑤店舗数：　⑥旗艦店：　⑦在庫検索：　⑧ URL：http://www.bookshop.ua/

Findbook

①業種：書籍価格比較　②創業・設立：2004 年　③点数：9 万 7 千点　④特記：ブクログ的な SNS と合体している　⑤店舗数：7 店（比較）　⑥旗艦店：　⑦在庫検索：　⑧ URL：http://findbook.com.ua/

Look4Book

①業種：書籍価格比較　②創業・設立：2011 年　③点数：12 万 6 千点　④特記：Марія Бородовська により運営。検索しやすい　⑤店舗数：5 店（比較）　⑥旗艦店：　⑦在庫検索：　⑧ URL：http://www.look4book.com.ua/

＜電子書籍＞

еКнига

①業種：電子書籍価格比較　②創業・設立：2001 年　③点数：1 万 2 千著者，6 万 6 千文書　④特記：Yanyuk 氏個人により運営。メタ検索　⑤店舗

数： ⑥旗艦店： ⑦在庫検索： ⑧ URL：http://www.ekniga.com.ua/

Bookland

①業種：電子書籍書店 ②創業・設立：2008 年 ③点数：5,000 点 ④特記：ePub，PDF 等に対応。ロシア語本も多い。独自リーダーも販売 ⑤店舗数： ⑥旗艦店： ⑦在庫検索： ⑧ URL：http://bookland.net.ua/

<雑誌>

Экспресс - Подписка［Express Subscription］

①業種：雑誌販売 ②創業・設立：2008 年 ③点数：新聞・雑誌 8,800 誌 ④特記：サイトには「ウクライナ発の雑誌・新聞定期購読サービス」とある ⑤店舗数： ⑥旗艦店： ⑦在庫検索： ⑧ URL：http://www.epodpiska.com/

ИСМ［ISM］

①業種：雑誌販売 ②創業・設立：2001 年 ③点数：5 万誌 ④特記：ロシア語新聞・雑誌中心 ⑤店舗数： ⑥旗艦店： ⑦在庫検索： ⑧ URL：http://www.ism.com.ua/

Begmont Systems

①業種：雑誌販売 ②創業・設立：1994 年 ③点数：4,000 誌 ④特記：キエフから東南に位置するドネツィクに本拠を持つ。500 顧客に配本する ⑤店舗数： ⑥旗艦店： ⑦在庫検索： ⑧ URL：http://www.begemot.donetsk.ua/

Преса［Presa］

①業種：雑誌販売 ②創業・設立：1998 年 ③点数： ④特記：AP “PRESS” 社により運営。出版社，編集者，海外代理店等のビジネスパートナーは 1,000 社を超える。紙の目録の発行部数は 25 万部 ⑤店舗数： ⑥旗艦店： ⑦在庫検索： ⑧ URL：http://www.presa.ua/

<古書店総合目録>

Alib.com.ua

①業種：古書店連合目録 ②創業・設立：2007 年 ③点数：17 万点 ④特記：Ведущий и K° により作成。個人売買も含まれているようだ ⑤店舗数： ⑥旗艦店： ⑦在庫検索： ⑧ URL：http://alib.com.ua/

книжном рынке Петровка［book market Petrovka］

①業種：書店連合 ②創業・設立： ③点数： ④特記：キエフの北部の野外大書籍市場ペトロフカで販売されている書籍の在庫検索 ⑤店舗数：数百店舗 ⑥旗艦店： ⑦在庫検索： ⑧ URL：http://findbook.kiev.ua/

4. 図書館蔵書目録 時代別

Друкований зведений каталог україномовної книги державних бібліотек та музеїв України［Printed consolidated catalog of Ukrainian books public libraries and museums of Ukraine］

①管理運営：国立議会図書館 ②作成・参加館： ③検索対象：図書 ④レコード件数： ⑤書誌データフォーマット： ⑥特記：1999 年に刊行開始された冊子体の総合目録 ⑦ URL：

<1918?-1993>

Сканованому генеральному алфав і тному каталоз і［scanned the general alphabetical directory］

①管理運営：国立図書館 ②作成・参加館：単館 ③検索対象：図書 ④レコード件数：500 万件 ⑤書誌データフォーマット： ⑥特記：カード目

録をスキャニングしたもの　⑦URL：http://www.nbuv.gov.ua/db/gak.html

＜1917-＞

Літопис книг : державний бібліографічний покажчик України [Chronicle Books : state bibliography of Ukraine]

①管理運営：ウクライナ図書院　②作成・参加館：単館　③検索対象：図書　④レコード件数：　⑤書誌データフォーマット：　⑥特記：1924年から刊行されている全国書誌の商用サービス。検索できるのは1917年から1921年，1991年以降　⑦URL：http://www.ukrbook.net/

＜1980-1999＞

Картотека видань [Tabstrip publications]

①管理運営：国立図書館　②作成・参加館：単館　③検索対象：図書　④レコード件数：93万件　⑤書誌データフォーマット：　⑥特記：国立図書館が所蔵するソ連とCIS諸国で出版された図書が検索対象　⑦URL：http://www.nbuv.gov.ua/db/bib.html

＜1994-＞

Каталоги Национальной библиотеки Украины имени В . И . Вернадского, Киев [Catalogues of the National Library of Ukraine named VI Vernadsky, Kiev]

①管理運営：国立図書館　②作成・参加館：単館　③検索対象：図書・雑誌　④レコード件数：図書49万件，雑誌5万5千件　⑤書誌データフォーマット：MARC21　⑥特記：1994年から検索可能　⑦URL：http://irbis-nbuv.gov.ua/

Зведений каталог періодичних видань у бібл і отеках м . Харкова [Consolidated directory of periodicals in the libraries of Kharkiv]

①管理運営：Kharkiv州立科学図書館　②作成・参加館：33図書館　③検索対象：雑誌　④レコード件数：　⑤書誌データフォーマット：　⑥特記：2008年に行われたウクライナ北東部の都市Kharkivの雑誌総合目録調査結果。他地域の国立図書館も協力している　⑦URL：http://korolenko.kharkov.com/union_catal7.htm

＜学位論文＞

＜1951-2006＞

Пошук у сканованому каталоз і дисертац і й [Search the directory scanned theses]

①管理運営：国立図書館　②作成・参加館：単館　③検索対象：学位論文　④レコード件数：9万7千件　⑤書誌データフォーマット：　⑥特記：カード目録をスキャニングしたもの　⑦URL：http://www.nbuv.gov.ua/db/scan_dis.html

4　モルドバ共和国

Republic of Moldova

1. 基本事項

首都　キシニョフ

政体　共和制

元首　大統領

宗教　キリスト教（正教）

言語　公用語はロマンス語系のモルドバ語

通貨　レイ（MDL）

時差　－７時間

ccTLD　.md

再販制度

ISBN 管理機関　Moldova ISBN Agency, Camera Nationala a Cartii din Republica Moldova

ISSN 管理機関　ISSN Centre Moldava

全国書誌作成機関　Camera Nationala a Cartii din Republica Moldova

ISBN 国番号　978-9975

2. 販売目録

Cautare cărți

①商品：書籍　②収録件数：　③収録年：　④運営元：Camera Nationala a Cartii din Republica Moldova　⑤特記：　⑥ URL：http://www.bookchamber.md/eng.php?page=exemplar&target=searchbook

Seriale

①商品：雑誌　②収録件数：　③収録年：　④運営元：Camera Nationala a Cartii din Republica Moldova　⑤特記：　⑥ URL：http://www.bookchamber.md/rom.php?page=exemplar&target=searchjornal

3. 出版流通　取次・書店・定期購読

＜取次＞

Pro Noi

①業種：取次，書店チェーン　②創業・設立：1999 年　③点数：2 万点　④特記：モルドバの書籍市場 7 割のシェア。ロシア語とルーマニア語の書籍も扱う　⑤店舗数：25 店舗　⑥旗艦店：　⑦在庫検索：　⑧ URL：http://www.pronoi.md/

＜書店＞

Biblion

①業種：出版社，書店チェーン　②創業・設立：2003年　③点数：　④特記：　⑤店舗数：5店舗？　⑥旗艦店：　⑦在庫検索：　⑧URL：http://biblion.md/

4. 図書館蔵書目録　時代別

＜1958-＞

Bibliografia Națională a Moldovei［National Bibliography of Moldova］

①管理運営：モルドバ共和国国立図書院　②作成・参加館：単館　③検索対象：　④レコード件数：　⑤書誌データフォーマット：　⑥特記：1958年創刊。書籍のみ　⑦URL：

Bibliografia Moldovei：Cărti, albume, hărti, note muzicale, discuri, seriale etc.［Moldova bibliography：books, albums, maps, musical notes, records, serials, etc.］

①管理運営：国立図書館　②作成・参加館：単館　③検索対象：図書，雑誌　④レコード件数：　⑤書誌データフォーマット：UNIMARC　⑥特記：1999年から検索可能　⑦URL：http://www.bncreanga.md/

Catalogul Național Colectiv Partajat（CNCP）［National Collective Shared Catalogue］

①管理運営：モルドバ図書館統合情報システムSIBIMOL　②作成・参加館：12館　③検索対象：図書，雑誌　④レコード件数：　⑤書誌データフォーマット：UNIMARC，MARC21　⑥特記：FRBR Searchが可能　⑦URL：http://87.248.191.120/app

2.9　バルト三国

1　エストニア共和国

Republic of Estonia

1. 基本事項

首都　タリン

政体　共和制

元首　大統領
宗教　プロテスタント（ルター派），ロシア正教等
言語　エストニア語
通貨　ユーロ
時差　－7時間
ccTLD　.ee
再販制度
ISBN管理機関　Estonian ISBN Agency
ISSN管理機関　Estonian ISSN Centre
全国書誌作成機関　Eesti Rahvusraamatukogu
ISBN国番号　978-9949, 978-9985

2. 出版流通　取次・書店・定期購読

<取次>

Ekspress Grupp

①業種：雑誌・新聞出版社，雑誌取次　②創業・設立：1989年　③点数：　④特記：バルト3国とウクライナに拠点を持つメディア企業。2005年に取次Raamatuvaramuを買収　⑤店舗数：　⑥旗艦店：　⑦在庫検索：　⑧URL：http://www.egrupp.ee/

Rahva Raamat［Popular Books］

①業種：取次，書店チェーン　②創業・設立：1913年　③点数：　④特記：2006年にEkspress Gruppの取次Raamatuvaramuと合併　⑤店舗数：7店舗　⑥旗艦店：タリンのViru Center店は3階建て，1,600㎡の売り場面積。本屋隣にレストランあり　⑦在庫検索：可能　⑧URL：http://www.rahvaraamat.ee/

<書店>

Apollo

①業種：書店チェーン　②創業・設立：1990年　③点数：　④特記：Astrodata社が設立。1998年にAstro書店創業。2001年Apollo Astro書店，2003年にApollo書店に社名変更。Sanoma media groupsのRautakirja groupを構成　⑤店舗数：9店舗　⑥旗艦店：タリンの中心地にあるSolariseセンター店2階店舗は無線LAN完備&カフェあり　⑦在庫検索：　⑧URL：http://www.apollo.ee/

Raamatukoi［Bookworm］

①業種：書店チェーン　②創業・設立：1998年　③点数：3万5千点（古書半分）　④特記：古書も扱う　⑤店舗数：3店舗　⑥旗艦店：　⑦在庫検索：　⑧URL：http://www.raamatukoi.ee/

Varrak

①業種：出版社，書店チェーン　②創業・設立：1991年　③点数：　④特記：　⑤店舗数：3店舗　⑥旗艦店：2007年8月に閉店したラクベレ店は同国最大級の書店だった。現在はタリンのRocca al Mareショッピングセンター2階店舗。そこではVarrakより隣のRahva Raamatが巨大店舗　⑦在庫検索：　⑧URL：http://www.varrak.ee/

Krisostomus（Tartu University Bookshop）

①業種：書店　②創業・設立：1992年　③点数：英語600万点，独語20万点，露語20万点　④特記：エストニア語，ラトビア語，ロシア語，英語，ドイツ語図書を扱う　⑤店舗数：1店舗＋1店舗　⑥旗艦店：　⑦在庫検索：別法人であるタルトゥ大学書店の在庫検索が可能　⑧URL：http://www.kriso.ee/

<電子書籍>

ebooks.ee

①業種：電子書籍書店　②創業・設立：2009年　③点数：200著者，500点　④特記：運営はEram Books　⑤店舗数：　⑥旗艦店：　⑦在庫検索：　⑧URL：http://www.ebooks.ee/

＜雑誌＞

Ajakirjade Kirjastus［Free magazines］

①業種：雑誌出版社，雑誌販売　②創業・設立：2000年　③点数：24誌　④特記：Eesti Meedia社とEkspress Grupp社の合弁会社　⑤店舗数：　⑥旗艦店：　⑦在庫検索：　⑧URL：http://www.kirjastus.ee/；http://www.ajakirjad24.ee/

＜古書店総合目録＞

Kasutatud raamatud［Used Books］

①業種：古書店　②創業・設立：1999年　③点数：1万2千点　④特記：Biblio社により創業　⑤店舗数：1店舗　⑥旗艦店：　⑦在庫検索：　⑧URL：http://www.vanaraamat.ee/

3. 図書館蔵書目録　時代別

＜1525-＞

Eesti Rahvusbibliograafia andmebaas ERB［Estonian National Bibliography Database ERB］

①管理運営：国立図書館　②作成・参加館：協力2館（タリン大学学術図書館とエストニア文学館）③検索対象：図書，雑誌，新聞，政府刊行物など　④レコード件数：22万5千件（図書19万件）⑤書誌データフォーマット：MARC21，UNIMARC　⑥特記：　⑦URL：http://erb.nlib.ee/

Online catalogue ESTER

①管理運営：Eesti juhtivaid raamatukogusid ühendav konsortsium［Estonian Libraries Network Consortium］（ELNET）②作成・参加館：13館　③検索対象：図書，雑誌，雑誌記事　④レコード件数：　⑤書誌データフォーマット：MARC21　⑥特記：ELNETは1996年にNPO法人として設立。総合目録はタリン地区とタルトゥ地区の2つに分かれている　⑦URL：http://www.elnet.ee/en/ester/

2　ラトビア共和国

Republic of Latvia

1. 基本事項

首都　リガ

政体　共和制

元首　大統領

宗教　プロテスタント（ルター派），カトリック

言語　ラトビア語

通貨　ラッツ

時差　－7時間

ccTLD　.lv

再販制度

ISBN管理機関　ISBN/ISMN Agency, Latvijas Nacionālā bibliotēka（国立図書館）

ISSN管理機関　Latvian ISSN Centre

全国書誌作成機関　Latvijas Nacionālā bibliotēka

ISBN国番号　978-9934, 978-9984

出版点数　2,855点（2008）

2. 販売目録

Latvijas Grāmatizdevēju asociācijas biedru grāmatu datu bāze［Latvian Publishers' Association membership book database］

①商品：書籍　②収録件数：　③収録年：　④運営元：ラトビア出版協会　⑤特記：1993年設立の同協会には30数社が加盟　⑥URL：http://www.gramatizdeveji.lv/

3. 出版流通　取次・書店・定期購読

＜取次＞

Latvijas Grāmata［Latvian book］

①業種：取次，書店？　②創業・設立：1994年　③点数：　④特記：リガを本社とする最大の取次。目録は2008年から，UDC分類でも検索可能　⑤店舗数：11店舗　⑥旗艦店：　⑦在庫検索：　⑧URL：http://www.lgramata.lv/

Jāņa Rozes

①業種：出版社，取次，書店チェーン　②創業・設立：1914年　③点数：1万8千点　④特記：1923年1号店開店。ソ連時代の書店名はDzintars。1992年に旧商号復活。1997年に出版社，2001年に書籍取次開始。国内外の刊行物販売。卸売基地はリガのアストラ通り　⑤店舗数：25店舗　⑥旗艦店：歴史建造物に入居するリガBarona通り店は1号店　⑦在庫検索：　⑧URL：http://www.jr.lv/

＜書店＞

Valters un Rapa

①業種：出版社，印刷，書店　②創業・設立：1912年　③点数：　④特記：ラトビア最大の出版社による書店　⑤店舗数：6店舗　⑥旗艦店：国立オペラ座前のAspazijas大通り店は3フロア　⑦在庫検索：　⑧URL：http://www.valtersunrapa.lv/

Janus

①業種：書店チェーン　②創業・設立：1992年　③点数：　④特記：ロシア語専門　⑤店舗数：30店舗以上　⑥旗艦店：リガのGora店は在庫6万冊のバルト3国最大の書店　⑦在庫検索：　⑧URL：http://www.janus.lv/

Zvaigzne ABC［Star ABC］

①業種：出版社，書店チェーン　②創業・設立：1993年　③点数：自社出版物は1,000点　④特記：最大の出版社。電子書籍も販売。形式はePub　⑤店舗数：27店舗　⑥旗艦店：ショッピングセンターRigaプラザ2階店舗（あまり大きくはない）　⑦在庫検索：　⑧URL：http://www.zvaigzne.lv/；http://www.gramatuklubs.lv/

＜雑誌＞

LP abonēšanas sistēma

①業種：新聞・雑誌販売　②創業・設立：　③点数：ラトビア発行224誌，ロシア発行ラトビア語80誌　④特記：運営はラトビア国営郵便　⑤店舗数：　⑥旗艦店：　⑦在庫検索：　⑧URL：http://abone.pasts.lv/lv/katalogs/

Abone.lv

①業種：新聞・雑誌販売　②創業・設立：1994年　③点数：200誌　④特記：運営はAbonēšanas centrs Diena［Subscription Centre Day］（ACD）　⑤店舗

数：　⑥旗艦店：　⑦在庫検索：　⑧ URL：http://abone.lv/abonesana/

Manizurnali.lv

①業種：雑誌販売　②創業・設立：2009 年　③点数：40 誌　④特記：Izdevniecība Žurnāls Santa［Magazine of Santa］により運営。電子版配信あり　⑤店舗数：　⑥旗艦店：　⑦在庫検索：　⑧ URL：http://www.manizurnali.lv/

4. 図書館蔵書目録　時代別

＜1585- ＞

Nacionālās bibliogrāfijas datubāzes［National bibliographic databases］

①管理運営：国立図書館　②作成・参加館：単館　③検索対象：図書，雑誌，雑誌記事　④レコード件数：　⑤書誌データフォーマット：MARC21, UNIMARC　⑥特記：雑誌は 1940 年から，雑誌記事は 1970 年から　⑦ URL：http://www.lnb.lv/en/for-readers/catalogues-and-databases/national-bibliography-databases

Valsts nozīmes kopkatalogs［Catalog of national importance］

①管理運営：国立図書館　②作成・参加館：9 館　③検索対象：図書，雑誌　④レコード件数：55 万件　⑤書誌データフォーマット：MARC21, UNIMARC　⑥特記：国家レベルの 9 図書館の総合目録。主に 1980 年代以降（ロシア語は 2000 年代以降）の収集資料を収録する。また先述の全国書誌データベースも横断検索可能である　⑦ URL：https://lira.lanet.lv/F

＜電子図書館＞

Periodika

①管理運営：国立図書館　②作成・参加館：単館　③検索対象：電子化新聞・雑誌　④レコード件数：　⑤書誌データフォーマット：　⑥特記：1960 年以前のロシア，ドイツ，ラトビアの新聞・雑誌をスキャニングし提供する。2011 年 11 月現在アクセスできず　⑦ URL：http://www.periodika.lv/

3　リトアニア共和国

Republic of Lithuania

1. 基本事項

首都　ビリニュス

政体　共和制

元首　大統領

宗教　主にカトリック

言語　リトアニア語

通貨　リタス

時差　－7時間

ccTLD　.lt

再販制度

ISBN管理機関　ISBN Agency, Lietuvos nacionalinė Martyno Mažvydo biblioteka

ISSN管理機関　Lithuanian ISSN Agency

全国書誌作成機関　Lietuvos nacionalinė Martyno Mažvydo biblioteka（国立図書館）

ISBN国番号　978-609, 978-9955, 978-9986

2. 出版流通　取次・書店・定期購読

＜取次＞

Knygininkas［Scrubs］

①業種：書籍取次，書店　②創業・設立：1998年　③点数：　④特記：第二の都市カウナスの学生街沿いにある　⑤店舗数：1店舗　⑥旗艦店：　⑦在庫検索：　⑧URL：http://www.knygininkas.lt/

Mūsų Knyga Vilnius［Our Books Vilnius］

①業種：出版社，書籍取次　②創業・設立：1993年（前身1945年）③点数：　④特記：2011年破綻。出版業に専念し，同国文学を幅広く提供する　⑤店舗数：　⑥旗艦店：　⑦在庫検索：　⑧URL：http://www.musuknyga.lt/

＜書店＞

Pegasas

①業種：書店チェーン　②創業・設立：2003年（1号店）③点数：　④特記：親会社は出版社のAlma Littera。2005年に書店チェーンMasiulioと合併。サイトで書籍の一部の中身を確認できる　⑤店舗数：32店舗　⑥旗艦店：ビリニュス大学の併設書店は中世の図書館を思わせる歴史的遺産　⑦在庫検索：　⑧URL：http://www.pegasas.lt/

Vaga

①業種：出版社，書店チェーン　②創業・設立：出版社1945年，書店1997年　③点数：　④特記：最大の書店チェーン。出版社UAB Vagosが販売部門を分社化して誕生。現在の親会社は元取次Müsy Knyga Vilnius　⑤店舗数：34店舗　⑥旗艦店：旗艦店ではないがリトアニア最大のビリニュスのショッピングモールEuropaの1階店舗にはカフェ併設店あり　⑦在庫検索：　⑧URL：http://www.vaga.lt/

Baltų lankų［White Lanka］

①業種：書店チェーン　②創業・設立：2002年　③点数：1万8千点　④特記：2011年8月をもってPegasasの傘下に入った　⑤店舗数：4店舗　⑥旗艦店：　⑦在庫検索：　⑧URL：http://www.blk.lt/

Homo sapiens

①業種：書店　②創業・設立：　③点数：3万5千点　④特記：ロシア語専門書店　⑤店舗数：1店舗　⑥旗艦店：ビリニュス店は2フロアで3万5千点の在庫　⑦在庫検索：　⑧URL：http://www.homosapiens.lt/

Humanitas

①業種：書店チェーン　②創業・設立：1994年　③点数：　④特記：ヴィタウタス大公大学書店が1号店。外国書籍の輸入代理も行う学術専門書店　⑤店舗数：6店舗　⑥旗艦店：　⑦在庫検索：　⑧URL：http://humanitas.lt/

Knygynai.lt［Bookstore］

①業種：書店連合？　②創業・設立：2003年　③点数：　④特記：作家，出版社，独立系書店の情報を提供　⑤店舗数：　⑥旗艦店：　⑦在庫検

索：Humanitas 書店の在庫検索が可能　⑧ URL：http://www.knygynai.lt/

Patogu pirkti［Pathogenic bought］

①業種：ネット書店　②創業・設立：2002 年　③点数：リトアニア語 1 万 1 千点　④特記：　⑤店舗数：　⑥旗艦店：　⑦在庫検索：　⑧ URL：http://www.patogupirkti.lt/

Kainos

①業種：書籍価格比較　②創業・設立：2006 年　③点数：8,600 点　④特記：ネット書店 Patogu pirkti しか検索できない　⑤店舗数：数店舗（比較）　⑥旗艦店：　⑦在庫検索：　⑧ URL：http://www.kainos.lt/knygos-c118128

＜雑誌＞

Prenumerata.lt

①業種：雑誌販売　②創業・設立：2001 年　③点数：60 以上の出版社発行の新聞，雑誌，映画，CD など 500 点　④特記：新聞・雑誌は 150 誌ほど　⑤店舗数：　⑥旗艦店：　⑦在庫検索：　⑧ URL：http://www.prenumerata.lt/

＜古書店総合目録＞

Sena.lt

①業種：古書店連合目録　②創業・設立：2008 年　③点数：書籍 7 万点，雑誌 4 千誌　④特記：個人間取引のプラットフォームを提供する　⑤店舗数：17,000 ベンダー　⑥旗艦店：　⑦在庫検索：　⑧ URL：http://www.sena.lt/

3. 図書館蔵書目録　時代別

＜1547- ＞

Nacionalinės bibliotekos katalogai［National Library Catalogues］

①管理運営：国立図書館　②作成・参加館：単館　③検索対象：図書，雑誌，雑誌記事など　④レコード件数：200 万件　⑤書誌データフォーマット：UNIMARC　⑥特記：複数の冊子体全国書誌を含む書誌データベース Nacionalinės bibliografijos duomenų bankas（NBDB）は 120 万件を含む　⑦ URL：http://www.libis.lt/

Lithuanian Integrated Library Information System（LIBIS）Union Catalogue

①管理運営：国立図書館　②作成・参加館：86 館　③検索対象：図書，雑誌　④レコード件数：415 万件　⑤書誌データフォーマット：UNIMARC　⑥特記：1994 年構想，1998 年稼働　⑦ URL：http://www.libis.lt/

Lietuvos virtualios bibliotekos［Lithuanian Virtual Library］（LVB）portal

①管理運営：Lithuanian Academic Libraries Network（LABT）　②作成・参加館：18 館　③検索対象：図書，雑誌，雑誌記事，学位論文　④レコード件数：2007 年以降の電子化学位論文登録 5,000 件　⑤書誌データフォーマット：UNIMARC，MARC21　⑥特記：LABT は 1998 年成立。Ex Libris 社の Primo を利用　⑦ URL：http://primo.library.lt/

2.10　北欧

1　フィンランド共和国

Republic of Finland

1. 基本事項

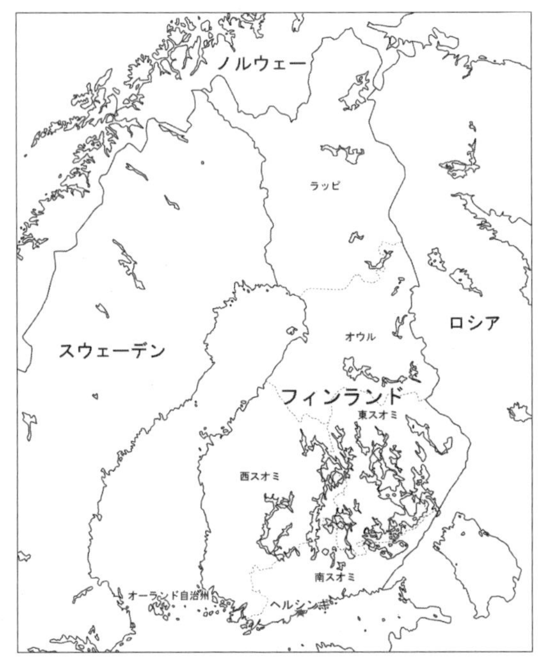

首都　ヘルシンキ

政体　共和制

元首　大統領

宗教　福音ルーテル教（国教），正教会

言語　フィンランド語，スウェーデン語

通貨　ユーロ

時差　－7時間

ccTLD　.fi

再販制度　書籍の価格拘束なし

ISBN管理機関　Finnish ISBN Agency

ISSN管理機関　Finnish ISSN Agency

全国書誌作成機関　Helsinki University Library（National Library of Finland）

ISBN国番号　978-951, 978-952

出版点数　4,430点（2005）

2. 販売目録

kirjavalitys/FinnBooks

①商品：書籍　②収録件数：12万点　③収録年：　④運営元：Kirjavälitys　⑤特記：商用データベース。1998年に国立図書館と共同でCD-ROM版を販売，現在はオンライン。多くの書店や図書館で使用されている。データは毎週更新　⑥URL：http://www.kirjavalitys.fi/

Members of FPPA | Aikakausmedia

①商品：雑誌　②収録件数：　③収録年：　④運営元：Aikakausmedia（フィンランド雑誌出版社協会）⑤特記：加盟出版社，タイトル，カテゴリから検索可能である　⑥URL：http://www.aikakauslehdet.fi/Frontpage/Members-of-FPPA/?lista=luokat

3. 出版流通　取次・書店・定期購読

＜取次＞

Kirjavälitys

①業種：取次　②創業・設立：1919年　③点数：12万点（刊行中8万点）＋英語140万点　④特記：ヘルシンキ北部50キロのヒュヴィンカーが拠点。主要出版社・書店8社による共同所有会社。物流センターの物流スペースは1万9千㎡。2万3千点在庫常備　⑤店舗数：　⑥旗艦店：　⑦在庫検索：　⑧URL：http://www.kirjavalitys.fi/

＜書店＞

Akateeminen Kirjakauppa

①業種：書店チェーン　②創業・設立：1893年　③点数：　④特記：親会社は大手Stockmannデパート　⑤店舗数：7店舗　⑥旗艦店：1969年にアアルトによって建築されたヘルシンキdowntown店は3フロア。2階にカフェあり。映画の舞台にもなっている　⑦在庫検索：　⑧URL：https:// www.akateeminenkirjakauppa.fi/

Suomalainen Kirjakauppa

①業種：書店チェーン　②創業・設立：1912年　③点数：国内10万点，英語300万点，雑誌3万誌　④特記：市場のシェアは約35%（2010年）。ヨーロッパ15か国で事業展開する英国大手メディア企業SanomaWSOYの傘下にある親会社Rautakirjaはキオスクも経営　⑤店舗数：60店舗　⑥旗艦店：2011年にリニューアルしたKamppi店。併設のカフェは朝7時から開店。またヘルシンキAleksi 23店の売場面積は約1,500㎡　⑦在庫検索：可能　⑧URL：https://www.suomalainen.com/

Suuri Kuu

①業種：書店チェーン　②創業・設立：1968年　③点数：　④特記：親会社は大手雑誌出版社Otavamedia。会員30万人を誇るブッククラブも経営している　⑤店舗数：5店舗　⑥旗艦店：　⑦在庫検索：　⑧URL：https://www.suurikuu.fi/

Bookplus.fi

①業種：ネット書店　②創業・設立：1995年　③点数：英仏フィンランド語100万点　④特記：フィンランド初のネット書店。運営は電子商取引CDONグループ傘下のHelsingin DataClub　⑤店舗数：　⑥旗艦店：　⑦在庫検索：　⑧URL：http://www.bookplus.fi/

Vertaa.fi kirjat

①業種：書籍価格比較　②創業・設立：2000年　③点数：　④特記：書籍はエンターテインメント製品のカテゴリの中　⑤店舗数：5店舗（比較）　⑥旗艦店：　⑦在庫検索：　⑧URL：http://www.vertaa.fi/kirjat/

Hintatutka.com

①業種：書籍価格比較　②創業・設立：2005年　③点数：　④特記：親会社はElib　⑤店舗数：9店舗（比較）　⑥旗艦店：　⑦在庫検索：　⑧URL：http://www.hintatutka.com/

＜雑誌＞

Lehtikuningas

①業種：雑誌販売　②創業・設立：2010年　③点数：322誌（うちフィンランド語199誌）　④特記：運営はスウェーデンMediafy ABグループの一員のMediafy Magazines　⑤店舗数：　⑥旗艦店：　⑦在庫検索：　⑧URL：http://www.lehtikuningas.fi/

＜電子書籍＞

ellibs

①業種：電子書籍書店　②創業・設立：2004年

③点数：7万3千点　④特記：Lingsoft グループの一員。ePub と PDF に対応　⑤店舗数：　⑥旗艦店：　⑦在庫検索：　⑧ URL：http://www.ellibs.com/

＜古書店総合目録＞

antikka.net

①業種：古書店連合目録　②創業・設立：1998 年　③点数：10 万点　④特記：運営は Suomen Kirjat　⑤店舗数：11 店舗（参加）　⑥旗艦店：　⑦在庫検索：　⑧ URL：http://www.antikka.net/

Antikvaari

①業種：古書店連合目録　②創業・設立：2008 年　③点数：10 万点　④特記：運営はメディア企業の Mediayhtiö Kvaliitti　⑤店舗数：50 店舗（参加）　⑥旗艦店：　⑦在庫検索：　⑧ URL：http://www.antikvaari.fi/

antikvariaatti.net

①業種：古書店連合目録　②創業・設立：2000 年　③点数：　④特記：運営はネット企業 Netello Systems　⑤店舗数：約 30 店舗（参加）　⑥旗艦店：　⑦在庫検索：　⑧ URL：http://antikvariaatti.net/

4. 図書館蔵書目録　時代別

＜1488-＞

Fennica

①管理運営：国立図書館　②作成・参加館：単館　③検索対象：図書，雑誌，雑誌記事　④レコード件数：90 万件　⑤書誌データフォーマット：MARC21　⑥特記：1488 年以降の図書，雑誌を検索することができる　⑦ URL：https://fennica.linneanet.fi/

HELKA

①管理運営：国立図書館　②作成・参加館：2 機関，20 館　③検索対象：図書，雑誌　④レコード件数：320 万件　⑤書誌データフォーマット：MARC21　⑥特記：ヘルシンキ大学図書館と国立図書館の共同目録　⑦ URL：https://helka.linneanet.fi/

LINDA

①管理運営：国立図書館　②作成・参加館：　③検索対象：図書，雑誌，学位論文　④レコード件数：520 万件　⑤書誌データフォーマット：MARC21　⑥特記：1993 年に開始された大学図書館の総合目録　⑦ URL：https://linda.linneanet.fi/

MANDA

①管理運営：国立図書館　②作成・参加館：814 館？　③検索対象：図書，雑誌　④レコード件数：　⑤書誌データフォーマット：MARC21　⑥特記：1993 年に開始された公共図書館の総合目録。2003 年に凍結，2008 年に終了した。後継は Nelli-portalen で主要図書館の OPAC を横断検索する　⑦ URL：http://www.nelliportaali.fi/

Frank Metasearch

①管理運営：フィンランド図書館協会　②作成・参加館：公共図書館，大学図書館など　③検索対象：図書，雑誌など　④レコード件数：　⑤書誌データフォーマット：　⑥特記：館種別，地域別で選択・検索可能である。MANDA より使いやすのではないか　⑦ URL：http://monihaku.kirjastot.fi/en/frank/search/

2 スウェーデン王国

Kingdom of Sweden

1. 基本事項

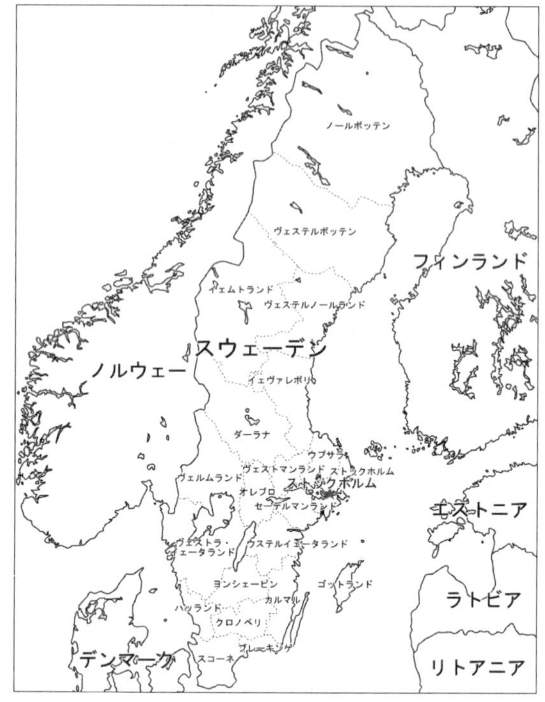

首都 ストックホルム

政体 立憲君主制

元首 国王

宗教 福音ルーテル派

言語 スウェーデン語

通貨 クローナ

時差 －8時間

ccTLD .se

再販制度 書籍の価格拘束なし

ISBN管理機関 Swedish National ISBN Agency

ISSN管理機関 ISSN Sweden

全国書誌作成機関 Kungliga Biblioteket

ISBN国番号 978-91

2. 販売目録

Sveriges Tidskrifter

①商品：雑誌 ②収録件数：400誌 ③収録年： ④運営元：Sveriges Tidskrifter スウェーデン雑誌出版社協会 ⑤特記：協会は1997年結成（前身は1931年） ⑥URL：http://sverigestidskrifter.se/

3. 出版流通 取次・書店・定期購読

＜取次＞

BTJ

①業種：図書館専門取次 ②創業・設立：1936年 ③点数： ④特記：元はスウェーデン図書館協会による販売部門だった ⑤店舗数： ⑥旗艦店： ⑦在庫検索： ⑧URL：http://www.btj.se/

Förlagssystem

①業種：取次 ②創業・設立：1989年 ③点数：30万点（英語書籍） ④特記：ストックホルムを拠点に支社2社，フィンランドに1社。スウェーデン500出版社の書籍を扱い，在庫5万冊。2006

年には1848年創業のスウェーデン唯一のフルライン卸売業者のSeeligを買収。ネット書店Butikenも展開 ⑤店舗数： ⑥旗艦店： ⑦在庫検索：在庫冊数まで表示 ⑧URL：http://www.forlagssystem.se/；http://www.fsbutiken.se/（ネット書店）

Morgongåva Företagspark

①業種：共同倉庫 ②創業・設立：1988年 ③点数： ④特記：ウプサラ郡Heby市Morgongåvaにあるネット書店adlibris，取次Förlagssystem，ウプサラ美術館財団，ディスカウントチェーンKarlssonによる共同ビジネスパーク。物流センターの敷地面積は3万1千㎡ ⑤店舗数： ⑥旗艦店： ⑦在庫検索： ⑧URL：http://www.morgongava.com/

Svenska Interpress

①業種：雑誌取次 ②創業・設立：2000年 ③点数：国際雑誌2,300誌，国内雑誌350誌，国外紙50紙 ④特記：世界各国の新聞を扱う雑誌・新聞専門店。全国約3,300小売業者に雑誌や新聞を提供する。親会社はノルウェーのReitan Group ⑤店舗数：世界180店？ ⑥旗艦店： ⑦在庫検索： ⑧URL：http://www.interpress.se/

＜書店＞

Akademibokhandeln

①業種：書店チェーン ②創業・設立：1992年（前身あり） ③点数： ④特記：学生組合が1970年に開始した書店を前身とする。ネット書店Bokusと出版グループNorstedtsとでKFメディア協同組合を形成。書店市場の約4割と書籍市場全体の約15%を専有。サイトに検索機能なし ⑤店舗数：66店舗 ⑥旗艦店：ストックホルムMäster Samuelsgatan店の在庫は12万5千点，カフェあり ⑦在庫検索： ⑧URL：http://www.akademibokhandeln.se/

Bokia

①業種：書店チェーン ②創業・設立：1986年 ③点数：400万点 ④特記：ヨーテボリに本社 ⑤店舗数：76店舗 ⑥旗艦店：ヨーテボリのFrölunda torgにあるVästra Frölunda店は3フロア。日曜日も開店 ⑦在庫検索： ⑧URL：http://www.bokia.se/

adlibris

①業種：ネット書店 ②創業・設立：1997年 ③点数： ④特記：北欧4か国すべての書籍を扱う。2005年からBonnierkoncernenグループの一員 ⑤店舗数： ⑥旗艦店： ⑦在庫検索： ⑧URL：http://www.adlibris.com/

Bokus

①業種：ネット書店 ②創業・設立：1997年 ③点数：600万点 ④特記：1998年にKFメディアグループが買収，2000年に独メディアグループ，ベルテルスマンと共同経営，2009年からはKFメディアグループが全額出資会社となった。iPhone & Androidアプリあり ⑤店舗数： ⑥旗艦店： ⑦在庫検索： ⑧URL：http://www.bokus.com/

Smakprov Media

①業種：書籍情報提供 ②創業・設立：2004年 ③点数： ④特記：紙書籍のサンプルページ（試読）を提供し，ネット書店adlibris，Bokia，Bokus，CDONで購入することができる。目録は内容要旨検索可能である ⑤店舗数： ⑥旗艦店： ⑦在庫検索： ⑧URL：http://www.smakprov.se/

bokfynd.nu

①業種：書籍価格比較 ②創業・設立：1998年 ③点数：600万点 ④特記：運営はTriple Beta社 ⑤店舗数：4店舗（価格比較） ⑥旗艦店： ⑦在

庫検索： ⑧ URL：http://www.bokfynd.nu/

<電子書籍>

elib

①業種：電子書籍情報提供 ②創業・設立：2000年 ③点数： ④特記：PDF，ePub，Mobipocketに対応。購入はネット書店各社から ⑤店舗数： ⑥旗艦店： ⑦在庫検索： ⑧ URL：http://www.elib.se/

<雑誌>

Press Stop

①業種：雑誌販売 ②創業・設立：1941年 ③点数：国際雑誌2,000誌，国内新聞400紙，国外100紙 ④特記：世界各国の新聞を扱う専門代理店 ⑤店舗数：10店鋪程度あるようだ ⑥旗艦店： ⑦在庫検索： ⑧ URL：http://www.press-stop.se/

Tidningskungen

①業種：雑誌販売 ②創業・設立：2006年 ③点数：1,600誌（国内誌は200誌程度） ④特記：運営は2001年からスウェーデン，ノルウェー，フィンランドで活動するMediafy Magazines ⑤店舗数： ⑥旗艦店： ⑦在庫検索： ⑧ URL：http://www.tidningskungen.se/

Tidningsbutiken

①業種：雑誌販売 ②創業・設立：2004年 ③点数：600誌 ④特記：これも運営はMediafy Magazines ⑤店舗数： ⑥旗艦店： ⑦在庫検索： ⑧ URL：http://www.tidningsbutiken.se/

<古書店総合目録>

Antikvariat

①業種：古書店連合目録 ②創業・設立：1998年 ③点数：173万件 ④特記：国際古書籍商連盟International League of Antiquarian Booksellersの北欧加盟4か国による古書データベース ⑤店舗数：96店舗 ⑥旗艦店： ⑦在庫検索： ⑧ URL：http://www.antikvariat.net/

Bokbörsen

①業種：古書店連合目録 ②創業・設立：2000年 ③点数：181万点 ④特記：個人間の電子商取引のポータル ⑤店舗数： ⑥旗艦店： ⑦在庫検索： ⑧ URL：http://www.bokborsen.se/

4. 図書館蔵書目録 時代別

<1600-1833，1866-＞

Libris（Bibliotek.se）

①管理運営：王立図書館 ②作成・参加館：170館 ③検索対象：図書，雑誌，学位論文など ④レコード件数：SB16 & SB17は7万1千件，Librisは62万件，王立図書館200万件 ⑤書誌データフォーマット：MARC21 ⑥特記：スウェーデン遡及的全国書誌Svensk bibliografiのSB16（Collijn），SB17，1866年以降の書籍情報を網羅する全国総合目録Libris，王立図書館蔵書目録Regina，1976年以降の書籍情報を提供する全国書誌National- bibliografinが含まれる全国総合目録 ⑦ URL：http://libris.kb.se/deldatabas.jsp；http://www.bibliotek.se/

<1830-1865>

Svenskt boklexikon

①管理運営：Project Runeberg ②作成・参加館：単館 ③検索対象：図書 ④レコード件数： ⑤書誌データフォーマット： ⑥特記：1992年に始まった北欧文献電子化事業で電子化されたHjalmar Linnström編集による書誌 ⑦ URL：http://runeberg.org/linnstrom/

<学位論文>

dissertations.se

①管理運営：Academic Network　②作成・参加館：34大学　③検索対象：学位論文　④レコード件数：全文3万件　⑤書誌データフォーマット：　⑥特記：Academic Networkは大学生や卒業生のためのコミュニティ　⑦URL：http://www.dissertations.se/

3　ノルウェー王国

Kingdom of Norway

1. 基本事項

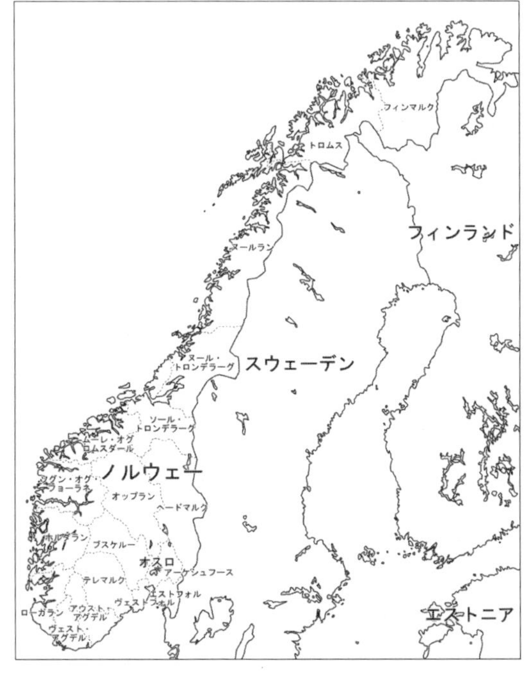

首都　オスロ

政体　立憲君主制

元首　国王

宗教　福音ルーテル派（国教）

言語　ノルウェー語

通貨　クローネ

時差　－8時間

ccTLD　.no

再販制度　書籍の価格拘束あり

ISBN管理機関　The Norwegian ISBN Agency, National Library of Norway

ISSN管理機関　ISSN Norway

全国書誌作成機関　Universitetsbiblioteket i Oslo（National Library of Norway）

ISBN国番号　978-82

2. 販売目録

Fagpressekatalogen

①商品：雑誌　②収録件数：　③収録年：　④運営元：ノルウェー専門プレス協会（Den Norske Fagpresses Forening）　⑤特記：1898年設立。加盟230社が刊行する新聞・雑誌を収録する　⑥URL：http://www.fagpressen.no/id/3653.0

Bokbasen

①商品：書籍　②収録件数：1,500社の17万点（刊

行中7万点） ③収録年： ④運営元：Den norske Bokdatabasen（Bokbasen） ⑤特記：Bokbasenは大手出版社3社，取次2社，書店8店による共同出資会社。1984年に大手取次のForlagsentralen社員（システム開発者と図書館員からなる小グループ）による新刊書籍プロジェクトが原点。電子書籍を一元管理できるデジタル本棚Bokskyaも運営 ⑥URL：http://www.bokbasen.no/

3. 出版流通 取次・書店・定期購読

＜取次＞

Sentraldistribusjon

①業種：書籍取次 ②創業・設立：1989年 ③点数：155出版社，3万9千点 ④特記：オスロを拠点とする大手取次の一つ。大手出版社Cappelen Dammによって設立。物流センターには4万点在庫19万冊。シェアは50% ⑤店舗数： ⑥旗艦店： ⑦在庫検索： ⑧URL：http://www.sd.no/

Forlagsentralen

①業種：書籍取次 ②創業・設立：1922年 ③点数：2万5千点 ④特記：オスロ南部のLanghusを拠点。親会社はGyldendalとH. Aschehougの2社（出資比率5割ずつ）。物流センターのスペースは約1万5千㎡に在庫1,900万冊 ⑤店舗数： ⑥旗艦店： ⑦在庫検索： ⑧URL：http://www.forlagssentralen.no/

Bladcentralen

①業種：雑誌取次 ②創業・設立：1933年 ③点数： ④特記：オスロに拠点。大手出版社7社が株主。スーパーマーケット3,700店，コンビニ1,300店，駅売店1,200店に雑誌配本を行う ⑤店舗数： ⑥旗艦店： ⑦在庫検索： ⑧URL：http://www.bladcentralen.no/

Biblioteksentralen

①業種：図書館専門取次 ②創業・設立：1952年（前身1902年） ③点数：17万点（BSMARC） ④特記：ノルウェー全土の公共図書館400館と公共図書館協会が所有する公共図書館ライブラリーセンターとして設立。図書館に書籍や備品を独占販売する。集中図書館目録システムBIBBI katalogdata（BSMARC）が検索可能で，図書館は目録データとしてBSMARC（MARC21，Nor MARC）を取得する。2006年に34%の株式を所有する子会社の教科書取次・販売BS Norli Skoleは教科書販売の各自治体の入札に参加，4割のシェアを獲得した。その後2010年にNorliグループから株式を取得し100%出資会社とした ⑤店舗数： ⑥旗艦店： ⑦在庫検索： ⑧URL：http://www.bibsent.no/

＜書店＞

Ark

①業種：書店チェーン ②創業・設立：1978年 ③点数：26万点 ④特記：出版グループGyldendal ASAの完全子会社 ⑤店舗数：101店舗 ⑥旗艦店：オスロのØvre SlottsgateのEgertorget店は1,000㎡。オスロから10キロ西にあるショッピングセンターBaker Hansen Sandvika Storsenterの店舗は2フロア1,500㎡。カフェあり ⑦在庫検索： ⑧URL：http://www.ark.no/

Akademika-konsernet

①業種：書店チェーン ②創業・設立：1952年 ③点数： ④特記：「学生自身のための本屋」が原点。親会社は出版社Unipub等で構成する学生団体Studentsamskipnaden ⑤店舗数：16店舗 ⑥旗艦店： ⑦在庫検索：可能 ⑧URL：http://www.akademika.no/

Libris
①業種：書店チェーン　②創業・設立：1972年　③点数：　④特記：親会社はNorgesGruppen傘下のNorli Libris ⑤店舗数：117店舗　⑥旗艦店：オスロのGrensen店は3フロア構成で2階にカフェあり　⑦在庫検索：　⑧URL：http://www.libris.no/

Norli
①業種：出版社，書店チェーン　②創業・設立：1883年　③点数：　④特記：Norli Gruppenの一員。2011年に有力書店チェーンLibrisと合併を発表。ブランド名は維持される　⑤店舗数：171店舗　⑥旗艦店：オスロ大学通り店（Universitetsgate）は1,800㎡に在庫6万点，50万冊　⑦在庫検索：　⑧URL：http://www.norli.no/

Tanum
①業種：書店チェーン　②創業・設立：1832年　③点数：400万点　④特記：Cappelen Damm Holdingの完全子会社　⑤店舗数：15店舗　⑥旗艦店：オスロKarl Johan店は1,000㎡に在庫7万冊　⑦在庫検索：　⑧URL：http://www.tanumbokhandel.no/；http://www.tanum.no/（ブッククラブ）

Notabene Center
①業種：書店チェーン　②創業・設立：1990年　③点数：　④特記：町の本屋さん。ポーランドで9店舗とスウェーデンの2店舗も展開　⑤店舗数：140店舗　⑥旗艦店：オスロ南西のドラメン近郊の都市SolbergelvaのTeglverksveienに本社あり　⑦在庫検索：　⑧URL：http://www.notabene.no/

iBok
①業種：書籍価格比較　②創業・設立：2008年　③点数：　④特記：親会社はStudent Media。電子市場iTorg.noの一部門　⑤店舗数：4店舗（横断検索。うち2店がノルウェー）　⑥旗艦店：　⑦在庫検索：　⑧URL：http://www.ibok.no/

＜電子書籍＞

Digitalbok.no
①業種：電子書籍書店　②創業・設立：2007年　③点数：　④特記：親会社はオンライン書籍小売業のElittera。ノルウェーの電子書籍を一元管理できるデジタル本棚Bokskyaを採用。ePub形式に対応　⑤店舗数：　⑥旗艦店：　⑦在庫検索：　⑧URL：http://www.digitalbok.no/

＜雑誌＞

Narvesen
①業種：雑誌販売　②創業・設立：1894年　③点数：800誌　④特記：雑誌専門店。親会社は卸売業者＆小売部門のフランチャイズ展開を行うReitanグループ。iPhone/Androidアプリあり　⑤店舗数：440店舗　⑥旗艦店：　⑦在庫検索：　⑧URL：http://www.narvesen.no/

Blablabla.no
①業種：雑誌販売　②創業・設立：2008年　③点数：200誌　④特記：運営はMediafy Magazines　⑤店舗数：　⑥旗艦店：　⑦在庫検索：　⑧URL：http://www.blablabla.no/

Bladkongen
①業種：雑誌販売　②創業・設立：2008年　③点数：1,600誌（国内誌は200誌程度）　④特記：運営はこれもMediafy Magazines。親会社はスウェーデンの市場調査販売会社Medieutveckling　⑤店舗数：　⑥旗艦店：　⑦在庫検索：　⑧URL：http://www.bladkongen.no/

＜古書店総合目録＞

Bokloftet

①業種：古書　②創業・設立：　③点数：4万点　④特記：オスロから北へ100キロ離れたLøiten Brænderiにある出版社Lokalhistoriskが運営する　⑤店舗数：1店舗　⑥旗艦店：　⑦在庫検索：　⑧URL：http://www.bokloftet.no/

Antikvariat

①業種：古書店連合目録　②創業・設立：1998年　③点数：173万件　④特記：国際古書籍商連盟International League of Antiquarian Booksellersの北欧加盟4か国による古書データベース　⑤店舗数：96店舗　⑥旗艦店：　⑦在庫検索：　⑧URL：http://www.antikvariat.net/

4. 図書館蔵書目録　時代別

＜1540-＞

Norsk bokfortegnelse

①管理運営：国立図書館　②作成・参加館：単館　③検索対象：図書Norbok，雑誌Norper，雑誌記事Norartなど　④レコード件数：99万件　⑤書誌データフォーマット：NorMARC，BibsysMARC　⑥特記：全国書誌　⑦URL：http://www.nb.no/vare_kataloger/

＜1814-＞

Bibsys

①管理運営：Bibsys　②作成・参加館：110館　③検索対象：図書，雑誌，雑誌記事など　④レコード件数：570万件　⑤書誌データフォーマット：BibsysMARC　⑥特記：1972年に開始された大学図書館と専門図書館による総合目録　⑦URL：http://www.bibsys.no/

SAMBOK

①管理運営：国立図書館　②作成・参加館：350館　③検索対象：図書，雑誌　④レコード件数：431万件　⑤書誌データフォーマット：NorMARC　⑥特記：1983年に開始された全国総合目録　⑦URL：http://www.nb.no/baser/sambok/

4　デンマーク王国

Kingdom of Denmark

1. 基本事項

首都　コペンハーゲン

政体　立憲君主制

元首　女王

宗教　福音ルーテル派（国教）

言語　デンマーク語

通貨　デンマーク・クローネ

時差　－ 8 時間

ccTLD　.dk

再販制度　書籍の価格拘束なし（時限再販）

ISBN 管理機関　Dansk Biblioteks Center

ISSN 管理機関　ISSN Denmark

全国書誌作成機関　Dansk Biblioteks Center

ISBN 国番号　978-87

出版点数　13,227 点（2005）

2. 販売目録

BogGuide

①商品：書籍　②収録件数：　③収録年：　④運営元：デンマーク書店協会 Boghandlerforeningen　⑤ 2000 年に公開されたデンマークの 9 割の書店 400 店が加盟する協会提供の販売用データベース　⑥ URL：http://www.bogguide.dk/

Min Bog Din Bog

①商品：書籍　②収録件数：　③収録年：　④運営元：大手出版社 Gyldendals　⑤後述する業界統合 Web 注文システム bogportalen.dk を利用した自分の本棚を作れるコミュニティサイト　⑥ URL：http://www.minbogdinbog.dk/

Mediedatabasen – Danske Specialmedier online

①商品：雑誌　②収録件数：560 誌　③収録年：　④運営元：Danske Specialmedier［Association of the Danish Specialized Press］　⑤特記：協会は 1905 年に創立。加盟 360 社の発行する雑誌が調べられる　⑥ URL：http://www.media.danskespecialmedier.dk/

3. 出版流通　取次・書店・定期購読

＜取次＞

DBK

①業種：取次　②創業・設立：1894 年　③点数：　④特記：コペンハーゲンもあるシェラン島のキューゲを拠点とする大手取次。出版社 600 社の発行書籍を日々350 小売店に配本する。物流センターの容積は 10 万㎥。独自の EDI システムを構築。また大手取次の Nordisk Bog Center とともに業界統合 Web 注文システム bogportalen.dk（旧 Bogdata）を構築　⑤店舗数：　⑥旗艦店：　⑦在庫検索：　⑧ URL：http://www.dbk.dk/

Nordisk Bog Center

①業種：取次　②創業・設立：1998 年　③点数：　④特記：コペンハーゲンもあるシェラン島中心の Haslev を拠点とする大手取次。500 出版社，2 万 6 千点，20 万冊を扱う。親会社は大手出版社の Gyldendal　⑤店舗数：　⑥旗艦店：　⑦在庫検索：　⑧ URL：http://www.nordisk-bog-center.dk/

＜書店＞

GAD

①業種：出版社，書店チェーン　②創業・設立：1855-2007 年　③点数：　④特記：かつてあった最大手の老舗書店チェーン。18 店舗は 3 つの書店チェーンを経営する Indeks Retail A/S に売却された　⑤店舗数：18 店舗（当時）　⑥旗艦店：　⑦在庫検索：　⑧ URL：

Bog & idé

①業種：書店チェーン　②創業・設立：1998 年　③点数：　④特記：親会社は Indeks Retail A/S。主要都市とその中心部に出店。スローガンは「頭のビタミン」　⑤店舗数：89 店舗　⑥旗艦店：　⑦在庫検索：　⑧ URL：http://www.bog-ide.dk/

Arnold Busck

①業種：書店チェーン　②創業・設立：1896 年　③点数：　④特記：コペンハーゲンを拠点とする 4 世代目を迎えた家族企業　⑤店舗数：34 店舗　⑥旗艦店：コペンハーゲン西南にある駅近くのバルビュー店は 500㎡　⑦在庫検索：　⑧ URL：http://www.arnoldbusck.dk/

Bøger & Papir

①業種：書店チェーン　②創業・設立：1998 年？　③点数：　④特記：親会社は Indeks Retail A/S。中型都市に出店　⑤店舗数：70 店舗　⑥旗艦店：　⑦在庫検索：　⑧ URL：http://www.boegerogpapir.dk/

Academic Books

①業種：書店チェーン　②創業・設立：1967 年　③点数：　④特記：学術書店 Copenhagen Business School（CBS）の学生によって創業。2009 年にコペンハーゲン大学内の書店を継承した　⑤店舗数：7 店舗　⑥旗艦店：　⑦在庫検索：在庫書店表示あり　⑧ URL：http://www.academicbooks.dk/

Boghandleren

①業種：書店チェーン（書店グループ）　②創業・設立：1998 年？　③点数：　④特記：親会社は Indeks Retail A/S。コンセプト書店の位置付け　⑤店舗数：16 店舗　⑥旗艦店：ユトランド半島中西部イエリングにあるグループ参加店の Betty Mogensens 書店は創業 1826 年　⑦在庫検索：　⑧ URL：http://www.boghandleren.dk/

Atuagkat Bookstore

①業種：書店　②創業・設立：1976 年　③点数：　④特記：グリーンランド・ヌークにある書店。2005 年に経営者が交代　⑤店舗数：1 店舗　⑥旗艦店：　⑦在庫検索：　⑧ URL：http://www.atuagkat.com/

Gyldendals

①業種：ネット書店　②創業・設立：2010 年？　③点数：　④特記：大手出版社 Gyldendal が 100% 出資　⑤店舗数：　⑥旗艦店：　⑦在庫検索：　⑧ URL：http://www.g.dk/

Saxo

①業種：ネット書店　②創業・設立：1999 年　③点数：　④特記：2006 年に店舗販売の Olesen Bøger og Papir（現 BOGhandleren）から分離独立。創業当時から親会社が複数回変わっており，現在の親会社は大手メディア企業の JP/Politiken　⑤店舗数：　⑥旗艦店：　⑦在庫検索：　⑧ URL：http://www.saxo.dk/

Pensum.dk

①業種：書籍価格比較　②創業・設立：2000 年　③点数：数百万点　④特記：古書も扱う　⑤店舗数：35 店舗（横断検索）。運営元の Flexional はゲートウェイ（情報通信拠点）の開発と運用を目指す 2 人の学生によって創業　⑥旗艦店：　⑦在庫検索：　⑧ URL：http://www.pensum.dk/

Bogpriser.dk

①業種：書籍価格比較　②創業・設立：2002 年　③点数：　④特記：Flexional 社の価格比較技術を使用している模様　⑤店舗数：29 店舗　⑥旗艦店：　⑦在庫検索：　⑧ URL：http://www.bogpriser.dk/

＜電子書籍＞

DigiBooks

①業種：電子書籍書店　②創業・設立：2011 年（サイト公開）　③点数：　④特記：ePub 形式。書店チェーン GAD と共同で紙＋電子書籍のサイト

を運用していたが，GADが出版社専業になったため分離した　⑤店舗数：　⑥旗艦店：　⑦在庫検索：　⑧ URL：http://www.digibooks.dk/

＜雑誌＞

Bladkiosken.dk

①業種：雑誌販売　②創業・設立：2000年　③点数：3,200誌（うち国外誌3,000誌）　④特記：ユトランド半島中部のヴィボーを拠点。国内ニューススタンドでの法外な外国雑誌の価格に対する「抗議」で創業した　⑤店舗数：　⑥旗艦店：　⑦在庫検索：　⑧ URL：http://www.bladkiosken.dk/

＜古書店総合目録＞

bogbasen.dk

①業種：古書店　②創業・設立：2004年　③点数：　④特記：個人間の電子商取引のポータル　⑤店舗数：　⑥旗艦店：　⑦在庫検索：　⑧ URL：http://www.bogbasen.dk/

Antikvariat

①業種：古書店連合目録　②創業・設立：1998年　③点数：173万件　④特記：国際古書籍商連盟International League of Antiquarian Booksellersの北欧加盟4か国による古書データベース　⑤店舗数：96店舗　⑥旗艦店：　⑦在庫検索：　⑧ URL：http://www.antikvariat.net/

4. 図書館蔵書目録　時代別

＜1482-＞

Rex : Nationalbibliografi

①管理運営：王立図書館　②作成・参加館：単館　③検索対象：図書，雑誌　④レコード件数：　⑤書誌データフォーマット：danMARC2　⑥特記：コペンハーゲンとカレンブラーエの王立図書館の古版本蔵書（1482-1850）を元にしたBibliotheca Danicaを含む　⑦ URL：http://www.kb.dk/da/kb/service/nationalbibliografi/

＜1851-＞

Bibliotek.dk

①管理運営：Danish Bibliographic Centre（DBC）　②作成・参加館：100館　③検索対象：図書，雑誌，雑誌記事等　④レコード件数：1,300万件　⑤書誌データフォーマット：danMARC2　⑥特記：DBCは1991年に全国書誌作成機関として設立され，総合目録DanBibを管理運営。目録には1851年以降の遡及的全国書誌とRexも含んでいるので1482年から検索可能である　⑦ URL：http://bibliotek.dk/

5　アイスランド共和国

Republic of Iceland

1. 基本事項

首都　レイキャビク

政体　共和制

元首　大統領

宗教　福音ルーテル派（国教）

言語　アイスランド語

通貨　アイスランドクローナ

時差　－9時間

ccTLD　.is

再販制度

ISBN管理機関　ISBN Agency Iceland

ISSN管理機関　ISSN Iceland

全国書誌作成機関　Útgáfu annast Landsbókasafn Islands（国立図書館）

ISBN国番号　978-9935, 978-9979

出版点数　1,533点（2007）

2. 出版流通　取次・書店・定期購読

＜書店＞

Eymundsson

①業種：書店チェーン　②創業・設立：1872年　③点数：アイスランド語書籍2,100点，雑誌610誌，電子書籍11万点　④特記：財政難に陥った1940年創業の著名書店Máls og menningarを買収した　⑤店舗数：15店舗　⑥旗艦店：レイキャビク「Austurstræti 18」店ではオンデマンド印刷，新聞1,000タイトル以上も提供。カフェあり　⑦在庫検索：　⑧URL：http://www.eymundsson.is/

Bóksala Stúdenta

①業種：書店　②創業・設立：1911年　③点数：　④特記：学生書店の名の通り，大学別教科書リストがある　⑤店舗数：2店舗　⑥旗艦店：　⑦在庫検索：　⑧URL：https://www.boksala.is/

Panama

①業種：ネット書店　②創業・設立：2011年　③点数：　④特記：2011年2月に開店したネット書店　⑤店舗数：　⑥旗艦店：　⑦在庫検索：「在庫」と表示　⑧URL：http://www.panama.is/

3. 図書館蔵書目録　時代別

Gegnir

①管理運営：Skrifstofa Landskerfis bókasafna［Office Library Consortium］　②作成・参加館：300館　③検索対象：図書，雑誌，学位論文　④レコード件数：8万件　⑤書誌データフォーマット：MARC21　⑥特記：1998年構想，2000年に評価版，2003年に公開された全国総合目録。全国書誌Icelandic National Bibliographyは1974年から検索可能（国立図書館の蔵書は1944年から検索可能）　⑦URL：http://gegnir.is/；http://beta.gegnir.is/

2.11 バルカン諸国

1 ルーマニア

Romania

1. 基本事項

首都 ブカレスト

政体 共和制

元首 大統領

宗教 ルーマニア正教

言語 ルーマニア語（公用語），ハンガリー語

通貨 レイ

時差 －7時間

ccTLD .ro

再販制度

ISBN管理機関 Centrul National de Numerotare Standardizata, Biblioteca Nationala a României

ISSN管理機関 Romanian ISSN Centre

全国書誌作成機関 Biblioteca Nationala a României

ISBN国番号 978-606, 978-973

出版点数 14,984点（2008）

2. 販売目録

Catalogul Cărților Disponibile în România（CCDR）[Romanian Books in Print]

①商品：書籍 ②収録件数：1万5千件 ③収録年： ④運営元：出版社協会AER等 ⑤特記：2006年開始。2000年構想。2001年から2004年にかけて行われたCentral and East European Book Projects（CEEBP）の基金により構築 ⑥URL：http://www.infocarte.ro/

Carti.info

①商品：書籍 ②収録件数： ③収録年： ④運営元：Anticariat Online ⑤特記：CCDRよりずっと使いやすい ⑥URL：http://www.carti.info/cautare.php

3. 出版流通 取次・書店・定期購読

＜取次＞

Depozitul de Carte Distributie（DDC）

①業種：取次 ②創業・設立：1999年 ③点数：2万点以上 ④特記：大取次。RTC Holdingの一員。150出版社2万タイトルを処理する2,000㎡の物流センターとEDIシステムCogito3を確立 ⑤店舗数： ⑥旗艦店： ⑦在庫検索： ⑧URL：

http://www.ddc.ro/

Stand Agenție Difuzare Carte

①業種：取次　②創業・設立：2005年　③点数：2万点　④特記：大取次。900出版社，1,200書店との取引　⑤店舗数：　⑥旗艦店：　⑦在庫検索：　⑧URL：http://www.7carti.ro/

<書店>

Diverta

①業種：書店チェーン　②創業・設立：1995年　③点数：　④特記：親会社は取次RTC Holding。1号店（@Libraブランド）は2001年。2001年途中から現行ブランド　⑤店舗数：50余店舗　⑥旗艦店：ブカレストPlaza Romania店（3,065㎡）　⑦在庫検索：　⑧URL：http://www.dol.ro/

Humanitas

①業種：書店チェーン　②創業・設立：1993年　③点数：6,200点　④特記：有力出版社フマニタスグループの一員。文化の振興と国民の啓発を目指す　⑤店舗数：16店舗　⑥旗艦店：2011年4月に開店したモルダヴィア地方都市ヤシ店　⑦在庫検索：　⑧URL：http://www.libhumanitas.ro/

Sedcom

①業種：書店チェーン　②創業・設立：1993年　③点数：2万点　④特記：モルダヴィア地方都市ヤシが拠点　⑤店舗数：23店舗　⑥旗艦店：　⑦在庫検索：　⑧URL：http://www.sedcom.ro/

Compania de Librarii Bucuresti

①業種：書店チェーン　②創業・設立：1950年　③点数：　④特記：伝統の老舗書店　⑤店舗数：72店舗　⑥旗艦店：　⑦在庫検索：店頭在庫冊数レベルまで可能　⑧URL：http://www.clb.ro/

Cărtureşti

①業種：書店チェーン　②創業・設立：2000年　③点数：1万5千点　④特記：ユニークな建築コンセプトとインテリアは必見　⑤店舗数：12店舗　⑥旗艦店：ブカレストArthur Verona店（600㎡）　⑦在庫検索：　⑧URL：http://librarie.carturesti.ro/

PiticiPeCreier.ro

①業種：書籍価格比較　②創業・設立：2008年　③点数：　④特記：「Nu da banii ca nebunul! Compara pretul cartilor」（Do not give money like crazy! Compare the price of books）　⑤店舗数：15店舗（比較）　⑥旗艦店：　⑦在庫検索：　⑧URL：http://www.piticipecreier.ro/

<雑誌>

Magazine Subscriptions Romania

①業種：雑誌販売　②創業・設立：2006年？　③点数：110誌　④特記：　⑤店舗数：　⑥旗艦店：　⑦在庫検索：　⑧URL：http://www.subscriptions.ro/

Manpres Distribution

①業種：雑誌販売　②創業・設立：2007年　③点数：20万誌（国内外）　④特記：新聞，雑誌，官報，経済誌を扱う　⑤店舗数：　⑥旗艦店：　⑦在庫検索：　⑧URL：http://www.manpres.ro/

Reviste.ro

①業種：雑誌販売　②創業・設立：2004年　③点数：350誌以上　④特記：ネット関連サービス企業PolNet SRLによる運営　⑤店舗数：　⑥旗艦店：　⑦在庫検索：　⑧URL：http://www.reviste.ro/

HDS Inmedio

①業種：雑誌販売　②創業・設立：1996年　③点数：600誌　④特記：仏取次Hachette Distribution

Servicesの子会社（すなわち仏メディアグループLagardère Servicesの一員） ⑤店舗数：170店舗（InmedioとRelay） ⑥旗艦店： ⑦在庫検索： ⑧URL：http://www.hdsinmedio.ro/

＜古書店総合目録＞

Librarie.net

①業種：古書店連合目録 ②創業・設立：2001年 ③点数：10万点 ④特記：運営はAnticariat Online SRL社。新刊，映画ソフト，おもちゃ，音楽ソフト等も扱う ⑤店舗数： ⑥旗艦店： ⑦在庫検索：在庫有無指定可能 ⑧URL：http://www.librarie.net/

Magazinul de Carte

①業種：古書店連合目録 ②創業・設立：2010年 ③点数：1万点 ④特記： ⑤店舗数： ⑥旗艦店： ⑦在庫検索： ⑧URL：http://www.magazinul-de-carte.ro/

4. 図書館蔵書目録　時代別

＜1448-1508＞

Catalogul colectiv al incunabulelor

①管理運営：記憶文化研究所cIMeC ②作成・参加館：19館 ③検索対象：古版本 ④レコード件数：1,700件 ⑤書誌データフォーマット： ⑥特記：各種冊子体目録を統合 ⑦URL：http://www.cimec.ro/scripts/Carte/incunabule/

＜1508-1918＞

Bibliografia națională retrospectivă a cărții românești [Retrospective National Bibliography of Romanian Books]

①管理運営：Biblioteca Academiei Române ②作成・参加館： ③検索対象：古版本等 ④レコード件数： ⑤書誌データフォーマット： ⑥特記：遡及的全国書誌のBibliografia românească veche（BRV）とBibliografia românească modernă（BRM）を電子化したもの ⑦URL：http://www.biblacad.ro/bnr/

＜1919-1952＞

Bibliografia românească contemporană [Bibliography of contemporary Romanian]

①管理運営：Biblioteca Academiei Române（BAR） ②作成・参加館：単館 ③検索対象：図書・雑誌 ④レコード件数：8万点 ⑤書誌データフォーマット：UNIMARC ⑥特記：標題の目録はルーマニア学術図書館BARのOPACで検索可能である ⑦URL：http://www.biblacad.ro/catonline.html

＜1952-＞

Bibliografia națională a României. Cărți, albume, hărți [Romania's national bibliography. Books, albums, maps]

①管理運営：国立図書館 ②作成・参加館：単館 ③検索対象：図書・雑誌等 ④レコード件数： ⑤書誌データフォーマット：冊子体版のみ ⑥特記：1951年以降の調査 ⑦URL：

＜1993-＞

Bibliografia națională României : BNR Bib [Romania's national bibliography : BNR Bib]

①管理運営：国立図書館 ②作成・参加館：単館 ③検索対象：図書・雑誌等 ④レコード件数： ⑤書誌データフォーマット：UNIMARC，MARC21 ⑥特記：Ex Libris社のAleph ⑦URL：http://aleph.bibnat.ro:8991/F

Romanian Union Catalog – ROLiNeST

①管理運営：科学技術情報文書全国統一システムNUSIDOC- S&T ②作成・参加館：国立大学・機

関 12 館　③検索対象：図書・雑誌　④レコード件数：　⑤書誌データフォーマット：MARC21 等　⑥特記：Ex Libris 社の Metalib を利用　⑦ URL：http://aleph.edu.ro/V

Tinread, Biblio.ro

①管理運営：IME România　②作成・参加館：15 館　③検索対象：図書・雑誌　④レコード件数：　⑤書誌データフォーマット：　⑥特記：USAID-Access RITI プログラムにより 2004 年に開始。2005 年公開　⑦ URL：http://catalog.biblio.ro/

2　ブルガリア共和国

Republic of Bulgaria

1. 基本事項

首都　ソフィア

政体　共和制

元首　大統領

宗教　ブルガリア正教

言語　ブルガリア語

通貨　レフ（複数形：レヴァ）

時差　－ 7 時間

ccTLD　.bg

再販制度

ISBN 管理機関　National ISBN Agency, National Library St. Cyril and St. Methodius

ISSN 管理機関　Bulgarian National ISSN Centre

全国書誌作成機関　National Library St. Cyril and St. Methodius

ISBN 国番号　978-954

2. 販売目録

Национален регистър на издаваните книги в България [National Register of books issued in Bulgaria]

①商品：書籍　②収録件数：　③収録年：　④運営元：国立図書館　⑤特記：2011 年公開。書店リストあり　⑥ URL：http://www.booksinprint.bg/

3. 出版流通　取次・書店・定期購読

<取次>

Booktrading（Буктрейдинг）

①業種：書籍取次，書店チェーン　②創業・設立：1996 年　③点数：4 万点　④特記：　⑤店舗数：9 店舗　⑥旗艦店：　⑦在庫検索：　⑧ URL：http://www.booktrading.bg/

Bulgar Press

①業種：新聞・雑誌取次（全国）　②創業・設立：1993 年　③点数：　④特記：親会社の Hachette NNP Bulgaria は，独出版社 Axel Springer と仏取次

Hachette Distribution Servicesの両者による合弁会社。仏メディアグループLagardère Servicesの一員　⑤店舗数：　⑥旗艦店：　⑦在庫検索：　⑧URL：http://www.bulgarpress.com/

＜書店＞

Хермес［Hermes］

①業種：出版社，書店チェーン　②創業・設立：1991年　③点数：　④特記：最大手出版社による書店。1号店は1998年　⑤店舗数：6店舗　⑥旗艦店：ソフィアEvtimiy通りの中央店は400㎡　⑦在庫検索：　⑧URL：http://www.hermesbooks.com/

Хеликон［Helikon］

①業種：書店チェーン　②創業・設立：1992年　③点数：2万2千点　④特記：ソフィア物流センターは店舗も兼ねる。スマートフォン対応サイトあり　⑤店舗数：16店舗　⑥旗艦店：ソフィアPatriarh Evtimiy通りのVitosha店は3フロア730㎡に在庫3万5千冊　⑦在庫検索：　⑧URL：http://www.helikon.bg/

Пингвините［Penguin］

①業種：書店チェーン　②創業・設立：1999年　③点数：　④特記：目録は要旨検索可能である　⑤店舗数：58店舗　⑥旗艦店：北部の都市ルセ店は500㎡，カフェあり。ソフィア大学聖Kliment Ohridski地下鉄駅近くのRektorata店も500㎡，カフェ併設　⑦在庫検索：　⑧URL：http://www.pe-bg.com/

Knigi, Izgodnobg

①業種：書籍価格比較　②創業・設立：2008年　③点数：500点？　④特記：　⑤店舗数：18店舗（比較）　⑥旗艦店：　⑦在庫検索：　⑧URL：http://knigi.izgodnobg.com/

＜電子書籍＞

e-bookBG

①業種：電子書籍書店　②創業・設立：2009年　③点数：3,600点　④特記：有料・無料あり　⑤店舗数：　⑥旗艦店：　⑦在庫検索：　⑧URL：http://e-bookbg.com/

＜雑誌＞

Семир 2［Semir 2］

①業種：新聞・雑誌取次・販売　②創業・設立：1992年（前身あり）　③点数：国内外日刊紙87誌，週刊誌139誌，月刊誌463誌　④特記：　⑤店舗数：　⑥旗艦店：　⑦在庫検索：　⑧URL：http://www.semir.bg/

abonamenti.com

①業種：新聞・雑誌販売　②創業・設立：1993年　③点数：　④特記：運営はАртефакт社。国内外新聞・雑誌　⑤店舗数：　⑥旗艦店：　⑦在庫検索：　⑧URL：http://www.abonamenti.com/

＜古書店総合目録＞

Купи книга［Kupi Kniga］

①業種：古書店連合目録　②創業・設立：不明　③点数：数万点　④特記：2古書目録の横断検索　⑤店舗数：　⑥旗艦店：　⑦在庫検索：　⑧URL：http://kupikniga.net/

4. 図書館蔵書目録　時代別

＜1508-1878＞

Каталог на българските печатни книги［Catalogue of printed books in Bulgarian］

①管理運営：ソフィア大学図書館　②作成・参加館：　③検索対象：古版本，図書，雑誌　④レコード件数：図書2,040件，雑誌100誌　⑤書誌データフォーマット：　⑥特記：2007年に冊子体で

出版された古版本総合目録。編者はНиколай Теодосиев。現時点ではネット公開なし ⑦URL：

＜1876-＞

COBISS.BG

①管理運営：国立図書館 ②作成・参加館：単館 ③検索対象：図書・雑誌（1992-）・学位論文・雑誌論文 ④レコード件数：図書40万件，論文40万件，雑誌4万件 ⑤書誌データフォーマット：COMARC，MARC 21 ⑥特記： ⑦URL：http://www.bg.cobiss.net/

COBIB.BG

①管理運営：国立図書館 ②作成・参加館：複数館 ③検索対象：図書・雑誌（1992-）・学位論文・雑誌論文 ④レコード件数：図書40万件，論文40万件，雑誌4万件 ⑤書誌データフォーマット：COMARC，MARC 21 ⑥特記：複数館による総合目録だが，現在の参加館は国立図書館だけのようだ ⑦URL：http://www.bg.cobiss.net/

NALIS Union Catalogue

①管理運営：NALIS Foundation ②作成・参加館：12館？ ③検索対象：図書 ④レコード件数：50万件 ⑤書誌データフォーマット：MARC21 ⑥特記：2009年からAmerica for Bulgaria Foundationの支援のもと開始された国立大学図書館総合目録。iPhone対応サイトあり ⑦URL：http://www.nalis.bg/

Регина［Regina］, iLibrary

①管理運営：iLibraryとPrimasoft ②作成・参加館：4館 ③検索対象：図書 ④レコード件数：15万件以上 ⑤書誌データフォーマット：MARC21 ⑥特記：2002年に開始された国立図書館と地域の有力公共図書館3館による総合目録。1990年以降の入手資料が中心 ⑦URL：http://ruc.ilib.primasoft.bg/

3 旧ユーゴスラビア

Jugoslavija

1. 基本事項

2. 図書館蔵書目録 時代別

COBISS.Net

①管理運営：IZUM ②作成・参加館：600館 ③検索対象：図書，雑誌，雑誌記事 ④レコード件数：800万件 ⑤書誌データフォーマット：UNIMARC，COMARC，MARC21 ⑥特記：1987

年にユーゴスラビア国立図書館協会により共同分担目録構築を決定。情報科学研究所 IZUM により連邦主要 55 図書館によりネットワークが成立。1991 年の連邦崩壊によりスロベニア以外の図書館は共同分担目録事業から脱退。その後 2003 年にクロアチアを除く旧ユーゴ諸国によって COBISS.Net のネットワークの設立に関する協定が締結され，2006 年にブルガリアが加盟した。各国総合目録を統合した目録の提供はない　⑦ URL：http://www.cobiss.net/

4　セルビア共和国

Republic of Serbia

1. 基本事項

首都　ベオグラード

政体　共和制

元首　大統領

宗教　セルビア正教，カトリック等

言語　セルビア語（公用語），ハンガリー語等

通貨　ディナール

時差　－ 8 時間

ccTLD　.rs

再販制度

ISBN 管理機関　ISBN Agency, National Library of Serbia

ISSN 管理機関　National ISSN Center for Serbia

全国書誌作成機関　National Library of Serbia

ISBN 国番号　978-86

2. 販売目録

KnjigaInfo

①商品：書籍　②収録件数：5 万件　③収録年：　④運営元：Knjigainfo.com（MC MOST　1995 年設立）　⑤特記：Central and East European Book Projects（CEEBP）基金等を使い 2003 年に構築。MC MOST はネット書店 Knjizara.com も運営　⑥ URL：http://www.knjigainfo.com/

3. 出版流通　取次・書店・定期購読

<取次>

Bookbridge

①業種：取次　②創業・設立：2002 年　③点数：　④特記：国立図書館，CEEPB 基金等の支援を受け設立。出版社 100 社の書籍を扱う。MARC21 準拠　⑤店舗数：　⑥旗艦店：　⑦在庫検索：　⑧

URL：http://www.bookbridge.rs/

Data Status

①業種：出版社，書籍輸入　②創業・設立：1995年　③点数：　④特記：外国語の専門書輸入　⑤店舗数：ベオグラードにアウトレット書店。カフェあり　⑥旗艦店：　⑦在庫検索：　⑧URL：http://www.datastatus.rs/

<書店>

Delfi

①業種：書店チェーン　②創業・設立：不明　③点数：5万点　④特記：大手出版社Lagunaと協同店舗を出店。古書，ゲームも扱う。書誌に「Klikni a čítaj」とある場合は試読可能である　⑤店舗数：17店舗　⑥旗艦店：2010年9月に開店したベオグラードKralja Milana通りにあるSKC学生文化センター店は250㎡。洋書（英仏）も扱い，カフェもある。スローガン「全良書を1か所で！」　⑦在庫検索：　⑧URL：http://www.delfi.rs/

Evro-Giunti

①業種：出版社，書店チェーン　②創業・設立：1989年　③点数：4万点　④特記：出版社別年間新刊出版点数は業界1位　⑤店舗数：12店舗　⑥旗艦店：ベオグラードのアレクサンダー王通り店はワンフロア500㎡で内外図書あり　⑦在庫検索：　⑧URL：http://www.evro-giunti.com/

Vulkan

①業種：書店チェーン　②創業・設立：2010年　③点数：5万点　④特記：親会社は出版社CepterとMono i Manjane。賃金未払いで揉めた出版社Media II IPSの書店チェーンMamutを引き継いだ。スローガンは「Eruption of Ideas（知の噴火）」　⑤店舗数：10店舗　⑥旗艦店：ベオグラードSremskoj通り店は3階建て1,000㎡に5万点の内外図書　⑦在庫検索：　⑧URL：http://www.knjizare-vulkan.rs/

Knjizara.com

①業種：ネット書店　②創業・設立：1997年　③点数：5万点　④特記：MC MOST社により創業。セルビア最初かつ最大のネット書店。古書や絶版本も扱う　⑤店舗数：　⑥旗艦店：　⑦在庫検索：　⑧URL：http://www.knjizara.com/

Plato

①業種：出版社，書店チェーン　②創業・設立：1989年　③点数：　④特記：　⑤店舗数：4店舗　⑥旗艦店：Akademski plato 1番地にあるCafe Ilegala店は新刊・古書4万点扱う　⑦在庫検索：　⑧URL：http://www.plato.rs/

<雑誌>

Global Press

①業種：雑誌販売　②創業・設立：2001年　③点数：700誌（国内外）　④特記：仏メディアグループLagardère Servicesの一員　⑤店舗数：　⑥旗艦店：　⑦在庫検索：　⑧URL：http://www.globalpress.rs/

<古書店総合目録>

Antikvarijat Stare Knjige

①業種：古書店　②創業・設立：不明　③点数：2,200点　④特記：16世紀の古書も扱う　⑤店舗数：　⑥旗艦店：　⑦在庫検索：　⑧URL：http://stareknjige.com/

4. 図書館蔵書目録　時代別

<1519-1972>

Katalog knjiga na jezicima jugoslovenskih naroda

[Catalogue of books in the languages of the Yugoslav peop]
①管理運営：セルビア国立図書館　②作成・参加館：単館　③検索対象：図書　④レコード件数：35万3千件　⑤書誌データフォーマット：　⑥特記：旧ユーゴスラビア書誌情報研究所（YUBIN）編纂冊子体目録を電子化したもの（全15冊）　⑦URL：http://scr.digital.nb.rs/zbirka/kataloga/

＜1741-1867＞
Zbirka knjiga Stojana Novakovića [Collection of Stojan Novakovic]
①管理運営：国立図書館　②作成・参加館：単館　③検索対象：図書　④レコード件数：　⑤書誌データフォーマット：　⑥特記：Stojan Novakovic 編纂の冊子体目録を電子化したもの　⑦URL：http://eng.digital.nb.rs/zbirka/stara/

＜1868-1944＞
Srpska bibliografija [Serbian bibliography]
①管理運営：国立図書館　②作成・参加館：単館　③検索対象：図書　④レコード件数：10万件　⑤書誌データフォーマット：　⑥特記：同名冊子体書誌（20冊）を電子化したもの　⑦URL：http://www.nb.rs/pages/article.php?id=1381；http://eng.digital.nb.rs/zbirka/kataloga/（検索）

＜1973-＞
Elektronski katalog NBS [Electronic Catalogue NBS]
①管理運営：国立図書館　②作成・参加館：単館　③検索対象：図書，雑誌，雑誌記事　④レコード件数：67万件　⑤書誌データフォーマット：UNIMARC，COMARC，MARC21　⑥特記：　⑦URL：http://www.nb.rs/pages/article_link.php?id=109

COBISS.SR
①管理運営：国立図書館　②作成・参加館：125館　③検索対象：図書，雑誌，雑誌記事など　④レコード件数：図書150万件，雑誌6万7千件，雑誌記事70万件　⑤書誌データフォーマット：UNIMARC，COMARC，MARC21　⑥特記：クロアチアを除く旧ユーゴ諸国で総合目録プロジェクトCOBISS Networkを2003年に確立　⑦URL：http://vbs.rs/cobiss/

Katalogu Elektronik i BKUK
①管理運営：コソボ国立および大学図書館　②作成・参加館：単館　③検索対象：図書，雑誌　④レコード件数：　⑤書誌データフォーマット：UNIMARC？　⑥特記：同館の所蔵目録　⑦URL：http://www.biblioteka-ks.org/Katalogu.php

COBISS
①管理運営：AAB University　②作成・参加館：単館　③検索対象：　④レコード件数：400件　⑤書誌データフォーマット：UNIMARC，COMARC，MARC21　⑥特記：2002年創立のコソボの私立大学がCOBISS.Netに参加　⑦URL：http://www.cobiss.net/

5 モンテネグロ

Montenegro

1. 基本事項

首都 ポドゴリツァ

政体 共和制

元首 大統領

宗教 キリスト教（正教），イスラム教等

言語 モンテネグロ語（公用語），セルビア語，ボスニア語等

通貨 ユーロ

時差 − 8 時間

ccTLD .me

再販制度

ISBN 管理機関 ISBN Agency, Central National Library of Montenegro

ISSN 管理機関 Central National Library

全国書誌作成機関

ISBN 国番号 978-9940, 978-86

2. 出版流通 取次・書店・定期購読

＜書店＞

Gradska knjižara［City bookstore］

①業種：出版社，書店 ②創業・設立：不明 ③点数：3 万点 ④特記：出版社 Nova Knjiga が親会社のモンテネグロ最大の書店。セルビアにも 2 店舗 ⑤店舗数：5 店舗 ⑥旗艦店：2011 年に開店したポドコリツァ書店は在庫 3 万点 ⑦在庫検索： ⑧ URL：http://www.novaknjiga.com/

Ljetopis

①業種：出版社，書店 ②創業・設立：1975 年 ③点数： ④特記：文房具が中心？ ⑤店舗数：4 店舗（3 ブランド名で展開） ⑥旗艦店： ⑦在庫検索： ⑧ URL：http://www.ljetopis.co.me/

Knjizara.me

①業種：ネット書店 ②創業・設立：2009 年 ③点数： ④特記： ⑤店舗数： ⑥旗艦店： ⑦在庫検索： ⑧ URL：http://www.knjizara.me/

3. 図書館蔵書目録 時代別

COBISS.CG

①管理運営：VBCG Centre ②作成・参加館：25 館 ③検索対象：図書，雑誌，雑誌記事 ④レコード件数：23 万 5 千件（うち国立図書館 12 万 5

千件)，雑誌 2,000 件，雑誌 2 万 7 千件　⑤書誌データフォーマット：UNIMARC　⑥特記：国立図書館所蔵（＝全国書誌）は 1989 年から収録　⑦URL：http://vbcg.vbcg.me/

6　マケドニア旧ユーゴスラビア共和国

Former Yugoslav Republic of Macedonia

1. 基本事項

首都　スコピエ

政体　共和制

元首　大統領

宗教　キリスト教（マケドニア正教），イスラム教

言語　マケドニア語

通貨　マケドニア・デナル

時差　－ 8 時間

ccTLD　.mk

再販制度

ISBN 管理機関　ISBN Agencija na Republika Makedonija, Narodna i univerziteska biblioteka "Kliment Ohridski" - Skopje

ISSN 管理機関　ISSN Agency for Macedonia

全国書誌作成機関　Narodna i univerziteska biblioteka "Kliment Ohridski" - Skopje

ISBN 国番号　978-608, 978-9989

2. 出版流通　取次・書店・定期購読

＜書店＞

Табернакул［Tabernakul］

①業種：出版社，書店　②創業・設立：1989 年　③点数：1 万 4 千点　④特記：書店で扱うのは自社出版物，古書，Taschen 社の美術書　⑤店舗数：1 店舗　⑥旗艦店：　⑦在庫検索：　⑧ URL：http://www.tabernakul.com.mk/knizarnica.asp

Издавачки центар ТРИ [Publishing Center TRI]

①業種：出版社，書店　②創業・設立：1999 年　③点数：　④特記：自社出版物と Taschen 社の美術書を扱う　⑤店舗数：1 店舗　⑥旗艦店：　⑦在庫検索：　⑧ URL：http://www.kniga.com.mk/

3. 図書館蔵書目録　時代別

COBISS.MK

①管理運営：VBM Centre　②作成・参加館：40 館　③検索対象：図書，雑誌，雑誌記事　④レコード件数：図書 30 万件，雑誌 1 万 1 千件，記事 11 万 3 千件　⑤書誌データフォーマット：UNIMARC, COMARC，MARC21　⑥特記：スロベニアの図書館システム COBISS を利用した共同分担総合目録　⑦ URL：http://www.vbm.mk/cobiss/

7 ボスニア・ヘルツェゴビナ

Bosnia and Herzegovina

1. 基本事項

首都　サラエボ

政体　複数政党制に基づく共和制

元首　大統領評議会議長

宗教　イスラム教，セルビア正教，カトリック

言語　ボスニア語，セルビア語，クロアチア語

通貨　兌換マルク（KM）

時差　－ 8 時間

ccTLD　.ba

再販制度

ISBN 管理機関　ISBN Centre, National and University Library of Bosnia and Herzegovina

ISSN 管理機関　ISSN Centre of Bosnia and Herzegovina

全国書誌作成機関　National and University Library of Bosnia and Herzegovina

ISBN 国番号　978-9958

2. 販売目録

Knjiga.ba

①商品：書籍　②収録件数：1 万件　③収録年：　④運営元：Point 書店　⑤特記：2004 年 6 月設立。2005 年 3 月ネット販売開始　⑥ URL：http://www.knjiga.ba/

3. 出版流通　取次・書店・定期購読

<取次>

Svjetlostkomerc

①業種：取次，書店チェーン　②創業・設立：1940 年　③点数：　④特記：1991 年から現社名で活動。サイトでは文房具やバッグも販売する　⑤店舗数：17 店舗　⑥旗艦店：サラエボの 9 号店（M. Kantardžića 3）は 3,500㎡の売り場。Fetaha Bećirbegovića 43 番通りの倉庫は 5,000㎡　⑦在庫検索：　⑧ URL：http://www.svjetlostkomerc.ba/

<書店>

Trgovinsko knjižarsko društvo (TKD) Šahinpašić [Trading book trade company Šahinpašić]

①業種：出版社，書店チェーン　②創業・設立：1989 年　③点数：2 万点　④特記：各種ブックフェアを開催　⑤店舗数：2 店舗　⑥旗艦店：サラエボ・Vladislava Skarica 8 番通りの Europa ホテル内にある国際書店は国内外の書籍を扱う　⑦在庫検索：　⑧ URL：http://www.btcsahinpasic.com/

Interliber.com

①業種：ネット書店　②創業・設立：1998 年　③

点数：1万2千点　④特記：BiH最初のネット書店　⑤店舗数：　⑥旗艦店：　⑦在庫検索：　⑧URL：http://www.interliber.com/

4. 図書館蔵書目録　時代別

COBISS.BH

①管理運営：ViBBiHセンター　②作成・参加館：43館　③検索対象：図書，雑誌，雑誌記事　④レコード件数：図書32万5千件（うち国立図書館は7万6千件，スルプスカ共和国国立大学図書館は3万6千件），雑誌7,000件，記事3,000件　⑤書誌データフォーマット：UNIMARC，CORMARC，MARC21　⑥特記：1997年にCOBISSを採用。2004年に財政問題で一時停止状態に追い込まれるが無事復活した　⑦URL：http://www.cobiss.ba/

8　クロアチア共和国

Republic of Croatia

1. 基本事項

首都　ザグレブ

政体　共和制

元首　大統領

宗教　カトリック，セルビア正教等

言語　公用語はクロアチア語

通貨　クーナ（HRK）

時差　－8時間

ccTLD　.hr

再販制度

ISBN管理機関　Hrvatski ured za ISBN, Nacionalna i sveučilišna knjižnica u Zagrebu

ISSN管理機関　ISSN Centre for Croatia

全国書誌作成機関　Nacionalna i sveučilišna knjižnica u Zagrebu

ISBN国番号　978-953

2. 販売目録

Knjižni Informacijski Sustav [Book Information System]（KIS）

①商品：書籍　②収録件数：2003年段階で作家1万，出版社1万1千，書籍1万5千件だった　③収録年：　④運営元：KIS　⑤特記：2000年構想。2001年から2004年にかけて行われたCentral and East European Book Projects（CEEBP）の基金によ

り構築　⑥ URL：http://www.knjiga.hr/01.asp

3. 出版流通　取次・書店・定期購読

<取次>

VBZ

①業種：出版社，書籍取次，書店チェーン　②創業・設立：1991年　③点数：　④特記：セルビア，スロベニア，ボスニア・ヘルツェゴビナにも進出。国内外の書籍を紹介　⑤店舗数：13店舗　⑥旗艦店：　⑦在庫検索：　⑧ URL：http://www.vbz.hr/

<書店>

Profil Multimedija

①業種：書店チェーン　②創業・設立：2005年？　③点数：　④特記：親会社は有力出版社 Profil International。教科書，児童書，マニュアルを発行する　⑤店舗数：9店舗　⑥旗艦店：ザグレブ Bogovićeva にある Megastore Zagreb 店。5フロア 2,500㎡に在庫9万冊。カフェあり　⑦在庫検索：　⑧ URL：http://www.profil.hr/

Ljevak［Left］

①業種：書店チェーン　②創業・設立：1960年代？　③点数：2店舗　④特記：教科書出版社　⑤店舗数：中央クロアチア領域に属しているザグレブ郡 Donja Bistra にある West Gate Shopping City 店　⑥旗艦店：　⑦在庫検索：　⑧ URL：http://www.ljevak.hr/

Algoritam［Algorithm］

①業種：出版社，取次，書店チェーン　②創業・設立：1990年代？　③点数：　④特記：クロアチア最初の書店と呼ばれる。外国語書籍と語学書を中心に扱う　⑤店舗数：15店舗　⑥旗艦店：Novi Zagreb 店は700㎡　⑦在庫検索：　⑧ URL：http://www.algoritam.hr/

Školska knjiga

①業種：出版社，書店チェーン　②創業・設立：1950年　③点数：　④特記：教科書出版社。1990年代まで市場をほぼ独占していた　⑤店舗数：25店舗　⑥旗艦店：　⑦在庫検索：　⑧ URL：http://www.skolskaknjiga.hr/

Matica hrvatska

①業種：出版社，書店　②創業・設立：1842年　③点数：　④特記：クロアチア最古の文化研究所。出版される書籍は最高権威の文学賞の常連　⑤店舗数：2店舗　⑥旗艦店：店舗はザグレブにある　⑦在庫検索：　⑧ URL：http://www.matica.hr/

SuperKnjižara

①業種：書店　②創業・設立：2001年？　③点数：3万点　④特記：外国語書籍，古本も扱う。iPhone アプリあり　⑤店舗数：1店舗　⑥旗艦店：ザグレブ店はルーズベルト広場にある　⑦在庫検索：　⑧ URL：http://www.superknjizara.hr/

<古書店総合目録>

Jesenski i Turk

①業種：出版社，書店，古書店　②創業・設立：1997年　③点数：　④特記：新刊と古書を扱う　⑤店舗数：3店舗　⑥旗艦店：　⑦在庫検索：　⑧ URL：http://www.jesenski-turk.hr/；http://www.superknjizara.hr/

4. 図書館蔵書目録　時代別

<15世紀-1848>

Bibliografija hrvatskih latinista［Bibliography Croatian Latinist］

①管理運営：国立図書館　②作成・参加館：130館　③検索対象：古版本　④レコード件数：6,500件　⑤書誌データフォーマット：UNIMARC　⑥

特記：国立図書館でのみ検索可能　⑦ URL：未定

Katalozi Zbirke rukopisa i starih knjiga [Catalogs of collections of manuscripts and old books]
①管理運営：国立図書館　②作成・参加館：単館　③検索対象：古版本　④レコード件数：4 万 3 千件　⑤書誌データフォーマット：　⑥特記：ザグレブ国立大学図書館（国立図書館）のカード目録をスキャニングしたもの　⑦ URL：http://www.nsk.hr/dak

<1835-1940>
Hrvatska retrospektivna bibliografija knjiga [Croatian retrospective bibliography of books]
①管理運営：国立図書館　②作成・参加館：68 館　③検索対象：図書　④レコード件数：　⑤書誌データフォーマット：UNIMARC　⑥特記：ザグレブ国立大学図書館（国立図書館）が 1982 年から 1999 年にかけて編纂した 25 巻，8,300 ページの電子版。2011 年現在未公開　⑦ URL：未定

<1941-1990>
Digitalizacije abecednog kataloga [Digitization of the alphabetical catalog]
①管理運営：国立図書館　②作成・参加館：単館　③検索対象：図書　④レコード件数：100 万件　⑤書誌データフォーマット：　⑥特記：ザグレブ国立大学図書館（国立図書館）のカード目録をスキャニングしたもの　⑦ URL：http://www.nsk.hr/dak

Online Katalogue NSK
①管理運営：国立図書館　②作成・参加館：単館　③検索対象：図書，雑誌　④レコード件数：　⑤書誌データフォーマット：UNIMARC　⑥特記：全国書誌「Hrvatska bibliografija［Croatian bibliography］」を累積検索可能にしたもの　⑦ URL：http://katalog.nsk.hr/

CROLIST
①管理運営：図書館コンソーシアム CROLIST 協会　②作成・参加館：18 機関，43 図書館　③検索対象：図書，雑誌　④レコード件数：26 万 4 千件　⑤書誌データフォーマット：MARC21，UNIMARC　⑥特記：1994 年 12 月に組織化された総合目録。図書館システム UNILIB はザグレブのクロアチア国立大学図書館によって CROLIST のために 1992 年に開発され，100 以上の図書館で利用されている　⑦ URL：http://www.unibis.hr/

9　スロベニア共和国

Republic of Slovenia

1. 基本事項

首都 リュブリャナ
政体 共和制
元首 大統領
宗教 カトリック，イスラム教，セルビア正教
言語 スロベニア語
通貨 ユーロ
時差 －8時間
ccTLD .si
再販制度
ISBN管理機関 ISBN Agency, Narodna in univerzitetna knjižnica, Ljubljana
ISSN管理機関 ISSN Centre Slovenia
全国書誌作成機関 Narodna in univerzitetna knjižnica, Ljubljana
ISBN国番号 978-961

2. 出版流通 取次・書店・定期購読

<取次>

Mladinska knjiga Group（MK Group）

①業種：出版社，取次，書店チェーン ②創業・設立：1945年 ③点数： ④特記：1968年にはザグレブに拠点。1974年にブッククラブ設立（書店1号店はこの頃か？）。サイトに検索機能はない ⑤店舗数：56店舗 ⑥旗艦店：リュブリャナ市Knjigarna Konzorcij［Bookstore Consortium］店は国内最大級。1,000㎡に国内外在庫2万点，7万冊を誇る。また同市には物流センターもある ⑦在庫検索：ネット書店EMKA.siの在庫はBookstore Consortium店の在庫を示している可能性あり ⑧URL：http://www.mladinska.com/；http://www.emka.si/（ネット書店）

MojaKnjigarna.com

①業種：取次，ネット書店 ②創業・設立：2002年 ③点数： ④特記：有力出版社Slovenska knjiga（スロベニア書籍）により運営 ⑤店舗数： ⑥旗艦店： ⑦在庫検索： ⑧URL：http://www.mojaknjigarna.com/

<書店>

Felix

①業種：出版社，書店チェーン ②創業・設立：1994年 ③点数：2万点 ④特記：元来は「家庭教師（tutor）」の愛称を持つ教科書出版社。2002年にブッククラブと書店1号店を開店 ⑤店舗数：7店舗 ⑥旗艦店：ショッピングセンターQlandia内にあるNovo Mesto店は1フロア400㎡に2万点の書籍 ⑦在庫検索： ⑧URL：http://www.felix.si/

3. 図書館蔵書目録 時代別

<1774-1947>

Katalog 1774-1947

①管理運営：リュブリャナ国立大学図書館 ②作成・参加館：単館 ③検索対象：図書，雑誌 ④レコード件数：9万7千件 ⑤書誌データフォーマット： ⑥特記：カード目録をスキャニングしたもの。約6万5千件はKatNUKでも検索可 ⑦URL：http://www.nuk.uni-lj.si/moka/

<1774->

COBISS.SI

①管理運営：IZUM ②作成・参加館：400館 ③検索対象：図書，雑誌，雑誌記事 ④レコード件数：図書200万件（うち国立図書館100万件），雑誌9万件，記事130万件 ⑤書誌データフォーマット：UNIMARC，CORMARC，MARC21 ⑥特記：スロベニア・マリボル大学が開発した図書館システムを1989年ユーゴスラビア国立図書館協会で共同分担目録のプラットフォームとして採択。55図書館で総合目録が作成された。1991年の連邦崩壊後，スロベニア以外の国の図書館は脱退し

たがそのまま維持され，21 世紀に入ってから旧ユーゴ諸国が COBISS を採用。2003 年に COBISS. net が確された ⑦ URL：http://www.cobiss.si/

<1980s- >

KatNUK

①管理運営：リュブリャナ国立大学図書館 ②作成・参加館：単館 ③検索対象：図書，雑誌，雑誌記事など ④レコード件数：図書 9 万 7 千件 ⑤書誌データフォーマット：UNIMARC ⑥特記：スロベニア全国書誌 Slovenska bibliografija を検索可能にしたもの ⑦ URL：http://www.nuk.uni-lj.si/sb/

10 アルバニア共和国

Republic of Albania

1. 基本事項

首都 ティラナ

政体 共和制

元首 大統領

宗教 イスラム，正教，ローマ・カトリック

言語 アルバニア語

通貨 レク（Lek）

時差 − 8 時間

ccTLD .al

再販制度

ISBN 管理機関 Biblioteka Kombetare, Agjensia Kombetare e ISBN

ISSN 管理機関

全国書誌作成機関 Sektori I Bibliografisë, Biblioteka Kombetare

2. 出版流通 取次・書店・定期購読

<取次>

Adrion

①業種：国際取次，書店 ②創業・設立：1994 年 ③点数： ④特記：主要ホテル，国際空港，アルバニア全土に雑誌・新聞を供給する ⑤店舗数：2 店舗 ⑥旗艦店：ティラナ中心のオペラビル店は海外新聞も扱う ⑦在庫検索： ⑧ URL：http://www.adrionltd.com/

＜書店＞

Albania

①業種：書店　②創業・設立：2004年？　③点数：　④特記：朝8時から夜10時まで週7日間営業　⑤店舗数：1店舗　⑥旗艦店：書店はティラナのEdith Durham学校の近くにある　⑦在庫検索：　⑧URL：http://www.albaniabook.com/

Shtepia e Librit［House of Book］

①業種：書店　②創業・設立：2007年　③点数：　④特記：2007年からネット販売。2010年に実店舗を開店　⑤店舗数：1店舗　⑥旗艦店：ショッピングモールのGaleria Tirana内にある。朝9時から夜9時までだが昼休みが午後3時から5時まで　⑦在庫検索：　⑧URL：http://www.shtepiaelibrit.com/libri/

3. 図書館蔵書目録　時代別

＜-1799＞

Catalogues of manuscripts and rare books

①運営管理：アルバニア国立図書館　②作成・参加館：単館　③検索対象：古版本，図書，雑誌　④レコード件数：1,250件　⑤書誌データフォーマット：　⑥特記：カード目録をスキャニングしたものと簡易書誌の主題検索が可能　⑦URL：http://www.bksh.al/BibliotekaKombetare/

＜1400-1799＞

Albanica

①運営管理：アルバニア国立図書館　②作成・参加館：単館　③検索対象：貴重本，古版本，地図，雑誌等　④レコード件数：　⑤書誌データフォーマット：　⑥特記：電子図書館　⑦URL：http://www.bksh.al/gsdl/cgi-bin/library.exe

＜1800-1988＞

Albano-Balkanology Books

①運営管理：アルバニア国立図書館　②作成・参加館：単館　③検索対象：図書　④レコード件数：　⑤書誌データフォーマット：　⑥特記：カード目録をスキャニングしたものと簡易書誌の主題検索が可能だがデータがない　⑦URL：http://www.bksh.al/BibliotekaKombetare/

＜1989-＞

ADLIB Internet Server

①運営管理：アルバニア国立図書館　②作成・参加館：単館　③検索対象：図書，雑誌　④レコード件数：　⑤書誌データフォーマット：UNIMARC　⑥特記：全国書誌Bibliografia kombëtare e Republikes popullore të Shqipërisë が検索できるだろうと推測される　⑦URL：http://www.bksh.al/

11 ギリシャ共和国

Hellenic Republic

1. 基本事項

首都 アテネ

政体 共和制

元首 大統領

宗教 ギリシャ正教

言語 現代ギリシャ語

通貨 ユーロ

時差 －7時間

ccTLD .gr

再販制度 書籍の価格拘束あり（値幅販売，時限再販・2年）

ISBN管理機関 National Centre of ISBN Greece

ISSN管理機関 Greek ISSN Centre

全国書誌作成機関 Ethnike Vivliotheke tes Hellados

ISBN国番号 978-618, 978-960

2. 販売目録

Βιβλιονέτ [Biblionet]

①商品：書籍 ②収録件数：15万件 ③収録年： ④運営元：Εθνικού Κέντρου Βιβλίου［National Book Center］（EKEBI） ⑤特記：センターは1998年に創設。データベースは45書店サイトで使用されている（つまりギリシャでは目録は1つ） ⑥URL：http://www.biblionet.gr/

Hellenic Union Editors of Periodical Press, Editions

①商品：雑誌 ②収録件数：200社，252誌 ③収録年： ④運営元：ギリシャ雑誌出版協会EDIPT ⑤特記：カテゴリ，刊行頻度で検索可能 ⑥URL：http://www.edipt.gr/default.aspx?tab=editions

3. 出版流通 取次・書店・定期購読

＜書店＞

Φλωράς [Floras]

①業種：書店チェーン ②創業・設立：1970年 ③点数：6万点（常備2万冊） ④特記：作家インタビューをFloras TVをYou Tubeで配信 ⑤店舗数：アテネに7店舗（サイトには11店舗とも紹介） ⑥旗艦店： ⑦在庫検索： ⑧URL：http://www.florasfun.gr/

Ελευθερουδάκης［Eleftheroudakis］

①業種：書店チェーン　②創業・設立：1898年　③点数：　④特記：老舗書店。空港店もある　⑤店舗数：29店舗　⑥旗艦店：アテネ・パネピスティミウ通りにある本店（Πανεπιστημίου 11）はビル全体が書店。ネオン照明はLEDを採用し夜は目立つ。7階にカフェあり　⑦在庫検索：　⑧URL：http://www.books.gr/；http://www.alexpolis-books.gr/

Παπασωτηρίου［Papasotiriou］

①業種：書店チェーン　②創業・設立：1974年　③点数：　④特記：1998年にギリシャ最初のネット書店運営　⑤店舗数：25店舗　⑥旗艦店：アテネStournari 35＆ジョージ店は250㎡（近隣にアテネ国立考古学博物館あり）　⑦在庫検索：　⑧URL：http://www.papasotiriou.gr/

Ευριπίδης［Evripidis］

①業種：書店　②創業・設立：1955年　③点数：　④特記：　⑤店舗数：1店舗　⑥旗艦店：アテネ北部郊外Halandriにある店舗は4階建て。文化センターにもなっている。カフェあり　⑦在庫検索：　⑧URL：http://www.evripidis.gr/

Αντίπολις［Antipolis］

①業種：書店　②創業・設立：1992年　③点数：数万点　④特記：　⑤店舗数：1店舗　⑥旗艦店：アテネLeoforos Kifisias通りの店舗は1フロア500㎡。児童書コーナーには1万冊以上の本がある　⑦在庫検索：　⑧URL：http://www.thebookstore.gr/

Books-in-Greek

①業種：ネット書店　②創業・設立：2001年　③点数：8万点　④特記：親会社は出版社のAspasia。英語ページがあり注文しやすい。お薦め　⑤店舗数：　⑥旗艦店：　⑦在庫検索：　⑧URL：http://www.books-in-greek.gr/

Books4All

①業種：ネット書店　②創業・設立：2009年　③点数：　④特記：マケドニア地方首府テッサロニキに本社。書誌カウンセラーを自認し，全ギリシャ語書籍へのリンクを目指す。目録は要旨検索可能である　⑤店舗数：　⑥旗艦店：　⑦在庫検索：　⑧URL：http://www.books4all.gr/

Skroutz.gr

①業種：書籍価格比較　②創業・設立：2004年　③点数：15万点　④特記：書籍の価格比較が可能になったのは2009年10月。電子書籍も検索対象　⑤店舗数：10店舗以上　⑥旗艦店：　⑦在庫検索：　⑧URL：http://www.skroutz.gr/books

＜電子書籍＞

myEBooks

①業種：電子書籍書店　②創業・設立：2010年　③点数：2,800点　④特記：ギリシャ32出版社提供の電子書籍。PDF，ePub形式。iPhoneとAndroidアプリあり　⑤店舗数：　⑥旗艦店：　⑦在庫検索：　⑧URL：http://www.myebooks.gr/

4. 図書館蔵書目録　時代別

＜1400-1863＞

Ψηφιακή Βιβλιοθήκη "Ιωάννης Συκουτρής"［Digital Library "John Sykoutris"］

①管理運営：Academy of Athens　②作成・参加館：単館　③検索対象：古版本，図書　④レコード件数：　⑤書誌データフォーマット：　⑥特記：冊子体書誌8タイトル18冊の電子版と書誌に記述された書籍本体の電子版を含む　⑦URL：http://sykoutris.academyofathens.gr/

＜1800-1900＞

Ελληνική βιβλιογραφία του 19ου αιώνα [Greek Bibliography of the 19th century]

①管理運営：“Philippos Iliou” Bibliology Workshop ②作成・参加館：単館 ③検索対象：図書 ④レコード件数： ⑤書誌データフォーマット： ⑥特記：Dimitrios Ghinis と Valerios Mexas によって編纂された冊子体書誌に改訂，データ追加を行い，検索可能にしたもの ⑦URL：http://www.benaki.gr/bibliology/

＜1900- ＞

Public Catalogue

①管理運営：国立図書館 ②作成・参加館：単館 ③検索対象：図書，雑誌 ④レコード件数： ⑤書誌データフォーマット：UNIMARC ⑥特記：全国書誌 Ελληνική Βιβλιογραφία［Greek Bibliography］は 1975 年から刊行開始であるが，確実にそれ以前も検索できているとも思われる ⑦URL：http://www.nlg.gr/opac.htm

＜1945-1978＞

Médiathèque de l'IFA

①管理運営：Institut français d'Athènes ②作成・参加館：単館 ③検索対象：図書 ④レコード件数： ⑤書誌データフォーマット： ⑥特記：アテネ・フランセ学院によって出版された Bulletin signalétique de bibliographie hellénique の書誌を含む同図書館の蔵書目録 ⑦URL：http://media.ifa.gr/opacweb/

Zephyr

①管理運営：クレタ島大学図書館 ②作成・参加館：42 館 ③検索対象：図書，雑誌 ④レコード件数： ⑤書誌データフォーマット：UNIMARC ⑥特記：大学図書館と国立図書館による総合目録。2000 年に開始 ⑦URL：http://zephyr.lib.uoc.gr/

HALUC, Union Catalog of Greek Academic Libraries

①管理運営：Hellenic Academic Libraries Link ②作成・参加館：63 館 ③検索対象：図書 ④レコード件数：360 万件 ⑤書誌データフォーマット：MARC21，UNIMARC ⑥特記：1999 年に開始。Zephyr と重複するが，こちらには専門図書館も含まれる ⑦URL：http://www.unioncatalog.gr/

Journals Union Catalogue

①管理運営：National Documentation Centre（EKT） ②作成・参加館：249 館 ③検索対象：雑誌 ④レコード件数：3 万件 ⑤書誌データフォーマット：UNIMARC ⑥特記：科学技術雑誌総合目録プロジェクトは 1984 年開始 ⑦URL：http://argo.ekt.gr/Argo/ArgoENU.html

＜学位論文＞

EKT's Databases

①管理運営：National Documentation Centre（EKT） ②作成・参加館：単館 ③検索対象：学位論文，雑誌記事等 ④レコード件数： ⑤書誌データフォーマット： ⑥特記：22 データベースのうち同時起動は 3 データベースまで選択可能 ⑦URL：http://argo.ekt.gr/Argo/ArgoENU.html

National Archive of PhD Theses

①管理運営：National Documentation Centre（EKT） ②作成・参加館：単館 ③検索対象：学位論文 ④レコード件数：2 万 5 千件 ⑤書誌データフォーマット： ⑥特記：1985 年以降の学位論文の書誌は遡及完了。全文は約 1 万 4 千件 ⑦URL：http://phdtheses.ekt.gr/

第3章

アメリカ

北中米

■国際的な図書館間協力

・International Federation of Library Associations and Institutions（IFLA）

国際図書館連盟。1927年に成立した，世界各国の図書館協会や図書館・教育研究期間を会員等する国際的な連合組織。150か国から1,600以上の図書館および情報関連団体が加入。本部はオランダ・ハーグ。

・International Federation for Information and Documentation（FID）

国際情報ドキュメンテーション連盟。1985年にオトレとラ・フォンテーヌによってブリュッセルで設立された国際書誌学研究所が前身。国際十進分類法を維持管理してきたが，1992年に外部へ移管した。

・Conference of Directors of National Libraries（CDNL）

UNESCOの図書館振興政策およびIFLAの国立図書館分科会と密接に連動し，IFLA年次大会に合わせて開催される各国の国立図書館長が一堂に会する国立図書館長会議。

中南米

■中南米アメリカ地区の主な図書館間国際協力

・Asociación de Bibliotecas Nacionales de Iberoamerica（ABINIA）

各国の国立図書館長が一堂に会する国立図書館長会議（CDNL）のイベロアメリカ版。国語として使用されるスペイン語とポルトガル語の共通する文化遺産を継承することを目的に1989年に発足した。

・Infolac

ラテンアメリカとカリブ海地域における情報社会の構築に貢献したいと願う情報サービス機関，図書館員，およびインフォプロたちの情報共有と交流を目的に1990年に発足した。

3.1　北米

1　カナダ

Canada

1. 基本事項

首都　オタワ

政体　立憲君主国

元首　英国女王，総督が代行

宗教　ローマ・カトリック

言語　英語，仏語が公用語

通貨　カナダ・ドル

時差　－ 12.5～－ 17 時間

ccTLD　.ca

再販制度　書籍の価格拘束なし

ISBN 管理機関　Canadian ISBN Agency, Library and Archives Canada（英語）; Bibliothèque et Archives nationales du Québec, Agence ISBN（仏語）

ISSN 管理機関　ISSN Canada

全国書誌作成機関　Library and Archives Canada ; Bibliothèque et Archives nationales du Québec（ケベック州）

ISBN 国番号　978-0, 978-1, 978-2

2. 販売目録

Canadian Books in Print

①商品：書籍　②収録件数：5 万 2 千件　③収録年：2006 年まで　④運営元：トロント大学出版局　⑤特記：1973 年刊行開始の書籍版は 2006 年をもって終了。Google Books で閲覧できるものがある　⑥ URL：http://books.google.co.jp/

Mementolivres

①商品：書籍　②収録件数：仏語書籍 140 万件以上　③収録年：　④運営元：Banque de titres de langue française（BTLF）　⑤特記：データベース開始は 1997 年。2004 年にフランスの Electre 社と提携。仏語圏の書籍を網羅的に検索可能（有料）　⑥ URL：http://www.mementolivres.com/

3. 出版流通　取次・書店・定期購読

<取次>

HB Fenn

①業種：出版社，書籍取次　②創業・設立：1977年　③点数：40出版社，5万点　④特記：1996年にオンタリオ州ボルトンに2万5千冊の在庫を管理する7万平方フィートのビルを建築。2011年2月倒産。同年6月競売にかかった　⑤店舗数：　⑥旗艦店：　⑦在庫検索：　⑧URL：http://www.hbfenn.com/（アクセス不可）

Raincoast Book Distribution

①業種：出版社，書籍取次　②創業・設立：1979年　③点数：　④特記：1999年にバンクーバShaughnessy通りに5万平方フィート（現行7万平方フィート）の流通センター設置。2万5千書店に書籍を配本する　⑤店舗数：　⑥旗艦店：　⑦在庫検索：　⑧URL：http://www.raincoast.com/

Prologue

①業種：書籍取次　②創業・設立：1976年　③点数：　④特記：フランス語圏とケベック州の本をカナダ全土に配本する。2つの物流センターを持つ　⑤店舗数：　⑥旗艦店：　⑦在庫検索：　⑧URL：http://www.prologue.ca/

Heritage Group Distribution

①業種：書籍取次　②創業・設立：1969年　③点数：　④特記：出版社等から成るHeritageグループの一員。配本顧客にはChapters.IndigoやAmazon等がある　⑤店舗数：　⑥旗艦店：　⑦在庫検索：　⑧URL：http://www.bcbooks.ca/

Georgetown Terminal Warehouses

①業種：書籍取次　②創業・設立：1958年　③点数：　④特記：オンタリオ州ジョージタウンにある物流センターは8万平方フィートの広さを誇り24時間稼働。サイトに書籍検索なし　⑤店舗数：　⑥旗艦店：　⑦在庫検索：　⑧URL：http://gtwcanada.com/

<書店>

Chapters.Indigo

①業種：書店チェーン　②創業・設立：1940年　③点数：　④特記：1940年創業Colesと1950年創業W.H. Smith（1989年にSmithbooksへ社名変更）の両社が1995年に合併しChapters社誕生。1996年にIndigo社誕生。2001年に両社が合併し現社名になる。30万平方フィートの広さの物流センターIndigo Distribution and Support Centreはオンタリオ州ブランプトンにある　⑤店舗数：250店舗以上　⑥旗艦店：トロントにあるThe World's Biggest Bookstore（5,900㎡）の棚幅の総計は20キロになるとか　⑦在庫検索：可能（郵便番号必要）　⑧URL：http://www.chapters.indigo.ca/

Renaud-Bray

①業種：書店チェーン　②創業・設立：1965年　③点数：書籍他20万点　④特記：1999年に競合書店のChampignyとGarneauを買収し，カナダ最大の仏語専門書店となった　⑤店舗数：25店舗　⑥旗艦店：モントリオールのコート＝デネージュ店の売場面積は8,000平方フィート　⑦在庫検索：可能。在庫冊数を表示　⑧URL：http://www.renaud-bray.com/

Archambault

①業種：書店チェーン　②創業・設立：1896年　③点数：　④特記：仏語専門書店。グループ会社に英語書籍専門店としてParagraphe Bookstoreがある。iPhone & Androidアプリあり　⑤店舗数：ケベック州に15店舗　⑥旗艦店：　⑦在庫検索：可

能　⑧ URL：http://www.archambault.ca/

Gallimard Montreal

①業種：書店　②創業・設立：1989 年　③点数：　④特記：フランス有力出版社の直営書店　⑤店舗数：1 店舗　⑥旗艦店：店舗はオンタリオ州オタワの St. Laurent boulevard にある　⑦在庫検索：ネット書店在庫表示あり　⑧ URL：http://www.gallimardmontreal.com/

RueDesLibraires

①業種：書店連合　②創業・設立：2007 年　③点数：20 万点（電子書籍含む）④特記：2007 年に設立された仏語圏ケベックの独立系 80 書店による非営利組合により運営されるネット書店。電子書籍は ePub と PDF 対応　⑤店舗数：80 書店（参加）⑥旗艦店：　⑦在庫検索：　⑧ URL：http://www.ruedeslibraires.com/

＜価格比較＞

CompareBookPrices.ca

①業種：書籍価格比較　②創業・設立：2004 年　③点数：　④特記：新刊書店は欧米 80 書店のうちカナダは Amazon.ca と Chapters.Indigo のみ。古書店については多数含まれている　⑤店舗数：　⑥旗艦店：　⑦在庫検索：　⑧ URL：http://www.comparebookprices.ca/

＜電子書籍＞

Entrepôt Numérique

①業種：電子書籍書店　②創業・設立：2010 年　③点数：5,500 点（2009 年 8 月から延べ 4 万 6 千点）④特記：運営は De Marque 社。ケベック州とカナダのフランス語出版社協会 ANEL 加盟 100 社の電子書籍を検索可能　⑤店舗数：　⑥旗艦店：　⑦在庫検索：　⑧ URL：http://vitrine.entrepotnumerique.com/

＜雑誌＞

Magazines Canada

①業種：雑誌販売　②創業・設立：2005 年　③点数：390 誌　④特記：カナダ雑誌協会運営。電子雑誌配信サイト Zinio と提携し電子版の販売も行う　⑤店舗数：　⑥旗艦店：　⑦在庫検索：　⑧ URL：http://www.magazinescanada.ca/

LMPI

①業種：雑誌販売　②創業・設立：1968 年　③点数：3,000 誌　④特記：仏メディアグループ Lagardère Services の一員。顧客 3,000 社に卸売　⑤店舗数：　⑥旗艦店：　⑦在庫検索：　⑧ URL：http://www.lmpi.com/

Express Mag

①業種：雑誌販売　②創業・設立：1986 年　③点数：北米 1,800 誌　④特記：LMPI の子会社（1968 年からプレス代理店であるアシェット流通サービスカナダの一部門）。仏メディアグループ Lagardère Services の一員　⑤店舗数：　⑥旗艦店：　⑦在庫検索：　⑧ URL：http://www.expressmag.com/

＜古書店＞

Abebooks

①業種：古書店連合目録　②創業・設立：1995 年　③点数：14 億点　④特記：ブリティッシュコロンビア州ビクトリアに本拠を置く。初期の社名は Advanced Book Exchange。2008 年に米国の Amazon.com によって買収された　⑤店舗数：60 か国 1 万 3 千書店　⑥旗艦店：　⑦在庫検索：　⑧ URL：http://www.abebooks.com/

4. 図書館蔵書目録　時代別

<-1900>

Early Canadian Online（ECO）

①管理運営：Canadiana.org　②作成・参加館：複数館　③検索対象：古版本，書籍，雑誌，などの電子版　④レコード件数：1920 年までの雑誌 25 万ページ，1900 年以前の政府刊行物 150 万件等　⑤書誌データフォーマット：　⑥特記：有料（検索は無料）　⑦ URL：http://www.canadiana.ca/en/eco

<1500->

Amicus

①管理運営：Library and Archives Canada　②作成・参加館：1,300 館　③検索対象：図書，雑誌など　④レコード件数：3 千万件　⑤書誌データフォーマット：UNIMARC，MARC21　⑥特記：全国書誌 Canadiana は 1950 年に創刊され 1991 年に冊子体版は終了。遡及入力も終了した模様で 1900 年代以前も検索可能である　⑦ URL：http://amicus.collectionscanada.gc.ca/aaweb/aalogine.htm；http://www.itsmarc.com/(Canadiana)

<1821->

Bibliographie du Québec

①管理運営：ケベック国立図書館　②作成・参加館：単館　③検索対象：図書，雑誌など　④レコード件数：　⑤書誌データフォーマット：UNIMARC，MARC21　⑥特記：冊子体の仏語圏全国書誌を検索可能にしたもの　⑦ URL：http://www.banq.qc.ca/ressources_en_ligne/

<政府刊行物>

Government of Canada publications

①管理運営：Publishing and Depository Services　②作成・参加館：単館　③検索対象：政府刊行物　④レコード件数：18 万件（うち 7 万件が電子版）　⑤書誌データフォーマット：　⑥特記：　⑦ URL：http://publications.gc.ca/

<学位論文>

Theses Canada

①管理運営：Library and Archives Canada　②作成・参加館：単館　③検索対象：学位論文　④レコード件数：30 万件　⑤書誌データフォーマット：　⑥特記：1965 年開始。2003 年から電子媒体（ETD）での提供開始　⑦ URL：http://www.collectionscanada.gc.ca/thesescanada/

2　アメリカ合衆国

United States of America

1. 基本事項

首都　ワシントンD.C.

政体　大統領制，連邦制

元首　大統領

宗教　主にキリスト教

言語　主として英語

通貨　米ドル

時差　－14〜－17時間

ccTLD　.us

再販制度　書籍の価格拘束なし

ISBN管理機関　R.R. Bowker - US ISBN Agency

ISSN管理機関　U.S. ISSN Center

全国書誌作成機関　Library of Congress

ISBN国番号　978-0, 978-1

出版点数　180,032点（2008）

2. 概要

流通経路は書籍と雑誌に区別されている。書籍には一般書と廉価本（ペーパーバックス等）のマーケットが存在する。出版社と書店の直取引による配送関係が中心で，バーンズ&ノーブルやボーダーズ（2011年破綻）のような大手書店チェーンは独自に全国流通網を持っているため，取次（流通会社）への依存度は低い。取次最大手のイングラムは全世界のどこでも1週間以内に配送する物流組織を有している。またネット書店，特にアマゾンコムのネット書籍マーケットの占有率は85%を占める。大手書店チェーンボーダーズの倒産の原因は，①無理な海外進出，②デジタル対応化の遅れ，③店内の公園化・公共図書館化，と言われている。（参考文献：蔡星慧著『出版産業の変遷と書籍出版流通』（出版メディアパル，2006），日本出版学会編『白書出版産業』2010（文化通信社，2010），「新文化」No. 2913，p.8　能勢仁の文章）

3. 販売目録

Books in Print

①商品：書籍　②収録件数：1,950万件（米750万件）　③収録年：　④運営元：R.R. Bowker　⑤特記：1948年に創刊された冊子体の書籍総目録の商用版。1986年にCD版を，2000年にインターネットサービスを開始。1968年にアメリカのISBN機関となった版元のR.R. Bowkerは1872年設立され，1967年にゼロックスに，1985年にReed Internationalに，2009年にProQuestに買収された　⑥URL：http://www.booksinprint.com/bip/

Global Books in Print

①商品：書籍　②収録件数：42万6千出版社，2千万件　③収録年：　④運営元：R.R. Bowker　⑤特記：英語圏（米英，カナダ，オーストラリア，ニュージーランド，南アフリカ）の書籍総目録。CD-ROM版は1993年に販売開始。2000年にインターネットサービス開始　⑥URL：http://www.globalbooksinprint.com/bip/

Digital Book Index

①商品：電子書籍　②収録件数：1,800出版社，16万5千件　③収録年：　④運営元：Thomas R. Franklin　⑤特記：2000年に公開された電子書籍総目録。14万件は無料の電子書籍である　⑥URL：http://www.digitalbookindex.org/

Ulrich's periodicals directory

①商品：雑誌　②収録件数：9万出版社，30万誌　③収録年：　④運営元：R.R. Bowker　⑤特記：1932年に冊子体で創刊。1999年にインターネットサービス開始。世界200言語の雑誌を収録する。2009年から親会社ProQuest-SerialsSolutions社の電子雑誌データベースとの連携機能（リンクリゾルバ）が強化された　⑥URL：http://ulrichsweb.serials

solutions.com/

MediaFinder

①商品：雑誌　②収録件数：7万7千誌　③収録年：　④運営元：Oxbridge Communications　⑤特記：同社が発行する4つの冊子体目録を基礎としたデータベースを統合した商用データベース　⑥URL：http://mediafinder.com/

Gale directory of publications and broadcast media

①商品：雑誌　②収録件数：5万7千誌　③収録年：　④運営元：Gale Cengage Learning　⑤特記：1969年に創刊された雑誌ダイレクトリの商用データベース　⑥URL：http://infotrac.galegroup.com/

＜雑誌＞

U.S. Newspaper Directory, 1690-Present

①管理運営：National Endowment for the Humanities（NEH）と米国議会図書館　②作成・参加館：　③検索対象：雑誌　④レコード件数：14万件　⑤書誌データフォーマット：　⑥特記：1690年以降にアメリカで発行された新聞のダイレクトリ。1836年から1922年までに発行された全米新聞デジタル化計画 National Digital Newspaper Program（NDNP）の一環で作成された。NDNPは400万ページの記事検索可能となっている　⑦URL：http://chroniclingamerica.loc.gov/

4. 出版流通　取次・書店・定期購読

＜取次＞

Ingram Book

①業種：書籍・雑誌取次　②創業・設立：1964年　③点数：　④特記：親会社はテネシー州ラバーグにあるIngram Content Group。2万5千出版社の書籍を世界7万1千の顧客に配本を行う。グループ企業のIngram Periodicalsは1986年に設立され，1,400雑誌出版社4,500誌を7,500もの小売店・売店・スタンドに取り次ぐ。倉庫は260万点の書籍の在庫を確保可能　⑤店舗数：　⑥旗艦店：　⑦在庫検索：　⑧URL：http://www.ingrambook.com/

Baker & Taylor

①業種：書籍　②創業・設立：1828年　③点数：150万件（入手可は38万5千点）　④特記：ノースカロライナ州シャーロットに本社を置く大取次の一つ。図書館市場の紙・電子書籍のシェアは1位。オーナーは投資会社のCastle Harlan。120か国に4万4千顧客　⑤店舗数：　⑥旗艦店：　⑦在庫検索：　⑧URL：http://www.btol.com/；http://www.buchkatalog.de/（独取次の目録検索）；http://isbn.nu/（価格比較サイトでの検索）

Booksource

①業種：取次　②創業・設立：1974年　③点数：150出版社，3万点　④特記：家族経営企業。教育機関に古典や教科書を配本する。目録は年代別・レベル別に検索可能　⑤店舗数：　⑥旗艦店：　⑦在庫検索：　⑧URL：http://www.booksource.com/

Delphi Distribution

①業種：取次　②創業・設立：1980年代　③点数：　④特記：20年以上にわたって中小および大児童書出版社の書籍を取り次ぐ。カンザス州に15万平方フィートの事務所と倉庫を持つ　⑤店舗数：　⑥旗艦店：　⑦在庫検索：　⑧URL：http://www.delphidistribution.com/

Santa Fe Books

①業種：取次　②創業・設立：1957年　③点数：2万5千点　④特記：フロリダ州マイアミのスペイン語専門取次。親会社はアルゼンチンの書店チ

ェーン　⑤店舗数：　⑥旗艦店：　⑦在庫検索：　⑧ URL：http://www.santafebooks.com/

OverDrive

①業種：電子書籍取次　②創業・設立：1986 年　③点数：20 万点　④特記：公共・学校図書館専門配信。iPhone アプリあり　⑤店舗数：　⑥旗艦店：　⑦在庫検索：　⑧ URL：http://search.overdrive.com/

Wholesalebooks.net

①業種：取次　②創業・設立：1992 年　③点数：100 万件　④特記：連邦，州および地方政府部門への書籍やマルチメディアを供給する。同社は医学関係者に 9 万点の医学関連書を供給する medicalbooks.com も運営　⑤店舗数：　⑥旗艦店：　⑦在庫検索：　⑧ URL：http://wholesalebooks.net/

EBSCO Industries

①業種：雑誌取次　②創業・設立：1944 年　③点数：8 万 3 千社，35 万誌　④特記：図書館・政府・企業・病院などへの情報提供サービスを行う EBSCO グループの子会社　⑤店舗数：　⑥旗艦店：　⑦在庫検索：　⑧ URL：http://www.ebscoind.com/

＜書店＞

Barnes & Noble

①業種：書店チェーン　②創業・設立：1873 年　③点数：100 万点，電子書籍 120 万点　④特記：創業時は書籍印刷業。1917 年にニューヨーク市に 1 号店。1974 年に米国書店初のテレビ広告を打ち，70 年代から 80 年代にかけて値引きをする書店として急成長し，1989 年に競合する書店チェーン B.Dalton（1933 年創業）を買収。同社の平均的スーパーストアは 2 万 5 千平方フィートに 20 万点の在庫を持つ。1999 年にネット書店を開店し，2009 年に電子書籍プラットフォーム Nook を発売した。ほとんどの書店に WiFi 完備したカフェがある。iPhone アプリあり　⑤店舗数：700 店舗 + 640 大学売店　⑥旗艦店：ニューヨーク・マンハッタンの Union Square 店は 5 フロア 6 万平方フィート（約 5,500㎡）　⑦在庫検索：可能だが郵便番号の入力必要　⑧ URL：http://www.barnesandnobleinc.com/；http://www.bn.com/

Books-A-Million

①業種：書店チェーン　②創業・設立：1917 年　③点数：　④特記：アラバマ州バーミンガムに本拠を置く全米第 2 位の書店チェーン。ニューススタンドを前身とし，「Bookland」ブランドを使用。1988 年から平均 2 万平方フィートの売場面積を持つスーパーストアには「Books-A-Million」を利用している。スーパーストアにはカフェがある　⑤店舗数：200 店舗　⑥旗艦店：　⑦在庫検索：可能だが郵便番号の入力必要　⑧ URL：http://www.booksamillion.com/

Borders Group

①業種：書店チェーン　②創業・設立：1971 年　③点数：　④特記：ミシガン州アナーバーに本拠を持つ全米第 2 位の書店だったが 2011 年に破綻し，全米 400 店舗は精算される。1984 年に有力書店チェーンの Waldenbooks（1966 年創業）を買収し急成長を遂げた。1990 年代には海外進出し，世界最大規模の売場面積を持つ店舗を数か国に出店した。マレーシア 6 店舗は現地資本で，豪州でもネット書店でその名が存続　⑤店舗数：1,250 店舗（最盛期）　⑥旗艦店：ミシガン州アナーバーの下町にある店舗　⑦在庫検索：　⑧ URL：

Strand Bookstore

①業種：書店　②創業・設立：1927 年　③点数：

250万冊　④特記：ニューヨーク市のイーストビレッジにある古書を併売する独立系書店。スローガンは「18 Miles of Books」　⑤店舗数：1店舗＋キオスク1店舗　⑥旗艦店：本店はブロードウェイと12番街の角にある。2フロアに在庫250万冊　⑦在庫検索：在庫冊数まで表示　⑧URL：http://www.strandbooks.com/

Powell's City of Books

①業種：書店チェーン　②創業・設立：1971年　③点数：400万点　④特記：オレゴン州ポートランドを拠点とする独立系書店で古書も併売する　⑤店舗数：6店舗　⑥旗艦店：Burnside大通り店は3フロア6,300m²に100万冊の在庫。カフェあり。iPhoneとAndroidアプリもあり　⑦在庫検索：在庫冊数まで表示　⑧URL：http://www.powells.com/

Amazon.com

①業種：ネット書店　②創業・設立：1994年　③点数：　④特記：ワシントン州シアトルに本社があるネット書店。電子商取引で成功した企業の一つとされる。商品の推薦（レコメンデーション）機能，アフィリエイトサービス，試読サービス（Look Inside!）などは他社の模範となった。2007年に電子書籍のプラットフォームKindleを発売し，2011年には電子書籍の販売冊数が紙書籍全種の合計を上回った。日英加独仏西伊中国の新刊市場に進出するとともに，マサチューセッツ州ケンブリッジの古書店連合目録を運営するBibliofindを1999年に，2008年にカナダの世界規模の古書店連合目録運営Abebooksの買収により欧米の古書市場の独占を狙う。iPhoneとAndroidアプリあり　⑤店舗数：　⑥旗艦店：　⑦在庫検索：　⑧URL：http://www.amazon.com/

IndieBound

①業種：書店連合　②創業・設立：1999年　③点数：200万件　④特記：米国書店協会（ABA）が1999年に開始した独立系書店の販売サイトBook Sense.comが2008年に改名した。地域貢献のために読者が地域書店を検索し，その書店サイトから書籍を購入するシステムとなっている。参加書店には先のPowell'sとStrandも含まれている。iPhoneアプリあり　⑤店舗数：400書店（参加）　⑥旗艦店：　⑦在庫検索：可能。書店によっては配架場所と在庫冊数まで表示　⑧URL：http://www.indiebound.org/

＜電子書籍＞

BooksOnBoard

①業種：電子書籍書店　②創業・設立：2006年　③点数：40万点　④特記：本社はテキサス州オースティン。ePub対応。iPhone & iPadアプリあり　⑤店舗数：　⑥旗艦店：　⑦在庫検索：　⑧URL：http://www.booksonboard.com/

Diesel-ebooks

①業種：電子書籍書店　②創業・設立：2004年　③点数：240万点　④特記：Diesel-ebooksはバージニア州リッチモンドに本社がある。大手出版社のコンテンツ（40万点）と200万点の無料電子書籍を配信する。PDF，M-Soft，Palm，ePub，Mobi対応　⑤店舗数：　⑥旗艦店：　⑦在庫検索：　⑧URL：http://www.diesel-ebooks.com/

Questia

①業種：電子書籍書店　②創業・設立：1998年　③点数：300社，書籍7万5千点，雑誌記事200万件　④特記：ヒューストンQuestia Mediaが創業した図書館向け電子書籍サービス（有料）。iPhoneアプリあり　⑤店舗数：　⑥旗艦店：　⑦在庫検

索：　⑧ URL：http://www.questia.com/japanese

ebrary

①業種：電子書籍書店　②創業・設立：1999年　③点数：500社，17万点　④特記：図書館向けサービス（有料）。2011年から親会社はProQuest。目次まで閲覧可能　⑤店舗数：　⑥旗艦店：　⑦在庫検索：　⑧ URL：http://www.ebrary.com/corp/oa.jsp

World Public Library

①業種：電子書籍書店　②創業・設立：1996年　③点数：100言語，200万点　④特記：運営は世界最大の電子書籍プロバイダーのWorld Public Library Association。年額8.95 USドルで無料電子書籍が利用可能となる。また2008年から年に1度，他の無料電子書籍サイトと共同でWorld eBook Fairを開催し，700万点の無料電子書籍がダウンロード可能となる。iPhoneアプリあり　⑤店舗数：　⑥旗艦店：　⑦在庫検索：　⑧ URL：http://worldlibrary.net/

Inkmesh

①業種：電子書籍価格比較　②創業・設立：2009年　③点数：　④特記：無料電子書籍，電子書籍書店34サイト，電子書籍リーダーKindle，iPhone，Nook，Sony Reader用電子書籍の価格比較　⑤店舗数：　⑥旗艦店：　⑦在庫検索：　⑧ URL：http://inkmesh.com/

Luzme

①業種：電子書籍価格比較　②創業・設立：2008年　③点数：　④特記：eBookPrice.infoとして設立。主要電子書籍書店の価格比較を行う　⑤店舗数：　⑥旗艦店：　⑦在庫検索：　⑧ URL：http://luzme.com/

＜雑誌＞

Magazine Express

①業種：雑誌販売　②創業・設立：1997年（サイト公開）　③点数：4万社，10万誌　④特記：運営は雑誌取次のEBSCO Industries　⑤店舗数：　⑥旗艦店：　⑦在庫検索：　⑧ URL：http://www.magazineexpress.com/

Acclaim Subscriptions / Business Magazine Subscriptions

①業種：雑誌販売　②創業・設立：1998年？　③点数：25万誌　④特記：2004年まではBusiness Magazine Subscriptionsを使用。それ以降はAcclaim Subscriptionsとの併用。Ulrich'sとほぼ同じ数字なので世界中の雑誌が検索できていると考えられる　⑤店舗数：　⑥旗艦店：　⑦在庫検索：　⑧ URL：http://www.acclaimsubscriptions.com/；http://www.business-magazines.com/

＜古書店総合目録＞

Alibris

①業種：書店連合目録　②創業・設立：1998年　③点数：　④特記：前身は1994年に設立されたInterloc。カナダのAbebooksとは双璧をなし，図書館向けサービスもある。2001年に競合するBibliocityを買収し，2007年に統合した。カリフォルニア州エメリービルに本社を持ち，親会社は投資会社のOak Hill Capital Partners。iPhoneアプリあり　⑤店舗数：　⑥旗艦店：　⑦在庫検索：　⑧ URL：http://www.alibris.com/

＜価格比較＞

Bookfinder.com

①業種：新刊・古書籍価格比較　②創業・設立：1997年　③点数：1億5千万点　④特記：カリフォルニア大学バークレー校の学生が古書探しのた

めに主要古書連合目録を横断検索するMX Book Finderを作成・公開。2005年にカナダの古書連合目録Abebooksにより買収され，2008年にはそのAbebooks自体がAmazon.comによって買収された ⑤店舗数：100サイト（15万書店） ⑥旗艦店： ⑦在庫検索： ⑧URL：http://www.bookfinder.com/

Bookfinder4U

①業種：新刊・古書籍価格比較 ②創業・設立：2003年 ③点数：2億点 ④特記：特定企業の影響下にないため，公平な比較結果が表示される ⑤店舗数：130サイト（8万書店） ⑥旗艦店： ⑦在庫検索： ⑧URL：http://www.bookfinder4u.com/

AddALL

①業種：新刊・古書・電子書籍価格比較 ②創業・設立：1998年 ③点数： ④特記：特定企業の影響下にないため，公平な比較結果が表示される ⑤店舗数：40サイト（2万書店），電子書籍30サイト ⑥旗艦店： ⑦在庫検索： ⑧URL：http://www.addall.com/

DealOz.com

①業種：書籍・雑誌価格比較 ②創業・設立：2006年 ③点数： ④特記：詳細不明。スマートフォン対応サイトあり ⑤店舗数：図書200サイト。雑誌は30サイト ⑥旗艦店： ⑦在庫検索： ⑧URL：http://www.dealoz.com/

ISBNLib

①業種：書籍価格比較 ②創業・設立：2009年 ③点数： ④特記：運営は技術者兼プログラマーのLarry氏。書籍情報（ISBN）はAmazon.comのAPIを利用して取得しているが，電子書籍やGoogle Books等の連携が素晴らしい。何と日本語書籍専門サイトもある ⑤店舗数：15サイト程度 ⑥旗艦店： ⑦在庫検索： ⑧URL：http://www.isbnlib.com/

5. 図書館蔵書目録　時代別

National Union Catalog of Manuscript Collections（NUCMC）

①管理運営：米国議会図書館 ②作成・参加館：1,400機関，7万2千館 ③検索対象：古版本（写本） ④レコード件数：109万件 ⑤書誌データフォーマット：MARC21 ⑥特記：国家文献遺産への書誌アクセスの提供と促進を行うため1959年に開始された総合目録。後述するOCLCでも検索可能 ⑦URL：http://www.loc.gov/coll/nucmc/

＜1639-1819＞

Early American imprints

①管理運営：Readex ②作成・参加館：9館 ③検索対象：古版本，図書 ④レコード件数：7万2千件 ⑤書誌データフォーマット： ⑥特記：書誌研究家Charles Evans等により作成されたAmerican Antiquarian Society（マサチューセッツ州中央部ウースター市）の蔵書を基にした資料集成の電子版（商用データベース）。貴重書電子化には主要9機関からも資料が提供された ⑦URL：http://www.newsbank.com/

＜1500-＞

WorldCat

①管理運営：Online Computer Library Center（OCLC） ②作成・参加館：170か国，7万2千館 ③検索対象：図書，雑誌，雑誌記事 ④レコード件数：2億4千万件 ⑤書誌データフォーマット：MARC21 ⑥特記：OCLCは1967年にオハイオ州の大学共同利用機関Ohio College Library Centerとして設立。1971年から総合目録の編纂が開始された。その後北米の同種機関を吸収・統合し，2006年のResearch

Library Groupとの統合により世界最大の書誌提供機関となった。日中米加英独仏露を含む39国立図書館（米国議会図書館Library of Congress含む）の蔵書も検索可能となっている。iPhoneとAndroidアプリあり　⑦URL：http://www.worldcat.org/

＜政府刊行物＞

＜1895-1976＞

Monthly Catalog of US Government Publications, 1895-1976

①管理運営：ProQuest　②作成・参加館：単館　③検索対象：政府刊行物　④レコード件数：120万件　⑤書誌データフォーマット：　⑥特記：同名の月刊誌を創刊号から電子化した商用データベース　⑦URL：http://monthlycatalog.chadwyck.com/

＜1977-＞

Catalog of U.S. Government Publications (CGP)

①管理運営：U.S. Government Printing Office　②作成・参加館：単館　③検索対象：政府刊行物　④レコード件数：50万件　⑤書誌データフォーマット：　⑥特記：Monthly Catalog of US Government Publicationsは1895年に創刊され2004年に終刊した。インターネット経由で政府情報を提供する「Access GPO」は1993年から開始されている　⑦URL：http://catalog.gpo.gov/

＜学位論文＞

OAIster

①管理運営：ミシガン大学とOCLC　②作成・参加館：1,100機関　③検索対象：学位論文，雑誌記事，研究レポート等　④レコード件数：2,500万件　⑤書誌データフォーマット：　⑥特記：2002年にミシガン大学が開始した学術機関リポジトリのコンテンツ横断検索。2009年にOCLCが助成することになった　⑦URL：http://oaister.worldcat.org/

Dissertation Express

①管理運営：ProQuest　②作成・参加館：世界1,000大学　③検索対象：学位論文　④レコード件数：270万件　⑤書誌データフォーマット：　⑥特記：1861年以降の博士・修士論文の書誌データ。ミシガン州アナーバーのUniversity Microfilms International（UMI）社が1938年に創刊した索引誌と遡及索引が基になっている。120万件の全文をPDFで提供する商用サービスProQuest Dissertations and Thesesもある　⑦URL：http://disexpress.umi.com/dxweb

＜電子図書館＞

Google Books

①管理運営：Google　②作成・参加館：　③検索対象：電子図書（電子書籍）　④レコード件数：100万件以上　⑤書誌データフォーマット：　⑥特記：2003年に開始されたネット企業大手グーグルとミシガン大学，ハーバード大学，スタンフォード大学，ニューヨーク公立図書館，オックスフォード大学，カリフォルニア大学，慶應義塾大学，出版社等との提携により，その蔵書を登録し，書籍の基本情報と抜粋，全文（著作権切れ図書のみ）を閲覧できる　⑦URL：http://books.google.com/

Ebook and Texts Archive

①管理運営：Internet Archive　②作成・参加館：　③検索対象：電子図書（電子書籍）　④レコード件数：317万件以上　⑤書誌データフォーマット：　⑥特記：Internet Archiveは，文化，歴史遺産としてのネットワーク情報資源の保存のために1996年にブリュースター・カールによって設立された。 Project Gutenbergや北米で作成された電子テキスト（電子図書）を蓄積し，提供する　⑦URL：http://www.archive.org/details/texts

3.2 中米

1 メキシコ合衆国

United Mexican States

1. 基本事項

首都 メキシコ・シティ

政体 立憲民主制による連邦共和国

元首 大統領

宗教 カトリック

言語 スペイン語

通貨 ペソ

時差 －15～－17時間

ccTLD .mx

再販制度 書籍の価格拘束なし

ISBN管理機関 Agencia ISBN México, INDAUTOR

ISSN管理機関 Centro Nacional ISSN

全国書誌作成機関 Biblioteca Universidad Nacional Autónoma de México, Biblioteca Nacional

ISBN国番号 978-607, 978-968, 978-970

出版点数 20,300点（2007）

2. 販売目録

Libros de México

①商品：書籍 ②収録件数： ③収録年： ④運営元：Cámara Nacional de la Industria Editorial Mexicana ⑤特記：2011年9月は休止中で詳細不明 ⑥URL：http://www.librosmexicanos.com/

LatIndex

①商品：雑誌 ②収録件数：2万誌 ③収録年：1995年～ ④運営元：Universidad Nacional Autónoma de México（UNAM） ⑤特記：ラテンアメリカ，カリブ海，スペインとポルトガル諸国で出版された学術雑誌のダイレクトリ。UNAMが1995年に構想し，1997年から国家間協力の目録となった ⑥URL：http://www.latindex.org/

3. 出版流通 取次・書店・定期購読

＜取次＞

Puvill

①業種：取次 ②創業・設立：1945年 ③点数： ④特記：全世界の図書館や研究機関を専門とする取次。本社はバルセロナで，メキシコ，ポルトガル，アメリカに支社を持つ。書誌サポートサービスの提供も行う ⑤店舗数： ⑥旗艦店： ⑦在

庫検索：　⑧ URL：http://www.puvill.com/

Gonvill

①業種：取次，書店チェーン　②創業・設立：不明　③点数：　④特記：Centro de Distribución Nacionalが国の流通センターを表すのか，全国規模の取次を表すのかが不明　⑤店舗数：24店舗　⑥旗艦店：　⑦在庫検索：　⑧ URL：http://www.gonvill.com.mx/

Colofón

①業種：取次　②創業・設立：1980年代　③点数：　④特記：30年以上の取次実績があるとホームページにあり　⑤店舗数：　⑥旗艦店：　⑦在庫検索：　⑧ URL：http://paraleer.com/

＜書店＞

Un Paseopor los Libros

①業種：連合書店　②創業・設立：1997年　③点数：35万点　④特記：メキシコ・シティPino Suárez駅地下からZócaloまでの500メートルにわたるラテンアメリカ最大の地下書店街。国内9割，500出版社が42施設に出品　⑤店舗数：42店舗　⑥旗艦店：　⑦在庫検索：可能　⑧ URL：http://www.unpaseoporloslibros.com/

Sanborns

①業種：多角経営チェーン　②創業・設立：1903年　③点数：　④特記：メキシコ・シティに開店した薬局が1号店（書店は1916年？）　⑤店舗数：書店96店舗　⑥旗艦店：書店ではないが同グループのレストラン・サンボーンズの本店。メキシコ市の中心部ソカロの近くにあり，別名「タイルの家」と呼ばれる有名建築　⑦在庫検索：可能　⑧ URL：http://www.sanborns.com.mx/

Gandhi

①業種：書店チェーン　②創業・設立：1971年　③点数：　④特記：書店名はインド独立の父ガンジーにちなんだもの。アイデアと知識を促進し，文化を先導する　⑤店舗数：25店舗　⑥旗艦店：　⑦在庫検索：　⑧ URL：http://www.gandhi.com.mx/

Casa del Libro

①業種：書店チェーン　②創業・設立：不明　③点数：　④特記：スペイン大手書店チェーン。首都圏の書籍流通とマーケティングリーダーを目指す　⑤店舗数：12店舗　⑥旗艦店：　⑦在庫検索：　⑧ URL：http://www.casadelibro.com.mx/

El Sótano

①業種：書店チェーン　②創業・設立：1967年　③点数：36万6千点　④特記：創業時に地下書店だったのが書店名の由来　⑤店舗数：11店舗　⑥旗艦店：なし　⑦在庫検索：　⑧ URL：http://www.elsotano.com/

Cristal

①業種：書店チェーン　②創業・設立：1939年　③点数：　④特記：古書と電子書籍も扱う　⑤店舗数：8店舗　⑥旗艦店：　⑦在庫検索：　⑧ URL：http://www.libreriasdecristal.com.mx/

El Péndulo

①業種：書店チェーン　②創業・設立：不明　③点数　④特記：書店とカフェ，レストランを合体させたCafebreriaと名乗る。一回行ってみたいと思わせる雰囲気がある　⑤店舗数：6店舗　⑥旗艦店：英国ガーディアン紙で世界の10大書店に選ばれたPolanco店　⑦在庫検索：　⑧ URL：http://www.pendulo.com/

Porrua

①業種：書店チェーン　②創業・設立：1900年　③点数：　④特記：文化センターの地位を築いている老舗書店。1939年から刊行した新刊ガイドBoletín bibliográfico mexicanoは国内外の図書館や研究者に有用なガイドとなった　⑤店舗数：50店舗　⑥旗艦店：　⑦在庫検索：　⑧URL：http://www.porrua.com/

4. 図書館蔵書目録　時代別

<1539-1821>

Imprenta en México

①管理運営：Memoria Chilena　②作成・参加館　③検索対象：古版本，図書など　④レコード件数：1万3千件　⑤書誌データフォーマット：　⑥特記：チリ人書誌研究家José Toribio Medinaが1907年から1912年までに編纂した16世紀から18世紀までの書誌。編纂者がチリ人だからか何故かチリで電子化・全文公開PDF　⑦URL：http://www.memoriachilena.cl/temas/dest.asp?id=imprentamexicoimprenta

<1539-1821>

Catálogo Colectivo del Patrimonio Bibliográfico Mexicano

①管理運営：Asociación para el Desarrollo de Archivos y Bibliotecas A.C.（ADABI）　②作成・参加館：11館　③検索対象：古版本，図書など　④レコード件数：　⑤書誌データフォーマット：　⑥特記：2004年に開始された公共と民間問わずさまざまな図書館に属する貴重本の所在を明らかにする継続プロジェクト　⑦URL：http://132.248.77.3:8991/F

<1822- >

NAUTILO

①管理運営：国立図書館　②作成・参加館：単館　③検索対象：図書，雑誌など　④レコード件数：　⑤書誌データフォーマット：MARC21　⑥特記：国立図書館は1867年設立。NAUTILOは国立図書館，雑誌館Hemeroteca Nacional de México，書誌調査研究所Instituto de Investigaciones Bibliográficas（IIB）の総合目録　⑦URL：http://132.248.77.3:8991/F

LIBRUNAM, SERIUNAM, TESIUNAM

①管理運営：Dirección General de Bibliotecas　②作成・参加館：UNAM97館　③検索対象：それぞれ図書，雑誌，学位論文　④レコード件数：　⑤書誌データフォーマット：MARC21　⑥特記：国立メキシコ自治大学図書館の総合目録。同一ドメインの国立図書館より頼りになる。1976年に開始されたSERIUNAM収録1万5千誌は雑誌記事索引の採録誌になっている　⑦URL：http://132.248.67.3:8991/F

Red de Bibliotecas ECOES

①管理運営：Espacio Común de Educación Superior（ECOES）　②作成・参加館：36館　③検索対象：図書　④レコード件数：　⑤書誌データフォーマット：　⑥特記：ECOES加盟大学の横断検索目録。目録はUNAM国立メキシコ自治大学のDirección General de Bibliotecasが作成　⑦URL：http://132.248.9.11/cgi-bin/ecoes/multibase.pl

Catálogo Nacional de Bibliotecas Académicas

①管理運営：Dirección General de Bibliotecas　②作成・参加館：74館　③検索対象：図書　④レコード件数：　⑤書誌データフォーマット：MARC21　⑥特記：国立大学図書館の横断検索目録。地域別で検索可能である　⑦URL：http://132.248.9.11/cgi-bin/nacional/multibase.pl

Latino V

①管理運営：Colima大学とCENEDIC UNESCO ②作成・参加館：16か国，123図書館 ③検索対象：図書，雑誌，記事 ④レコード件数： ⑤書誌データフォーマット： ⑥特記：1991年に総合目録Latino I成立。1998年のLatino IVではCD-ROM，2001年のLatino VからオンラインVIへの移行中なのかアクセス先不明 ⑦URL：

Catálogo Colectivo de Publicaciones Seriadas del CONPAB

①管理運営：Consejo Nacional para Asuntos Bibliotecarios de Educación Superior（CONPAB） ②作成・参加館：17館 ③検索対象：雑誌 ④レコード件数： ⑤書誌データフォーマット： ⑥特記：高等教育機関図書館事務全国会議CONPAB加盟館の一部の雑誌総合目録プロトタイプ。UNAMは参加していない模様 ⑦URL：http://www.conpab.uaslp.mx/proyectos.html#

2 グアテマラ共和国

Republic of Guatemala

1. 基本事項

首都　グアテマラシティー

政体　立憲共和制

元首　大統領

宗教　カトリック，プロテスタント等

言語　スペイン語（公用語）

通貨　ケツァル（Q）

時差　－15時間

ccTLD　.gt

再販制度

ISBN管理機関　Agencia ISBN

ISSN管理機関

全国書誌作成機関

ISBN国番号　978-9929, 978-99922, 978-99939

2. 出版流通　取次・書店・定期購読

＜書店＞

Sophos

①業種：書店 ②創業・設立：1998年 ③点数： ④特記：グアテマラ市にあるカフェと書店。書籍，友人，作家との出会いの場を提供する ⑤店舗

数：1店舗　⑥旗艦店：　⑦在庫検索：　⑧ URL：http://www.sophosenlinea.com/

3. 図書館蔵書目録　時代別

MetaBase

①管理運営：MetaBase.net　②作成・参加館：79館　③検索対象：図書　④レコード件数：82万件　⑤書誌データフォーマット：　⑥特記：1997年に開始された中米諸国 México, Guatemala, Honduras, El Salvador, Nicaragua, Costa Rica, Panamá の主要図書館の総合目録。グアテマラは7館参加　⑦ URL：http://www.metabase.net/

3　エルサルバドル共和国

Republic of El Salvador

1. 基本事項

首都　サンサルバドル

政体　立憲共和制

元首　大統領

宗教　カトリック

言語　スペイン語

通貨　米ドルおよびコロン

時差　－15時間

ccTLD　.sv

再販制度

ISBN 管理機関　Agencia salvadoreña del ISBN

ISSN 管理機関

全国書誌作成機関

ISBN 国番号　978-99923, 978-99961

2. 出版流通　取次・書店・定期購読

＜書店＞

La Ceiba

①業種：出版社，書店チェーン　②創業・設立：　③点数：5万8千点　④特記：社名の由来は「平和の木」　⑤店舗数：9店舗　⑥旗艦店：　⑦在庫検索：ネット書店の在庫表示あり　⑧ URL：http://www.libroslaceiba.com/

3. 図書館蔵書目録　時代別

MetaBase

①管理運営：MetaBase.net　②作成・参加館：79館　③検索対象：図書　④レコード件数：82万件　⑤書誌データフォーマット：　⑥特記：1997年に開始された中米諸国 México, Guatemala, Honduras, El Salvador, Nicaragua, Costa Rica, Panamá の主

要図書館の総合目録。エルサルバドルは 9 館参加　⑦ URL：http://www.metabase.net/

4　ホンジュラス共和国

Republic of Honduras

1. 基本事項

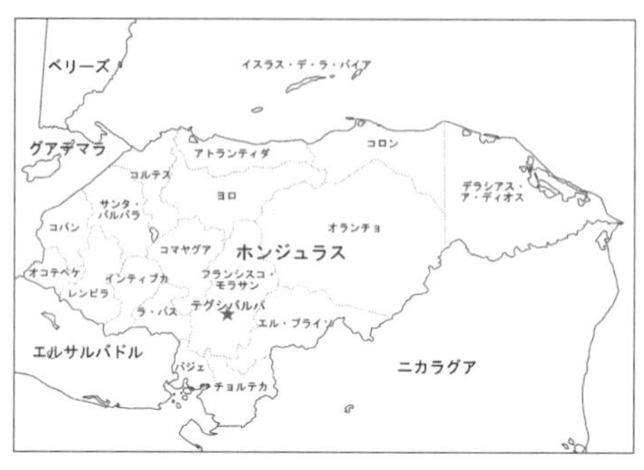

首都　テグシガルパ

政体　立憲共和制

元首　大統領

宗教　伝統的にカトリック

言語　スペイン語

通貨　レンピーラ（L）

時差　－ 15 時間

ccTLD　.hn

再販制度

ISBN 管理機関　Agencia ISBN de Honduras

ISSN 管理機関

全国書誌作成機関　Biblioteca Nacional

ISBN 国番号　978-99926

2. 出版流通　取次・書店・定期購読

＜書店＞

Guaymuras

①業種：出版社，書店　②創業・設立：1982 年（書店）　③点数：5,000 冊　④特記：国内刊行物を集め販売する　⑤店舗数：2 店舗　⑥旗艦店：　⑦在庫検索：　⑧ URL：http://www.guaymuras.hn/ubicacion.html

Metromedia

①業種：書店チェーン　②創業・設立：不明　③点数：　④特記　⑤店舗数：5 店舗　⑥旗艦店：トンコンティン国際空港店は 2 フロア　⑦在庫検索：　⑧ URL：http://www.metromedia.hn/principal.htm

3. 図書館蔵書目録　時代別

＜1600- ＞

Buscar Colección Histórica

①管理運営：国立図書館　②作成・参加館：単館　③検索対象：図書　④レコード件数：　⑤書誌データフォーマット：　⑥特記：1600 年から検索できそうだ　⑦ URL：http://biblioteca.bch.hn/buscar_histo.php

MetaBase

①管理運営：MetaBase.net　②作成・参加館：79 館　③検索対象：図書　④レコード件数：82 万件　⑤書誌データフォーマット：　⑥特記：1997 年に開始された中米諸国 México，Guatemala，Honduras，El Salvador，Nicaragua，Costa Rica，Panamá の主要図書館の総合目録。ホンジュラスは 35 館参加　⑦ URL：http://www.metabase.net/

5　ニカラグア共和国

Republic of Nicaragua

1. 基本事項

首都　マナグア

政体　共和制

元首　大統領

宗教　カトリック

言語　スペイン語

通貨　コルドバ

時差　－15時間

ccTLD　.ni

再販制度

ISBN管理機関　Agencia Nicaragüense del ISBN, Biblioteca Nacional Rubén Darío de Nicaragua

ISSN管理機関

全国書誌作成機関　Biblioteca Nacional Rubén Darío de Nicaragua

ISBN国番号　978-99924, 978-99964

2. 図書館蔵書目録　時代別

MetaBase

①管理運営：MetaBase.net　②作成・参加館：79館　③検索対象：図書　④レコード件数：82万件　⑤書誌データフォーマット：　⑥特記：1997年に開始された中米諸国México, Guatemala, Honduras, El Salvador, Nicaragua, Costa Rica, Panamáの主要図書館の総合目録。ニカラグアは10館参加　⑦URL：http://www.metabase.net/

6　コスタリカ共和国

Republic of Costa Rica

1. 基本事項

首都　サンホセ

政体　共和制

元首　大統領

宗教　カトリック（国教）

言語　スペイン語

通貨　コロン（¢）

時差　－15時間

ccTLD　.cr

再販制度

ISBN管理機関　Biblioteca Nacional, Departamento Unidad Técnica

ISSN管理機関　Agencia ISSN de Costa Rica

全国書誌作成機関　Biblioteca Nacional Miguel Obregon Lizano

ISBN国番号　978-9930, 978-9968, 978-9977

2. 出版流通　取次・書店・定期購読

<書店>

Legado

①業種：出版社，ネット書店　②創業・設立：2007年（ネット公開）　③点数：3,200点　④特記：サイトにはネット書店は2009年1月に開始とある　⑤店舗数：　⑥旗艦店：　⑦在庫検索：　⑧URL：http://www.editlegado.com/

3. 図書館蔵書目録　時代別

<1881-2001，2001->

Biblioteca Nacional "Miguel Obregón Lizano" Bibliografía

①管理運営：国立図書館　②作成・参加館：単館　③検索対象：図書，雑誌，雑誌記事　④レコード件数：　⑤書誌データフォーマット：　⑥特記：Web版と電子化版（1888-2001）がある　⑦URL：http://www.sinabi.go.cr/Historia%20de%20la%20Biblioteca%20Nacional/(PDF)；http://www.sinabi.go.cr/Janium/Default.aspx

MetaBase

①管理運営：MetaBase.net　②作成・参加館：79館　③検索対象：図書　④レコード件数：82万件　⑤書誌データフォーマット：　⑥特記：1997年に開始された中米諸国México, Guatemala, Honduras, El Salvador, Nicaragua, Costa Rica, Panamáの主要図書館の総合目録。コスタリカは34館参加　⑦URL：http://www.metabase.net/

7　パナマ共和国

Republic of Panama

1. 基本事項

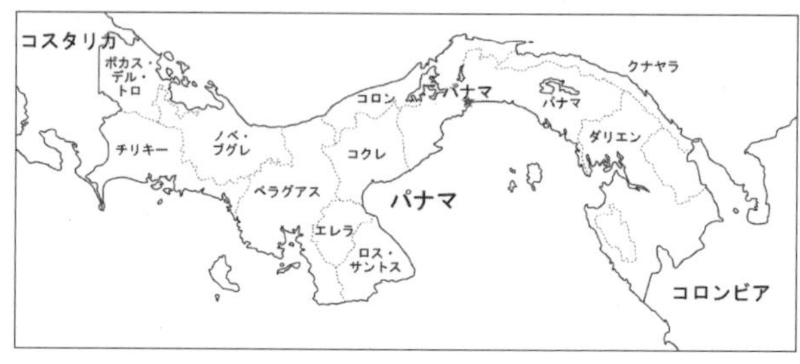

首都　パナマシティー

政体　立憲共和制

元首　大統領

宗教　カトリック

言語　スペイン語

通貨　バルボア

時差　－ 15 時間

ccTLD　.pa

再販制度

ISBN 管理機関　Agencia Panameña del ISBN, Biblioteca Nacional de Panamá

ISSN 管理機関

全国書誌作成機関

ISBN 国番号　978-9962

2. 出版流通　取次・書店・定期購読

＜書店＞

Cultural panameña

①業種：書店　②創業・設立：1960 年代？　③点数：　④特記：パナマの出版物を集め販売する　⑤店舗数：1 店舗　⑥旗艦店：　⑦在庫検索：　⑧ URL：http://www.libreriacultural.com/

Exedra Books

①業種：書店　②創業・設立：不明　③点数：　④特記：カフェと無線 LAN で 5 ドル　⑤店舗数：1 店舗　⑥旗艦店：パナマシティーのスペイン通りとブラジル通りの交差する角のパナマ店　⑦在庫検索：　⑧ URL：http://www.exedrabooks.com/

3. 図書館蔵書目録　時代別

MetaBase

①管理運営：MetaBase.net　②作成・参加館：79 館　③検索対象：図書　④レコード件数：82 万件　⑤書誌データフォーマット：　⑥特記：1997 年に開始された中米諸国 México, Guatemala, Honduras, El Salvador, Nicaragua, Costa Rica, Panamá の主要図書館の総合目録。パナマは 1 館のみ参加　⑦ URL：http://www.metabase.net/

8　キューバ共和国

Republic of Cuba

1. 基本事項

首都　ハバナ

政体　共和制（社会主義国）

元首　国家評議会議長

宗教

言語　スペイン語

通貨　ペソ

時差　－ 14 時間

ccTLD　.cu

再販制度

ISBN 管理機関　Cámara Cubana del Libro

ISSN 管理機関

全国書誌作成機関　Biblioteca Nacional José Martí

ISBN 国番号　978-959

2. 図書館蔵書目録　時代別

Biblioteca digital

①管理運営：国立図書館　②作成・参加館：単館　③検索対象：図書，雑誌　④レコード件数：　⑤書誌データフォーマット：　⑥特記：図書については蔵書ほとんど，雑誌については18世紀から検索することができる　⑦URL：http://bdigital.bnjm.cu/?secc=bases

9　ジャマイカ

Jamaica

1. 基本事項

首都　キングストン

政体　立憲君主制

元首　英国女王

宗教　プロテスタント等

言語　英語，英語系パトゥア語

通貨　ジャマイカドル（J＄）

時差　－14時間

ccTLD　.jm

再販制度

ISBN 管理機関

ISSN 管理機関　National Library of Jamaica

全国書誌作成機関　National Library of Jamaica

ISBN 国番号

2. 出版流通　取次・書店・定期購読

＜書店＞

Sangster's

①業種：書店チェーン　②創業・設立：1938年　③点数：6,000点　④特記：文房具も扱い常時5万4千アイテムの在庫　⑤店舗数：11店舗　⑥旗艦店：1968年に開店したキングストンのHarbour Street店は5,400平方フィートの広さ　⑦在庫検索：　⑧URL：http://www.sangstersbooks.com/

Kingston

①業種：書店チェーン　②創業・設立：1974年（前身は1963年）③点数：　④特記：　⑤店舗数：9店舗　⑥旗艦店：キングストンの70B King Streetにある1号店。9時から夕方5時まで　⑦在庫検索：　⑧URL：http://www.kingstonbookshop.com/

3. 図書館蔵書目録　時代別

NATCAT

①管理運営：国立図書館　②作成・参加館：単館　③検索対象：図書，雑誌（新聞除く）④レコード件数：　⑤書誌データフォーマット：　⑥特記：図書の章や雑誌記事から検索可能　⑦URL：http://198.170.76.2/natcat/

Jamaica Union Catalogue

①管理運営：国立図書館　②作成・参加館：64館

③検索対象：図書，雑誌 ④レコード件数：8万5千件 ⑤書誌データフォーマット： ⑥特記：全国書誌データベース構築を目的として2010年に開始された ⑦URL：http://www.nlj.gov.jm/?q=content/the-jamaica-union-catalouge

10 バミューダ

Bermuda

1. 基本事項

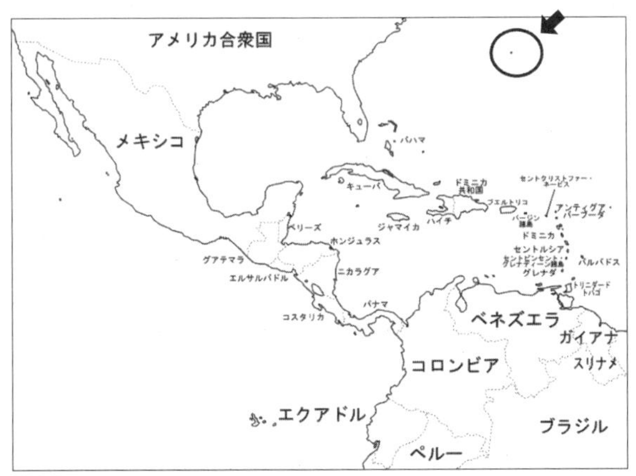

首都 ハミルトン

政体 立憲君主制

元首 英国女王，総督が代行

宗教

言語 英語，ポルトガル語

通貨 バミューダ・ドル（BMD）

時差 －13時間

ccTLD .bm

再販制度

ISBN管理機関

ISSN管理機関

全国書誌作成機関 Bermuda Library

ISBN国番号

2. 出版流通 取次・書店・定期購読

＜書店＞

Bermuda

①業種：書店 ②創業・設立：1930年代 ③点数： ④特記：米国の独立系1,100書店のネットワークBookSenseに参加している ⑤店舗数：1店舗 ⑥旗艦店： ⑦在庫検索： ⑧URL：http://www.bookstore.bm/

Bookmart

①業種：ネット書店 ②創業・設立：1994年？ ③点数：170万点 ④特記：親会社は薬局を経営するPhoenix Stores ⑤店舗数： ⑥旗艦店： ⑦在庫検索： ⑧URL：http://www.bookmart.bm/

3. 図書館蔵書目録 時代別

EOS. WebOPAC

①管理運営：国立図書館 ②作成・参加館：単館 ③検索対象：図書，雑誌 ④レコード件数： ⑤書誌データフォーマット： ⑥特記：かなり古い資料についてはカード目録を利用するしかない ⑦URL：http://207.67.203.80/B10037Staff/OPAC/

11　トリニダード・トバゴ共和国

Republic of Trinidad and Tobago

1. 基本事項

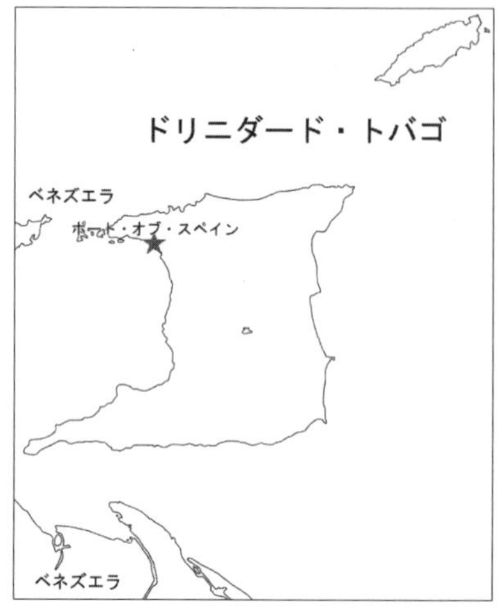

首都　ポート・オブ・スペイン

政体　立憲共和制

元首　大統領

宗教　キリスト教（カトリック，英国国教会等）

言語　英語（公用語），ヒンディー語，仏語，西語

通貨　トリニダード・トバゴ・ドル（TT ドル）

時差　－ 13 時間

ccTLD　.tt

再販制度

ISBN 管理機関

ISSN 管理機関

全国書誌作成機関　Central Library of Trinidad and Tobago

ISBN 国番号

2. 図書館蔵書目録　時代別

NALIS

①管理運営：国立図書館　②作成・参加館：25 館　③検索対象：図書，雑誌　④レコード件数：　⑤書誌データフォーマット：　⑥特記：国立図書館，公共図書館 22 館，移動図書館 2 館の総合目録　⑦ URL：http://catalog.nalis.gov.tt/

3.3 南米

1 ベネズエラ・ボリバル共和国

Bolivarian Republic of Venezuela

1. 基本事項

首都　カラカス

政体　共和制

元首　大統領

宗教　カトリック

言語　スペイン語（公用語）

通貨　ボリバル・フエルテ

時差　－ 13 時間

ccTLD　.ve

再販制度

ISBN 管理機関　Agencia Venezolana del ISBN

ISSN 管理機関　Centro Nacional ISSN

全国書誌作成機関　Instituto Autónomo Biblioteca Nacional y de Servicios de Bibliotecas

ISBN 国番号　978-980

2. 販売目録

Boletín ISBN, Venezuela

①商品：書籍　②収録件数：　③収録年：　④運営元：Agencia Venezolana del ISBN　⑤特記：何故か商用データベース　⑥ URL：http://isbnvzla.no-ip.info/site_isbn/login.php

Infolibro

①商品：書籍　②収録件数：3 万点　③収録年：　④運営元：不明　⑤特記：新刊書籍と書店の情報を提供する　⑥ URL：http://www.infolibro.com.ve/

3. 出版流通　取次・書店・定期購読

＜書店＞

lalibreriadelaU.com

①業種：ネット書店　②創業・設立：2004 年　③点数：6 万点　④特記：親会社はコロンビア・ボゴダの Hipertexto 社。オンデマンド書籍，雑誌と電子書籍（ePub 対応）も扱う　⑤店舗数：　⑥旗艦店：　⑦在庫検索：　⑧ URL：http://www.lalibreriadelau.com/

4. 図書館蔵書目録　時代別

Anuario bibliográfico venezolano

①管理運営：国立図書館　②作成・参加館：単館　③検索対象：図書，雑誌　④レコード件数：　⑤書誌データフォーマット：　⑥特記：Telnet 目録？。以前はウェブ版だったのだが…　⑦URL：http://www.bnv.gob.ve/catalo_enlinea.php?sw=2

Sistema Nacional de Bibliotecas Públicas

①管理運営：国立図書館　②作成・参加館：727 館　③検索対象：図書，雑誌　④レコード件数：430 万冊　⑤書誌データフォーマット：　⑥特記：加盟館のみ検索可能。1998 年当時 SAIBIN という国立図書館と大学図書館 15 館による総合目録があったが 2007 年に公開中止された　⑦URL：http://www.bnv.gob.ve/contenido_bibliotecas.php?sw=3

Biblioteca Digital Académica Venezolana

①管理運営：Biblioteca Digital, Universidad de Los Andes　②作成・参加館：3 館　③検索対象：学位論文全文など　④レコード件数：9,000 件　⑤書誌データフォーマット：　⑥特記：Universidad de Los Andes, Universidad Nacional Experimental del Táchira と Universidad Centroccidental Lisandro Alvarado の共同リポジトリ　⑦URL：http://www.bibliotecadigitalacademica.org.ve/

2　コロンビア共和国

Republic of Colombia

1. 基本事項

首都　ボゴタ
政体　立憲共和制
元首　大統領
宗教　カトリック
言語　スペイン語
通貨　ペソ
時差　－ 14 時間
ccTLD　.co
再販制度
ISBN 管理機関　Agencia Colombiana del ISBN,

Cámara Colombiana del Libro

ISSN 管理機関　Centro nacional Colombiano del ISSN

全国書誌作成機関　Biblioteca Nacional de Columbia（Instituto Caro y Cuervo）

ISBN 国番号　978-958

2. 出版流通　取次・書店・定期購読

＜書店＞

Nacional

①業種：書店チェーン　②創業・設立：1941 年　③点数：250 出版社，6 万点　④特記：1 号店はバランキヤ。雑誌と電子書籍も扱う　⑤店舗数：30 店舗　⑥旗艦店：　⑦在庫検索：　⑧ URL：http://www.librerianacional.com/

lalibreriadelaU.com

①業種：ネット書店　②創業・設立：2004 年　③点数：6 万点　④特記：親会社はボゴタの Hipertexto 社。ベネズエラにも支店あり。オンデマンド書籍，雑誌と電子書籍（ePub 対応）も扱う　⑤店舗数：　⑥旗艦店：　⑦在庫検索：　⑧ URL：http://www.lalibreriadelau.com/

LibreriaNorma.com

①業種：ネット書店　②創業・設立：2000 年　③点数：　④特記：親会社は Carvajal Educación。ラテンアメリカの 14 か国に現地事務所を置き，国際的な輸送コストの削減を図り，迅速に注文を受け取ることができる　⑤店舗数：　⑥旗艦店：　⑦在庫検索：　⑧ URL：http://www.librerianorma.com/

BuscaPé Colombia

①業種：書籍価格比較　②創業・設立：2007 年　③点数：33 万冊　④特記：親会社は中南米で商品価格比較サイトを展開する Grupo BuscaPé　⑤店舗数：3 店舗以上　⑥旗艦店：　⑦在庫検索：　⑧ URL：http://www.buscape.com.co/ofertas--libros.html

3. 図書館蔵書目録　時代別

＜1800- ＞

Catálogo Colectivo del Patrimonio Bibliográfico Colombiano（CCPBC）

①管理運営：国立図書館　②作成・参加館：12 館　③検索対象：　④レコード件数：　⑤書誌データフォーマット：　⑥特記：国立図書館の蔵書に，2009 年から異なる地域の 11 図書館の蔵書が組み込まれた　⑦ URL：http://catalogo.bibliotecanacional.gov.co/

Catálogo colectivo nacional de publicaciones seriadas

①管理運営：コロンビア国家教育省高等教育プロモーション新興研究所 ICFES　②作成・参加館：140 館　③検索対象：雑誌　④レコード件数：3 万 8 千件　⑤書誌データフォーマット：　⑥特記：1994 年に科学技術文献センターとして設立された Hemeroteca Nacional Universitaria を中心に，1998 年に構築・公開されたが，現在はアクセスできない　⑦ URL：http://www.icfes.gov.co/

3 エクアドル共和国

Republic of Ecuador

1. 基本事項

首都　キト

政体　共和制

元首　大統領

宗教　カトリック

言語　スペイン語

通貨　米ドル

時差　－14時間

ccTLD　.ec

再販制度

ISBN管理機関　Agencia Ecuatoriana del ISBN

ISSN管理機関　Centro de Informacion

全国書誌作成機関　Universidad Central del Ecuador. Biblioteca General

ISBN国番号　978-9942, 978-9978

2. 出版流通　取次・書店・定期購読

＜取次＞

Libri Mundi

①業種：取次，書店チェーン　②創業・設立：1971年　③点数：100万点　④特記：国外出版社の専属代理店である　⑤店舗数：9店舗　⑥旗艦店：キトのショッピングモールQuicentro Shopping店　⑦在庫検索：　⑧URL：http://www.librimundi.com/

＜書店＞

Rayuela

①業種：書店　②創業・設立：不明　③点数：　④特記：店舗はキトのアタワルパオリンピック競技場近くのアレマン通りにあるショッピングモールQuicentro Shoppingにも近い。著名な作家を招いた文化イベントを行っている　⑤店舗数：1店舗　⑥旗艦店：　⑦在庫検索：　⑧URL：http://www.rayuela.ec/

Vida Nueva

①業種：書店　②創業・設立：1964年　③点数：　④特記：グアヤキルの読書と文化の動機付けを果たす　⑤店舗数：　⑥旗艦店：　⑦在庫検索：　⑧URL：http://www.libreriavidanueva.com.ec/

3. 図書館蔵書目録　時代別

Bibliografia Ecuatoriana

①管理運営：Universidad Central del Ecuador. Biblioteca General　②作成・参加館：単館　③検索

対象：図書，雑誌　④レコード件数：　⑤書誌データフォーマット：　⑥特記：アクセスできず詳細不明　⑦URL：http://bgeneral.uce.edu.ec:8080/

4　ブラジル連邦共和国

Federative Republic of Brazil

1. 基本事項

首都　ブラジリア

政体　連邦共和制，三権分立（米国型）

元首　大統領

宗教　キリスト教（カトリック，プロテスタント）

言語　ポルトガル語

通貨　レアル

時差　－12時間～－14時間

ccTLD　.br

再販制度

ISBN管理機関　Brazilian ISBN Agency

ISSN管理機関　Centro Brasileiro do ISSN

全国書誌作成機関　Biblioteca Nacional

ISBN国番号　978-85

出版点数　22,027点（2009）

2. 販売目録

RiLVi

①商品：書籍　②収録件数：　③収録年：　④運営元：ユネスコ後援のイベロアメリカの政府間機関CERLALCおよび中南米18か国のISBN機関　⑤特記：ラテンアメリカ諸国の新刊書籍データベース。1992年から各地域の新刊データベースの構築が始まり1995年に統一を模索，1998年にCD-ROM版で実現し，2003年にネット公開した　⑥URL：http://www.cerlalc.org/rilvi/

3. 出版流通　取次・書店・定期購読

＜取次＞

SuperPedido Tecmedd

①業種：取次　②創業・設立：2000年　③点数：8万点（国外2万点）　④特記：サンパウロを拠点。

2009年に大手取次Superpedidoと書籍輸入業者Tecmeddの合併により誕生。同社の物流会社Biblionは物流サービス代行プロバイダー。サイトには検索機能なしが残念なところ　⑤店舗数：　⑥旗艦店：　⑦在庫検索：　⑧URL：http://www.superpedidotecmedd.com.br/

A Página Distribuidora de Livros

①業種：取次　②創業・設立：不明　③点数：　④特記：ブラジル南部を拠点とする大手取次の一つ。243出版社の書籍を扱う　⑤店舗数：　⑥旗艦店：　⑦在庫検索：　⑧URL：http://www.apaginadistribuidora.com.br/

Acaiaca Distribuidora de Livros

①業種：取次　②創業・設立：1967年？　③点数：　④特記：サンパウロを拠点とする有力取次の一つ。サンパウロとミナスジェライスに物流センターを持つ　⑤店舗数：　⑥旗艦店：　⑦在庫検索：　⑧URL：http://www.acaiaca.com.br/

Sollus Distribuidora de Livros

①業種：取次　②創業・設立：2000年　③点数：　④特記：中小出版社290社の出版物を扱う　⑤店舗数：　⑥旗艦店：　⑦在庫検索：　⑧URL：http://www.sollusdistribuidora.com.br/

DGB

①業種：取次　②創業・設立：2007年　③点数：　④特記：物流4社（取次Abril, Dinap, FC Comercial, Magazine Expressと物流会社Treelog Logística）から成る物流持株会社。Dinapの雑誌スタンド売りのシェアは7割。80社の雑誌を120地域の仲卸と3万もの小売店に販売を行う。FC Commercialも2万5千もの小売店に雑誌の販売を行う。またMagazine Expressは海外雑誌を扱う　⑤店舗数：　⑥旗艦店：　⑦在庫検索：　⑧URL：http://www.grupoabril.com.br/institucional/distribuidora-logistica.shtml

＜書店＞

Cultura

①業種：書店チェーン　②創業・設立：1947年　③点数：370万点　④特記：ブラジルで哲学的なカフェやネット販売を最初に開始　⑤店舗数：11店舗　⑥旗艦店：サンパウロのPaulista通りにあるCondomínio Conjunto Nacional店は3フロア4,300㎡　⑦在庫検索：　⑧URL：http://www.livrariacultura.com.br/

Saraiva

①業種：書店チェーン　②創業・設立：1914年　③点数：　④特記：親会社はSaraiva e Sicilianoグループ。ブラジル全土に店舗がある　⑤店舗数：90店舗　⑥旗艦店：サンパウロのShopping Paulista店はメガストア　⑦在庫検索：　⑧URL：http://www.livrariasaraiva.com.br/

Nobel

①業種：書店チェーン　②創業・設立：1943年　③点数：　④特記：親会社は各業界で小売チェーン展開するGaleria das Compras。1998年から200㎡のメガストアを展開。スペインとポルトガルにも店舗がある　⑤店舗数：180店舗　⑥旗艦店：ロンドニア州ポルト・ヴェーリョのPorto Velho Shoppingの1階の店舗は360㎡でカフェ併設。サンパウロのサッカー場エスタジオ・ド・モルンビーには225㎡のカフェ併設のスポーツ専門書店あり　⑦在庫検索：　⑧URL：http://www.livrarianobel.com.br/

Siciliano

①業種：書店チェーン　②創業・設立：1928年　③点数：　④特記：創業当時は新聞と雑誌販売。1942年から書籍を扱う。1998年にサンパウロ初のメガストアを開店。2008年にSaraivaに買収された　⑤店舗数：5店舗　⑥旗艦店：サンパウロのショッピングセンター内のメガストアBrisamar店　⑦在庫検索：　⑧URL：http://www.siciliano.com.br/

Fnac

①業種：書店チェーン　②創業・設立：2000年　③点数：　④特記：フランス最大の書店チェーン。サンパウロ店には200㎡のAppleショップがある　⑤店舗数：10店舗　⑥旗艦店：サンパウロのPaulista店は2フロア4,000平方フィート　⑦在庫検索：　⑧URL：http://www.fnac.com.br/

Martins Fontes

①業種：書店チェーン　②創業・設立：1960年　③点数：40万点　④特記：親会社は出版社のWMF Martins Fontes　⑤店舗数：6店舗　⑥旗艦店：サンパウロのPaulista店は800㎡に在庫9万冊。カフェあり　⑦在庫検索：可能　⑧URL：http://www.martinsfontes.com.br/

Livraria da Travessa

①業種：書店チェーン　②創業・設立：1975年　③点数：　④特記：リオを拠点とする　⑤店舗数：7店舗　⑥旗艦店：リオの9月7日通り店は3フロア800㎡　⑦在庫検索：　⑧URL：http://www.travessa.com.br/

Curitiba / Catarinense

①業種：書店チェーン　②創業・設立：1963年　③点数：10万点　④特記：親会社はGrupo Livrarias Curitiba。1999年からメガストア展開　⑤店舗数：21店舗　⑥旗艦店：Shopping Curitibaの2階にある店舗は700㎡　⑦在庫検索：　⑧URL：http://www.livrariascuritiba.com.br/

Da Vila

①業種：書店チェーン　②創業・設立：1985年　③点数：2万2千点　④特記：サンパウロを拠点とする内外装のセンスが光る書店　⑤店舗数：6店舗　⑥旗艦店：Isay WeinfeldがデザインしたLorena店。2階建て吹抜けの建物内の要素がすべて本棚　⑦在庫検索：　⑧URL：http://www.livrariadavila.com.br/

Galileu

①業種：書店チェーン　②創業・設立：1991年　③点数：15万冊（在庫）　④特記：リオデジャネイロを拠点とする教科書販売専門書店　⑤店舗数：3店舗　⑥旗艦店：　⑦在庫検索：　⑧URL：http://www.livrariagalileu.com.br/

SBS : Special Book Services

①業種：書店チェーン　②創業・設立：1985年　③点数：　④特記：親会社はグループInternacional SBS。アルゼンチンとペルーにも支店がある。国内外の語学書を中心に一般書も扱う　⑤店舗数：35店舗　⑥旗艦店：　⑦在庫検索：　⑧URL：http://www.sbs.com.br/

Biblio1

①業種：書籍価格比較　②創業・設立：2011年　③点数：　④特記：Roberto Limaの個人運営　⑤店舗数：新刊6サイト＋古書1サイト　⑥旗艦店：　⑦在庫検索：　⑧URL：http://www.biblio1.com.br/

Virtual Books

①業種：書籍価格比較　②創業・設立：2009年

③点数：　④特記：運営は自費出版社。価格比較サイトを1か所で検索可能。電子書籍も横断検索可能　⑤店舗数：　⑥旗艦店：　⑦在庫検索：　⑧URL：http://www.virtualbooks.com.br/

＜電子書籍＞

Gato Sabido

①業種：電子書籍書店　②創業・設立：2009年　③点数：葡語1,500点，英語12万点　④特記：運営元は書籍電子商取引のリーディング企業でネット書店Submarino（1999年創業）に2010年に統合された　⑤店舗数：　⑥旗艦店：　⑦在庫検索：　⑧URL：http://www.gatosabido.com.br/

＜雑誌＞

AssineAbril.com

①業種：雑誌販売　②創業・設立：2000年　③点数：54誌　④特記：1950年創業のメディアグループAbril傘下のEditora Abrilが刊行する雑誌の定期購読。1969年から12年間運営されたが一時撤退。その後復活した。携帯サイト対応　⑤店舗数：　⑥旗艦店：　⑦在庫検索：　⑧URL：http://www.assine.abril.com.br/

Clickeassine

①業種：雑誌販売　②創業・設立：2007年　③点数：254誌　④特記：国産，輸入雑誌の購読　⑤店舗数：　⑥旗艦店：　⑦在庫検索：　⑧URL：http://www.clickeassine.com.br/

Assineshop

①業種：雑誌販売　②創業・設立：2005年　③点数：900誌（国内外）　④特記：ブラジル以外の雑誌も扱う　⑤店舗数：　⑥旗艦店：　⑦在庫検索：　⑧URL：http://www.assineshop.com.br/

＜古書店総合目録＞

Livronauta

①業種：古書店連合目録　②創業・設立：2010年　③点数：216万点　④特記：書店やバイヤーから古本の販売を仲介するツール　⑤店舗数：370店舗　⑥旗艦店：　⑦在庫検索：　⑧URL：http://www.livronauta.com.br/

Estante Virtual

①業種：古書店連合目録　②創業・設立：2004年　③点数：2,800万冊　④特記：読者，書店員，図書館員に電子市場コミュニティを提供する　⑤店舗数：1,900店舗　⑥旗艦店：　⑦在庫検索：　⑧URL：http://www.estantevirtual.com.br/

Traça

①業種：古書店　②創業・設立：1980年代後半　③点数：　④特記：リオグランデ・ド・スル州のポルト・アレグレを拠点とする。2000年代初期からネット販売を開始　⑤店舗数：　⑥旗艦店：　⑦在庫検索：　⑧URL：http://www.traca.com.br/

4. 図書館蔵書目録　時代別

Bibliografia brasileira

①管理運営：国立図書館　②作成・参加館：単館　③検索対象：古版本，図書，雑誌，学位論文など　④レコード件数：古版本5万1千件，図書55万件，雑誌5万3千件，学位論文5万8千件　⑤書誌データフォーマット：Intermarc　⑥特記：詳細不明　⑦URL：http://catalogos.bn.br/

Rede Bibliodata

①管理運営：Fundação Getúlio Vargas（FGV）　②作成・参加館：32機関，200館　③検索対象：図書，雑誌　④レコード件数：180万件　⑤書誌データフォーマット：MARC21　⑥特記：商用デー

タベース。1972年に総合目録プロジェクトが構想され，1990年代にオンライン化。1999年にCD-ROMとサイト公開を行った　⑦URL：http://www8.fgv.br/bibliodata/

Catálogo Coletivo Nacional（CCN）

①管理運営：Instituto Brasileiro de Informação em Ciência e Tecnologia（IBICT）　②作成・参加館：不明　③検索対象：雑誌　④レコード件数：不明　⑤書誌データフォーマット：MARC21？　⑥特記：1954年にIBICTの前身Instituto Brasileiro de Biblioteconomia e Documentação（IBBD）によって開始された学術雑誌総合目録。1986年からオンライン，1993年からCD-ROM，1998年からネット公開された　⑦URL：http://ccn.ibict.br/busca.jsf

Biblioteca Digital Brasileira de Teses e Dissertações （BDBTD）

①管理運営：Instituto Brasileiro de Informação em Ciência e Tecnologia（IBICT）　②作成・参加館：97大学　③検索対象：学位論文　④レコード件数：17万件　⑤書誌データフォーマット：MARC21　⑥特記：2002年に開始された学位論文の電子化リポジトリ事業　⑦URL：http://bdtd.ibict.br/

UnibibliWeb

①管理運営：パウリスタ大学図書館　②作成・参加館：3館　③検索対象：図書，雑誌，電子書籍　④レコード件数：800万件　⑤書誌データフォーマット：　⑥特記：1994年に開始された州立大学サンパウロ大学USP/Dedalus，カンピナス大学UNICAMP/Acervus，パウリスタ大学UNESP/ Athenaの総合目録。遡って1992年にCD-ROM予備版が出ている，2002年にネット公開，2004年に電子ジャーナル協同購入等のためにコンソーシアムCruesp Bibliotecasを形成した。2011年12月現在アクセスできず　⑦URL：http://bibliotecas-cruesp.usp.br/unibibliweb

Periódicos Correntes

①管理運営：国立図書館Centro de Referência e Difusão - Coordenadoria de Publicações Seriadas　②作成・参加館：単館　③検索対象：雑誌　④レコード件数：1,200社，5千件　⑤書誌データフォーマット：　⑥特記：国立図書館が所蔵する現在刊行中の雑誌　⑦URL：http://periodicos.bn.br/

＜学位論文＞

Artigos, Teses e Dissertações

①管理運営：Radar Ciência.org　②作成・参加館：　③検索対象：国内外の国際的な雑誌記事，学位論分への全文アクセスを提供する　④レコード件数：20万件　⑤書誌データフォーマット：　⑥特記：　⑦URL：http://www.radarciencia.org/

5　パラグアイ共和国

Republic of Paraguay

1. 基本事項

首都　アスンシオン

政体　立憲共和制

元首　大統領

宗教　主にカトリック

言語　スペイン語，グァラニー語（ともに公用語）

通貨　グアラニー

時差　－13時間

ccTLD　.py

再販制度

ISBN管理機関　Agencia ISBN Paraguay, Secretaría Nacional de Cultura

ISSN管理機関

全国書誌作成機関

ISBN国番号　978-99925, 978-99953, 978-99967

2. 出版流通　取次・書店・定期購読

＜書店＞

Librería Intercontinental, Editora e Impresora

①業種：出版社，印刷，書店，取次　②創業・設立：1987年　③点数：　④特記：語学書，専門書　⑤店舗数：8店舗　⑥旗艦店：　⑦在庫検索：　⑧URL：http://www.libreriaintercontinental.com.py/

3. 図書館蔵書目録　時代別

OPAC/SGB : Catálogo bibliográfico de la UNA

①管理運営：Universidad Nacional de Asunción　②作成・参加館：18館　③検索対象：図書，雑誌　④レコード件数：　⑤書誌データフォーマット：　⑥特記：国立アスンシオン大学図書館の総合目録　⑦URL：http://sdi.cnc.una.py/zsgb/cliente.cgi

6　ウルグアイ東方共和国

Oriental Republic of Uruguay

1. 基本事項

首都　モンテビデオ

政体　立憲共和制

元首　大統領

宗教　キリスト教（カトリック）

言語　スペイン語

通貨　ペソ

時差　－ 12 時間

ccTLD　.uy

再販制度

ISBN 管理機関　ISBN Agency

ISSN 管理機関　Agencia Nacional del ISSN

全国書誌作成機関　Biblioteca Nacional

ISBN 国番号　978-9974

2. 出版流通　取次・書店・定期購読

＜取次＞

Bookshop

①業種：国際取次，書店チェーン　②創業・設立：1990 年　③点数：　④特記：英語の語学書の輸入販売で創業。スペインで出版される書籍の輸入も行う　⑤店舗数：8 店舗　⑥旗艦店：　⑦在庫検索：ネット書店の在庫を表示する　⑧ URL：http://www.bookshop.com.uy/

Gussi Libros

①業種：取次　②創業・設立：不明　③点数：　④特記：モンテビデオを拠点とする　⑤店舗数：　⑥旗艦店：　⑦在庫検索：　⑧ URL：http://www.gussi.com.uy/

Pablo Ameneiros

①業種：取次　②創業・設立：1986 年　③点数：　④特記：モンテビデオで 39 出版社の書籍を扱う　⑤店舗数：　⑥旗艦店：　⑦在庫検索：　⑧ URL：http://www.pabloameneiros.com/

＜書店＞

Yenny.com

①業種：書店チェーン　②創業・設立：2003 年　③点数：　④特記：アルゼンチン資本の書店　⑤

店舗数：2 店舗　⑥旗艦店：モンテビデオにある 1 号店 Punta Carretas ショッピングセンター店 3 階店舗。2 号店 Pocitos 店は 1 号店より大きく，カフェあり。書籍はウルグアイの取次から仕入れるとのこと　⑦在庫検索：　⑧ URL：http://www.yenny.com.uy/

Linardi & Risso

①業種：書店，古書店　②創業・設立：1944 年　③点数：　④特記：モンテビデオにある 1960 年代から国内外に研究者や図書館に書誌情報等を提供する老舗書店　⑤店舗数：1 店舗　⑥旗艦店：　⑦在庫検索：　⑧ URL：http://www.linardiyrisso.com/

EntreLibros.com.uy

①業種：ネット書店　②創業・設立：1999 年　③点数：　④特記：ネット上の文化交流のための空間を目指す　⑤店舗数：　⑥旗艦店：　⑦在庫検索：　⑧ URL：http://www.entrelibros.com.uy/

uylibros.com.uy

①業種：ネット書店　②創業・設立：2004 年　③点数：　④特記：カスティーリャ語で書かれた国内外の著者と出版社の書籍の販売を行うために創業　⑤店舗数：　⑥旗艦店：　⑦在庫検索：　⑧ URL：http://www.uylibros.com.uy/

3. 図書館蔵書目録　時代別

<1990- >

Bibliografía Nacional

①管理運営：国立図書館　②作成・参加館：単館　③検索対象：図書，雑誌　④レコード件数：　⑤書誌データフォーマット：　⑥特記：詳細不明　⑦ URL：http://isis.bibna.gub.uy/bibna/index.php

RAU - Bases Bibliográficas Referenciales

①管理運営：RAU - Red Académica Uruguaya　②作成・参加館：16 館　③検索対象：図書，雑誌，雑誌記事，学位論文など　④レコード件数：　⑤書誌データフォーマット：　⑥特記：Universidad de la República 図書館の総合目録　⑦ URL：http://www.rau.edu.uy/universidad/bibuni/

<電子図書館>

Publicaciones Periódicas en Uruguay

①管理運営：Silvia Sánchez　②作成・参加館：　③検索対象：新聞・雑誌　④レコード件数：　⑤書誌データフォーマット：　⑥特記：建国から独立までの主要新聞・雑誌の便覧とデジタル・アーカイブ　⑦ URL：http://www.periodicas.edu.uy/

7 アルゼンチン共和国

Argentine Republic

1. 基本事項

首都　ブエノスアイレス

政体　立憲共和制

元首　大統領

宗教　カトリック等

言語　スペイン語

通貨　ペソ

時差　－ 12 時間

ccTLD　.ar

再販制度

ISBN 管理機関　Cámara Argentina del Libro, Agencia Argentina ISBN

ISSN 管理機関　Centro Nacional Argentino del ISSN

全国書誌作成機関

ISBN 国番号　978-950, 978-987

出版点数　17,825 点（2005）

2. 販売目録

Libros argentinos

①商品：書籍　②収録件数：32 万 4 千件　③収録年：1982 年～　④運営元：Cámara Argentina del Libro　⑤特記：下記の RiLVi でも検索可能　⑥ URL：http://www.librosar.com.ar/

RiLVi

①商品：書籍　②収録件数：　③収録年：　④運営元：ユネスコ後援のイベロアメリカの政府間機関 CERLALC および中南米 18 か国の ISBN 機関　⑤特記：ラテンアメリカ諸国の新刊書籍データベース。1992 年から各地域の新刊データベースの構築が始まり 1995 年に統一を模索，1998 年に CD-ROM 版で実現し，2003 年にネット公開した　⑥ URL：http://www.cerlalc.org/rilvi/

Lea Revistas

①商品：雑誌　②収録件数：565誌　③収録年：　④運営元：アルゼンチン雑誌出版社協会 Asociación Argentina de Editores de Revistas　⑤特記：加盟66社の発行雑誌を検索可能　⑥URL：http://www.learevistas.com/

LatIndex

①商品：雑誌　②収録件数：2万誌　③収録年：1995年～　④運営元：Universidad Nacional Autónoma de México（UNAM）　⑤特記：ラテンアメリカ，カリブ海，スペインとポルトガル諸国で出版された学術雑誌のダイレクトリ。UNAMが1995年に構想し，1997年から国家間協力の目録となった　⑥URL：http://www.latindex.org/

3. 出版流通　取次・書店・定期購読

＜取次＞

Garcia Cambeiro（LatBook）

①業種：図書館専用取次　②創業・設立：1904年　③点数：12万点　④特記：国内外の図書館市場で活躍。店舗はないようだ　⑤店舗数：事務所がアルゼンチンに2か所，ブラジルに1か所　⑥旗艦店：　⑦在庫検索：　⑧URL：http://www.latbook.com/

＜書店＞

Cúspide Libros

①業種：書店チェーン　②創業・設立：1963年　③点数：　④特記：ブエノスアイレスを拠点とする書店。ブエノスアイレスに11店舗（市内10店舗），コルドバ1店舗，ロサリオ2店舗　⑤店舗数：14店舗　⑥旗艦店：　⑦在庫検索：　⑧URL：http://www.cuspide.com/

Distal

①業種：書店チェーン　②創業・設立：1979年　③点数：　④特記：ブエノスアイレスを拠点とする書店チェーン　⑤店舗数：13店舗　⑥旗艦店：Florida 249店は850㎡。カフェあり　⑦在庫検索：　⑧URL：http://www.distalnet.com/

LSF – Librería Santa Fe

①業種：書店チェーン　②創業・設立：1957年　③点数：6万点　④特記：サンタフェを拠点とする　⑤店舗数：5店舗　⑥旗艦店：　⑦在庫検索：　⑧URL：http://www.lsf.com.ar/

Tematika

①業種：書店チェーン　②創業・設立：1912年　③点数：50万点　④特記：El AteneoとYennyの両ブランド書店からなる。電子商取引ILHSAグループの一員　⑤店舗数：47店舗　⑥旗艦店：英国Guardian紙で世界の書店ベスト10に選ばれたSanta Fe通りにあるEl Ateneo Grand Splendid店（2,000㎡に在庫20万冊）。劇場がそのまま本屋として使われ，舞台はカフェになっている　⑦在庫検索：　⑧URL：http://www.tematika.com/

SBS：Stratford Book Services

①業種：書店チェーン　②創業・設立：1986年　③点数：　④特記：ロサリオ市の書店が起源。1996年にブラジルで国内外の語学書中心にチェーン展開を行うグループ Internacional SBSの傘下に入る。　⑤店舗数：11店舗　⑥旗艦店：　⑦在庫検索：　⑧URL：http://www.sbs.com.ar/

BuscaPé Argentina

①業種：書籍価格比較　②創業・設立：1999年　③点数：7万点　④特記：ラテンアメリカで価格比較サイトを運営するGrupo BuscaPé傘下　⑤店

舗数：5 店舗　⑥旗艦店：　⑦在庫検索：　⑧ URL：http://www.buscape.com.ar/

<電子書籍>

eBooks - Movistar

①業種：電子書籍書店　②創業・設立：2011 年　③点数：1 万 5 千点　④特記：運営会社はアルゼンチンのテレフォニカグループの携帯電話事業者 Mobistar。ePub に対応　⑤店舗数：　⑥旗艦店：　⑦在庫検索：　⑧ URL：https://ebooks.movistar.com.ar/

4. 図書館蔵書目録　時代別

< -1800>

Libros editados antes del 1800

①管理運営：国立図書館　②作成・参加館：29 館　③検索対象：古版本，図書　④レコード件数：3 万 5 千件　⑤書誌データフォーマット：MARC 21？　⑥特記：2005 年までに完成予定。現在はアクセス不可　⑦ URL：http://www.bn.gov.ar/CAT_acercapnc.htm

<1801- >

Inventario General

①管理運営：国立図書館　②作成・参加館：単館　③検索対象：図書，雑誌など　④レコード件数：　⑤書誌データフォーマット：MARC21　⑥特記：図書と雑誌は別ファイル。OpenOPAC というソフトを使用している　⑦ URL：http://www.bn.gov.ar/catalogos

CCNUL

①管理運営：ブエノスアイレス大学　②作成・参加館：不明　③検索対象：図書，学位論文，会議録など　④レコード件数：25 万件　⑤書誌データフォーマット：MARC21　⑥特記：国立大学図書館の総合目録　⑦ URL：http://www.sisbi.uba.ar/consultas/ccnul.html

BDU : Base de Datos Unificada

①管理運営：国立大学コンソーシアム Consorcio SIU　②作成・参加館：77 館　③検索対象：図書　④レコード件数：224 万件　⑤書誌データフォーマット：MARC21 等　⑥特記：国立大学図書館の OPAC の横断検索　⑦ URL：http://bdu.siu.edu.ar/

UNIRED

①管理運営：Red de Redes de Información Económica y Social（UNIRED）／Centro de Información Bibliográfica　②作成・参加館：88 館　③検索対象：図書　④レコード件数：132 万件　⑤書誌データフォーマット：　⑥特記：2004 年に構築された社会学・経済学関連の大学・専門図書館の総合目録　⑦ URL：http://cib.cponline.org.ar/unired.htm

Catálogo Colectivo de Publicaciones Periódicas

①管理運営：CAICYT- Centro Argentino de Información Científica y Tecnológica　②作成・参加館：　③検索対象：雑誌　④レコード件数：　⑤書誌データフォーマット：　⑥特記：1937 年に開始された雑誌総合目録。1981 年当時で 159 図書館 1 万 2 千誌の登録があった　⑦ URL：http://ccpp.caicyt.gov.ar/

SIU BDU2

①管理運営：国立大学コンソーシアム Consorcio SIU　②作成・参加館：17 館　③検索対象：学位論文など　④レコード件数：　⑤書誌データフォーマット：　⑥特記：17 リポジトリの横断検索　⑦ URL：http://bdu.siu.edu.ar/cgi-bin/query.pl

Catálogo Colectivo de Libros del CONICET (CCLC)

①管理運営：CAICYT&Consejo Nacional de Investigaciones Científicas y Técnicas（CNICET）②作成・参加館： ③検索対象：図書 ④レコード件数： ⑤書誌データフォーマット： ⑥特記：2011年にプロジェクト開始の科学技術系図書館の総合目録 ⑦URL：http://www.caicyt.gov.ar/

8　チリ共和国

Republic of Chile

1. 基本事項

首都　サンティアゴ

政体　立憲共和制

元首　大統領

宗教　カトリック

言語　スペイン語

通貨　ペソ

時差　－13時間

ccTLD　.cl

再販制度

ISBN管理機関　Agencia Chilena ISBN, Cámara Chilena del Libro A. G.

ISSN管理機関　Centro nacional del ISSN

全国書誌作成機関　Biblioteca Nacional

ISBN国番号　978-956

出版点数　3,565点（2005）

2. 販売目録

Libros de Chile para el Mundo

①商品：書籍 ②収録件数：53出版社，833点 ③収録年：1986年以降 ④運営元：Cámara Chilena del Libro ⑤特記：1950年に設立された出版社，取次，書店の業界団体。1986年からISBN機関。

1993 年に目録を出版，2007 年にネット公開を行った。ISBN データベースは 1986 年前後から検索可能 ⑥ URL：http://www.camaradellibro.cl/catalogo/；http://www.isbnchile.cl/site_isbn/buscador.php

3. 出版流通 取次・書店・定期購読

<取次>

Alfa.cl

①業種：雑誌取次 ②創業・設立：2003 年 ③点数： ④特記：親会社はメキシコの Televisa グループ。チリの雑誌 8 割を扱い，市場の 20〜35％のシェア。全国 340 拠点をカバーする 76 機関のネットワークを構築。キオスク 6,500 店，コンビニと小売店 3,000 店に配本を行う ⑤店舗数： ⑥旗艦店： ⑦在庫検索： ⑧ URL：http://www.alfa.cl/

<書店>

Nacional

①業種：書店チェーン ②創業・設立：1938 年 ③点数： ④特記：本屋というよりは文房具屋さんか ⑤店舗数：23 店舗 ⑥旗艦店： ⑦在庫検索： ⑧ URL：http://www.nacional-libreria.cl/

Feria chilena del libro

①業種：書店チェーン ②創業・設立：1952 年 ③点数：7 万点 ④特記：サンティアゴの小書店やキオスクが原点 ⑤店舗数：12 店舗 ⑥旗艦店： ⑦在庫検索：ネット書店の在庫は表示 ⑧ URL：http://www.feriachilenadellibro.cl/

Feria Mix

①業種：メディアチェーン ②創業・設立：1966 年 ③点数： ④特記：エンターテインメント業界と文化の発展に寄与する。スローガンは「国がもっと楽しく」 ⑤店舗数：38 店舗 ⑥旗艦店： ⑦在庫検索：可能 ⑧ URL：http://www.feriamix.cl/

Antártica Libros

①業種：出版社，書店チェーン ②創業・設立：1958 年 ③点数： ④特記：親会社は Grupo Antartica ⑤店舗数：15 店舗 ⑥旗艦店： ⑦在庫検索： ⑧ URL：http://www.antartica.cl/

Françesa

①業種：書店チェーン ②創業・設立：1927 年 ③点数： ④特記：サンティアゴ在住のフランス人のための書店として創業。フランス語，カスティーリャ語等の語学書を中心に扱う ⑤店舗数：3 店舗 ⑥旗艦店： ⑦在庫検索： ⑧ URL：http://www.libreriafrancesa.cl/

Megalibros

①業種：書店 ②創業・設立：不明 ③点数： ④特記：サンティアゴのチリ大学の隣にある。かなりの大型店のはずだが情報が少ない ⑤店舗数：1 店舗 ⑥旗艦店： ⑦在庫検索： ⑧ URL：http://www.megalibros.cl/

<古書店総合目録>

Buscalibros.cl

①業種：古書店連合目録＋ネット書店 ②創業・設立：2005 年 ③点数：200 万点 ④特記：サンティアゴ拠点。古本の売買から始め，2007 年から新刊，英語書籍，電子書籍，電化製品の直接販売を開始 ⑤店舗数： ⑥旗艦店： ⑦在庫検索： ⑧ URL：http://www.buscalibros.cl/

4. 図書館蔵書目録 時代別

Catálogo Unificado DIBAM

①管理運営：国立図書館 ②作成・参加館：国家機関＋州立図書館 15 館 ③検索対象：図書，雑誌 ④レコード件数： ⑤書誌データフォーマット：MARC21？ ⑥特記：国立図書館，公文書館，

博物館8館および公共図書館の横断検索目録 ⑦URL：http://www.bncatalogo.cl/

La Red Nacional de Información Bibliográfica (RENIB)

①管理運営：Dibam RENIB ②作成・参加館：不明 ③検索対象：図書，雑誌 ④レコード件数： ⑤書誌データフォーマット： ⑥特記：1984年に成立した図書館，公文書館，博物館による国立書誌情報ネットワーク（RENIB）。かつては独自ドメインを持ち，大学図書館の図書，雑誌，雑誌記事の総合目録が公開されていた ⑦URL：

Catálogo Bello

①管理運営：チリ大学 ②作成・参加館：9館 ③検索対象：図書，雑誌 ④レコード件数：90万件 ⑤書誌データフォーマット： ⑥特記：1994年に作成された国立図書館，議会図書館および大学図書館7館の横断検索目録 ⑦URL：http://catalogo.uchile.cl/

9 ボリビア多民族国

Plurinational State of Bolivia

1. 基本事項

首都 ラパス

政体 立憲共和制

元首 大統領

宗教 カトリック

言語 スペイン語

通貨 ボリビアーノス

時差 －13時間

ccTLD .bo

再販制度

ISBN管理機関 Agencia ISBN, Cámara Boliviana del Libro

ISSN管理機関 Biblioteca y Archivos Nacionales de Bolivia

全国書誌作成機関 Los Amigos del Libro

ISBN国番号 978-99905, 978-99954

2. 出版流通 取次・書店・定期購読

<書店>

Bolivia Libros de Bolivia

①業種：ネット書店 ②創業・設立：1999年 ③点数： ④特記：ボリビア初のボリビア書籍・音楽・ビデオ専門ネット書店 ⑤店舗数： ⑥旗艦

店：　⑦在庫検索：在庫表示あり　⑧URL：http://librerIaboliviana.com/

3. 図書館蔵書目録　時代別

Bio-bibliografía boliviana

①管理運営：Los Amigos del Libro　②作成・参加館：単館　③検索対象：図書　④レコード件数：4万件　⑤書誌データフォーマット：　⑥特記：1962年から刊行されている全国書誌Bio-bibliografía bolivianaを検索することができる　⑦URL：http://www.librosbolivia.com/nuevo/Default.php

10　ペルー共和国

Republic of Peru

1. 基本事項

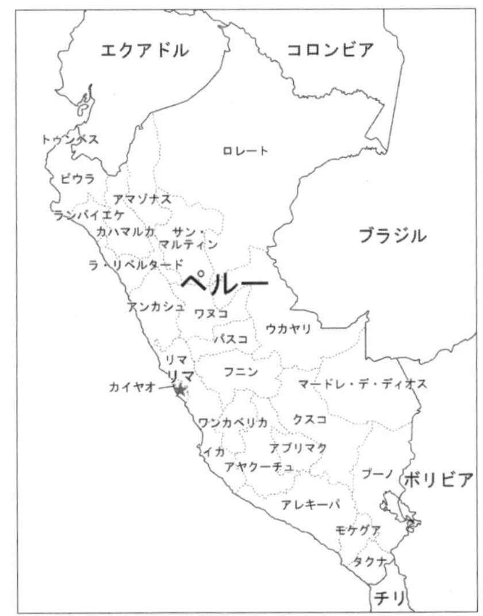

首都　リマ

政体　立憲共和制

元首　大統領

宗教　カトリック

言語　スペイン語

通貨　ヌエボ・ソル

時差　－14時間

ccTLD　.pe

再販制度

ISBN管理機関　Agencia del ISBN, Biblioteca Nacional del Perú

ISSN管理機関

全国書誌作成機関　Biblioteca Nacional del Perú

ISBN国番号　978-612, 978-9972

2. 販売目録

ISBN

①商品：書籍　②収録件数：　③収録年：　④運営元：Agencia Peruana del ISBN　⑤特記：　⑥URL：http://isbn.bnp.gob.pe/bnp/isbn/site_isbn/buscador.php

3. 出版流通　取次・書店・定期購読

<取次>

Ibero Librerías

①業種：取次，書店チェーン　②創業・設立：2004年（サイト公開）③点数：　④特記：スペインとラテンアメリカの大手出版社の出版物を輸入し販売を行う　⑤店舗数：6店舗　⑥旗艦店：

⑦在庫検索：　⑧URL：http://www.iberolibros.com/

＜書店＞

Crisol

①業種：書店チェーン　②創業・設立：1987年　③点数：　④特記：親会社はGrupo PRISA。2011年からiPhone用の電子書籍販売を開始した　⑤店舗数：12店舗　⑥旗艦店：　⑦在庫検索：　⑧URL：http://www.crisol.com.pe/

Zeta Bookstore

①業種：書店チェーン　②創業・設立：1992年　③点数：　④特記：リマに8店舗。個人の成長とビジネス双方のために技術書を提供し，国の文化発展に寄与する　⑤店舗数：13店舗　⑥旗艦店：　⑦在庫検索：　⑧URL：http://www.zetabook.com/

SBS : Special Book Services Perú

①業種：書店チェーン　②創業・設立：1986年　③点数：　④特記：1996年に設立。ブラジルで語学書を扱うグループSBS Internacional傘下　⑤店舗数：14店舗　⑥旗艦店：　⑦在庫検索：　⑧URL：http://www.sbs.com.pe/

PerúBookstore

①業種：ネット書店　②創業・設立：2003年　③点数：　④特記：ペルー最初のネット書店。ペルーとスペイン語の出版業界の市場動向を伝える　⑤店舗数：　⑥旗艦店：　⑦在庫検索：　⑧URL：http://www.perubookstore.com/

Libros.com.pe

①業種：ネット書店　②創業・設立：2001年　③点数：　④特記：ネット販売は2004年から　⑤店舗数：　⑥旗艦店：　⑦在庫検索：　⑧URL：http://www.libros.com.pe/

4. 図書館蔵書目録　時代別

Catálogo Automatizado BNP

①管理運営：国立図書館　②作成・参加館：単館　③検索対象：図書，雑誌，雑誌記事など　④レコード件数：　⑤書誌データフォーマット：　⑥特記：全国書誌Bibliografía peruanaも検索できるのだろう　⑦URL：http://opac.bnp.gob.pe/

Catálogo Automatizado SNB

①管理運営：国立図書館　②作成・参加館：複数館　③検索対象：図書　④レコード件数：　⑤書誌データフォーマット：　⑥特記：国立図書館支部6館，リマとカヤオの公共図書館19館，州15館の目録を1か所で検索可能である　⑦URL：http://bvirtual.bnp.gob.pe/Catalogo/catalogos_snb_2.htm

第4章

中東・アフリカ

中東

■中東地区の主な図書館間国際協力

・Arab Federation for Libraries and Information（AFLI）

アラブ世界の図書館協会と情報機関の協力関係の強化等を目的に1986年に発足した。文化遺産の継承，図書館員の地位向上の推進，調査研究の促進，各種セミナーの開催等を行う。

アフリカ

■アフリカ地区の主な図書館間国際協力

・Standing Conference of African National and University Libraries in Eastern, Central, and Southern Africa of SCANUL-ECS

各国の国立図書館長が一堂に会する国立図書館長会議（CDNL）のアフリカ版。図書館間の理解と協力レベルの促進と改善を主目的に発足。1994 年に初の会議を開催した。

・Standing Conference of Eastern, Central and Southern Africa Library and Information Associations SCECSAL

アフリカの図書館および情報協会の地域グループ。1957 年に発足した東部アフリカ図書館協会に由来し，現在では 24 か国が参加している。

4.1 中東

1 アフガニスタン・イスラム共和国

Islamic Republic of Afghanistan

1. 基本事項

首都　カブール

政体　共和制

元首　大統領

宗教　イスラム教（主にスンニー派）

言語　公用語であるダリー語，パシュトゥー語

通貨　アフガニー

時差　－ 4.5 時間

ccTLD　.af

再販制度

ISBN 管理機関　ISBN Agency, Ministry of Information and Culture

ISSN 管理機関

全国書誌作成機関

ISBN 国番号　978-9936

2. 図書館蔵書目録　時代別

Afghanistan Union Catalog

①管理運営：University of Arizona Libraries　②作成・参加館：7 館　③検索対象：図書，雑誌　④レコード件数：　⑤書誌データフォーマット：⑥特記：アメリカ合衆国国際開発庁 USAID の基金により構築された大学図書館の総合目録　⑦URL：http://184.72.254.15:4000/cgi-bin/koha/opac-main.pl

2 イラン・イスラム共和国

Islamic Republic of Iran

1. 基本事項

首都　テヘラン

政体　イスラム共和制

元首

宗教　イスラム教（主にシーア派）

言語　ペルシャ語，トルコ語，クルド語等

通貨　リアル

時差　− 5.5 時間

ccTLD　.ir

再販制度

ISBN 管理機関　Kitabkhanah-i Milli-i Jumhuri-i Islami-i Iran（National Library and Archives of the Islamic Republic of Iran）

ISSN 管理機関　Iran ISBN Agency

全国書誌作成機関　Kitabkhanah-i Milli-i Jumhuri-i Islami-i Iran

ISBN 国番号　978-600, 978-964

出版点数　61,000 点（2009）

2. 販売目録

Douran Portal

①商品：書籍　②収録件数：　③収録年：　④運営元：EAN IRAN および国立図書館　⑤特記：ISBN 登録データベース。6,000 出版社から出版情報を収集する。書誌検索は不可だが，出版社検索は可能　⑥ URL：http://www.isbn.ir/

ketab.ir

①商品：書籍　②収録件数：6 万 4 千件　③収録年：1998 年以降　④イランブックハウス研究所　⑤特記：運営先は非営利非政府機関。先述した ISBN 登録データベースや各種機関の情報を統合したものと考えられる。書誌，出版社，書店の 3 つのデータベースを保有する　⑥ URL：http://www.ketab.ir/

3. 出版流通　取次・書店・定期購読

＜書店＞

Persian Book

①業種：ネット書店　②創業・設立：2000年　③点数：　④特記：運営はPersian Books　⑤店舗数：　⑥旗艦店：　⑦在庫検索：　⑧URL：http://www.iketab.com/

Irani Book

①業種：ネット書店　②創業・設立：2002年　③点数：　④特記：運営はPersian BookShop。サイトには「イラン最初で最大のネット書店」とある　⑤店舗数：　⑥旗艦店：　⑦在庫検索：　⑧URL：http://www.iranibook.com/

Bekhan.com

①業種：ネット書店　②創業・設立：2002年　③点数：850出版社，4万8千件　④特記：運営は「異文化」(ペルシャ語)。ここも「最大のネット書店」とある　⑤店舗数：　⑥旗艦店：　⑦在庫検索：　⑧URL：http://www.bekhan.com/

Ketab Name

①業種：ネット書店　②創業・設立：1999年　③点数：　④特記：イランで出版されたペルシャ語とアラビア語の書籍を扱う。営業権はKetabname Educational Institute，商品とサービス提供は米国カリフォルニア州Persian-Culture，販売は2CheckOut.com　⑤店舗数：　⑥旗艦店：　⑦在庫検索：　⑧URL：http://www.ketabname.com/

＜雑誌＞

MagIran

①業種：雑誌販売　②創業・設立：2001年　③点数：1,500誌　④特記：全国紙，商業誌，大学出版物の紹介と定期購読　⑤店舗数：　⑥旗艦店：　⑦在庫検索：　⑧URL：http://www.magiran.com/

4. 図書館蔵書目録　時代別

NLAI OPAC

①管理運営：National Library and Archives Organisation of Iran　②作成・参加館：単館　③検索対象：図書，雑誌　④レコード件数：図書81万件，雑誌1万7千件，論文6万5千件　⑤書誌データフォーマット：　⑥特記：　⑦URL：http://opac.nlai.ir/opac-prod/index1.jsp

Ricest Search Engine

①管理運営：Regional Information Center for Science and Technology　②作成・参加館：　③検索対象：図書，論文記事　④レコード件数：155万件　⑤書誌データフォーマット：　⑥特記：地域科学技術情報センターの統合検索　⑦URL：http://search.ricest.ac.ir/ricest/DBcount.aspx

NNLB/NNPB

①管理運営：National Network of Iranian University & Research Centers Libraries　②作成・参加館：　③検索対象：図書　④レコード件数：　⑤書誌データフォーマット：　⑥特記：2005年に開始されたイラン最初の書誌情報ネットワーク。大学図書館と研究機関の総合目録。NNLBはLatin Books，NNPBはペルシャ語を対象とする。2011年10月末現在アクセスできず　⑦URL：http://62.60.154.20/home-en.htm

Tehran Library OPAC

①管理運営：Tehran Library　②作成・参加館：78館　③検索対象：図書，雑誌　④レコード件数：　⑤書誌データフォーマット：　⑥特記：テヘラン州の公共図書館の総合目録。一括検索は38館のみ　⑦URL：http://tehranlibrary.org/

<学位論文>

E-Theses & Dissertations

①管理運営：Regional Information Center for Science and Technology　②作成・参加館：　③検索対象：学位論文　④レコード件数：9万3千件　⑤書誌データフォーマット：　⑥特記：　⑦ URL：http://search.ricest.ac.ir/ricest/ethesis.aspx

Institute of Scientific Information database

①管理運営：Iranian Research Institute for Scientific Information and Documentation（IRANDOC）②作成・参加館：　③検索対象：学位論文，技術報告など　④レコード件数：6億2千万件？　⑤書誌データフォーマット：　⑥特記：1968年に設立されたIRANDOCが提供するデータベース　⑦ URL：http://www.irandoc.ac.ir/db/databases-about.html

3　イラク共和国

Republic of Iraq

1. 基本事項

首都　バグダッド

政体　共和制

元首　大統領

宗教　イスラム教（スンニー派，シーア派）

言語　アラビア語，クルド語（共に公用語）

通貨　ディナール

時差　－6時間

ccTLD　.iq

再販制度

ISBN 管理機関

ISSN 管理機関

全国書誌作成機関　National Library

ISBN 国番号

2. 販売目録

Al-Muthanna List of Iraqi Publications

①商品：書籍　②収録件数：600件　③収録年：2009～2010年　④運営元：Al-Muthanna Library　⑤特記：イラク国内で刊行された書籍のみを収録する新刊目録　⑥ URL：http://publishingperspectives.

com/wp-content/uploads/2010/11/al-Muthannacatalog.pdf

3. 図書館蔵書目録　時代別

Online catalog

①管理運営：Iraqi National Library and Archives　②作成・参加館：単館　③検索対象：　④レコード件数：　⑤書誌データフォーマット：　⑥特記：　⑦イラク国立図書館の蔵書検索 URL：http://www.iraqnla.org/wpeng/?page_id=7

4　トルコ共和国

Republic of Turkey

1. 基本事項

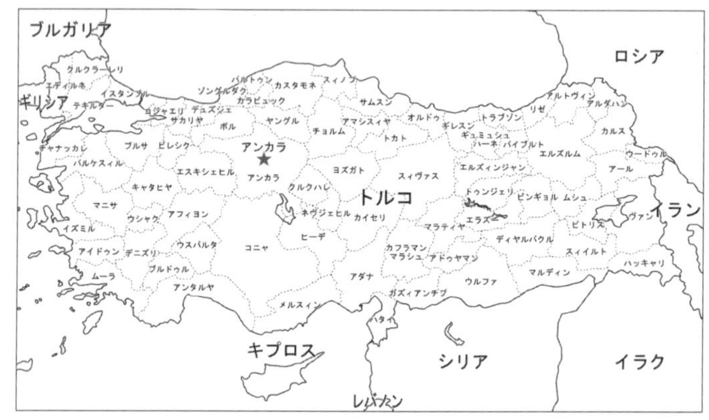

首都　アンカラ

政体　共和制

元首　大統領

宗教　イスラム教（スンニー派，アレヴィー派）

言語　トルコ語（公用語）

通貨　トルコ・リラ

時差　－７時間

ccTLD　.tr

再販制度　書籍の価格拘束なし

ISBN 管理機関　ISBN Türkiye Ajansý

ISSN 管理機関　Türkiye ISSN Merkezi

全国書誌作成機関　Preparation of Bibliography

ISBN 国番号　978-605, 978-975, 978-9944

出版点数　31,414 点（2009）

2. 販売目録

Türkiye kitap kataloğu [Turkey book collection]

①商品：書籍　②収録件数：2,300 社，14 万 2 千件　③収録年：　④運営元：TÜRDAV　⑤特記：有料の商用データベース　⑥ URL：http://www.turdav.com.tr/

Kitap.net.tr

①商品：書籍　②収録件数：著者 4 万，出版社 1,800 による 8 万 1 千点　③収録年：　④運営元：Phoenician により 2009 年　⑤特記：Türkiye kitap kataloğu の代わりに使える　⑥ URL：http://www.kitap.net.tr/

3. 出版流通　取次・書店・定期購読

<取次>

TÜRDAV

①業種：書籍取次　②創業・設立：1974 年　③点数：2,300 社，14 万 2 千件　④特記：商用データベースとして販売書誌 Türkiye kitap kataloğu [Turkey book collection] を公開。1 万社以上の小

売店，取次，書店に配本を行う。ネット書店として Kitap Kutusu を運営（こちらは無料検索可能） ⑤店舗数： ⑥旗艦店： ⑦在庫検索： ⑧ URL：http://www.turdav.com.tr/；http://www.kitapkutusu.com/

Toptan Kitap

①業種：書籍取次 ②創業・設立：1990 年代 ③点数： ④特記：親会社は出版社 Stigma（2010 年設立） ⑤店舗数： ⑥旗艦店： ⑦在庫検索： ⑧ URL：http://www.toptankitap.com.tr/

<書店>

NT

①業種：書店チェーン ②創業・設立：1999 年 ③点数： ④特記：イズミール拠点の NIL Stationery とイスタンブール拠点の TUNA が 1999 年に合併 ⑤店舗数：国内 110 店舗。海外 7 か国に 18 店舗あり ⑥旗艦店： ⑦在庫検索： ⑧ URL：http://www.nt.com.tr/

D&R

①業種：書店チェーン ②創業・設立：1996 年。第 1 号店は 1997 年 ③点数： ④特記： ⑤店舗数：120 店舗 ⑥旗艦店：イスタンブールのショッピングモールのマルマラ・フォーラム店（3 階）は 3,000㎡。Ankara Tunali Hilmi 店は 3,000㎡ ⑦在庫検索： ⑧ URL：http://www.dr.com.tr/

Robinson Crusoe 389

①業種：書店 ②創業・設立：1994 年 ③点数： ④特記：ガラタサライはコミック専門店 ⑤店舗数：2 店舗 ⑥旗艦店：イスタンブールのイスティクラール通り本店の計算し尽くされた内外装は必見 ⑦在庫検索：可能 ⑧ URL：http://www.rob389.com/

Pandora

①業種：書店チェーン ②創業・設立：1991 年 ③点数： ④特記：学術書専門。1994 年にはネット書店を開店 ⑤店舗数：3 店舗 ⑥旗艦店：イスタンブールの Beyoğlu 店 ⑦在庫検索： ⑧ URL：http://www.pandora.com.tr/

KitapMetre

①業種：書籍価格比較 ②創業・設立：2010 年 ③点数： ④特記： ⑤店舗数：13 店舗 ⑥旗艦店： ⑦在庫検索：書籍専門の価格比較 ⑧ URL：http://kitapmetre.com/

<電子書籍>

eKitap Bankasi

①業種：電子書籍情報提供 ②創業・設立：2011 年 ③点数：200 点？ ④特記：書店ではない。ePub 形式 ⑤店舗数： ⑥旗艦店： ⑦在庫検索： ⑧ URL：http://www.ekitapbankasi.com/

<雑誌>

Abonet

①業種：雑誌販売 ②創業・設立：2010 年 ③点数： ④特記：メディアグループ Aktif Group の AHY（アクティブニューステレビ放送会社）が親会社 ⑤店舗数： ⑥旗艦店： ⑦在庫検索： ⑧ URL：http://www.abonet.net/

Emecmua

①業種：雑誌販売 ②創業・設立：2005 年 ③点数：85 誌 ④特記：デジタルマガジン ⑤店舗数： ⑥旗艦店： ⑦在庫検索： ⑧ URL：http://www.emecmua.com/

444dergi / Devre Dergi

①業種：雑誌販売 ②創業・設立：2005 年 ③点

数：62誌　④特記：親会社はMedya Paleti Medya Pazarlama　⑤店舗数：　⑥旗艦店：　⑦在庫検索：　⑧URL：http://www.444dergi.com/；http://www.devredergi.com.tr/

＜古書店総合目録＞

Nadir Kitap

①業種：古書店連合目録　②創業・設立：2006年　③点数：数十万件　④特記：連合目録　⑤店舗数：150店舗　⑥旗艦店：　⑦在庫検索：　⑧URL：http://www.nadirkitap.com/

Sahaflar Carsisi

①業種：古書店連合　②創業・設立：1887年成立？　③点数：　④特記：イスタンブールのグランドバザールの西側にある古書店街。ホームページはないが是非訪れたい　⑤店舗数：50店舗　⑥旗艦店：　⑦在庫検索：　⑧URL：

4. 図書館蔵書目録　時代別

＜-1500＞

Türkiye El Yazmaları［Turkey Manuscripts］

①管理運営：トルコ文化観光省　②作成・参加館：28館　③検索対象：古版本　④レコード件数：21万件　⑤書誌データフォーマット：独自　⑥特記：国立図書館の写本目録を含む50書誌を統合したもの。写本イメージは8万ページ。本文閲覧は要登録　⑦URL：https://www.yazmalar.gov.tr/

＜1584-1986＞

Eski Harfli Türkçe Basma Eserler［Old Letters Turkish Printing Works］

①管理運営：国立図書館　②作成・参加館：単館　③検索対象：古版本（写本，手稿本，手紙）　④レコード件数：37,400件　⑤書誌データフォーマット：独自　⑥特記：アラビア語，ギリシャ語およびトルコ語著作アルメニア語のアルファベット印刷書誌（17書誌）を統合したもの　⑦URL：http://makale.mkutup.gov.tr/

＜1729?-＞

Katalog Talama

①管理運営：国立図書館　②作成・参加館：単館　③検索対象：古版本，図書，雑誌　④レコード件数：　⑤書誌データフォーマット：MARC21　⑥特記：全国書誌Türkiye bibliyografyası等相当の目録が検索可能である1700年代から検索できている　⑦URL：http://mksun.mkutup.gov.tr/F

BLISS-CAT Toplu Katalog Tarama

①管理運営：ビルケント大学　②作成・参加館：26館　③検索対象：図書　④レコード件数：　⑤書誌データフォーマット：MARC21　⑥特記：1988年に開始されたビルケント大学図書館システムを利用した目録の統合検索　⑦URL：http://blisscat.bilkent.edu.tr/

Yordam BT Toplu Kataloğu

①管理運営：Bahçeşehir大学　②作成・参加館：80館　③検索対象：図書　④レコード件数：　⑤書誌データフォーマット：　⑥特記：図書館システムYordamを使用する大学・専門図書館の総合目録　⑦URL：http://yordam2001.bahcesehir.edu.tr/

ULAKBİM TO-KAT Ulusal Toplu Katalog

①管理運営：国立学術ネットワークおよび情報センターUlusal Akademik Ağ ve Bilgi Merkezi（ULAKBİM）　②作成・参加館：80機関230館　③検索対象：図書，雑誌　④レコード件数：　⑤書誌データフォーマット：独自？　⑥特記：2006年に開始された全国総合目録　⑦URL：http://www.toplukatalog.gov.tr/

Süreli Yayınlar Kataloğu［Periodical Catalog］
①管理運営：国立学術ネットワークおよび情報センターUlusal Akademik Ağ ve Bilgi Merkezi（ULAKBİM） ②作成・参加館：16 館 ③検索対象：雑誌 ④レコード件数：紙雑誌 950 誌（トルコ語 370），電子雑誌 1 万 7,500 誌 ⑤書誌データフォーマット：不明 ⑥特記：1983 年に開始された大学図書館所蔵科学雑誌の総合目録 ⑦ URL：http://www.ulakbim.gov.tr/cabim/katalog/

<電子図書館>

Milli Kütüphane Süreli Yayinlar［National Periodical Publications Library］
①管理運営：国立図書館 ②作成・参加館：単館 ③検索対象：新聞・雑誌 ④レコード件数： ⑤書誌データフォーマット： ⑥特記：文字改革（1928 年）以前の新聞・雑誌の電子図書館。イメージ閲覧は要登録 ⑦ URL：http://sureli.mkutup.gov.tr/

5 キプロス共和国

Republic of Cyprus

1. 基本事項

首都 ニコシア
政体 共和国
元首 大統領
宗教 ギリシャ正教，回教
言語 公用語：現代ギリシャ語，トルコ語
通貨 ユーロ
時差 －7 時間
ccTLD .cy
再販制度
ISBN 管理機関 The Cyprus Library
ISSN 管理機関 Cyprus ISSN Centre
全国書誌作成機関 The Cyprus Library
ISBN 国番号 978-9963

2. 出版流通 取次・書店・定期購読

<取次>

MAM
①業種：出版社，国際取次，書店チェーン ②創業・設立：1965 年 ③点数：キプロス出版社 10 社および非キプロス出版社 68 社の 9,200 点 ④特記：書店第 1 号店は 1984 年，ギリシャ・アテネに 1998 年政府と有力財団の財政支援のもと第 2 号店を開店 ⑤店舗数：2 店舗 ⑥旗艦店： ⑦在庫検索： ⑧ http://www.mam.com.cy/

Power Publishing
①業種：出版社，取次，ネット書店 ②創業・設立：2003 年 ③点数： ④特記：有力自社出版物のネット販売 ⑤店舗数： ⑥旗艦店： ⑦在庫

検索：　⑧ URL：http://www.power- ebooks.net/

<書店>

Moufflon

①業種：出版社，書店，古書店　②創業・設立：1967 年　③点数：　④特記：写真で見た感じ，敷居が高そうなので訪問前に一度連絡した方がいいかもしれない　⑤店舗数：2 店舗　⑥旗艦店：　⑦在庫検索：　⑧ URL：http://www.moufflon.com.cy/

3. 図書館蔵書目録　時代別

Συλλογικός Κατάλογος Κυπριακών Βιβλιοθηκών

[Cyprus Library Catalog]

①管理運営：国立図書館　②作成・参加館：40 館　③検索対象：図書，雑誌　④レコード件数：42 万件　⑤書誌データフォーマット：UNIMARC？　⑥特記：　⑦ URL：http://147.102.210.252/cgi-bin-EL/egwcgi/egwirtcl/targetsUC.egw

Κυπριακές Βιβλιοθήκες [Libraries in Cyprus]

①管理運営：国立図書館　②作成・参加館：22 館　③検索対象：図書，雑誌　④レコード件数：不明　⑤書誌データフォーマット：不明　⑥特記：3 館まで同時検索可能なメタ検索　⑦ URL：http://www.cln.com.cy/

6　シリア・アラブ共和国

Syrian Arab Republic

1. 基本事項

首都　ダマスカス

政体　共和制

元首　大統領

宗教　イスラム教，キリスト教

言語　アラビア語

通貨　シリア・ポンド

時差　－ 7 時間

ccTLD　.sy

再販制度

ISBN 管理機関　Syrian ISBN Agency

ISSN 管理機関

全国書誌作成機関　Bibliographical Section, Assad Library

ISBN 国番号　978-9933

2. 図書館蔵書目録　時代別

Alassad Library Catalog

①管理運営：Alassad Library　②作成・参加館：単館　③検索対象：　④レコード件数：　⑤書誌データフォーマット：　⑥特記：1984 年に刊行開始された Syrian national bibliography は第 4 次遡及計画まで終了した模様で 1970 年以前の図書も検索できるようだ　⑦ URL：http://www.alassad-library.gov.sy/

7　レバノン共和国

Republic of Lebanon

1. 基本事項

首都　ベイルート

政体　共和制

元首　大統領

宗教　キリスト教，イスラム教

言語　アラビア語（仏語および英語が通用）

通貨　レバノン・ポンド（LBP）

時差　－ 7 時間

ccTLD　.lb

再販制度

ISBN 管理機関　ISBN Agency, Ministry of Culture

ISSN 管理機関

全国書誌作成機関

ISBN 国番号　978-614, 978-9953

出版点数　3,686 点（2005）

2. 出版流通　取次・書店・定期購読

＜取次＞

All-Prints

①業種：出版社，取次，書店　②創業・設立：1969 年　③点数：　④特記：アラブ世界と中東地域の大手出版社の一つ。出版流通に寄与するために設立。英国，UAE，クウェート，サウジアラビア等に支社がある　⑤店舗数：　⑥旗艦店：　⑦在庫検索：　⑧ URL：http://www.all-prints.com/

＜書店＞

Al-Maktabah Bookstore for Books in Arabic

①業種：ネット書店　②創業・設立：1997 年　③点数：10 万点，英語 152 万点　④特記：アラビア語は全主題，イスラム関連本，歴史関連本を扱う　⑤店舗数：　⑥旗艦店：　⑦在庫検索：　⑧ URL：

http://www.almaktabah.eu/

Al-neel wa Al-Furat

①業種：ネット書店　②創業・設立：1998年　③点数：30万点　④特記：アラブ最大のインターネット書店（サイト）。エジプト，シリア，ヨルダンにも支社と物流センターがある　⑤店舗数：　⑥旗艦店：　⑦在庫検索：　⑧URL：http://www.neelwafurat.com/

AdabWaFan

①業種：ネット書店　②創業・設立：2000年　③点数：　④特記：社名の意味は「文学と芸術」。創業当時はアラブプレス界の主要機関である企業グループが親会社だったが，現在の運営会社は物流会社のAramex　⑤店舗数：　⑥旗艦店：　⑦在庫検索：　⑧URL：http://www.adabwafan.com/

＜電子書籍＞

Arabic eBook

①業種：電子書籍書店　②創業・設立：2002年　③点数：5,000点　④特記：アラビア語の最大の電子書籍書店を展開することを目指す　⑤店舗数：　⑥旗艦店：　⑦在庫検索：　⑧URL：http://www.arabicebook.com/

8　サウジアラビア王国

Kingdom of Saudi Arabia

1. 基本事項

首都　リヤド

政体　君主制

元首　国王

宗教　イスラム教

言語　アラビア語（公用語），英語

通貨　サウジアラビア・リヤル（SR）

時差　－6時間

ccTLD　.sa

再販制度

ISBN管理機関　Book Registration & Numbering Dept, King Fahd National Library

ISSN管理機関　ISSN National Centre

全国書誌作成機関

ISBN国番号　978-603, 978-9960

2. 出版流通　取次・書店・定期購読

＜書店＞

Arab-book.com

①業種：ネット書店　②創業・設立：2002 年　③点数：　④特記：　⑤店舗数：　⑥旗艦店：　⑦在庫検索：　⑧ URL：http://www.arab-book.com/

Jarir Bookstore

①業種：書店チェーン　②創業・設立：1979 年　③点数：　④特記：ホームページは書店ではなく，コンピュータ販売店となっている　⑤店舗数：10 店舗＋海外 3 店舗（カタール，UAE，クウェート）　⑥旗艦店：　⑦在庫検索：　⑧ URL：http://www.jarirbookstore.com/

3. 図書館蔵書目録　時代別

Arabic Union Catalog

①管理運営：King Abdulaziz 公共図書館（KAPL）②作成・参加館：100 館以上　③検索対象：図書，雑誌　④レコード件数：120 万　⑤書誌データフォーマット：MARC21　⑥特記：2006 年に開始。KAPL サイトは会員制（有料？）のようだが，2011 年末から OCLC の WorldCat で検索可能となった　⑦ URL：http://www.aruc.org/；http://www.worldcat.org/

9　アラブ首長国連邦

United Arab Emirates

1. 基本事項

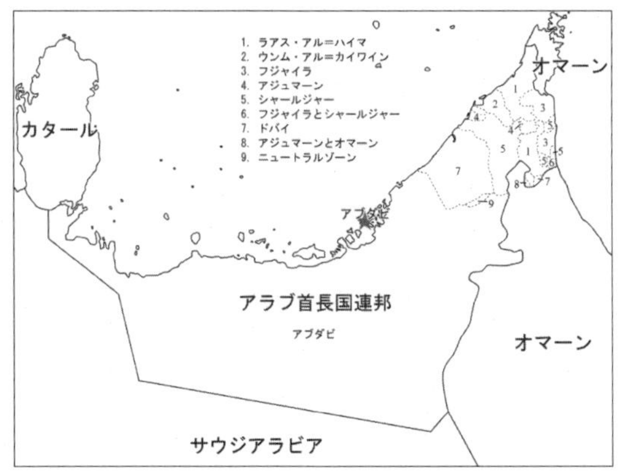

首都　アブダビ

政体　7 首長国による連邦制

元首　大統領

宗教　イスラム教

言語　アラビア語

通貨　ディルハム

時差　－ 5 時間

ccTLD　.ae

再販制度

ISBN 管理機関　Ministry of Information and Culture - Copyright Section - ISBN Agency

ISSN 管理機関

全国書誌作成機関　National Library

ISBN 国番号　978-9948

2. 出版流通　取次・書店・定期購読

＜取次＞

Dubai Library Distributors

①業種：取次　②創業・設立：1969 年　③点数：　④特記：　⑤店舗数：　⑥旗艦店：　⑦在庫検索：

⑧ URL：http://www.dubailibrary.com/

3. 図書館蔵書目録 時代別

Library Online Search

①管理運営：Abu Dhabi National Library ②作成・参加館：単館 ③検索対象：図書，雑誌 ④レコード件数：23万件 ⑤書誌データフォーマット： ⑥特記： ⑦ URL：http://catalog.adach.ae/

University Libraries Deanship

①管理運営：United Arab Emirates University ②作成・参加館：6館 ③検索対象：図書，雑誌 ④レコード件数： ⑤書誌データフォーマット： ⑥特記： ⑦ URL：http://library.uaeu.ac.ae/

DPL Online Public Access Catalogue

①管理運営：Dubai Public Library ②作成・参加館：8館 ③検索対象：図書，雑誌 ④レコード件数： ⑤書誌データフォーマット： ⑥特記：会員制図書館。入館しないとOPACは検索不可 ⑦ URL：http://www.dubaipubliclibrary.ae/

10 イスラエル国

State of Israel

1. 基本事項

首都 エルサレム

政体 共和制

元首 大統領

宗教 ユダヤ教，イスラム教，キリスト教

言語 ヘブライ語，アラビア語

通貨 新シェケル（NIS）

時差 －7時間

ccTLD .il

再販制度

ISBN管理機関 Israeli ISBN Group Agency

ISSN管理機関

全国書誌作成機関 Jewish National and University Library

ISBN国番号 978-965

出版点数 6,866点（2006）

2. 出版流通　取次・書店・定期購読

＜取次＞

Tell all - Marketing and Distribution

①業種：書籍取次　②創業・設立：2001年　③点数：10万点　④特記：1967年創業のイスラエル最大の取次。ネット書店Bookmeの運営はその子会社のLeukemia。教育省の専門取次　⑤店舗数：　⑥旗艦店：　⑦在庫検索：　⑧URL：http://bookme.co.il/

Rubin Mass

①業種：出版社，取次　②創業・設立：1927年　③点数：　④特記：イスラエル最古の出版社の一つ　⑤店舗数：　⑥旗艦店：　⑦在庫検索：　⑧URL：http://www.rubin-mass.com/

Jerusalem Books

①業種：取次　②創業・設立：1980年代　③点数：　④特記：法人専門（図書館，大学）に25年間活動　⑤店舗数：　⑥旗艦店：　⑦在庫検索：　⑧URL：http://jerusalembooks.org/

＜書店＞

Steimatzky

①業種：書店チェーン，取次　②創業・設立：1925年　③点数：3万点　④特記：親会社は投資会社のMarkstone Capital Partners。1万㎡の物流センターがある。雑誌の頒布先は国内外300書店，小売チェーン500店，キオスク300店。イスラエルの大企業250社の一つ。ロンドンやロサンゼルスにも店舗がある。2011年には巨大なバーチャル本棚を作れるSNSを提供　⑤店舗数：150店舗　⑥旗艦店：テルアビブのキングジョージ通りのショッピングセンターDizengoff Center店は150㎡　⑦在庫検索：　⑧URL：http://www.steimatzky.co.il/

Tzomet Sfarim［S Books］

①業種：書店チェーン　②創業・設立：2002年　③点数：10万点　④特記：2つの書店ネットワーク，1981年創業のBookFairと1996年創業のBooksが合併して誕生　⑤店舗数：83店舗　⑥旗艦店：Steimatzky同様Dizengoff Center内に500㎡の店舗あり。新コンセプト「Books Art & Design」第1号店が2009年にテルアビブのNeve – Tzedek駅内にカフェを併設し開店。美術書3,000冊を集め，アーティストの作品も展示される　⑦在庫検索：　⑧URL：http://www.booknet.co.il/

Zap.co.il

①業種：書籍価格比較　②創業・設立：1999年　③点数：1万点　④特記：　⑤店舗数：数店舗　⑥旗艦店：　⑦在庫検索：　⑧URL：http://www.zap.co.il/models.aspx?sog=m-books

＜電子書籍＞

Mendele

①業種：電子書籍書店　②創業・設立：2010年　③点数　④特記：ePub形式。iPhone & Androidアプリあり　⑤店舗数：　⑥旗艦店：　⑦在庫検索：　⑧URL：http://mendele.co.il/

＜雑誌＞

Magazine Zone

①業種：雑誌販売　②創業・設立：2007年　③点数：46誌　④特記：企業・法人向けサービス　⑤店舗数：　⑥旗艦店：　⑦在庫検索：　⑧URL：http://www.magz.co.il/

World of Magazines

①業種：雑誌販売　②創業・設立：1990年代　③点数：700誌　④特記：20年以上の活動　⑤店舗数：2店舗　⑥旗艦店：バスラ店は200㎡に7,000

点の雑誌と書籍がある。テルアビブのDizengoff Center店には世界の雑誌1,200誌 ⑦在庫検索： ⑧URL：http://www.worldofmagazines.co.il/

＜古書店総合目録＞

Find a book.co.il

①業種：古書店連合目録 ②創業・設立：2001年 ③点数：9万点 ④特記：連合目録。利用者フォーラムあり ⑤店舗数： ⑥旗艦店： ⑦在庫検索： ⑧URL：http://www.findabook.co.il/

Book4Book

①業種：古書店連合目録 ②創業・設立：2006年 ③点数：1万4千点 ④特記： ⑤店舗数： ⑥旗艦店： ⑦在庫検索： ⑧URL：http://www.book4book.co.il/

4. 図書館蔵書目録 時代別

＜1470-1960＞

Bibliography of the Hebrew Book（MBI）

①管理運営：国立図書館 ②作成・参加館：単館 ③検索対象：図書 ④レコード件数：11万5千件 ⑤書誌データフォーマット：MARC21？ ⑥特記： ⑦URL：http://nli.org.il/Hebrew-bibliography

＜1961-＞

The Library's Online Catalogue

①管理運営：国立図書館 ②作成・参加館：単館 ③検索対象：図書，雑誌 ④レコード件数： ⑤書誌データフォーマット：MARC21 ⑥特記：全国書誌Kiryat Seferを検索できるようにしたもの ⑦URL：http://jnul.huji.ac.il/eng/aleph500

ULI：Israel Union Catalog

①管理運営：イスラエルデジタル情報サービスセンターMALMAD ②作成・参加館：43大学78館 ③検索対象：図書，雑誌，学位論文等 ④レコード件数：900万件 ⑤書誌データフォーマット：MARC21 ⑥特記：1998年に大学学長評議会によって設立されたMALMADが運営する大学と政府系図書館による総合目録 ⑦URL：http://aleph3.libnet.ac.il/~libnet/uli

4.2　アフリカ

1　エジプト・アラブ共和国

Arab Republic of Egypt

1. 基本事項

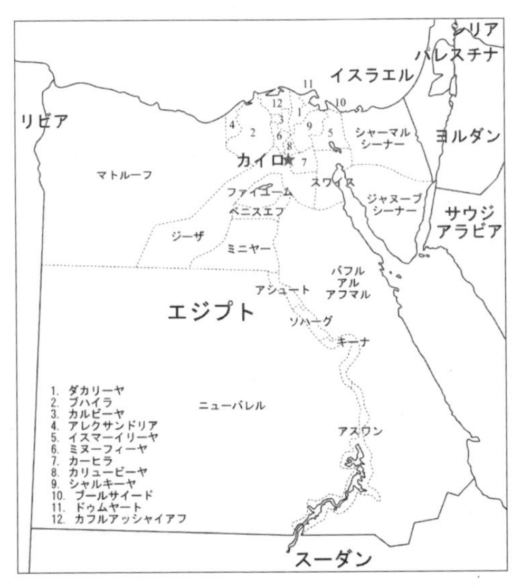

首都　カイロ

政体　立憲共和制

元首　国軍最高会議議長

宗教　イスラム教，キリスト教（コプト教）

言語　アラビア語

通貨　エジプト・ポンド（LE）とピアストル（PT）

時差　－7時間

ccTLD　.eg

再販制度

ISBN 管理機関　ISBN Agency

ISSN 管理機関　ISSN EGYPT

全国書誌作成機関　Egyptian National Library

ISBN 国番号　978-977

2. 販売目録

Issues of publicly

①商品：書籍　②収録件数：6,300 件　③収録年：1986～2010 年　④運営元：General Egyptian Book Organization　⑤特記：新刊書誌　⑥ URL：http://www.gebo.gov.eg/publishbooks.aspx

3. 出版流通　取次・書店・定期購読

＜書店＞

Leila Books

①業種：書店　②創業・設立：1960 年　③点数：4 万 6 千点　④特記：カイロに本拠を持つエジプトとアラブ社会の書籍と雑誌を扱う書店　⑤店舗数：1 店舗　⑥旗艦店：　⑦在庫検索：　⑧ URL：http://www.leilabooks.com/

Daiwa

①業種：書店　②創業・設立：2002 年　③点数：　④特記：カイロに出店した新興書店　⑤店舗数：1 店舗　⑥旗艦店：　⑦在庫検索：　⑧ URL：http://www.diwanegypt.com/

3. 図書館蔵書目録　時代別

NAE Archive Search

①管理運営：National Archives of Egypt（NAE）　②作成・参加館：単館　③検索対象：図書　④レコード件数：　⑤書誌データフォーマット：　⑥特記：国立図書館の蔵書検索　⑦URL：http://www.nationalarchives.gov.eg/nae/search/basicsearch.jsp

BA Catalog

①管理運営：Bibliotheca Alexandrina　②作成・参加館：16館　③検索対象：図書，雑誌，Digital Books　④レコード件数：Digital Books（DAR）21万件　⑤書誌データフォーマット：　⑥特記：新生アレクサンドリア図書館の蔵書とリポジトリ検索　⑦URL：http://www.bibalex.gov.eg/

Union Catalogue gathers the Egyptian libraries

①管理運営：Egyptian Libraries Network　②作成・参加館：156館　③検索対象：図書，雑誌　④レコード件数：118万件　⑤書誌データフォーマット：　⑥特記：ELNは1998年に設立　⑦URL：http://www.egyptlib.net.eg/Site/OPAC/OPAC_Intro.aspx

ENSTINET's Union List of Periodicals in Egypt

①管理運営：Egyptian National Scientific and Technical Information Network（ENSTINET）　②作成・参加館：370館　③検索対象：雑誌　④レコード件数：2万1千件　⑤書誌データフォーマット：　⑥特記：ENSTINETは1980年に設立されたEgyptian Academy of Scientific Research & Technologyを前身とし1986年に構築された　⑦URL：http://www.sti.sci.eg/ulist.htm

2　チュニジア共和国

Republic of Tunisia

1. 基本事項

首都　チュニス

政体　共和制

元首　大統領

宗教　イスラム教スンニー派（多数派）

言語　アラビア語（公用語），フランス語

通貨　チュニジア・ディナール（TND）

時差　－ 8 時間

ccTLD　.tn

再販制度

ISBN 管理機関　National ISBN Agency

ISSN 管理機関　Bibliothèque Nationale de Tunisie

全国書誌作成機関　Bibliothèque Nationale de Tunisie

ISBN 国番号　978-9938, 978-9973

2. 出版流通　取次・書店・定期購読

<書店>

Al Kitab

①業種：書店　②創業・設立：不明　③点数：　④特記：仏語，アラビア語を扱う　⑤店舗数：2 店舗　⑥旗艦店：チュニスとラマルサに店舗　⑦在庫検索：　⑧ URL：http://www.librairie-alkitab.com/

Cérès Book Shop

①業種：出版社，ネット書店　②創業・設立：1964 年　③点数：　④特記：週刊新聞元編集者が設立した有力出版社のネット書店　⑤店舗数：⑥旗艦店：　⑦在庫検索：　⑧ URL：http://www.ceresbookshop.com/

3. 図書館蔵書目録　時代別

OPAC

①管理運営：Bibliographie nationale de Tunisie　②作成・参加館：　③検索対象：　④レコード件数：⑤書誌データフォーマット：　⑥特記：アクセスできず詳細不明　⑦ URL：http://www.bibliotheque.nat.tn/

3　モロッコ王国

Kingdom of Morocco

1. 基本事項

首都　ラバト

政体　立憲君主制

元首　国王

宗教　イスラム教スンニー派がほとんど

言語　アラビア語（公用語），フランス語

通貨　モロッコ・ディルハム（MAD）

時差　－ 9 時間

ccTLD　.ma

再販制度

ISBN 管理機関　Agence Marocaine de l'ISBN, Bibliothèque nationale du Royaume du Maroc (BNRM)

ISSN 管理機関　BNRM

全国書誌作成機関　BNRM

ISBN 国番号　978-9954, 978-9981

2. 出版流通　取次・書店・定期購読

＜書店＞

Colonnes

①業種：書店　②創業・設立：1949 年　③点数：　④特記：モロッコのタンジェ（Tanger）が国際管理都市（自由都市）時代に創業した　⑤店舗数：1 店舗　⑥旗艦店：タンジェの店舗には多くの作家，芸術が訪れたとのこと　⑦在庫検索：　⑧ URL：http://www.librairie-des-colonnes.com/

Ketabook

①業種：ネット書店　②創業・設立：2001 年？　③点数：　④特記：マグリブ連合（モロッコ，アルジェリア，チュニジア）の書籍を扱う。マグリブ初のネット書店　⑤店舗数：　⑥旗艦店：　⑦在庫検索：　⑧ URL：http://www.ketabook.com/

LivreMoi.ma

①業種：ネット書店　②創業・設立：2008 年　③点数：150 万点　④特記：仏語圏の書籍を扱う。本社はカサブランカ・ハッサン二世通り　⑤店舗数：　⑥旗艦店：　⑦在庫検索：　⑧ URL：http://www.livremoi.ma/

Primo.ma

①業種：ネット書店　②創業・設立：2010 年？　③点数：　④特記：ネット販売企業 Eviatis グループ傘下。モロッコ初のネット書店を名乗る　⑤店舗数：　⑥旗艦店：　⑦在庫検索：　⑧ URL：http://www.primo.ma/

3. 図書館蔵書目録　時代別

Catalogue BNRM

①管理運営：国立図書館　②作成・参加館：単館　③検索対象：　④レコード件数：　⑤書誌データフォーマット：MARC21　⑥特記：国立図書館の所蔵目録　⑦ URL：http://opac.bnrm.ma:8000/cgi-bin/gw_49_5F/chameleon/

4　セネガル共和国

Republic of Senegal

1. 基本事項

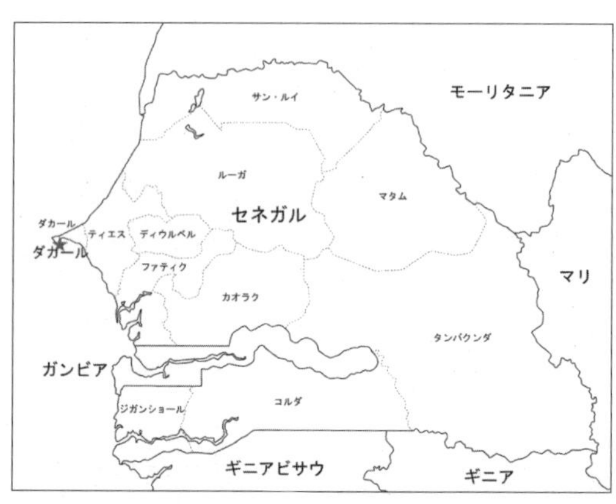

首都　ダカール

政体　共和制

元首　大統領

宗教　イスラム教，キリスト教，伝統的宗教

言語　フランス語（公用語），ウォロフ語等

通貨　モーリシャス・ルピー

時差　－9時間

ccTLD　.sn

再販制度

ISBN 管理機関

ISSN 管理機関　Centre national de l'ISDS

全国書誌作成機関

ISBN 国番号

2. 図書館蔵書目録　時代別

e-Library

①管理運営：bibliothèque des Archives du Sénégal ②作成・参加館：単館 ③検索対象：図書 ④レコード件数： ⑤書誌データフォーマット： ⑥特記：全国書誌 Bibliographie du Sénégal 相当の目録を閲覧することができるが，何年分から掲載されているのかは不明。OPAC は未公開 ⑦ URL：http://www.archivesdusenegal.gouv.sn/bibliographie.html

5　ベナン共和国

Republic of Benin

1. 基本事項

首都　ポルトノボ

政体　共和制

元首　大統領

宗教　伝統的宗教，キリスト教，イスラム教

言語　フランス語（公用語）

通貨　CFA フラン

時差　－8時間

ccTLD　.bj

再販制度

ISBN 管理機関　Agence Nationale ISBN, Bibliothèque Nationale

ISSN 管理機関　Centre national ISSN Bénin

全国書誌作成機関　Bibliothèque National du Bénin

ISBN 国番号　978-99919

2. 出版流通　取次・書店・定期購読

＜書店＞

Bufalo

①業種：書店 ②創業・設立：不明 ③点数： ④特記：ベナンのコトヌーにあり，作家イベントが行われる ⑤店舗数：1店舗 ⑥旗艦店： ⑦在庫検索： ⑧ URL：http://www.librairiebufalo.com/

3. 図書館蔵書目録　時代別

Bibliographie du Bénin

①管理運営：国立図書館　②作成・参加館：単館　③検索対象：図書　④レコード件数：　⑤書誌データフォーマット：　⑥特記：以前は2006年分から全国書誌が提供されていたが図書館サイト独自ドメイン自体が消滅。新サイトには未掲載　⑦URL：http://www.bj.refer.org/benin_ct/tur/bnb/bibliogr 2.htm

6　ナイジェリア連邦共和国

Federal Republic of Nigeria

1. 基本事項

首都　アブジャ

政体　連邦共和制

元首　大統領

宗教　イスラム教－北部中心，キリスト教－南東部中心，伝統宗教－全域

言語　英語（公用語），各民族語

通貨　ナイラ

時差　－8時間

ccTLD　.ng

再販制度

ISBN管理機関　Nigerian ISBN Agency, National Bibliographic Control Dept, National Library of Nigeria

ISSN管理機関　Nigerian ISSN Centre

全国書誌作成機関　National Library of Nigeria

ISBN国番号　978-978

2. 出版流通　取次・書店・定期購読

＜書店＞

Iqra Books

①業種：書店　②創業・設立：2003年　③点数：　④特記：親会社はIqra Ventures。ミッションは「A bookseller with a difference and a pace-setter in the frontier of supporting the knowledge economy」　⑤店舗数：1店舗　⑥旗艦店：店舗はイロリン（Ilorin）にある　⑦在庫検索：　⑧URL：http://www.iqrabooks.com.ng/

Debonair

①業種：出版社，ネット書店　②創業・設立：

2005年　③点数：　④特記：運営はLagosにある出版社Debonair Publishing　⑤店舗数：　⑥旗艦店：　⑦在庫検索：　⑧URL：http://debonairbookstore.com/

kalahari.com.ng

①業種：ネット書店　②創業・設立：2009年？　③点数：　④特記：南アフリカ資本。本社はラゴス　⑤店舗数：　⑥旗艦店：　⑦在庫検索：　⑧URL：http://kalahari.com.ng/

7　エチオピア連邦民主共和国

Federal Democratic Republic of Ethiopia

1. 基本事項

首都　アディスアベバ

政体　連邦共和制

元首　大統領

宗教　キリスト教，イスラム教他

言語　アムハラ語，英語

通貨　ブル（BIRR）

時差　－6時間

ccTLD　.et

再販制度

ISBN管理機関　Ethiopia ISBN Agency

ISSN管理機関

全国書誌作成機関　National Archive and Library of Ethiopia

ISBN国番号　978-99944

2. 図書館蔵書目録　時代別

Ethiopian publications

①管理運営：国立図書館　②作成・参加館：単館　③検索対象：図書，雑誌　④レコード件数：　⑤書誌データフォーマット：PDF，Doc　⑥特記：PDFで1998年，2000年，2001年分の全国書誌が提供されている　⑦URL：http://www.nale.gov.et/national_bibliography_of_ethiopia.htm

8 ケニア共和国

Republic of Kenya

1. 基本事項

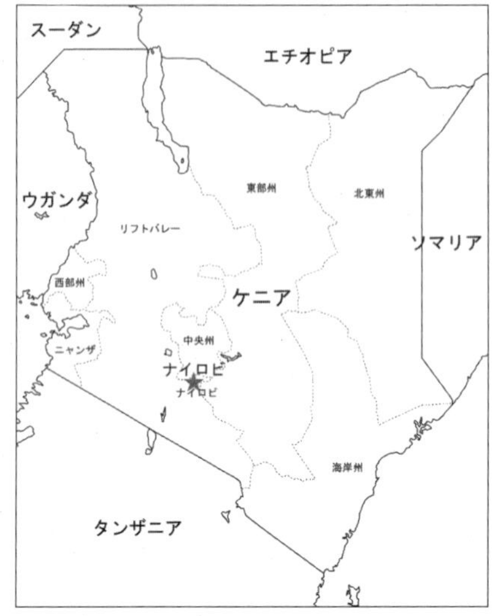

首都 ナイロビ

政体 共和制

元首 大統領

宗教 伝統宗教，キリスト教，イスラム教

言語 スワヒリ語，英語

通貨 ケニア・シリング（K.shs）

時差 －6時間

ccTLD .ke

再販制度

ISBN管理機関 ISBN Agency, Kenya National Library Services

ISSN管理機関

全国書誌作成機関 Kenya National Library Service

ISBN国番号 978-9966

2. 出版流通 取次・書店・定期購読

＜書店＞

Kalahari

①業種：ネット書店 ②創業・設立：2009年 ③点数： ④特記：南アフリカ資本 ⑤店舗数： ⑥旗艦店： ⑦在庫検索： ⑧URL：http://www.kalahari.co.ke/

9　ナミビア共和国

Republic of Namibia

1. 基本事項

首都　ウィントフック

政体　共和制

元首　大統領

宗教　キリスト教，伝統宗教

言語　英語（公用語），アフリカーンス，独語

通貨　ナミビア・ドル

時差　－８時間

ccTLD　.na

再販制度

ISBN 管理機関　Namibia ISBN Agency, National Library of Namibia

ISSN 管理機関　Namibia ISSN Centre

全国書誌作成機関　National Library of Namibia

ISBN　978-99916, 978-99945

2. 出版流通　取次・書店・定期購読

＜書店＞

Van Schaik

①業種：書店チェーン　②創業・設立：1919 年　③点数：　④特記：2006 年にナミビア大学内に出店した南アフリカの書店チェーン　⑤店舗数：1 店舗　⑥旗艦店：　⑦在庫検索：　⑧ URL：http://www.vanschaik.com/

3. 図書館蔵書目録　時代別

NLN DATABASES

①管理運営：ナミビア国立図書館　②作成・参加館：単館　③検索対象：図書，雑誌　④レコード件数：NAMLIT 6 万件，OPAC 9 万 5 千件　⑤書誌データフォーマット：　⑥特記：国立図書館蔵書，ナミビア大学図書館によるナミビア文献データベース NAMLIT，全国書誌 Namibian National Bibliography（恐らく 1970 年代から）を 1 か所で検索可能である　⑦ URL：http://www.nln.gov.na/databases.html

10　スワジランド王国

Kingdom of Swaziland

1. 基本事項

首都　ムババネ（Mbabane）

政体　王制

元首　国王

宗教　原始宗教，キリスト教

言語　英語，シスワティ語

通貨　リランゲーニ（複数形：エマランゲーニ）

時差　－7時間

ccTLD　.sz

再販制度

ISBN 管理機関　ISBN Agency

ISSN 管理機関

全国書誌作成機関　University of Swaziland

ISBN 国番号　978-0

2. 図書館蔵書目録　時代別

Swaziland national bibliography SNB

①管理運営：国立図書館　②作成・参加館：　③検索対象：　④レコード件数：　⑤書誌データフォーマット：　⑥特記：アクセスが非常に不安定でOPACどころか，図書館サイトまでアクセスできない　⑦URL：http://www.library.uniswa.sz/

11　南アフリカ共和国

Republic of South Africa

1. 基本事項

首都　プレトリア

政体　共和制

元首　大統領

宗教　キリスト教，ヒンズー教，イスラム教

言語　英語，アフリカーンス語，バンツー諸語

通貨　ランド（Rand）

時差　－7時間

ccTLD　.za

再販制度

ISBN管理機関　ISBN Agency, The National Library of South Africa

ISSN管理機関

全国書誌作成機関　The National Library of South Africa

ISBN国番号　978-0, 978-1

2. 出版流通　取次・書店・定期購読

＜書店＞

Exclus1ves

①業種：書店チェーン　②創業・設立：1951年　③点数：　④特記：ヨハネスブルグの小古書店として創業。1973年にHillbrowのPretoria Streetに移転し，1999年からコーヒーバー兼書店となった。治安上の理由からショッピングモールの中にその店舗を構えることが多いようだ　⑤店舗数：48店舗　⑥旗艦店：HillbrowのPretoria Street店　⑦在庫検索：　⑧URL：http://www.exclus1ves.co.za/books/

CNA

①業種：書店チェーン　②創業・設立：1896年　③点数：　④特記：2002年に小売業企業グループEdconに買収された。こちらもショッピングモールの中にその店舗を構えることが多いようだ　⑤店舗数：195店舗　⑥旗艦店：　⑦在庫検索：　⑧URL：http://www.cna.co.za/

Kalahari.com

①業種：ネット書店　②創業・設立：1999年　③点数：　④特記：親会社はネット関連企業MIH Internet Africa。電子書籍はePub対応　⑤店舗数：　⑥旗艦店：　⑦在庫検索：　⑧URL：http://

www.kalahari.com/

Van Schaik

①業種：書店チェーン ②創業・設立：1919年 ③点数： ④特記：主要な高等教育機関のキャンパス内に出店する学術専門書店 ⑤店舗数：53店舗 ⑥旗艦店： ⑦在庫検索： ⑧URL：http://www.vanschaik.com/

Clarke's Bookshop

①業種：書店 ②創業・設立：1956年 ③点数： ④特記：南アフリカのケープタウンにある書店。南部アフリカ諸国（ジンバブエ，ナミビア，モザンビーク，スワジランド，レソト，ボツワナ）の新刊・古書も扱う ⑤店舗数：1店舗 ⑥旗艦店： ⑦在庫検索：データベース登録書籍は在庫？ ⑧URL：http://www.clarkesbooks.co.za/

3. 図書館蔵書目録 時代別

South African Places of Legal Deposit WebPAC

①管理運営：国立図書館 ②作成・参加館：4館 ③検索対象：図書，雑誌 ④レコード件数：25万件 ⑤書誌データフォーマット： ⑥特記：国立機関4館の総合目録。個別検索も可能。全国書誌 South African National Bibliography は1926年から検索可能である ⑦URL：http://natlib1.sabinet.co.za/

Sabinet

①管理運営：1983年 ②作成・参加館：26館 ③検索対象：図書，雑誌 ④レコード件数： ⑤書誌データフォーマット： ⑥特記：1983年に開始された南アフリカの総合目録。他に全国書誌 South African National Bibliography も検索可能である ⑦URL：http://sabinet.worldcat.org/

12 モーリシャス共和国

Republic of Mauritius

1. 基本事項

首都 ポートルイス

政体 共和制

元首 大統領

宗教 ヒンドゥー教，キリスト教，イスラム教

言語 英語（公用語），仏語，クレオール語

通貨 モーリシャス・ルピー

時差　－5時間

ccTLD　.mu

再販制度

ISBN 管理機関

ISSN 管理機関

全国書誌作成機関　National Library of the Republic of Mauritius

ISBN 国番号

2. 図書館蔵書目録　時代別

e-Library

①管理運営：国立図書館　②作成・参加館：単館　③検索対象：　④レコード件数：　⑤書誌データフォーマット：　⑥特記：1996年から全国書誌National Bibliography of Mauritiusが検索可能である　⑦URL：http://202.123.28.124/uhtbin/webcat/

13　その他

＜書店＞

Africa Book Centre

①業種：書店　②創業・設立：1989年　③点数：　④特記：英国ロンドン中心部シティ・オブ・ウェストミンスターのコヴェント・ガーデン（Covent Garden）にあるアフリカ専門書店　⑤店舗数：1店舗　⑥旗艦店：　⑦在庫検索：　⑧URL：http://www.africabookcentre.com/

African Books Collective

①業種：ネット書店　②創業・設立：1985年　③点数：1,000点　④特記：運営は英国オクスフォードに本拠を構える非営利団体。アフリカ21か国の参加124出版社の書籍の流通販売を行う　⑤店舗数：　⑥旗艦店：　⑦在庫検索：　⑧URL：http://www.africanbookscollective.com/

巻末　店頭在庫が分かる書店

一部ネット専業書店を含みます。「Honya Club」在庫表示加盟店の在庫検索には登録が必要です。

日本

都道府県	書店名	配置	在庫冊数	URL
全国	TSUTAYAと蔦屋書店	×	×	http://store.tsutaya.co.jp/item.html
北海道	コーチャンフォー	×	×	https://www.shoten.co.jp/rel/search/
	紀伊國屋書店	○	○	http://www.kinokuniya.co.jp/store/
	北大生協書籍部	○	○	http://book2.coop.hokudai.ac.jp/stock/book_search.php
	ジュンク堂書店	○	×	http://www.junkudo.co.jp/tenpo/
	丸善書店	○	×	http://www.junkudo.co.jp/tenpo/
	Honya Club	×	×	http://www.honyaclub.com//
青森県	紀伊國屋書店	○	○	http://www.kinokuniya.co.jp/store/
	工藤書店	×	○	http://www.hon-shop.com/
	Honya Club	×	×	http://www.honyaclub.com//
岩手県	ジュンク堂書店	○	×	http://www.junkudo.co.jp/tenpo/
	丸善書店	○	×	http://www.junkudo.co.jp/tenpo/
	Honya Club	×	×	http://www.honyaclub.com//
秋田県	ジュンク堂書店	○	×	http://www.junkudo.co.jp/tenpo/
	ひらのや書店	×	○	http://www.hon-shop.com/
	Honya Club	×	×	http://www.honyaclub.com//
宮城県	丸善書店	○	×	http://www.junkudo.co.jp/tenpo/
	ジュンク堂書店	○	×	http://www.junkudo.co.jp/tenpo/
	紀伊國屋書店	○	○	http://www.kinokuniya.co.jp/store/
	Honya Club	×	×	http://www.honyaclub.com//
福島県	ジュンク堂書店	○	×	http://www.junkudo.co.jp/tenpo/
	Honya Club	×	×	http://www.honyaclub.com//
栃木県	紀伊國屋書店	○	○	http://www.kinokuniya.co.jp/store/
	Honya Club	×	×	http://www.honyaclub.com//
群馬県	紀伊國屋書店	○	○	http://www.kinokuniya.co.jp/store/
	ジュンク堂書店	○	×	http://www.junkudo.co.jp/tenpo/
	文真堂書店	×	○	http://www.bunshindo.jp/ba/
茨城県	丸善書店	○	×	http://www.junkudo.co.jp/tenpo/
	Honya Club	×	×	http://www.honyaclub.com//

千葉県	丸善書店	○	×	http://www.junkudo.co.jp/tenpo/
	旭屋書店	○	○	http://www.asahiya.com/
	勝木書店	×	○	http://www.katsuki-books.jp/html/book.asp
	紀伊國屋書店	○	○	http://www.kinokuniya.co.jp/store/
	Honya Club	×	×	http://www.honyaclub.com//
埼玉県	紀伊國屋書店	○	○	http://www.kinokuniya.co.jp/store/
	勝木書店	×	○	http://www.katsuki-books.jp/html/book.asp
	ジュンク堂書店	×	×	http://www.junkudo.co.jp/tenpo/
	丸善書店	○	×	http://www.junkudo.co.jp/tenpo/
	旭屋書店	○	○	http://www.asahiya.com/
	Honya Club	×	×	http://www.honyaclub.com//
東京都	紀伊國屋書店	○	○	http://www.kinokuniya.co.jp/store/
	丸善書店	○	×	http://www.junkudo.co.jp/tenpo/
	ジュンク堂書店	○	×	http://www.junkudo.co.jp/tenpo/
	MARUZEN& ジュンク堂書店	○	×	http://www.junkudo.co.jp/tenpo/
	三省堂書店	○	×	http://www.books-sanseido.co.jp/
	岩波ブックセンター	○	×	http://www.books-sanseido.co.jp/
	芳林堂書店	×	○	https://www.shoten.co.jp/horindo/search/horindo.htm
	旭屋書店	○	○	http://www.asahiya.com/
	東京堂書店	×	×	http://jimbou.info/nb_search/index.jsp
	啓文堂書店	×	×	https://www.shoten.co.jp/KEIONET/KEIO/Search/index.asp
	廣文館	○	×	http://jimbou.info/nb_search/index.jsp
	東京都書店案内	○	×	http://www.tokyo-shoten.or.jp/kumiaimap_utf8.htm
	東大生協書籍在庫検索	○	○	https://www.coopbooknavi.jp/zaik/book_search.php
	早稲田大学生協書籍在庫検索	○	○	https://www.coopbooknavi.jp/waseda/zaik/book_search.php
	中野屋書店	×	○	http://www.hon-shop.com/
	Honya Club	×	×	http://www.honyaclub.com//
神奈川県	紀伊國屋書店	○	○	http://www.kinokuniya.co.jp/store/
	勝木書店	×	○	http://www.katsuki-books.jp/html/book.asp
	中村書店	×	×	https://www.shoten.co.jp/nakam/search/nakam.htm

	啓文堂書店	×	×	https://www.shoten.co.jp/KEIONET/KEIO/Search/index.asp
	ジュンク堂書店	○	×	http://www.junkudo.co.jp/tenpo/
	丸善書店	○	×	http://www.junkudo.co.jp/tenpo/
	Honya Club	×	×	http://www.honyaclub.com//
新潟県	紀伊國屋書店	○	○	http://www.kinokuniya.co.jp/store/
	ジュンク堂書店	○	×	http://www.junkudo.co.jp/tenpo/
石川県	勝木書店	×	○	http://www.katsuki-books.jp/html/book.asp
	紀伊國屋書店	○	○	http://www.kinokuniya.co.jp/store/
福井県	勝木書店	×	○	http://www.katsuki-books.jp/html/book.asp
	紀伊國屋書店	○	○	http://www.kinokuniya.co.jp/store/
	Honya Club	×	×	http://www.honyaclub.com//
富山県	紀伊國屋書店	○	○	http://www.kinokuniya.co.jp/store/
山梨県	朗月堂	×	×	http://www.rogetsudo.co.jp/
	Honya Club	×	×	http://www.honyaclub.com//
長野県	平安堂	×	×	http://www.heiando.jp/order/Search.aspx
	Honya Club	×	×	http://www.honyaclub.com//
静岡県	戸田書店	×	×	https://www.todabooks.co.jp/
	Honya Club	×	×	http://www.honyaclub.com//
愛知県	紀伊國屋書店	○	○	http://www.kinokuniya.co.jp/store/
	三省堂書店	○	×	http://www.books-sanseido.co.jp/
	旭屋書店	○	○	http://www.asahiya.com/
	ジュンク堂書店	○	×	http://www.junkudo.co.jp/tenpo/
	丸善書店	○	×	http://www.junkudo.co.jp/tenpo/
	本の豊川堂	×	×	http://www.housendou.com/
	Honya Club	×	×	http://www.honyaclub.com//
岐阜県	自由書房	×	×	http://www.jiyushobo.jp/
	Honya Club	×	×	http://www.honyaclub.com//
三重県	Honya Club	×	×	http://www.honyaclub.com//
滋賀県	紀伊國屋書店	○	○	http://www.kinokuniya.co.jp/store/
	旭屋書店	○	○	http://www.asahiya.com/
	ますや書店	×	○	http://www.hon-shop.com/
	三信堂	×	○	http://www.hon-shop.com/
	Honya Club	×	×	http://www.honyaclub.com//

京都府	紀伊國屋書店	○	○	http://www.kinokuniya.co.jp/store/
	ジュンク堂書店	○	×	http://www.junkudo.co.jp/tenpo/
	旭屋書店	○	○	http://www.asahiya.com/
	京大生協	○	×	https://mall.seikyou.ne.jp/s-coop/WFBookSearchResult.aspx
	Honya Club	×	×	http://www.honyaclub.com//
大阪府	紀伊國屋書店	○	○	http://www.kinokuniya.co.jp/store/
	旭屋書店	○	○	http://www.asahiya.com/
	ジュンク堂書店	○	×	http://www.junkudo.co.jp/tenpo/
	丸善書店	○	×	http://www.junkudo.co.jp/tenpo/
	MARUZEN& ジュンク堂書店	○	×	http://www.junkudo.co.jp/tenpo/
	ブックスふかだ	×	○	http://www.hon-shop.com/
	Honya Club	×	×	http://www.honyaclub.com//
奈良県	旭屋書店	○	○	http://www.asahiya.com/
	たつみ書店	×	○	http://www.hon-shop.com/
	ジャパンブックス郡山店	×	○	http://www.hon-shop.com/
	庫書房	×	○	http://www.hon-shop.com/
	Honya Club	×	×	http://www.honyaclub.com//
兵庫県	紀伊國屋書店	○	○	http://www.kinokuniya.co.jp/store/
	メトロ書店	×	×	https://www.shoten.co.jp/metro/search/
	ジュンク堂書店	×	×	http://www.junkudo.co.jp/tenpo/
	関西学院大学生活協同組合	×	○	http://hoho.kgcoop.jp/top.command?request=init
	旭屋書店	○	○	http://www.asahiya.com/
	Honya Club	×	×	http://www.honyaclub.com//
鳥取県	今井書店	×	×	https://www1.imaibooks.co.jp/ec2/modules/order/
	Honya Club	×	×	http://www.honyaclub.com//
島根県	今井書店	×	×	https://www1.imaibooks.co.jp/ec2/modules/order/
	Honya Club	×	×	http://www.honyaclub.com//
岡山県	紀伊國屋書店	○	○	http://www.kinokuniya.co.jp/store/
	丸善書店	○	×	http://www.junkudo.co.jp/tenpo/
	ジュンク堂書店	×	×	http://www.junkudo.co.jp/tenpo/
	Honya Club	×	×	http://www.honyaclub.com//

広島県	紀伊國屋書店	○	○	http://www.kinokuniya.co.jp/store/
	ジュンク堂書店	○	×	http://www.junkudo.co.jp/tenpo/
	MARUZEN&ジュンク堂書店	○	×	http://www.junkudo.co.jp/tenpo/
	Honya Club	×	×	http://www.honyaclub.com//
山口県	Honya Club	×	×	http://www.honyaclub.com//
徳島県	紀伊國屋書店	○	○	http://www.kinokuniya.co.jp/store/
香川県	宮脇書店	○	×	http://ishop.visualjapan.co.jp/mzaiko/
	紀伊國屋書店	○	○	http://www.kinokuniya.co.jp/store/
愛媛県	紀伊國屋書店	○	○	http://www.kinokuniya.co.jp/store/
	ジュンク堂書店	○	×	http://www.junkudo.co.jp/tenpo/
	Honya Club	×	×	http://www.honyaclub.com//
福岡県	紀伊國屋書店	○	○	http://www.kinokuniya.co.jp/store/
	メトロ書店	×	×	https://www.shoten.co.jp/metro/search/
	ジュンク堂書店	○	×	http://www.junkudo.co.jp/tenpo/
	丸善書店	○	×	http://www.junkudo.co.jp/tenpo/
	Honya Club	×	×	http://www.honyaclub.com//
佐賀県	紀伊國屋書店	○	○	http://www.kinokuniya.co.jp/store/
長崎県	紀伊國屋書店	○	○	http://www.kinokuniya.co.jp/store/
	メトロ書店	×	×	https://www.shoten.co.jp/metro/search/
宮崎県	旭屋書店	○	○	http://www.asahiya.com/
熊本県	紀伊國屋書店	○	○	http://www.kinokuniya.co.jp/store/
	Honya Club	×	×	http://www.honyaclub.com//
大分県	紀伊國屋書店	○	○	http://www.kinokuniya.co.jp/store/
	ジュンク堂書店	○	×	http://www.junkudo.co.jp/tenpo/
	Honya Club	×	×	http://www.honyaclub.com//
鹿児島県	旭屋書店	○	○	http://www.asahiya.com/
	ブックスミスミ	×	×	https://www.shoten.co.jp/misumi/search/misumi.htm
	ジュンク堂書店	○	×	http://www.junkudo.co.jp/tenpo/
	丸善書店	○	×	http://www.junkudo.co.jp/tenpo/
	紀伊國屋書店	○	○	http://www.kinokuniya.co.jp/store/
沖縄県	ジュンク堂書店	○	×	http://www.junkudo.co.jp/tenpo/
	Honya Club	×	×	http://www.honyaclub.com//

外国

国名	書店名	URL	在庫冊数 / 配置
韓国	반디앤루니스 : Bandi & Luni's Bookstore	http://www.bandinlunis.com/	在庫冊数および配置
	영풍문고 : 永豊文庫	http://www.ypbooks.co.kr	配置
	교보문고 : 教保文庫	http://kiosk.kyobobook.co.kr/kioskn/index.laf	配置
中国	北发图书网	http://www.beifabook.com/	在庫冊数
	四川文轩在线	http://www.xinhuabookstore.com/	在庫冊数
	王府井书店	http://www.wfjsd.com/	在庫及び配置
香港	ShopinHK	http://www.shopinhk.com/	ネット店在庫冊数
台湾	金石堂書店	http://www.kingstone.com.tw/	ネット店在庫冊数
	天下雜誌網路書店	http://www.cwbook.com.tw/	ネット店在庫冊数
ベトナム	Savina	http://www.savina.com.vn/	ネット在庫
フィリピン	Bridgebookstore	http://bridgesbookstore.com/	ネット在庫冊数
タイ	Asiabooks/Bookazine	https://www.asiabooks.com/	英語専門店。冊数
シンガポール	opentrolley（ネット専業）	http://opentrolley.com.sg/	在庫冊数
カザフスタン	Гулянда	http://www.gulyanda.kz/	
オーストラリア	Word	http://www.word.com.au/	
	Dymocks	http://www.dymocks.com.au/	
	University Co-operative Bookshop	http://www.coop-bookshop.com.au/bookshop/	在庫冊数および配置
イギリス	Bertram Books（取次）	http://www.bertrams.com/BertWeb/index.jsp	在庫冊数
	Blackwell's	http://bookshop.blackwell.co.uk/j	
	Waterstone's	http://www.waterstones.com/waterstonesweb/	在庫冊数
アイルランド	Kennys	http://www.kennys.ie/	在庫冊数
ドイツ	Reuffel	http://www.reuffel.de/	在庫冊数
	Stern-Verlag	http://www.buchhaus-sternverlag.de/	
スイス	Lüthy + Stocker	http://www.buchhaus.ch/	在庫冊数
	Orell Füssli	http://www.books.ch/	
ハンガリー	Libri	http://www.libri.hu/	
チェコ	KNIHKUPECTVÍ.info	http://www.knihkupectvi.info/	ネットワーク参加書店の在庫冊数

	Kanzels berger	http://dumknihy.cz/	
	knihycz.cz	http://www.knihycz.cz/	在庫冊数
	Dobre-Knihy	http://www.dobre-knihy.cz/	
スロバキア	Art Forum	http://www.artforum.sk/	
フランス	Librest	http://www.librest.com/	独立系書店の在庫
	Furet du Nord	http://www.furet.com/	
	1001libraires.com	http://www.1001libraires.com/	独立系書店の在庫
	Fnac	http://www.fnac.com/	
	Place des Libraires	http://www.placedeslibraires.fr/	独立系書店の在庫
ルクセンブルク	Ernster	http://www.ernster.com/	
ベルギー	Filigranes	http://www.filigranes.be/	
	UOPC	http://www.uopc.eu/	
オランダ	VanStockum	http://www.vanstockum.nl/	
	De Slegte	http://www.deslegte.com/	新・中古の在庫冊数
スペイン	MuchosLibros.com	http://www.muchoslibros.com/	在庫冊数
	La Central	http://www.lacentral.com/	
ポルトガル	Almedina	http://www.almedina.net/catalog/	
イタリア	LibrerieItaliane	http://www.librerieitaliane.net/	
	la Feltrinelli	http://www.lafeltrinelli.it/	
ロシア	Московский Дом книги	http://www.mdk-arbat.ru/	
	Буквоед	http://www.bookvoed.ru/	在庫冊数
	БИБЛИО-ГЛОБУС	http://www.biblio-globus.ru/	在庫と配置
	Торговый Дом Книги «МОСКВА»	http://www.moscowbooks.ru/	在庫と配置
	Книжный Лабиринт	http://www.labirint-bookstore.ru/	
	Новый Книжный	http://www.nk1.ru/	
エストニア	Tartu University Bookshop titles on Krisostomus	http://www.kriso.ee/cgi-bin/shop/utbookshop.html	
	Rahva Raamat	http://www.rahvaraamat.ee/	
フィンランド	Suomalainen Kirjakauppa	http://www.suomalainen.com/fi	
スウェーデン	FS Butiken（取次）	http://www.fsbutiken.se/	在庫冊数
	The Campus Bookshop	http://thecampusbookshop.com/	
ノルウェー	Akademika-konsernet	http://www.akademika.no/	
デンマーク	Academic Books	http://www.academicbooks.dk/	在庫冊数

ルーマニア	Depozitul de Carti.ro	http://www.depozituldecarti.ro/	ネット専業
	Librarie.net	http://www.librarie.net/	
ブルガリア	Compania de Librarii Bucuresti	http://www.clb.ro/	在庫冊数
スロベニア	Mladinska knjiga	http://www.emka.si/	Knjigarna Konzorcij 店の在庫？
カナダ	Chapters Indigo	http://www.chapters.indigo.ca/	
	Renaud-Bray	http://www.renaud-bray.com/	在庫冊数
	Archambault	http://www.archambault.ca/	
アメリカ	Barnes and Noble	http://www.barnesandnoble.com/search.asp	
	Powell's Books	http://www.powells.com/	配置
	Strand Books	http://www.strandbooks.com/	配置
	Walmart	http://www.walmart.com/cp/Books/3920	
	Target	http://www.target.com/	
	IndieBound	http://www.indiebound.org/	独立系書店の在庫と配置
	American Book Company	http://www.americanbookco.com/	取次の在庫冊数
メキシコ	Un Paseo por los Libros	http://www.unpaseoporloslibros.com/	
	Sanborns	http://www.sanborns.com.mx/	
ブラジル	Livraria Martins Fontes	http://www.martinsfontespaulista.com.br/	
チリ	Feria Mix	http://www.feriamix.cl/	
ボリビア	Bolivia Libros de Bolivia	http://libreriaboliviana.com/	ネット専業
トルコ	Robinson Crusoe 389	http://www.rob389.com/	

索引

凡例：項目名の後の（　）は，国名と分類を示す。
分類の内容は次のとおり。（　）はその略称。
販売目録　取次　書店　価格比較　政府刊行物書店　電子書籍書店　雑誌定期購読（雑誌）
古書店　図書館蔵書目録（図書館）　学位論文　政府刊行物　電子図書館

【五十音順】

［あ行］

青空文庫（日本，電子図書館）35
旭屋書店（日本，書店）32
アジア・オセアニア国立図書館長会議 28
アジア太平洋地域議会図書館長協会会議 28
あなたはこの本を知っていますか（日本）31
アマゾン（アメリカ，書店）241
アマゾン（イギリス，書店）106
アマゾン（イタリア，書店）171
アマゾン（スペイン，書店）161
アマゾン（中国，書店）44
アマゾン（ドイツ，書店）114
アマゾン（フランス，書店）144
アマゾンジャパン（日本）32
イングラム・ブック（アメリカ，取次）239
英国図書館（イギリス，図書館）107
越港澳統一検索系統（香港，図書館）49
越港澳統一検索系統（マカオ，図書館）51
エブスコ（アメリカ，取次）240

［か行］

科学技術振興機構（日本，図書館）35
科技資訊網路整合服務（台湾，図書館）55
学術情報検索（韓国，図書館）40
ガリマール（カナダ，書店）236
ガリマール（フランス，書店）143
カーリル（日本，図書館）34
看看網（中国，雑誌）45
韓国教育学術情報院（韓国，図書館）40
韓国国立中央図書館（韓国，図書館）40
韓国古典籍総合目録システム（韓国，図書館）39
韓国雑誌博物館雑誌データベース（韓国，図書館）40
韓国出版流通（韓国，取次）37
館蔵目録査詢系統（台湾，図書館）54
刊林（中国，販売目録）42
議会図書館（アメリカ，図書館）243
紀伊國屋書店（日本，書店）31
教保文庫（韓国，書店）38
近代デジタルライブラリ（日本，電子図書館）35
近代文献情報データベース（日本，図書館）34
九月網（中国，電子書籍書店）45
高校学位論文庫（中国，学位論文）47
光合作用（中国，書店）44
港書網（香港，図書館）49
好読書（台湾，価格比較）53
好図書（中国，価格比較）44
孔夫子旧書網（中国，古書店）45
国書総目録（日本）34
国内期刊名録（中国，販売目録）42
国内報紙名録（中国，販売目録）42
国立国会図書館サーチ（日本，図書館）34
国立情報学研究所（日本，図書館）34
古籍影像検索系統（台湾，図書館）54
コーチャンフォー（日本，書店）32
国家資料総合目録（韓国，図書館）40
国家電子図書館（韓国，図書館）40
国家図書館 Web OPAC（中国，図書館）46
国家図書館学位論文収蔵中心（中国，学位論文）47
古典籍総合目録（日本）34
金石堂書店（台湾，書店）52

［さ行］

雑誌新聞総かたろぐ（日本，販売目録）30
雑誌生活網（台湾，雑誌）54
三省堂書店（日本，書店）31
三連書店（香港，書店）48
指針網（中国，販売目録）42
上海古籍書店（中国，書店）44
上海新華電媒電子商務（中国，書店）43
重慶南路的書店街（台湾，書店）53
首尚文化（香港，電子書籍書店）49

出版期刊指南系統（台湾，販売目録） 52
出版流通院・書籍情報検索サービス（韓国，販売目録） 36
ジュンク堂書店（日本，書店） 31
城邦読書花園（台湾，書店） 53
商務印書館（香港，書店） 48
新華書店総店信息中心（中国，取次） 42
新華書目報（中国，販売目録） 41
新華文軒出版電媒（中国，書店） 43
臻品斎（台湾，古書店） 54
スエッツ・インフォメーション・サービス（オランダ，取次） 154
星光書店（マカオ，書店） 50
誠品書店（台湾，書店） 52
政府刊行物／官報／官報公告（日本，政府刊行物書店） 33
政府刊行物販売センター（韓国，政府刊行物書店） 39
政府出版資訊網（台湾，政府刊行物） 55
政府出版物銷售（マカオ，政府刊行物） 51
世界書局（台湾，書店） 53
席殊書屋（中国，書店） 43
セブンネットショッピング雑誌（日本，雑誌） 33
全國漢籍データベース（中国，図書館） 46
全国期刊連合目録数据庫（中国，図書館） 47
全国出版物発行信息網（中国，販売目録） 41
全國新書資訊網（台湾，販売目録） 52
全国新書目（中国，販売目録） 42
全国新聞総合目録（日本，図書館） 35
全国総書目（中国，販売目録） 42
全国図書館連合編目中心（中国，図書館） 46
全國図書書目資訊網（台湾，図書館） 55
ソウル文庫（韓国，書店） 38
松仁書籍（韓国，取次） 37

[た行]

大衆書局（シンガポール，書店） 68
大衆書局（香港，書店） 49
大衆書局（マレーシア，書店） 66
台湾1000大雑誌訂閲専業網（台湾，雑誌） 54
台湾出版資訊網（台湾，販売目録） 52
台湾博碩士論文知識加値系統（台湾，学位論文） 55
卓越亞馬遜（中国，書店） 44
単向街図書館（中国，書店） 43
地方・小出版流通センター（日本，取次） 31
中華書局（香港，書店） 48
中国ISBN信息網（中国，販売目録） 42
中国可供書目数据庫（中国，販売目録） 42
中国期刊訂閲尋航（中国，雑誌） 45
中国近代文献連合目録（中国，図書館） 46
中国高等教育文献保障系統（中国，図書館） 46
中国国際図書貿易（中国，取次） 43
中國古籍善本書目（中国，図書館） 45
中国書網家稀缺代尋分站（中国，販売目録） 42
中国政府公開信息整合服務平台（中国，政府刊行物） 47
中国図書大辞典（中国，図書館） 46
中国郵政報刊訂閲網（中国，販売目録） 42
中文古籍書目資料庫（台湾，図書館） 54
中文古籍書目資料庫（中国，図書館） 45
チュラーロンコーン大学ブックセンター（タイ，書店） 63
超星読書（中国，電子書籍書店） 45
蔦屋書店（日本，書店） 32
定期刊行物登録（韓国，販売目録） 37
天下網路書店（台湾，書店） 53
電子書籍統合検索（韓国，販売目録） 37
ドイツ国立図書館（ドイツ，図書館） 116
東京都書店案内（日本，書店） 32
東京マガジンバンク（日本，図書館） 35
豆弁読書（中国，価格比較） 44
読書網（中国，価格比較） 44
図書館流通センター（日本，取次） 30
トーハン（日本，取次） 30
ドム・クニーギ（サンクトペテルブルク（ロシア），書店） 177
ドム・クニーギ（モスクワ（ロシア），書店） 177
図連網（中国，書店） 44

[な行]

日販（日本，取次） 30
日本古典籍総合目録（日本，図書館） 34
日本出版販売（日本，取次） 30
日本書籍総目録（日本） 29
日本全国書誌（日本，図書館） 34
日本の古本屋（日本，古書店） 33

[は行]

バーンズ・アンド・ノーブル（アメリカ，書店） 240

バイエルン州立図書館（ドイツ，図書館） 116
博士論文書誌データベース（日本，学位論文） 35
博客来（台湾，書店） 53
坡州出版団地（韓国，取次） 37
パピレス（日本，電子書籍書店） 33
パブリ（日本，電子書籍書店） 33
晩清期刊全文数据庫（中国，図書館） 46
版本図書館（中国，販売目録） 42
ビーケーワン（日本） 30
ビトウェイ（日本，取次） 31
百勝楼（Bras Basah Complex，シンガポール，書店） 68
フィレンツェ国立中央図書館（イタリア，図書館） 173
富士山マガジンサービス（日本，雑誌） 33
ブックセン（韓国，取次） 37
ブックページ（日本） 30
フナック（イタリア，書店） 171
フナック（スペイン，書店） 160
フナック（ブラジル，書店） 263
フナック（フランス，書店） 142
フナック（ベルギー，書店） 148
フナック（ポルトガル，書店） 166
フランクフルト図書館（ドイツ，図書館） 116
フランス国立図書館（フランス，図書館） 146
古本愛（韓国，古書店） 39
文教堂書店（日本，書店） 32
ベイカー・アンド・テイラー（アメリカ，取次） 239
北京国際図書城（中国，書店） 43
北京図書館（中国，図書館） 46
北京図書網（中国，書店） 43
何嘉仁書店（台湾，書店） 53
ベルテルスマン 112
北韓資料センター（韓国，図書館） 40
ボーダーズ（アメリカ，書店） 240
香港公共図書館目録（香港，図書館） 49
香港高校図書連網（香港，図書館） 49
香港連合書刊物流（香港，取次） 48
本の年鑑（日本） 30
本の街（日本） 33
本屋さんへ行こう！（日本，販売目録） 30

［ま行］

澳門出版物数拠庫（マカオ，販売目録） 50
澳門中央図書館一般書目検索（マカオ，図書館） 50
澳門図書館連合書目系統（マカオ，図書館） 51
丸善書店（日本，書店） 31
丸善 CHI ホールディングス（日本，書店） 31
宮脇書店（日本，書店） 32
民国中文期刊（中国，図書館） 46
名門社（韓国，取次） 37
モンダドリ（イタリア，書店） 171

［や行］

八重洲ブックセンター（日本，書店） 32
ゆにかねっと（日本，図書館） 34
葉壱堂（香港，書店） 48
永豊文庫（韓国，書店） 38

［ら・わ行］

ライプツィヒ図書館（ドイツ，図書館） 116
利通図書文具（香港，取次） 48
龍源期刊網（中国，雑誌） 45
瀏覧網（中国，雑誌） 45
露天（台湾，古書店） 54
連合出版（香港，取次） 48
連合発行（台湾，取次） 52
瑯瑯図書比価網（中国，価格比較） 44
和平書局（カンボジア，書店） 60

【数字・アルファベット順】

［数字］

1001libraires.com（フランス，書店） 144
114 網上買書網（中国，価格比較） 44
123tijdschrift.nl（オランダ，雑誌） 156
1872 Printed Catalogue（アイルランド，図書館） 110
1inKZ（カザフスタン，電子書籍書店） 83
2Save.co.uk（イギリス，雑誌） 106
444dergi/Devre Dergi（トルコ，雑誌） 285

［A］

Abbonamenti.it（イタリア，雑誌） 172
Abebooks（カナダ，古書店） 236
Abebooks.co.uk（イギリス，古書店） 106
Abebooks.de（ドイツ，古書店） 115
Abebooks.it（イタリア，古書店） 172
ABINIA 233
abo-direkt（ドイツ，雑誌） 115

abonamenti.com（ブルガリア，雑誌） 213
Abone.lv（ラトビア，雑誌） 191
Abonet（トルコ，雑誌） 285
Abonnements-loisirs.be（ベルギー，雑誌） 149
Academic Books（デンマーク，書店） 206
Acaiaca Distribuidora de Livros（ブラジル，取次） 262
Access GPO（アメリカ，政府刊行物） 244
Acclaim Subscriptions/Business Magazine Subscriptions（アメリカ，雑誌） 242
ACNP（イタリア，図書館） 173
AdabWaFan（レバノン，書店） 290
AddALL（アメリカ，価格比較） 243
ADLAP 28
ADLIB Internet Server（アルバニア，図書館） 226
adlibris（スウェーデン，書店） 199
Adrion（アルバニア，取次） 225
ADV : Advertising Data Vision（イタリア，販売目録） 169
Afghanistan Union Catalog（アフガニスタン，図書館） 280
African Book Centre（書店） 307
African Books Collective（書店） 307
Agapea（スペイン，書店） 160
Agencja WydawniczaJerzy Mostowski（ポーランド，取次） 137
Agenda Bookshop, Newskiosk, Bookends（マルタ，書店） 175
AiritiBooks（台湾，電子書籍書店） 53
Ajakirjade Kirjastus（エストニア，雑誌） 190
Akademibokhandeln（スウェーデン，書店） 199
Akademika-konsernet（ノルウェー，書店） 202
Akasha Books（ニュージーランド，取次） 96
Akateeminen Kirjakauppa（フィンランド，書店） 196
AKO（オランダ，書店） 154
Al Kitab（チュニジア，書店） 297
Alapage（フランス，書店） 144
Alassad Library Catalog（シリア，図書館） 289
Albania（アルバニア，書店） 226
Albanica（アルバニア，図書館） 226
Albano-Balkanology Books（アルバニア，図書館） 226
Aldipress（オランダ，取次） 154
Alexandra（ハンガリー，取次） 127
Alfa.cl（チリ，取次） 273
Algoritam（クロアチア，書店） 222
Alib.com.ua（ウクライナ，古書店） 185
Alibris（アメリカ，古書店） 242
Alice（イタリア，販売目録） 169
All India Index to English Books in Print（インド，販売目録） 74
AllEBP（インド，販売目録） 74
All-Prints（レバノン，取次） 289
Al-Maktabah Bookstore for Books in Arabic（レバノン，書店） 289
Almanach Labyrint（チェコ，販売目録） 129
Almedina（ポルトガル，書店） 166
Al-Muthanna List of Iraqi Publications（イラク，販売目録） 283
Al-neel wa Al-Furat（レバノン，書店） 290
Alphabetical Catalogue of Books in Armenian（アルメニア，図書館） 90
Alphabetical Catalogue of Books in Georgian（グルジア，図書館） 89
Amazon.co.jp（日本，書店） 32
Amazon.co.uk（イギリス，書店） 106
Amazon.com（アメリカ，書店） 241
Amazon.de（ドイツ，書店） 114
Amazon.es（スペイン，書店） 161
Amazon.fr（フランス，書店） 144
Amazon.it（イタリア，書店） 171
Amicus（カナダ，図書館） 237
Amp（ベルギー，雑誌） 149
AND（オーストラリア，図書館） 94
Angus & Robertson（オーストラリア，書店） 93
Annals of books（アルメニア，図書館） 90
Antartica Libros（チリ，書店） 273
antikka.net（フィンランド，古書店） 197
Antikvaari（フィンランド，古書店） 197
antikvariaati.net（フィンランド，古書店） 197
Antikvariat（スウェーデン，古書店） 200
Antikvariat（ノルウェー，古書店） 204
Antikvariat（デンマーク，古書店） 207
Antikvariatshop.sk（スロバキア，古書店） 135
Antikvarijat Stare Knjige（セルビア，古書店） 216
Antikvariumunkrol（ハンガリー，古書店） 128
Antilope（ベルギー，図書館） 151
Antipolis（ギリシャ，書店） 228
Anuario bibliografico venezolano（ベネズエラ，図書館） 258

ANZBiP（オーストラリア，販売目録） 92
Apollo（エストニア，書店） 189
APP（スペイン，販売目録） 159
Arab-book.com（サウジアラビア，書店） 291
Arabic eBook（レバノン，電子書籍書店） 290
Arabic Union Catalog（サウジアラビア，図書館） 291
Arbicon（ロシア，図書館） 180
ARCE（スペイン，販売目録） 159
Archambault（カナダ，書店） 235
ARI（スペイン，販売目録） 159
Ariadna（スペイン，図書館） 163
Arion（イタリア，書店） 170
Ark（ノルウェー，書店） 202
Armenian Libraries Union Catalogue（アルメニア，図書館） 90
Arnold Busck（デンマーク，書店） 206
Artforum（スロバキア，書店） 134
Artigos, Teses e Dissertacoes（ブラジル，学位論文） 265
Asiabooks/Bookazine（タイ，取次） 63
AssineAbril.com（ブラジル，雑誌） 264
Assineja（ポルトガル，雑誌） 167
Assineshop（ブラジル，雑誌） 264
Associacion de Bibliotecas Nacionales de Iberoamerica 233
Atamura（カザフスタン，取次） 83
ATC Book International（ロシア，雑誌） 178
Ateneo, El（アルゼンチン，書店） 270
Athenaeum（オランダ，書店） 154
Atuagkat Bookstore（デンマーク，書店） 206
Australian and New Zealand Books in Print（オーストラリア，販売目録） 92
Australian Books in Print（オーストラリア，販売目録） 92
Australian National Bibliographic Database（オーストラリア，図書館） 94
Azymut（ポーランド，取次） 137

[B]

B2S（タイ，書店） 63
BA Catalog（エジプト，図書館） 296
Baker & Taylor（アメリカ，取次） 239
Baltu Lanku（リトアニア，書店） 193
Bandi & Luni's Bookstore（韓国，書店） 38
Bannanukrom haeng chat Prathet Thai（タイ，図書館） 64
Barnes & Noble（アメリカ，書店） 240
Barobook（韓国，電子書籍書店） 39
Barvic a Novotny（チェコ，書店） 131
BASE（ドイツ，学位論文） 117
BDBTD（ブラジル，図書館） 265
BDU : Base de Datos Unificade（アルゼンチン，図書館） 271
Begmont Systems（ウクライナ，雑誌） 185
Bekhan.com（イラン，書店） 282
Belgica Typographica（ベルギー，図書館） 150
Belgique Loisirs（ベルギー，書店） 148
Belimex（スロバキア，取次） 133
Belkniga（ベラルーシ，取次） 182
BeneLibri（スロバキア，書店） 134
Benn's media directory（イギリス，販売目録） 103
Bermuda（バミューダ，書店） 255
Bertelsmann 112
Bertram Books（イギリス，取次） 103
Bertrand（ポルトガル，書店） 166
Bestiari（スペイン，書店） 161
BestPeriodica（ロシア，雑誌） 178
BezKartek.pl（ポーランド，電子書籍書店） 138
Biblio1（ブラジル，価格比較） 263
Biblio-Globus（ロシア，書店） 177
Bibliografi Nasional Indonesia（インドネシア，図書館） 70
Bibliografia brasileira（ブラジル，図書館） 264
Bibliografia Ecuatoriana（エクアドル，図書館） 260
Bibliografia Moldvei（モルドバ，図書館） 188
bibliografia nacional（ウルグアイ，図書館） 268
Bibliografia nationala a romaniei（ルーマニア，図書館） 211
Bibliografia nationala a romaniei Buchuresti（ルーマニア，図書館） 211
Bibliografia nationala retrospectiva a cartii romanesti（ルーマニア，図書館） 211
Bibliografia Polska, 1400-1900（ポーランド，図書館） 139
Bibliografia Polska, 1901-1939（ポーランド，図書館） 139
Bibliografia romaneasca contemporana（ルーマニア，図書館） 211
Bibliografie 19.stoleti（チェコ，図書館） 132

Bibliografija hrvatskih latinista（クロアチア，図書館） 222
Bibliographie de Belgique（ベルギー，図書館） 150
Bibliographie de la Belgique（ベルギー，図書館） 150
Bibliographie du Benin（ベナン，図書館） 300
Bibliographie du Quebec（カナダ，図書館） 237
Bibliographie luxembourgeoise（ルクセンブルク，図書館） 152
Bibliographie natinale francaise（フランス，図書館） 146
Bibliography of the Hebrew Book（イスラエル，図書館） 294
Biblion（モルドバ，書店） 188
Biblionet（ギリシャ，販売目録） 227
Bibliophile Bookbase（スイス，古書店） 121
Biblioteca Apostolica Vaticana（バチカン，図書館） 174
Biblioteca digital（キューバ，図書館） 254
Biblioteca Digital Academica Venezolana（ベネズエラ，図書館） 258
Biblioteca Digital Brasileira de Teses e Dissertacoes（ブラジル，図書館） 265
Biblioteca Nacional “Miguel Obregon Lizano” Bibliografia（コスタリカ，図書館） 252
Biblioteca Virtual Miguel de Cervantes（スペイン，電子図書館） 164
Biblioteca Virtuale（イタリア，政府刊行物） 173
Bibliotek.dk（デンマーク，図書館） 207
Bibliotek.se（スウェーデン，図書館） 200
Biblioteksentralen（ノルウェー，取次） 202
Bibliotheek.be（ベルギー，図書館） 150
Bibliotheek.nl（オランダ，図書館） 157
Bibliotheque nationale de France（フランス，図書館） 146
BibliOZ（オーストラリア，古書店） 94
BIBLUS（ロシア，販売目録） 176
Bibnet（ルクセンブルク，図書館） 152
Bibsys（ノルウェー，図書館） 204
Billigbuch（スイス，価格比較） 120
Bio-bibliografia boliviana（ボリビア，図書館） 275
bk1（日本） 30
Blablabla.no（ノルウェー，雑誌） 203
Blackwell's（イギリス，書店） 105
Bladcentralen（ノルウェー，取次） 202
Bladkiosken.dk（デンマーク，雑誌） 207
Bladkongen（ノルウェー，雑誌） 203
BNCF（イタリア，図書館） 173
BnF（フランス，図書館） 146
BN-Opale（フランス，図書館） 146
BNR Bib（ルーマニア，図書館） 211
Boek.net（オランダ，書店） 155
Boek.nl（オランダ，販売目録） 153
Boekenbank Publieke（ベルギー，販売目録） 147
Boekenvoordeel（オランダ，書店） 155
Boekwinkeltjes（オランダ，古書店） 157
Boekzoeken.com（オランダ，価格比較） 156
Bog & Ide（デンマーク，書店） 205
Bogbasen.dk（デンマーク，古書店） 207
Boger & Papir（デンマーク，書店） 206
BogGuide（デンマーク，販売目録） 205
Boghandleren（デンマーク，書店） 206
Bogpriser.dk（デンマーク，価格比較） 206
Bohdan（ウクライナ，書店） 184
Bokbasen（ノルウェー，販売目録） 201
Bokboersen（スウェーデン，古書店） 200
Bokfynd.nu（スウェーデン，価格比較） 199
Bokia（スウェーデン，書店） 199
Bokloftet（ノルウェー，古書店） 204
Boksala Studenta（アイスランド，書店） 208
Bokus（スウェーデン，書店） 199
BOL（イタリア，書店） 171
Boleslawa Prusa（ポーランド，書店） 138
Boletin ISBN, Venezuela（ベネズエラ，販売目録） 257
Bolivia Libros de Bolivia（ボリビア，書店） 274
Book（日本，販売目録） 30
Book and more（ポーランド，古書店） 139
Book Chronicle（カザフスタン，図書館） 84
Book in Soviet Armenia（アルメニア，図書館） 90
Book in the Republic of Armenia（アルメニア，図書館） 90
Book publishing the war years 1939-1945（ロシア，図書館） 180
Book Service（イギリス，取次） 104
Book Service（ロシア，雑誌） 179
Book Supermarket（ウクライナ，書店） 184
Book Town じんぼう（日本，古書店） 33
Book4Book（イスラエル，古書店） 294
Bookazine（タイ，取次） 63

Bookazine（香港，書店） 49
Bookbridge（セルビア，取次） 215
Bookcity（カザフスタン，書店） 83
BookData（イギリス，販売目録） 103
BookDepository（イギリス，書店） 105
BookFinder（ロシア，電子図書館） 181
Bookfinder.com（アメリカ，価格比較） 242
Bookfinder4U（アメリカ，価格比較） 243
Bookget（日本，価格比較） 33
Bookinist（アルメニア，取次） 90
Bookish（ニュージーランド，価格比較） 96
BookLance（カザフスタン，古書店） 84
Bookland（ウズベキスタン，書店） 87
Bookland（グルジア，書店） 88
Bookland（ウクライナ，電子書籍書店） 185
Bookline（ハンガリー，書店） 127
Booklooker（ドイツ，古書店） 116
Bookmart（バミューダ，書店） 255
BooKo（オーストラリア，価格比較） 93
BooKo（ニュージーランド，価格比較） 96
BooKoa（韓国，古書店） 39
BOOKPAGE（日本） 30
Bookplus.fi（フィンランド，書店） 196
Bookpoint（イギリス，取次） 104
Bookprice24.co.uk（イギリス，価格比較） 106
Books（ウクライナ，書店） 184
Books Center（スペイン，書店） 160
Books for Less（フィリピン，古書店） 72
Books from Scotland（イギリス，販売目録） 103
Books in Print（アメリカ，販売目録） 238
Books in print（ロシア，販売目録） 176
Books Island（韓国，古書店） 39
Books Unlimited（アイルランド，書店） 110
Books.or.jp（日本，販売目録） 29
Books4All（ギリシャ，書店） 228
Books-A-Million（アメリカ，書店） 240
Bookshop E（ウクライナ，書店） 184
Bookshop of India（インド，書店） 75
Bookshop（ウクライナ，書店） 184
Bookshop（ウルグアイ，取次） 267
Books-in-Greek（ギリシャ，書店） 228
BooksMela（インド，取次） 74
BooksOnBoard（アメリカ，電子書籍書店） 241
Booksource（イギリス，取次） 104
Booksource（アメリカ，取次） 239
BookStore.Uz（ウズベキスタン，書店） 87
Booktrading（ブルガリア，取次） 212
BookU（オーストラリア，電子書籍書店） 94
Bookvoed（ロシア，書店） 177
Bookwell（インド，政府刊行物書店） 75
Booxen（韓国，取次） 37
BOPCRIS（イギリス，政府刊行物） 108
Borders Group（アメリカ，書店） 240
Bras Basah Complex（シンガポール，書店） 68
British Books in Print（イギリス，販売目録） 103
British Library（イギリス，図書館） 107
Bruna（オランダ，書店） 155
BTJ（スウェーデン，取次） 198
Buchhaus.ch（スイス，書店） 119
Buchpreis24.de（ドイツ，価格比較） 115
Buchzentrum（スイス，取次） 118
Buchzentrum Liechtenstein（リヒテンシュタイン，販売目録） 125
Buechereiverband Oesterreichs Bibliotheken Online（オーストリア，図書館） 124
Buecherwum（リヒテンシュタイン，書店） 125
Bufalo（ベナン，書店） 299
BukuKita.com（インドネシア，書店） 70
BukuPopular.com（マレーシア，書店） 66
Bukva（ウクライナ，書店） 183
Bulgar Press（ブルガリア，取次） 212
Buscalibros.cl（チリ，古書店） 273
BuscaPe Argentina（アルゼンチン，価格比較） 270
BuscaPe Colombia（コロンビア，価格比較） 259
Buscar Coleccion Historica（ホンデュラス，図書館） 250
Business Press（ロシア，雑誌） 179
Buy.ch（スイス，雑誌） 121
Buybook.kr（韓国，価格比較） 39

[C]

C19：Nineteenth Century Index（イギリス，図書館） 108
CALIS 連合目録中心数据庫（中国，図書館） 46
Camara（スペイン，雑誌） 162
Cambodiana（カンボジア，図書館） 61
CAN（南アフリカ，書店） 305
Canadian Books in Print（カナダ，販売目録） 234
Canadiana（カナダ，図書館） 237
Carti.info（ルーマニア，販売目録） 209

Carturesti（ルーマニア，書店） 210
Casa del Libro（スペイン，書店） 160
Casa del Libro（メキシコ，書店） 246
Casagrande（スイス，書店） 120
Casalini（イタリア，取次） 169
Cataleg Bibliotea de Catalunya（スペイン，図書館） 163
Cataleg Collectiu de les Universitats de Catalunya（スペイン，図書館） 163
Cataleg en linia（アンドラ，図書館） 165
Catalog of U.S. Government Publications（アメリカ，政府刊行物） 244
Catalogo Automatizado BNP（ペルー，図書館） 276
Catalogo Automatizado SNB（ペルー，図書館） 276
Catalogo Bello（チリ，図書館） 274
Catalogo BNE（スペイン，図書館） 163
Catalogo Colectivo de la Red de Bibliotecas Universitarias Espanolas（スペイン，図書館） 163
Catalogo Colectivo de Libros del CONICET（アルゼンチン，図書館） 272
Catalogo Colectivo de Publicaciones Periodicas（スペイン，図書館） 163
Catalogo Colectivo de Publicaciones Periodicas（アルゼンチン，図書館） 271
Catalogo Colectivo de Publicacoes Periodicas（ポルトガル，図書館） 167
Catalogo Colectivo del Patrimonio Bibliografico Colombiano（コロンビア，図書館） 259
Catalogo colectivo del patrimonio bibliografico espanol（スペイン，図書館） 162
Catalogo Colectivo del Patrimonio Bibliografico Mexicano（メキシコ，図書館） 247
Catalogo Colectivo Nacional（ブラジル，図書館） 265
Catalogo colectivo nacional de publicaciones seriadas（コロンビア，図書館） 259
Catalogo dei periodici italiani（イタリア，図書館） 173
Catalogo in linea (OPAC) del polo BNCF（イタリア，図書館） 173
Catalogo Nacional de Bibliotecas Academicas（メキシコ，図書館） 247
Catalogo Unificado DIBAM（チリ，図書館） 273
Catalogos de las Bibliotecas Publicas（スペイン，図書館） 163
Catalogue Archives and Manuscript（イギリス，図書館） 106
Catalogue BNRM（モロッコ，図書館） 298
Catalogue collectif de France（フランス，図書館） 146
Catalogue descriptif des manuscrits（ルクセンブルク，図書館） 152
Catalogue general de la BnF（フランス，図書館） 146
Catalogue of books printed in Hong Kong（香港，図書館） 49
Catalogue of Kazakh Boks in Latin Script（カザフスタン，図書館） 84
Catalogue of printed books in Bulgarian（ブルガリア，図書館） 213
Catalogue SKAT（チェコ，図書館） 132
Catalogue, National Library of Ireland（アイルランド，図書館） 110
Catalogues of manuscripts and rare books（アルバニア，図書館） 226
Catalogues of the National Library of Ukraine named Vi Vernadsky, Kiev（ウクライナ，図書館） 186
Catalogui National Colectiv Partajat（モルドバ，図書館） 188
Catalogul Cartilor Disponibile in Romania（ルーマニア，販売目録） 209
Catalogul colectiv al incunabulelor（ルーマニア，図書館） 211
Catalonia（スペイン，書店） 161
Cautare carti（モルドバ，販売目録） 187
CCB（ベルギー，図書館） 150
CCDR（ルーマニア，販売目録） 209
CCFr（フランス，図書館） 146
CCLC（アルゼンチン，図書館） 272
CCN（ブラジル，図書館） 265
CCNPS（コロンビア，図書館） 259
CCN-PS（フランス，図書館） 146
CCNUL（アルゼンチン，図書館） 271
CCPB（スペイン，図書館） 162
CCPBC（コロンビア，図書館） 259
CCPP（スペイン，図書館） 163
CCPP（ポルトガル，図書館） 167
CCUC（スペイン，図書館） 163
CDNL 232
CDNLAO 28
Cegielski（ポーランド，取次） 137
Ceiba, La（エルサルバドル，書店） 249

Celesa（スペイン，取次） 160
CELF（フランス，取次） 141
Ceneo（ポーランド，価格比較） 138
CENL 100
Centraal Boekhuis（オランダ，取次） 154
Central Books（フィリピン，取次） 71
Central, La（スペイン，書店） 161
Centre d'exportation du Livre francais（フランス，取次） 141
Ceres Book Shop（チュニジア，書店） 297
Ceska narodni bibliografie（チェコ，図書館） 132
Ceske knihy（チェコ，販売目録） 130
CGP（アメリカ，政府刊行物） 244
Chapitre（フランス，書店） 143
Chapters（アイルランド，書店） 110
Chapters.Indigo（カナダ，書店） 235
Chasse-aux-livres.fr（フランス，価格比較） 144
Chronicle books : state bibliography of Ukraine（ウクライナ，図書館） 186
Chulalongkorn University Book Center（タイ，書店） 63
CHVK（スイス，図書館） 122
Chytayka（ウクライナ，書店） 184
Ciando（ドイツ，電子書籍書店） 115
Ciao!（スペイン，価格比較） 162
Ciberoteca（スペイン，電子図書館） 164
CiNii Books（日本，図書館） 34
Clarke's Bookshop（南アフリカ，書店） 306
Clickeassine（ブラジル，雑誌） 264
CLIO（イタリア，図書館） 172
CNCP（モルドバ，図書館） 188
COBIB.BG（ブルガリア，図書館） 214
COBISS（コソボ（セルビア），図書館） 217
COBISS.BG（ブルガリア，図書館） 214
COBISS.BH（ボスニア，図書館） 221
COBISS.CG（モンテネグロ，図書館） 218
COBISS.MK（マケドニア，図書館） 219
COBISS.Net（ユーゴスラビア，図書館） 214
COBISS.SI（スロベニア，図書館） 224
COBISS.SR（セルビア，図書館） 217
ColCat（ポルトガル，図書館） 168
Collectieve Catalogus van Belgiee（ベルギー，図書館） 150
Collection of National Library（バングラデシュ，図書館） 78
Collins Booksellers（オーストラリア，書店） 93
Colofon（メキシコ，取次） 246
Colonnes（モロッコ，書店） 298
Common Catalogue of the Federal Libraries（ベルギー，図書館） 151
Compania de Librarii Bucuresti（ルーマニア，書店） 210
CompareBookPrices.ca（カナダ，価格比較） 236
Comparer.be（ベルギー，価格比較） 149
ComproVendoLibri.it（イタリア，古書店） 172
Conference of Directors of National Libraries 232
Conference of European National Libraries 100
CONPAB（メキシコ，図書館） 248
Consolidated directory of periodicals in the libraries of Kharkiv（ウクライナ，図書館） 186
Cook & Book（ベルギー，書店） 148
COPAC（イギリス，図書館） 108
Corporate Repository Theses Abstracts（キルギス，学位論文） 86
Corte Ingles, El（スペイン，書店） 160
Crisol（ペルー，書店） 276
Cristal（メキシコ，書店） 246
CROLIST（クロアチア，図書館） 223
Cronica presei（モルドバ，図書館） 188
Crossword Bookstores（インド，書店） 74
Cultura（ブラジル，書店） 262
Cultural panamena（パナマ，書店） 253
Curitiva/Catarinense（ブラジル，書店） 263
Cuspide Libros（アルゼンチン，書店） 270
Cyprus Library Catalog（キプロス，図書館） 288
CZ Press（チェコ，雑誌） 131

[D]

D&R（トルコ，書店） 285
D.K. Agencies（インド，書店） 75
D.K. Publishers Distributors（インド，取次） 74
Daiwa（エジプト，書店） 295
Dandelon（ドイツ，学位論文） 117
Data Status（セルビア，取次） 216
Databaze starych tisku a map 1500-1800（チェコ，図書館） 132
Datenbank Gesamtkatalog der Wiegendrucke（ドイツ，図書館） 116
Dawama.com（マレーシア，政府刊行物書店） 66
DBH（ドイツ，書店） 113

DBK（デンマーク，取次） 205
DDC（ルーマニア，取次） 209
DealOz.com（アメリカ，価格比較） 243
DeBladen.nl（オランダ，雑誌） 156
Debonair（ナイジェリア，書店） 301
Delfi（セルビア，書店） 216
Delphi Distribution（アメリカ，取次） 239
Depozitul de Carte Distributie（ルーマニア，取次） 209
Description Catalog Periodicals and serials in Russian, Ukrainian and Belarusian languages（ロシア，図書館） 181
Deutsche Buch Handels（ドイツ，書店） 113
Deutsche Buecherei Leipzig（ドイツ，図書館） 116
Deutsche Nationalbibliographie（ドイツ，図書館） 116
Deutsche Nationalbibliothek（ドイツ，図書館） 116
DGB（ブラジル，取次） 262
Dialnet（スペイン，学位論文） 164
Diaz de Santos（スペイン，書店） 160
Diesel-ebooks（アメリカ，電子書籍書店） 241
DigiBooks（デンマーク，電子書籍書店） 206
Digital Book Index（アメリカ，販売目録） 238
Digital Catalogue（ルクセンブルク，図書館） 152
Digital Knihopis（チェコ，図書館） 132
Digital Library（グルジア，電子図書館） 89
Digitalbok.no（ノルウェー，電子書籍書店） 203
Digitalizacije abecednog kataloga（クロアチア，図書館） 223
Digitized Books（インド，図書館） 76
Digitized prints（ベルギー，図書館） 150
Dilive（スペイン，販売目録） 159
Dinalivro（ポルトガル，取次） 166
Dissertation Express（アメリカ，学位論文） 244
Dissertations and Theses Collections（香港，学位論文） 49
dissertations.se（スウェーデン，学位論文） 201
Distal（アルゼンチン，書店） 270
DiTeD（ポルトガル，学位論文） 168
Divan, Le（フランス，書店） 143
Diverta（ルーマニア，書店） 210
Dlib（ベトナム，図書館） 59
DNB（ドイツ，図書館） 116
Dobra Knihy（チェコ，書店） 131
Dobra Knihy（スロバキア，書店） 134
Documentation Francaise（フランス，政府刊行物書店） 144
Dokked Bookshop in Vientiane（ラオス，書店） 62
DokYa（タイ，書店） 63
Dom Knigi, Moscow（ロシア，書店） 177
Dom Knigi, St. Petersburg（ロシア，書店） 177
DOST Sci-Net Phil Union Catalog（フィリピン，図書館） 73
DoubleA Book Tower（タイ，書店） 63
Douran Portal（イラン，販売目録） 281
DPL Online Public Access Cataologue（UAE，図書館） 292
Dubai Library Distributors（UAE，取次） 291
Dussmann des KulturKaufhaus（ドイツ，書店） 114
Dymocks（オーストラリア，書店） 93
Dymocks（ニュージーランド，書店） 96
Dynapresse.ch（スイス，雑誌） 120

[E]

Early American Imprints（アメリカ，図書館） 243
Early Canadian Online（カナダ，図書館） 237
Early Dutch Books Online（オランダ，図書館） 157
Early English Books Online（イギリス，図書館） 107
Early New Zealand Books Project（ニュージーランド，図書館） 97
Eason（アイルランド，書店） 110
East View Information Services（ロシア，取次） 176
eBdb（ロシア，電子書籍書店） 178
e-boek.org（ベルギー，電子書籍書店） 149
eBoekenweb（オランダ，電子書籍書店） 156
Ebook and Texts Archive（アメリカ，電子図書館） 244
ebook.ee（エストニア，電子書籍書店） 189
ebook.nl（オランダ，電子書籍書店） 156
e-bookBG（ブルガリア，電子書籍書店） 213
eBookBop（オーストラリア，電子書籍書店） 94
ebooks（タイ，電子書籍書店） 63
eBooks（オーストラリア，電子書籍書店） 93
ebooks.uz（ウズベキスタン，電子書籍書店） 87
ebooksitalia（イタリア，電子書籍書店） 171
ebrary（アメリカ，電子書籍書店） 242
EBSCO Industries（アメリカ，取次） 240
ECCO（イギリス，図書館） 107
eCetba.cz（チェコ，販売目録） 130
ECO（カナダ，図書館） 237

ECOES, Red de Bibliotecas（メキシコ，図書館） 247
Economix（カザフスタン，書店） 83
Edi Stat（フランス，販売目録） 141
Edigroup Belgique（ベルギー，取次） 148
Edigroup.ch（スイス，取次） 119
Edison（イタリア，書店） 170
Edit 16（イタリア，図書館） 172
EEBO（イギリス，図書館） 107
Eesti Rahvusbibliograafia andmebaas ERB（エストニア，図書館） 190
Egartorre（スペイン，取次） 159
e-hon（日本） 30
Eighteenth Century Collections Online (ECCO)（イギリス，図書館） 107
E-Katalog MYNS（モンゴル，図書館） 56
eKitap Bankasi（トルコ，電子書籍書店） 285
EKKA（ハンガリー，図書館） 128
eKniga（ウクライナ，電子書籍書店） 184
eKoenyv Magyarorszag（ハンガリー，電子書籍書店） 128
Ekspress Grupp（エストニア，取次） 189
EKT's Databases（ギリシャ，学位論文） 229
Electre（フランス，販売目録） 141
Electronic Catalog（ベラルーシ，図書館） 182
Electronic catalogue（キルギス，図書館） 85
Electronic Catalogue（ロシア，図書館） 179
Electronic Data Bank（ロシア，図書館） 180
Electronic Theses Online Service（イギリス，学位論文） 109
Electronic Union Catalog Library of Belarus（ベラルーシ，図書館） 182
Eleftheroudakis（ギリシャ，書店） 228
Elektron Katalog（ウズベキスタン，図書館） 88
Elektron kataloq（アゼルバイジャン，図書館） 91
Elektroski katalog NBS（セルビア，図書館） 217
elib（スウェーデン，電子書籍書店） 200
e-Library（セネガル，図書館） 299
e-Library（モーリシャス，図書館） 307
ellibs（フィンランド，電子書籍書店） 196
eluxemburgensia.lu（ルクセンブルク，電子図書館） 152
Emecmua（トルコ，雑誌） 285
Empik（ウクライナ，書店） 183
Empik（ポーランド，書店） 138
Enciclo（スペイン，取次） 160
English Short Title Catalogue (ESTC)（イギリス，図書館） 107
ENSTINET's Union List of Periodicals in Egypt（エジプト，図書館） 296
EntreLibros.com.uy（ウルグアイ，書店） 268
Entrepot Numerique（カナダ，電子書籍書店） 236
EOS. WebOPAC（バミューダ，図書館） 255
ePagine（フランス，電子書籍書店） 144
e-rare.ch（スイス，図書館） 121
Erdelyi Koezoes Katalogus（ハンガリー，図書館） 128
eReading（チェコ，電子書籍書店） 131
Ernster（ルクセンブルク，書店） 152
Eski Harfli Turkce Basma Eserler（トルコ，図書館） 286
Estante Virtual（ブラジル，古書店） 264
ESTC（イギリス，図書館） 107
E-Theses & Dissertations（イラン，学位論文） 283
Ethiopian publications（エチオピア，図書館） 301
EthOS（イギリス，学位論文） 109
EU Book Shop（EU，書店） 101
Eureka BookHouse（インドネシア，書店） 70
Eurobuch（ドイツ，古書店） 116
European Bookshop（EU，書店） 101
European Library, The（EU，図書館） 101
Europeana（EU，図書館） 101
Europress（ポーランド，雑誌） 139
Evrika（カザフスタン，書店） 83
Evripidis（ギリシャ，書店） 228
Evro-Giunti（セルビア，書店） 216
Ex Libris（スイス，書店） 120
Exclus1ves（南アフリカ，書店） 305
Exedra Books（パナマ，書店） 253
Explore the British Library（イギリス，図書館） 107
Express Mag（カナダ，雑誌） 236
Express Subscription（ウクライナ，雑誌） 185
Eymundsson（アイスランド，書店） 208

[F]

Fachzeitungen（ドイツ，雑誌） 115
Fagpressekatalogen（ノルウェー，販売目録） 201
Fahasa（ベトナム，書店） 58
Family Leisure Club（ウクライナ，取次） 183
Fastbook（イタリア，取次） 169
Febelma（ベルギー，販売目録） 147

FEL（フランス，販売目録） 141
FEL（ベルギー，販売目録） 147
Felix（スロベニア，書店） 224
Feltrinelli, La（イタリア，書店） 171
Fennica（フィンランド，図書館） 197
Feria chilena del libro（チリ，書店） 273
Feria Mix（チリ，書店） 273
Ferozsons（パキスタン，取次） 78
Fichier Exhaustif du Livre（フランス，販売目録） 141
Fichier Exhaustif du Livre（ベルギー，販売目録） 147
Fiction（ロシア，価格比較） 178
FID 232
Filigranes, Le Petit（ベルギー，書店） 148
Filipiniana（フィリピン，図書館） 72
Find a book.co.il（イスラエル，古書店） 294
Findbook（台湾，価格比較） 53
Findbook（ウクライナ，価格比較） 184
Findlib.ru（ロシア，古書店） 179
Fishpond.co.nz（ニュージーランド，書店） 96
Floras（ギリシャ，書店） 227
Fnac（イタリア，書店） 171
Fnac（スペイン，書店） 160
FNAC（ブラジル，書店） 263
Fnac（フランス，書店） 142
Fnac（ベルギー，書店） 148
Fnac（ポルトガル，書店） 166
Foerlagssystem（スウェーデン，取次） 198
Forlagsentralen（ノルウェー，取次） 202
Foyles（イギリス，書店） 104
France Loisirs（フランス，書店） 142
Francesa（チリ，書店） 273
Frank Metasearch（フィンランド，図書館） 197
Fully Booked（フィリピン，書店） 72
Furet du Nord（フランス，書店） 142

[G]

G. Umbreit（ドイツ，取次） 113
GAD（デンマーク，書店） 205
Galaxidion（フランス，古書店） 145
Gale directory of publications and broadcast media（アメリカ，販売目録） 239
Galileu（ブラジル，書店） 263
Gallica（フランス，電子図書館） 146
Gallimard（フランス，書店） 143
Gallimard Montreal（カナダ，書店） 236
Gandhi（メキシコ，書店） 246
Gapura Mitra Sejati（インドネシア，取次） 69
Garcia Cambeiro（アルゼンチン，取次） 270
Gardners Books（イギリス，取次） 104
Gato Sabido（ブラジル，電子書籍書店） 264
GB 国家書店（台湾，政府刊行物書店） 53
Gegnir（アイスランド，図書館） 208
General alphabetical catalog of books in Russian（ロシア，図書館） 180
General catalogue of Russian Books XIX century（ロシア，図書館） 180
Georgetown Terminal Warehouses（カナダ，取次） 235
Gesamtkatalog der Wiegendrucke（ドイツ，図書館） 116
Gesamtverzeichnis des deutschsprachigen Schrifttums（ドイツ，図書館） 116
Gesamtverzeichnis des Oesterreichischen Bibliotheken-verbundes（オーストリア，図書館） 124
Gibweb（ポルトガル，図書館） 167
Gilbert Jeune（フランス，書店） 143
Gilbert Joseph（フランス，書店） 143
Giunti al Punto（イタリア，書店） 170
GLIN（オランダ，政府刊行物） 158
Global Books in Print（アメリカ，販売目録） 238
Global Magazines（オランダ，雑誌） 156
Global Press（セルビア，雑誌） 216
Gonvill（メキシコ，取次） 246
Goodwill Bookstore（フィリピン，書店） 72
Google Books（アメリカ，電子図書館） 244
Gordon & Gotch（ニュージーランド，取次） 95
Gorila（スロバキア，書店） 134
Government of Canada publications（カナダ，政府刊行物） 237
GovPubs（オーストラリア，政府刊行物） 94
GPO Monthly（アメリカ，政府刊行物） 244
Gradska knjizara（モンテネグロ，書店） 218
Gramedia（インドネシア，書店） 70
Greek Bibliography of the 19th century（ギリシャ，図書館） 229
Grijze Literatuur in Nederland（オランダ，政府刊行物） 158
Guaymuras（ホンデュラス，書店） 250
Gulyanda（カザフスタン，書店） 83
Gunung Agung（インドネシア，書店） 70

Gussi Libros（ウルグアイ，取次） 267
GV（ドイツ，図書館） 116
GVK（ドイツ，図書館） 117
Gyldendals（デンマーク，書店） 206

[H]
Hachette Livre（フランス，取次） 142
HALUC（ギリシャ，図書館） 229
Handboek van de Nederlandse pers en publiciteit（オランダ，販売目録） 153
Happy Books（スペイン，書店） 161
Hatchards（イギリス，書店） 105
Hay-on-Wye（イギリス，古書店） 106
HB Fenn（カナダ，取次） 235
HDS Inmedio（ルーマニア，雑誌） 210
Helikon（ブルガリア，書店） 213
HELKA（フィンランド，図書館） 197
Hellenic Union Editors of Periodical Press, Editions（ギリシャ，販売目録） 227
Helveticat（スイス，図書館） 121
Her Majestry's Stationery Office（イギリス，政府刊行物書店） 106
Heritage Group Distribution（カナダ，取次） 235
Heritage of the Printed Book Database（EU，図書館） 101
Hermes（ブルガリア，書店） 213
Hintatutka.com（フィンランド，価格比較） 196
HKALL（香港，図書館） 49
HMSO（イギリス，政府刊行物書店） 106
Hodges Figgis（アイルランド，書店） 110
Hoepli（イタリア，書店） 170
Homo sapiens（リトアニア，書店） 193
hon.jp（日本，販売目録） 30
Honya Club（日本） 30
HPB（EU，図書館） 101
Hrvatska retrospektivna bibliografija knjiga（クロアチア，図書館） 223
Hugendubel（ドイツ，書店） 114
Humanitas（リトアニア，書店） 193
Humanitas（ルーマニア，書店） 210
Hungaropress（ハンガリー，雑誌） 128
hyread.com.tw（台湾，電子書籍書店） 54

[I]
iberLibro（スペイン，古書店） 162
iberLibro（ポルトガル，古書店） 167
Ibero Librerias（ペルー，取次） 275
iBok（ノルウェー，価格比較） 203
IDS Kataloge（スイス，図書館） 121
IE-Online（イタリア，販売目録） 169
IFLA 232
IKAR（スロバキア，取次） 134
iLib（ベトナム，図書館） 59
Image catalog（ベラルーシ，図書館） 182
Imprenta en Mexico（メキシコ，図書館） 247
Incunabula Short Title Catalogue（EU，図書館） 101
IndCat（インド，図書館） 76
Index to Post Graduate Theses（スリランカ，学位論文） 82
Index to Theses（イギリス，学位論文） 109
India Book Store（インド，価格比較） 75
Indian National Bibliography（インド，図書館） 76
IndieBound（アメリカ，書店） 241
IndieBound（イギリス，書店） 105
Indigo（カナダ，書店） 235
Infibeam（インド，古書店） 75
INFLIBNET（インド，図書館） 76
Infolac 233
Infolibro（ベネズエラ，販売目録） 257
Informacni portal Jednotne informacni brany（チェコ，図書館） 133
Ingram Book（アメリカ，取次） 239
Inkmesh（アメリカ，電子書籍書店） 242
INNOPAC（ポーランド，図書館） 139
Institute of Scientific Information database（イラン，学位論文） 283
Inter News（ポーランド，雑誌） 139
Inter Press（ウズベキスタン，雑誌） 87
Intercontinental, Libreria（パラグアイ，書店） 266
Interforum Editis（フランス，取次） 142
Interforum Editis（ベルギー，取次） 148
Interliber.com（ボスニア，書店） 220
International Book Center（カンボジア，書店） 60
International Federation for Information and Documentation 232
International Federation of Library Associations and Institutions 232
Internet Bookshop Italia（イタリア，書店） 171
Inventario General（アルゼンチン，図書館） 271
Iqra Books（ナイジェリア，書店） 300

Irani Book（イラン，書店） 282
Irish Books in Print（アイルランド，販売目録） 109
Irish History Online（アイルランド，図書館） 111
ISBN（スペイン，販売目録） 159
ISBN（ペルー，販売目録） 275
ISBNLib（アメリカ，価格比較） 243
ISBNshop（韓国，書店） 38
ISM（ウクライナ，雑誌） 185
Israel Union Catalog（イスラエル，図書館） 294
ISSN net（台湾，販売目録） 52
ISSN Online（インドネシア，販売目録） 69
ISSN 検索（韓国，販売目録） 37
ISSN 中国国家中心（中国，販売目録） 42
Issues of publicly（エジプト，販売目録） 295
ISTC（EU，図書館） 101
iSUBSCRIBE AU（オーストラリア，雑誌） 94
iSUBSCRIBE NZ（ニュージーランド，雑誌） 97
iSUBSCRIBE UK（イギリス，雑誌） 106
IWP : Wydawcy wizbie（ポーランド，販売目録） 137

[J]

J.G. Palmer（イギリス，取次） 104
Jacek Olesiejuk（ポーランド，取次） 137
Jain Book Agency（インド，書店） 75
Jain Book Depot（インド，書店） 75
JAIRO（日本，学位論文） 35
Jamaica Union Catalogue（ジャマイカ，図書館） 254
Jana Rozes（ラトビア，取次） 191
Janus（ラトビア，書店） 191
JAPAN/MARC（日本，図書館） 34
Jarir Bookstore（サウジアラビア，書店） 291
Jerusalem Books（イスラエル，取次） 293
Jesenski i Turk（クロアチア，古書店） 222
John Sykoutris, Digital Library（ギリシャ，図書館） 228
Journals Union Catalogue（ギリシャ，図書館） 229
JST 資料所蔵目録（日本，図書館） 35
Justbooks.nl（オランダ，古書店） 157

[K]

K.K. Agencies（インド，書店） 75
Kainos（リトアニア，価格比較） 194
Kalahari（ケニア，書店） 302
Kalahari.com（南アフリカ，書店） 305
Kalahari.com.ng（ナイジェリア，書店） 301
Kaleon（ウズベキスタン，取次） 86
Kanzelsberger（チェコ，書店） 130
Karlsruher Virtueller Katalog（ドイツ，図書館） 117
KaRo（ポーランド，図書館） 140
Kasutatud raamatud（エストニア，古書店） 190
Katalog der Liechtensteinensien（リヒテンシュタイン，図書館） 126
Katalog der Liechtensteinischen Bibliotheken（リヒテンシュタイン，図書館） 126
Katalog dorevoliutsionnoi literatury（ウズベキスタン，図書館） 87
Katalog Induk Kebangasaan（マレーシア，図書館） 67
Katalog Induk Nasional (KIN)（インドネシア，図書館） 70
Katalog knjiga na jezicima jugoslovenskih naroda（セルビア，図書館） 216
Katalog Talama（トルコ，図書館） 286
Katalog, 1774-1947（スロベニア，図書館） 224
Kataloge der Oesterreichischen Nationalbibliothek（オーストリア，図書館） 124
Katalogu Elektronik I BKUK（セルビア，図書館） 217
Katalozi Zbirke rukopisa I starih knjiga（クロアチア，図書館） 223
KatNUK（スロベニア，図書館） 225
Kazakhstan National Electronic Library（カザフスタン，図書館） 84
Kazpost（カザフスタン，雑誌） 84
Kedai-Buku.com（マレーシア，書店） 66
Kennys（アイルランド，書店） 110
KERIS（韓国，図書館） 40
Ketab Name（イラン，書店） 282
ketab.ir（イラン，販売目録） 281
Ketabook（モロッコ，書店） 298
Kingston（ジャマイカ，書店） 254
Kiosk24.pl（ポーランド，雑誌） 139
Kirjavalitys（フィンランド，取次） 196
Kirjavalitys/FinnBooks（フィンランド，販売目録） 195
KIS（クロアチア，販売目録） 221
Kitap.net.tr（トルコ，販売目録） 284
KitapMetre（トルコ，価格比較） 285
Kitob letopisi（ウズベキスタン，図書館） 87
Kled Thai（タイ，取次） 62

Kler, De（オランダ，書店） 155
Knigi, Izgodnobg（ブルガリア，書店） 213
Knigomir（ロシア，書店） 177
Kniha Belarusi, 1517-1971（ベラルーシ，図書館） 182
Knihcentrum.cz（チェコ，書店） 130
Knihcentrum.sk（スロバキア，書店） 134
Knihkupectvi.info（チェコ，書店） 130
Knihy ABZ（チェコ，書店） 131
Knihy na internetu（チェコ，古書店） 132
Knizhny letapis（ベラルーシ，図書館） 182
Knjiga.ba（ボスニア，販売目録） 220
KnjigaInfo（セルビア，販売目録） 215
Knjizara.me（モンテネグロ，書店） 218
Knjizare.com（セルビア，書店） 216
Knjizni Informacijski Sustav（クロアチア，販売目録） 221
KNV（ドイツ，取次） 113
Knygininkas（リトアニア，取次） 193
Knygynai.lt（リトアニア，書店） 193
Koch, Neff & Volckmar（ドイツ，取次） 113
Koenemann（ドイツ，取次） 113
Koenyv Kereso（ハンガリー，価格比較） 127
Koenyvaradat（ハンガリー，価格比較） 127
Koenyvkeresoe（ハンガリー，販売目録） 127
KoezElKat（ハンガリー，図書館） 129
Koezoes Elektronikus Katalogus（ハンガリー，図書館） 129
Koha（ネパール，図書館） 80
KOLIS-NET（韓国，図書館） 40
Kolporter DP（ポーランド，雑誌） 139
Kosmas.cz（チェコ，書店） 130
KRAD（キルギス，学位論文） 86
Krisostomus（エストニア，書店） 189
Kuanto Kusta（ポルトガル，価格比較） 167
Kulturni Bedekr（チェコ，販売目録） 130
Kupi Kniga（ブルガリア，古書店） 213
Kutukutubuku.com（インドネシア，書店） 70
KVK（ドイツ，図書館） 117
Kyrgyz Respublikasynyn basma soz zhylnaam asy（キルギス，図書館） 85

[L]

Labyrinth（ロシア，取次） 177
Lake House（スリランカ，書店） 81
lalibreriadelaU.com（ベネズエラ，書店） 257
lalibreriadelaU.com（コロンビア，書店） 259
Landesbibliothekenverbund Oesterreich（オーストリア，図書館） 124
Landmark（インド，書店） 74
LatBook（アルゼンチン，取次） 270
LatIndex（アルゼンチン，販売目録） 270
LatIndex（スペイン，販売目録） 159
LatIndex（メキシコ，販売目録） 245
Latino V（メキシコ，図書館） 248
Latvijas Gramata（ラトビア，取次） 191
Latvijas Gramatizdeveju asociacijas biedru gramatu datu baze（ラトビア，販売目録） 191
Lavoisier（フランス，雑誌） 145
LEA（スペイン，書店） 161
Lea Revistas（アルゼンチン，販売目録） 270
Legado（コスタリカ，書店） 252
LeGuide, Journaux et magazines（フランス，価格比較） 145
Lehtikuningas（フィンランド，雑誌） 196
Leila Books（エジプト，書店） 295
Leserservice.ch（スイス，雑誌） 121
Leya Mediabooks（ポルトガル，書店） 167
Lib4U（モンゴル，図書館） 56
Liberty Books（パキスタン，書店） 79
Libo（ルクセンブルク，書店） 152
Libol（ベトナム，図書館） 59
Libraccio（イタリア，書店） 170
Libranda（スペイン，電子書籍書店） 162
Librairie de Paris（フランス，書店） 143
Librarie.net（ルーマニア，古書店） 211
Libraries Australia service（オーストラリア，図書館） 94
Libraries in Cyprus（キプロス，図書館） 288
Library Catalogue, National Library of India（インド，図書館） 76
Library of Congress（アメリカ，図書館） 243
Library Online Search（UAE，図書館） 292
LibraryLink（フィリピン，図書館） 72
LibraryNet, OPAC（マレーシア，図書館） 67
Library's electronic Catalogue（カザフスタン，図書館） 84
Library's Online Catalogue, The（イスラエル，図書館） 294
Libraum（メキシコ，図書館） 247

Libreka（ドイツ，電子書籍書店） 115
LibreriaNorma.com（コロンビア，書店） 259
LibrerieItaliane.net（イタリア，書店） 171
Librest & LaLibrairie（フランス，書店） 144
Librex（チェコ，書店） 131
Libri（ドイツ，取次） 113
Libri（ハンガリー，取次） 127
Libri Mundi（エクアドル，取次） 260
Libris（オランダ，書店） 154
Libris（ノルウェー，書店） 203
Libris（スウェーデン，図書館） 200
Libro（オーストリア，書店） 123
Libro（韓国，書店） 38
Libros argentinos（アルゼンチン，販売目録） 269
Libros de Chile para el Mundo（チリ，販売目録） 273
Libros de Mexico（メキシコ，販売目録） 245
Libros editados antes del 1800（アルゼンチン，図書館） 271
Libros.com.pe（ペルー，書店） 276
Licosa（イタリア，取次） 170
Lietuvos virtualios bibliotekos (LVB) portal（リトアニア，図書館） 194
Linardi & Risso（ウルグアイ，書店） 268
LINDA（フィンランド，図書館） 197
Lingenbrink Georg（ドイツ，取次） 113
Lira（ハンガリー，取次） 127
Lithuanian Integrated Library Information System (LIBIS) Union Catalogue（リトアニア，図書館） 194
Littlehampton Book Services（イギリス，取次） 104
Livraria Portugal（ポルトガル，書店） 166
LivreMoi.ma（モロッコ，書店） 298
Livronauta（ブラジル，古書店） 264
Livros Portugueses（ポルトガル，販売目録） 166
Ljetopis（モンテネグロ，書店） 218
Ljevak（クロアチア，書店） 222
llibres.cat（スペイン，書店） 161
Llyfrau o Gymru（イギリス，販売目録） 103
LMPI（カナダ，雑誌） 236
Local Bookshops（イギリス，書店） 105
Look4Book（ウクライナ，価格比較） 184
LP abonesanas sistema（ラトビア，雑誌） 191
LSF : Libreria Santa Fe（アルゼンチン，書店） 270
Lubimy Czytac（ポーランド，価格比較） 138
Luethy Balmer Stocker（スイス，書店） 119
Luzme（アメリカ，電子書籍書店） 242

[M]

Maciej Bakula（ポーランド，古書店） 139
Made in Presse（フランス，雑誌） 145
Mag Nation（オーストラリア，雑誌） 94
Mag Nation（ニュージーランド，雑誌） 97
Magazin Centrum（ハンガリー，雑誌） 128
Magazine Express（アメリカ，雑誌） 242
Magazine Mall（インド，雑誌） 75
Magazine Subscriptions Romania（ルーマニア，雑誌） 210
Magazine World（韓国，販売目録） 37
Magazine Zone（イスラエル，雑誌） 293
Magazines Canada（カナダ，雑誌） 236
Magazinul de Carte（ルーマニア，古書店） 211
Magaziny.cz（チェコ，雑誌） 132
MagDeli（日本，雑誌） 33
MagIran（イラン，雑誌） 282
Magnetix（ニュージーランド，雑誌） 97
Magshop（オーストラリア，雑誌） 94
Magshop（ニュージーランド，雑誌） 97
Magyar Nemzeti Bibliografia（ハンガリー，図書館） 128
Magyar Orszagos Koezoes Katalogus（ハンガリー，図書館） 128
MAI（イタリア，図書館） 173
Maison de la Presse/Magpresse（フランス，雑誌） 145
Malta Public Libraries Online Catalogue（マルタ，図書館） 175
MAM（キプロス，取次） 287
MANDA（フィンランド，図書館） 197
Mandala Book Point（ネパール，書店） 80
Manizurnali.lv（ラトビア，雑誌） 192
Manpres Distribution（ルーマニア，雑誌） 210
Manual del librero hispanoamericano（スペイン，図書館） 162
Mare Magnum（イタリア，古書店） 172
MarketAsia Distributors（シンガポール，取次） 67
Martins Fontes（ブラジル，書店） 263
Martinus.sk（スロバキア，書店） 134
Martinus.sk eknihy（スロバキア，電子書籍書店） 135
MARUZEN ＆ジュンク堂書店（日本，書店） 31

Matica hrvatska（クロアチア，書店） 222
Matras（ポーランド，取次） 137
MaxiChoice（フランス，古書店） 145
McOwl's（リヒテンシュタイン，書店） 126
meBooks（ニュージーランド，電子書籍書店） 97
Media-Daten（ドイツ，販売目録） 112
MediaFinder（アメリカ，販売目録） 239
MediaPrint（スイス，販売目録） 118
Mediatheque de l'IFA（ギリシャ，図書館） 229
Mediedatabasen（デンマーク，販売目録） 205
Medienlogistik Oesterreichisches Buchzentrum（オーストリア，取次） 123
Megalibros（チリ，書店） 273
Megapress（ロシア，雑誌） 179
Mekia（韓国，電子書籍書店） 39
Mel Bookstore（イタリア，書店） 170
Meloman（カザフスタン，書店） 83
Members of EPPA/Aikakausmedia（フィンランド，販売目録） 195
Mementolivres（カナダ，販売目録） 234
Mendele（イスラエル，電子書籍書店） 293
Meram Books（ウズベキスタン，書店） 87
Messaggerie Italiane（イタリア，取次） 169
MetaBase（エルサルバドル，図書館） 249
MetaBase（グアテマラ，図書館） 249
MetaBase（コスタリカ，図書館） 252
MetaBase（ニカラグア，図書館） 251
MetaBase（パナマ，図書館） 253
MetaBase（ホンデュラス，図書館） 250
Metalib（スロバキア，図書館） 136
MetaOPAC Azalai italiano（イタリア，図書館） 173
Metromedia（ホンデュラス，書店） 250
Meyersche（ドイツ，書店） 114
Miabbono（イタリア，雑誌） 172
Miller Distributors（マルタ，取次） 175
Milli Kutuphane Sureli Yayinlar（トルコ，電子図書館） 287
Min Bog Din Bog（デンマーク，販売目録） 205
Minhkhai.vn（ベトナム，書店） 58
Mira Medios（スペイン，販売目録） 159
Miss Mag（オランダ，雑誌） 156
MK-Periodica（ロシア，販売目録） 176
Mladinska knjiga Group（スロベニア，取次） 224
Moazine（韓国，電子書籍書店） 39
MojaKnjigarna.com（スロベニア，取次） 224
MOKKA（ハンガリー，図書館） 128
MOKKA-R（ハンガリー，図書館） 128
Mollat Bordeaux（フランス，書店） 143
Mondadori（イタリア，書店） 171
Monthly Catalog of US Government Publications, 1895-1976（アメリカ，政府刊行物） 244
Monument Books（カンボジア，書店） 60
Monument Books（ミャンマー，書店） 65
Monument Books（ラオス，書店） 61
Morgongava Foeretagspark（スウェーデン，取次） 199
Morowa（オーストリア，取次） 123
Moscow Book House（ロシア，書店） 177
Moscow, Trading House Books（ロシア，書店） 178
Mostowski（ポーランド，取次） 137
Moufflon（キプロス，書店） 288
Movistar, ebooks（アルゼンチン，電子書籍書店） 271
Moya Liubimaya Kniga（カザフスタン，取次） 83
MPH（シンガポール，書店） 68
MPH（マレーシア，書店） 66
Mr. Books（パキスタン，書店） 79
Muchos Libros.com（スペイン，書店） 161
Musu Knyga（リトアニア，取次） 193
Myanmar Book Center（ミャンマー，取次） 65
myEBooks（ギリシャ，電子書籍書店） 228
My-Kiosque.ch（スイス，雑誌） 120
MyULIS, MYTO（マレーシア，図書館） 67

[N]

Nacional（コロンビア，書店） 259
Nacional（チリ，書店） 273
Nacionalas bibliografijas datubazes（ラトビア，図書館） 192
Nacionalines bibliotekos katalogai（リトアニア，図書館） 194
NACSIS-CAT（日本，図書館） 34
Nadir Kitap（トルコ，古書店） 286
NAE Archive Search（エジプト，図書館） 296
Naiin（タイ，書店） 63
NajNakup.sk（スロバキア，価格比較） 134
nakanapie.pl（ポーランド，価格比較） 138
NALIS（トリニダード・トバゴ，図書館） 256
NALIS Union Catalogue（ブルガリア，図書館） 214
NARCIS（オランダ，学位論文） 158

Narvesen（ノルウェー，雑誌） 203
NATCAT（ジャマイカ，図書館） 254
National Archive of PhD Theses（ギリシャ，学位論文） 229
National Bibliographic Information Network（台湾，図書館） 55
National Bibliography of Indian Literature（インド，図書館） 76
National Book Store（フィリピン，書店） 72
National Library and Documentation Services Board Catalogue（スリランカ，図書館） 82
National Library of Scotland Catalogues（イギリス，図書館） 107
National Library of Wales Catalogues（イギリス，図書館） 108
National Register of books issued in Bulgarian（ブルガリア，販売目録） 212
National Union Catalog of Manuscript Collections（アメリカ，図書館） 243
National Union Catalogue（スリランカ，図書館） 82
National Union Catalogue of Scientific Serials in India（インド，図書館） 77
Nationawide Book Distributors（ニュージーランド，取次） 95
Nautilo（メキシコ，図書館） 247
Naver.com（韓国，価格比較） 38
NBD/Bibliion（オランダ，取次） 154
NBINet（台湾，図書館） 55
NBN International（イギリス，取次） 104
NCC（オランダ，図書館） 157
NDL OPAC（日本，図書館） 34
Nedboek International（オランダ，取次） 153
Nederlandse Bibliografie（オランダ，図書館） 157
Nederlandse Centrale Catalogus（オランダ，図書館） 157
Nejlepsi Ceny.cz（チェコ，価格比較） 131
Nektar（ハンガリー，図書館） 128
Neoluxor（チェコ，書店） 131
Nepal National Union Catalogue（ネパール，図書館） 80
New Books（ロシア，販売目録） 176
New Books & Read City（ロシア，書店） 178
New Zealand Books in Print（ニュージーランド，販売目録） 92
New Zealand Libraries' Catalogue（ニュージーランド，図書館） 97
New Zealand National Union Catalogue（ニュージーランド，図書館） 97
Newbooks.de（ドイツ，販売目録） 112
Newsstand.co.uk（イギリス，雑誌） 106
Nexto.pl（ポーランド，電子書籍書店） 138
Nha Sach Kim Dung（ベトナム，書店） 59
Nha sach Thang Long（ベトナム，取次） 58
Nhasachtritue（ベトナム，書店） 58
Nielsen BookData Online（イギリス，販売目録） 103
Nineteenth Century（イギリス，図書館） 107
Nineteenth Century Index, CA（イギリス，図書館） 108
Nineteenth-Century Short Title Catalogue（イギリス，図書館） 107
NLAI OPAC（イラン，図書館） 282
NLIN Databases（ナミビア，図書館） 303
NMPP（フランス，雑誌） 142
NNLB/NNPB（イラン，図書館） 282
Nobel（ブラジル，書店） 262
Noranbook（韓国，価格比較） 38
Nordisk Bog Center（デンマーク，取次） 205
Norli（ノルウェー，書店） 203
Norsk bokfortegnelse（ノルウェー，図書館） 204
Notabene Center（ノルウェー，書店） 203
Novum regestrum（スペイン，図書館） 163
Novye knigi（ロシア，販売目録） 176
NPLG Online Catalogs（グルジア，図書館） 89
NSTC（イギリス，図書館） 107
NT（トルコ，書店） 285
NUCMC（アメリカ，図書館） 243
NUCSSI（インド，図書館） 77
NUKat（ポーランド，図書館） 140
Numilog（フランス，電子書籍書店） 144
NZ Magazine Shop（ニュージーランド，雑誌） 97
NZNUC（ニュージーランド，図書館） 97

[O]

o2sun（中国，書店） 44
Oaister（アメリカ，学位論文） 244
OCLC（アメリカ，図書館） 243
Odyssey（キルギス，書店） 85
OEBV（オーストリア，書店） 123
Officieele bekendmakingen（オランダ，政府刊行物） 157

OLCC（中国，図書館） 46
Olejar Books（スロバキア，古書店） 135
OLF（スイス，取次） 119
Omero.nl（オランダ，価格比較） 156
Omni（リヒテンシュタイン，書店） 125
Online catalog（イラク，図書館） 284
Online catalogue ESTER（エストニア，図書館） 190
Online Computer Library Center（アメリカ，図書館） 243
Online Katalogue NSK（クロアチア，図書館） 223
Online Library Cataloging Center（中国，図書館） 46
Ookbee（タイ，雑誌） 64
OPAC（チュニジア，図書館） 297
OPAC SBN（イタリア，図書館） 172
OPAC Servizio Bibliotecario Nazionale（イタリア，図書館） 172
OPAC/SGB（パラグアイ，図書館） 266
Opale（フランス，図書館） 146
OpenGrey（EU，図書館） 101
OpenSIGLE（EU，図書館） 101
OpenTrolley Bookstore（シンガポール，書店） 68
Orel Fuessli（スイス，書店） 120
Orszagos Dokumentum-ellatasi Rendszer（ハンガリー，図書館） 129
OverDrive（アメリカ，取次） 240
Oxford Bookstore（インド，書店） 74
Ozon（ロシア，書店） 178

[P]

Paagman（オランダ，書店） 155
Pablo Ameneiros（ウルグアイ，取次） 267
Page One Group（香港，書店） 48
Pagina Distribuidora de Livros, A（ブラジル，取次） 262
Pakistan National Bibliography（パキスタン，図書館） 79
Palmknihy（チェコ，電子書籍書店） 131
Panama（アイスランド，書店） 208
Pancatalogue（フランス，図書館） 146
Pandora（トルコ，書店） 285
Panta Rhei（スロバキア，書店） 134
Papasotiriou（ギリシャ，書店） 228
Paper Plus（ニュージーランド，書店） 96
Papeterie Diderich（ルクセンブルク，書店） 152
Parnasi（グルジア，書店） 88
Paseo por Libros, Un（メキシコ，書店） 246
Patogu pirkti（リトアニア，書店） 194
Patrimonia（ポルトガル，図書館） 167
Pavel Dobrovsky Beta（チェコ，取次） 130
Payot（スイス，書店） 120
Payot Naville Distribution（スイス，取次） 119
Peace Book Center（カンボジア，書店） 60
Pegasas（リトアニア，書店） 193
Pemic（スロバキア，取次） 134
Pemic（チェコ，取次） 130
Pendulo, El（メキシコ，書店） 246
Penguin（ブルガリア，書店） 213
Pensum.dk（デンマーク，価格比較） 206
Periodicos Correntes（ブラジル，図書館） 265
Periodik（チェコ，雑誌） 131
Periodika（ラトビア，電子図書館） 192
Periplus（インドネシア，書店） 70
Perpustakaan Negara Malaysia, OPAC（マレーシア，図書館） 66
Persian Book（イラン，書店） 282
PeruBookstore（ペルー，書店） 276
Pet Boekverkopers（オランダ，書店） 155
Petit Filigranes, Le（ベルギー，書店） 148
Petrovka, book market（ウクライナ，古書店） 185
Philippine eLib（フィリピン，図書館） 73
Pickanews（イギリス，販売目録） 103
Pickanews（イタリア，販売目録） 169
Pickanews（スペイン，販売目録） 159
Pickanews（ドイツ，販売目録） 112
Pickanews（フランス，販売目録） 141
Pilgrims Book House（ネパール，取次） 80
PiticiPeCreier.ro（ルーマニア，価格比較） 210
Place des libraires（フランス，書店） 144
Plato（セルビア，書店） 216
Platon（ポーランド，取次） 137
PNC & PNB（ベトナム，書店） 58
Popular Books（マレーシア，書店） 66
Populara Books（シンガポール，書店） 68
Porbase（ポルトガル，図書館） 167
Porrua（メキシコ，書店） 247
Powell's City of Books（アメリカ，書店） 241
Power Books（フィリピン，書店） 72
Power Publishing（キプロス，取次） 287
Prae Pittaya（タイ，書店） 63
Pre-Independence Indian Official Publications（インド，

政府刊行物） 77
Preisvergleich.at（オーストリア，価格比較） 124
Prenumerata Czasopism（ポーランド，雑誌） 139
Prenumerata.lt（リトアニア，雑誌） 194
Presa（ウクライナ，雑誌） 185
Press Shop（ベルギー，雑誌） 150
Press Stop（スウェーデン，雑誌） 200
Press.sk（スロバキア，雑誌） 135
Pressedefrance（フランス，雑誌） 145
PresseKatalog（ドイツ，雑誌） 115
Presseshop.at（オーストリア，雑誌） 124
Presseshop.ch（スイス，雑誌） 121
Presstalis（フランス，取次） 142
Pricemania（スロバキア，価格比較） 135
Primo.ma（モロッコ，書店） 298
Printed consolidated catalog of Ukrainian books public libraries and museums of Ukraine（ウクライナ，図書館） 185
Pro Noi（モルドバ，取次） 187
Proefabonnementen-Gids（オランダ，雑誌） 156
Profi Mlutimedija（クロアチア，書店） 222
Project Gutenberg（アメリカ，電子図書館） 244
Prologue（カナダ，取次） 235
ProQuest Dissertation and Theses（アメリカ，学位論文） 244
Proxis.be & Azur.be（ベルギー，書店） 149
Prusa（ポーランド，書店） 138
Public Catalogue（ギリシャ，図書館） 229
Publicaciones Periodicas en Uruguay（ウルグアイ，電子図書館） 268
Publications New Zealand（ニュージーランド，政府刊行物） 97
Publications Online（ベルギー，政府刊行物） 151
Publications.gov.au（オーストラリア，政府刊行物） 94
Puca, La（アンドラ，書店） 165
Punto de Consulta Unico（スペイン，図書館） 164
Puvill（スペイン，取次） 160
Puvill（メキシコ，取次） 245

[Q]

Questia（アメリカ，電子書籍書店） 241

[R]

Raamatukoi（エストニア，書店） 189
Rahva Raamat（エストニア，取次） 189
Rainbow Books Agencies（オーストラリア，取次） 93
Raincoast Book Distribution（カナダ，取次） 235
Rajknih.sk（スロバキア，電子書籍書店） 135
Raritet（キルギス，書店） 85
RAU : Bases Bibliograficas Referenciales（ウルグアイ，図書館） 268
Rayuela（エクアドル，書店） 260
Reader.ch（スイス，電子書籍書店） 120
REBIUN（スペイン，図書館） 163
Red Nacional de Informacion Bibliografica（チリ，図書館） 274
Rede Bibliodata（ブラジル，図書館） 264
Regi magyarorszagi nyomtatvanyok（ハンガリー，図書館） 128
REGINA, iLibrary（ブルガリア，図書館） 214
Renaud-Bray（カナダ，書店） 235
RENIB（チリ，図書館） 274
RERO OPAC（スイス，図書館） 121
Research Library Group（アメリカ，図書館） 243
Reseau Sibil-France（フランス，図書館） 146
Retail and Mailing Solutions（イギリス，取次） 104
Reuffel.de（ドイツ，書店） 114
Reviste.ro（ルーマニア，雑誌） 210
Rex（デンマーク，図書館） 207
RIBK（ロシア，図書館） 180
Ricest Search Engine（イラン，図書館） 282
rilibri.it（イタリア，価格比較） 171
RiLVi（アルゼンチン，販売目録） 269
RiLVi（ブラジル，販売目録） 261
RLG（アメリカ，図書館） 243
Robinson Crusoe 389（トルコ，書店） 285
ROLiNeST（ルーマニア，図書館） 211
Romanian Books in Print（ルーマニア，販売目録） 209
Romanian Union Catalog（ルーマニア，図書館） 211
Rospechat（ロシア，雑誌） 179
Rubi Enterprise（バングラデシュ，書店） 77
Rubin Mass（イスラエル，取次） 293
RueDesLibraries（カナダ，書店） 236
RusMagazine.com（ロシア，雑誌） 179
Russian Books in print（ロシア，販売目録） 176
Russian Information Lbrary Consortium（ロシア，図書館） 180

Russian Press（ロシア，販売目録） 176

[S]

Sabinet（南アフリカ，図書館） 306
Saeed Book Bank（パキスタン，書店） 78
Sahaflar Carsisi（トルコ，古書店） 286
Sambok（ノルウェー，図書館） 204
Sanborns（メキシコ，書店） 246
Sangster's（ジャマイカ，書店） 254
Sanoma Magazines（ベルギー，雑誌） 149
Santa Esperanza（グルジア，書店） 89
Santa Fe Books（アメリカ，取次） 239
Saraiva（ブラジル，書店） 262
Sarasavi（スリランカ，書店） 81
SAVINA（ベトナム，取次） 58
Saxo（デンマーク，書店） 206
SBN（イタリア，図書館） 172
SBS : Special Book Services（ブラジル，書店） 263
SBS : Special Book Services Peru（ペルー，書店） 276
SBS : Stratford Book Services（アルゼンチン，書店） 270
Scanned the general alphabetical directory（ウクライナ，図書館） 185
Schweizerische Zeitschriftenportal（スイス，図書館） 122
Scribo Group（オーストラリア，取次） 92
Search eBooks（ロシア，電子書籍書店） 178
Search the directory scanned theses（ウクライナ，学位論文） 186
Sedcom（ルーマニア，書店） 210
SE-EDUCATION（タイ，書店） 63
Select Books（シンガポール，取次） 68
Selexyz（オランダ，書店） 154
Semir（ブルガリア，雑誌） 213
Sena.lt（リトアニア，古書店） 194
Send（チェコ，雑誌） 131
Sentraldistribusjon（ノルウェー，取次） 202
Seriale（モルドバ，販売目録） 187
Seriunam（メキシコ，図書館） 247
ShopInHK（香港，書店） 49
Short Title Catalogue Netherlands（オランダ，図書館） 157
Short Title Catalogus Vlaanderen（ベルギー，図書館） 150
Shtepia e Librit（アルバニア，書店） 226
Siciliano（ブラジル，書店） 263
Sigla（ロシア，図書館） 180
SIGLE（EU，図書館） 101
SILAS（シンガポール，図書館） 68
Single electronic catalog (EC) of the RSL（ロシア，図書館） 179
Sistema Nacional de Bibliotecas Publicas（ベネズエラ，図書館） 258
SIU BDU2（アルゼンチン，図書館） 271
SKBR（ロシア，図書館） 179
SKC : Souborny katalog Ceske republiky（チェコ，図書館） 132
Skolska knjiga（クロアチア，書店） 222
Skroutz.gr（ギリシャ，価格比較） 228
Slegte, De（オランダ，書店） 155
Slovanska knihovna-GK（スロバキア，図書館） 135
Slovat Store（スロバキア，取次） 134
Slovenska narodna bibliografia（スロバキア，図書館） 135
Slovenska narodna databaza ISSN（スロバキア，販売目録） 133
Smakprov Media（スウェーデン，書店） 199
Societe Liber/Camponovo/Granger（フランス，書店） 143
Sodis（フランス，取次） 142
Sollus Distribuidora de Livros（ブラジル，取次） 262
Sophos（グアテマラ，書店） 248
Sotano, El（メキシコ，書店） 246
South African Places of Legal Deposit WebPAC（南アフリカ，図書館） 306
South Asia Union Catalogue（インド，図書館） 76
Sovet Uzbekistoni kitobi（ウズベキスタン，図書館） 87
SPEKTRA Virtual Library（インドネシア，図書館） 71
Srpska bibliografija（セルビア，図書館） 217
St. Petersburg House of Books（ロシア，書店） 177
STAMM Impressum（ドイツ，販売目録） 112
Stand Agentie Difuzare Carte（ルーマニア，取次） 210
Standaard Boekhandel（ベルギー，書店） 148
Stare tlace（スロバキア，図書館） 135
State Publishing and Book Distribution House Bookshop（ラオス，取次） 61

Stationery Office, The（イギリス，政府刊行物書店） 106
Stauffacher.ch（スイス，書店） 119
STCN（オランダ，図書館） 157
STCV（ベルギー，図書館） 150
Steimatzky（イスラエル，書店） 293
Stern-Verlag（ドイツ，書店） 114
STPI 科技資訊網路整合服務（台湾，図書館） 55
Strand Bookstore（アメリカ，書店） 240
Suborny katalog monografii（スロバキア，図書館） 135
Suborny katalog periodic（スロバキア，図書館） 136
Sudoc（フランス，図書館） 146
Suncat（イギリス，図書館） 108
Suomalainen Kirjakauppa（フィンランド，書店） 196
SuperKnjizara（クロアチア，書店） 222
SuperPedido Tecmedd（ブラジル，取次） 261
Sureli Yayinlar Katalogu（トルコ，図書館） 287
Suuri Kuu（フィンランド，書店） 196
SvEK（カザフスタン，図書館） 84
Svenska Interpress（スウェーデン，取次） 199
Svenskt boklexikon（スウェーデン，図書館） 200
Sveriges Tidskrifter（スウェーデン，販売目録） 198
Svjetlostkomerc（ボスニア，取次） 220
Swaziland national bibliography SNB（スワジランド，図書館） 304
SWB（ドイツ，図書館） 117
Swets Information Service（オランダ，取次） 154
SwissBib（スイス，図書館） 122
SZB Service Zentrum Buch（スイス，取次） 119
SZP（スイス，図書館） 122

[T]

Tabernakul（マケドニア，書店） 219
Tabstrip publications（ウクライナ，図書館） 186
Tanum（ノルウェー，書店） 203
Tehran Library OPAC（イラン，図書館） 282
TEL（EU，図書館） 101
Tell all-Marketing and Distribution（イスラエル，取次） 293
Tematika（アルゼンチン，書店） 270
TESEO（スペイン，学位論文） 164
Tesiunam（メキシコ，図書館） 247
ThaiLIS Union Catalog（タイ，図書館） 64
Thalia（オーストリア，書店） 123
Thalia（スイス，書店） 119
Thalia（ドイツ，書店） 114
Theses Canada（カナダ，学位論文） 237
THESES.CZ（チェコ，学位論文） 133
THESES.SK（スロバキア，学位論文） 136
Tidningsbutiken（スウェーデン，雑誌） 200
Tidningskungen（スウェーデン，雑誌） 200
Tienda del BOE en Internet, La（スペイン，政府刊行物書店） 162
Tiki.vn（ベトナム，書店） 59
Times Bookstores（インドネシア，書店） 70
Times Bookstores（マレーシア，書店） 66
Times The Bookshop（シンガポール，書店） 68
Tinread, Biblio.ro（ルーマニア，図書館） 212
TKD（ボスニア，書店） 220
Top-Kniga（ロシア，取次） 177
Toptan Kitap（トルコ，取次） 285
Torrossa（イタリア，電子書籍書店） 172
Toutabo（フランス，雑誌） 145
Tpagrutian Taregir（アルメニア，図書館） 90
Traca（ブラジル，古書店） 264
Trading House Books Moscow（ロシア，書店） 178
Travessa, Livraria de（ブラジル，書店） 263
TRC（日本） 30
Trgovinsko knjizarsko drustvo（ボスニア，書店） 220
TRI, Publishing Center（マケドニア，書店） 219
Tropismes（ベルギー，書店） 149
Trove（オーストラリア，図書館） 94
TSO（イギリス，政府刊行物書店） 106
Tsutaya（日本，書店） 32
TUCL OPAC（ネパール，図書館） 80
TURDAV（トルコ，取次） 284
Turkiye El Yazmalari（トルコ，図書館） 286
Turkiye kitap katalogu（トルコ，販売目録） 284
Tyrolia（オーストリア，書店） 124
Tzomet Sfarim（イスラエル，書店） 293

[U]

U.S. Newspaper Directory, 1690-Present（アメリカ，販売目録） 239
UBD（オーストラリア，取次） 93
Ubik（イタリア，書店） 170
UDL Libros（スペイン，取次） 160
UKOP（イギリス，政府刊行物） 108
ULAKBIM TO-KAT Ulusal Toplu Katalog（トルコ，図

書館） 286
ULI : Israel Union Catalog（イスラエル，図書館） 294
Ulrich's periodicals directory（アメリカ，販売目録） 238
Umbreit, G（ドイツ，取次） 113
UnibibliWeb（ブラジル，図書館） 265
Unicanet（日本，図書館） 34
Unicat（韓国，図書館） 40
UniCat（ベルギー，図書館） 151
Unie van de uitgevers van de Periodieke Pers vzw（ベルギー，販売目録） 148
Uniliber（スペイン，古書店） 162
Union Catalog of Russian Libraries（ロシア，図書館） 179
Union Catalog of the Kyrgyz Republic（キルギス，図書館） 86
Union Catalogue gathers the Egyptian libraries（エジプト，図書館） 296
United Book Distributors（オーストラリア，取次） 93
UnityUK（イギリス，図書館） 108
Universal Books Stall Publisher's Distributors（インド，取次） 74
Universal Search Books（ロシア，価格比較） 178
University Co-operative Bookshop（オーストラリア，書店） 93
University Libraries Deanship（UAE，図書館） 292
unlibros.com.uy（ウルグアイ，書店） 268
UNRED（アルゼンチン，図書館） 271
UOPC（ベルギー，書店） 149
URBS Catalog（バチカン，図書館） 174
Urdu Bazaar Lahore（パキスタン，書店） 79
Uzbekiston Respublikasi matbuoti solnomasi（ウズベキスタン，図書館） 88

[V]

Vaga（リトアニア，書店） 193
Valsts nazimes kopkatalogs（ラトビア，図書館） 192
Valters un Rapa（ラトビア，書店） 191
Van Schaik（ナミビア，書店） 303
Van Schaik（南アフリカ，書店） 306
Van Stockum（オランダ，書店） 155
Varrak（エストニア，書店） 189
Vashurkin Aleksey（ウズベキスタン，書店） 87
VBZ（クロアチア，取次） 222
VD16（ドイツ，図書館） 116
VD17（ドイツ，図書館） 116
VD18（ドイツ，図書館） 116
Vedams eBooks（インド，書店） 75
Vergelijk.be（ベルギー，価格比較） 149
Vertaa.fi kirjat（フィンランド，価格比較） 196
Verzeichnis lieferbarer Buecher（オーストリア，販売目録） 123
Verzeichnis lieferbarer Buecher（ドイツ，販売目録） 112
Vida Nueva（エクアドル，書店） 260
Viet Nam (SAVINA)（ベトナム，取次） 58
VIETBOOK（ベトナム，取次） 58
Vietnam Information for Science and Technology Advance（ベトナム，図書館） 59
Vijitha Yapa（スリランカ，書店） 81
Vila, Da（ブラジル，書店） 263
Vilo（フランス，取次） 142
Vinabook（ベトナム，書店） 58
Virtual Books（ブラジル，価格比較） 263
Virtuelle Deutsche Landesbibliographie（ドイツ，図書館） 117
Virtula Union Catalogue（シンガポール，図書館） 68
VISTA（ベトナム，図書館） 59
VLB（オーストリア，販売目録） 123
VLB（ドイツ，販売目録） 112
Vsiknygy.org.ua（ウクライナ，販売目録） 183
Vulkan（セルビア，書店） 216
VVA Arbato Media（ドイツ，取次） 113

[W]

W.H. Smith（イギリス，書店） 105
Warszawa（ポーランド，書店） 138
Waterstone's（イギリス，書店） 105
We Read The World（中国，書店） 43
Web Catalog（フィリピン，図書館） 72
Web Collection Plus（アゼルバイジャン，図書館） 91
Weltbild Plus Medienvertriebs（ドイツ，書店） 113
Weltbild（オーストリア，書店） 123
Weltbild（スイス，書店） 120
Weltbild（ポーランド，書店） 138
Whiaker's Books in Print（イギリス，販売目録） 103
Whitcoulls（ニュージーランド，書店） 96
Wholesalebooks.net（アメリカ，取次） 240

Willings press guide（イギリス，販売目録） 103
WirtualnyWydawca.pl（ポーランド，販売目録） 137
WiseCat（韓国，図書館） 40
Wook（ポルトガル，書店） 166
Word（オーストラリア，書店） 93
World of Magazines（イスラエル，雑誌） 293
World Public Library（アメリカ，電子書籍書店） 242
WorldCat（アメリカ，図書館） 243

[X]

Xunhasaba（ベトナム，取次） 57

[Y]

Yebbenbook.co.kr（韓国，価格比較） 38
Yenny.com（アルゼンチン，書店） 270
Yenny.com（ウルグアイ，書店） 267
Yesmin Agency（インドネシア，取次） 69
Yordam BT Toplu Katalogu（トルコ，図書館） 286

[Z]

Zap.co.il（イスラエル，価格比較） 293
Zbirka knjiga Stojana Novakovica（セルビア，図書館） 217
ZDB（ドイツ，図書館） 117
Zeitschriften Online（ドイツ，販売目録） 112
Zeitschriftendatenbank（ドイツ，図書館） 117
Zephyr（ギリシャ，図書館） 229
Zester（オランダ，雑誌） 156
Zeta Bookstore（ペルー，書店） 276
ZVAB（ドイツ，古書店） 115
Zvaigzne ABC（ラトビア，書店） 191

■著者紹介

伊藤　民雄（いとう　たみお）

1967年1月20日　岐阜県生まれ

千代田区図書館評議会評価部会委員（2007年より3期目）

聖徳大学司書講習講師として情報検索演習担当（2009-2011年），情報サービス演習担当（2012年）

国立情報学研究所産学連携研究員（2012年）として電子リソース管理データベース（ERDB）の構築プロジェクトに協力

2012年4月現在，学校法人実践女子学園勤務

主な著作（2010年以降）

『インターネットで文献探索　2010年版』（単著　日本図書館協会　2010）

『情報サービス論及び演習』（共著　学文社　2011）

『図書館情報資源概論』（単著　学文社　2012）

世界の出版情報調査総覧
取次，書店，図書館目録

2012年5月20日　初版第1刷発行©

定　価：本体4000円（税別）

著　者：伊藤　民雄

発行者：社団法人　日本図書館協会
〒104-0033　東京都中央区新川1-11-14
Tel 03-3523-0811㈹　Fax 03-3523-0841

印刷所：㈲吉田製本工房　㈲マーリンクレイン　　Printed in Japan

JLA201206　ISBN978-4-8204-1203-8

本文の用紙は中性紙を使用しています。